启　梦

——播下兴趣的种子，奠基孩子的未来

金志刚　主编

文匯出版社

图书在版编目(CIP)数据

启梦/金志刚主编.—上海:文汇出版社,
2018.5
ISBN 978-7-5496-2559-8

Ⅰ.①启⋯ Ⅱ.①金⋯ Ⅲ.①小学教育-文集 Ⅳ.
①G62-53

中国版本图书馆 CIP 数据核字(2018)第 073933 号

启梦

——播下兴趣的种子,奠基孩子的未来

主　　编／金志刚

责任编辑／熊　勇
封面装帧／张　晋

出版发行／**文汇**出版社
　　　　　上海市威海路 755 号
　　　　　(邮政编码 200041)
经　　销／全国新华书店
排　　版／南京展望文化发展有限公司
印刷装订／启东市人民印刷有限公司
版　　次／2018 年 5 月第 1 版
印　　次／2018 年 5 月第 1 次印刷
开　　本／720×1000　1/16
字　　数／420 千
印　　张／28.25

ISBN 978-7-5496-2559-8
定　　价／45.00 元

《启梦》编委会

序

　　罗店中心校是我们华东师范大学普教研究中心的基地学校,在华师大普教研究中心每年的科研成果评比中,罗店中心校几乎总有一等奖。一次偶然的机会,听金志刚校长谈起罗小近几年的发展历程,我的眼前一亮。我没想到这所坐落于上海北郊的农村小学,竟然有着不俗的办学理念和卓然的改革实践。

　　走进了上海市宝山区罗店中心校,漫步于校园中,所见所闻远胜于先前的语言描述,我为之惊叹。科技长廊、积点梦工场、蔬菜种植园、学生个人书画展……每个角落都在向我诉说罗小在深化素质教育的发展道路上迈出的坚实步伐,这是一所高品质的学校。

　　随后,与金校长促膝长谈,才知道他心中一直怀揣着一个教育梦:"把学校建设成为环境整洁优美的花园、科学人文素养的乐园、师生幸福成长的家园,争创一流的小学。"近几年,他带领全校教师朝着这个梦想一路前行,致力于学校的课程建设,力求以丰富的课程带动学生的多元发展。学校着手研讨、开发、实施拓展型校本课程,目前已初步形成了适合学生发展的科学人文核心课程体系。无疑,这种梦想是美好甜蜜的,这种实践是坚实有效的。

　　我对罗小"从课程出发创建新优质学校"的探索尤为感动。近年来,中国教育电视台、上海电视台以及《光明日报》《解放日报》《文汇报》等各大媒体都相继报道了罗小的办学理念和办学特色。学校先后获得了全国特色学校、全国乡村学校少年宫、全国科学教育优秀实验基地、全国青少年棒球发展定点培训学校、全国创造发明示范基地、全国中小学中华优秀文化艺术传承学校、全国头脑奥林匹克OM比赛第一名等荣誉,已成为一所社会闻名、家长称赞、学生向往的地区名校,一所具有全新发展理念的示范学校。这对于一所农村小学来说,实属不易,而这

一切都缘于他们对"课程建设"的不懈探索和追求。

近日,收到了金校长送来的《启梦》书稿,厚厚一叠。细细阅读整叠样稿,再次为罗小近几年的办学实践的结晶而感怀。"课程创新是一所学校真正充满活力的源泉。"这是我读后最深切的感受。金校长用"启梦"作为学校整个课程体系的名称,寓意着他不但自己心中有梦想,更希望通过各类课程在孩子心中播下一颗颗兴趣的种子,从而开启、点亮每个孩子的梦想。相信孩子有了梦想,就能自我突破,走向成功。《启梦》一书通过"启梦之缘""启梦之魂""启梦之花"和"启梦之果"四部分介绍了课程建设的缘由、理念和架构,汇集了具有地域特色、学校特色的三类课程方案,总结了实施课程所取得的成效。罗小实施了孩子们喜欢的 100 个兴趣社团,开展了孩子们喜欢的每月主题节,创设了孩子们喜欢的积点评价……不断探寻着适合每个学生的课程。在这一过程中,罗小的学生得以成长,教师得以提升,学校得以发展。

我非常乐意推荐这本书,因为这是来自罗小一线教师开发的校本课程典型案例集,呈现了罗小教师在课程改革中累积的经验与智慧,具有借鉴和推广的价值。这种智慧,也为其他类似学校的发展提供了可靠的路径选择。我也期待,若干年后能再次走进罗小,分享和见证罗小进一步教育改革的智慧与成果。

是为序。

华东师范大学教育高等研究院教授　吴　刚
2018 年 4 月

目　　录

"启 梦" 之 缘

2009 年 8 月,我成为了上海市宝山区罗店中心校的校长。我们学校地处上海市"一城九镇"之一的古镇"金罗店",始建于 1911 年,是一所百年农村老校。生源一半是本地农村孩子,一半是外来务工人员子女。

因为地处农村,和城区学校相比,存在着家长对教育的重视程度不够、学生课外生活方式比较单一、校外活动场所无法满足需要、精神文化生活贫乏等一系列实际问题。这些问题在一定程度上都制约着孩子们的成长,也制约着学校的发展。说实话,每当参与各项市区级活动,看到城区的孩子们在舞台上熟练地演奏着各种乐器,看到他们跳着优美的舞蹈,看到他们拿着照相机、举着摄像机、挂着记者证东奔西跑的时候,我的心里总是有一种异样的感觉。异样是因为与之成鲜明对比的是在市、区各级比赛中,很少有我校孩子的身影。作为一名校长,我非常渴望看到我们罗店中心校的孩子也能在各方面得到锻炼和发展。

经过认真的思考,又通过多次班子会议、行政例会的商量和讨论,我们重新凝练了学校的办学理念:播下兴趣的种子,奠基孩子的未来——让每个学生健康快乐地成长。我希望我们学校是孩子们的乐园,我想给孩子们播下一颗颗兴趣的种子,结合我校实际,有科学兴趣的种子,有艺术兴趣的种子,有运动兴趣的种子,有学习兴趣的种子,有感恩意识的种子,我希望这些种子在小学五年的时间里慢慢发芽、生长,能奠基、成就孩子们的未来。

基于这样的办学理念,我带领全校老师们开启了我校的"启梦"之旅。

(一)创办蒲公英学校少年宫

2012 年,学校克服重重困难创办了宝山区第一所学校少年宫,旨在

通过少年宫的社团课程给孩子们播下兴趣的种子。为此,我们白手起家开创了一个个特色项目,铜管乐、沪剧、车模、棒球、足球、彩灯、陶艺等,从无到有,从有到优,目前少年宫有 31 个活动项目,每周六上午有 900 多名学生免费参与活动,为农村孩子们的双休日生活增添了丰富的色彩。

(二)争创新优质学校

2013 年起,我们积极争创宝山区首批新优质学校。我校以科学人文素养课程建设作为新优质学校创建的有力抓手,确立了课程理念、构建了课程结构、建立了培育体系,在这个过程中,我们力求惠及每一个孩子,旨在播下兴趣的种子,让每一个孩子找到合适自己的课程来学习和实践。

(三)开发孩子们喜欢的课程

为了满足学生的多样发展需求,让孩子们找到自己喜欢的课程,从 2014 年至今,整整四年时间,老师们放弃了寒暑假的休息时间,自主开发了 160 课时的限定拓展课,在自主拓展型课程领域开发了 51 门社团课程,在蒲公英学校少年宫中开发了 31 门社团课程,在每天快乐 330 时开发了 18 门社团课程,每周在不同时段总计有 100 门社团课程,供孩子们发展兴趣,个性成长。

(四)开展孩子们喜欢的活动

围绕课程建设和实施,我们设计和开展形式多样的活动课程,每年有不同主题和内容的童话节、数学节、英语节、科技节、艺术节、体育节、感恩节、彩灯节;有罗小好声音、罗小达人秀、罗小好图画、罗小好创意、六一展演等专题性活动;有各年级成长礼:一年级入团仪式,二年级入队仪式,三年级十岁生日礼,四年级大手牵小手活动,五年级毕业典礼;每年有八大感恩主题月,每月有一个感恩统一行动日,每班有一个校外感恩实践点;每天中午有家长任教的微课,有每班轮流的罗小天天演。丰富多彩的活动给每一个孩子提供了成长和展示的舞台。

(五)创设孩子们喜欢的评价

在新优质学校创建过程中,我们设计开展了深受学生喜爱的积点评价活动。涉及学科类、活动类、行规类三个方面。孩子在校内外的每一次参与、每一分努力、每一个进步，都会获得相应的积点。孩子们用积点可以兑换物质奖励、荣誉奖励、活动奖励。积点评价让每一个孩子都得到了关注、认可和激励。

（六）梳理架构《启梦》课程

经过六年的实践，我们构建了学校"科学人文素养"课程体系，在这个过程中，我们把重点放在拓展性课程的开发与实施上，因为我们想给每一个孩子播下兴趣的种子，想让每一个不同的孩子找到适合他（她）兴趣发展的个性课程。经过梳理和架构，我们把我校的校本拓展型课程命名为"启梦"。之所以命名为"启梦"，是因为我们希望"启梦"课程能开启、点亮孩子的梦想，能奠基、成就他们的未来。

我们的"启梦"课程包含"蒲公英"课程、"七色花"课程、"野百合"课程和"积点"评价。

"蒲公英"课程相当于学校的种子课程，一至五年级每周1课时，五年共计160课时，旨在让学生了解具有地域特色和学校特色的众多社团项目，让这些社团项目像蒲公英的种子一样广泛播撒，在每个孩子心田生根发芽。

"七色花"课程就是学校的社团课程，旨在通过每周不同时段100个社团的开设，让每个孩子能根据自己的兴趣爱好，自主选择参与七色花般丰富多彩的社团，满足个性发展的需求。

"野百合"课程就是学校的活动课程，旨在通过丰富多彩的活动，给孩子们搭建展示自我的舞台，让我们的农村孩子也能像野百合一样绚丽开放，迎来属于自己的春天。

积点评价是我们学校实施《启梦》课程后自主创设的评价机制，它让每个参与《启梦》课程的孩子得到关注和鼓励，深受孩子们喜欢。

《启梦》一书是我校《启梦》校本拓展型课程的汇编，是我们走过的六年"启梦"之旅的阶段性总结。在这过程中，我们学校上下一心，众志成城。我们心怀教育理想，不断努力，坚持前行，终有回报：这几年，我们获得了全国特色学校、全国乡村学校少年宫、全国优秀科学教育实验基地、全国创造发明示范基地、全国青少年棒球发展计划定点培训学校、全国中小学中华优秀文化艺术传承学校、全国头脑奥林匹克OM比

赛第一名等荣誉。

感谢学校所有的老师！感谢曾经给予我们《启梦》课程指导的专家们！

我们力求惠及每一个孩子，希望我们的《启梦》课程能满足不同孩子的需求，能促进每个学生的自我成长，能在孩子们的心头播下一颗颗兴趣的种子、希望的种子。

我们播下种子，我们洒下阳光雨露，而后，静待花开。

金志刚

2018 年 3 月

第一章
——「启梦」之树

随着启梦课程渐渐被学校教师所接受,它的课程育人目标也在逐渐清晰和明确。我们开始着手设计这门学校的核心课程,开始思考设计怎样的课程核心理念,用怎样的课程设计依据,我们的课程活动目标、内容及课程评价又是什么?在多位专家的帮助和指导下,我们形成了借助校本核心课程的开发,助推科学人文素养培育的行动实践研究。

第一节　课　程　理　念

学校科学人文素养课程的核心理念:"播种兴趣、遇见未来、奠基幸福。"我们要为学生发展播下学习兴趣的种子、科技兴趣的种子、艺术兴趣的种子、运动兴趣的种子和感恩意识的种子,让每一个不一样的孩子在学习和活动中通过获得成功的一刹那,遇见自己的未来,感悟自己的未来,并在师生的共同努力下为孩子的幸福未来奠基。

关于科学人文素养,在行动研究项目中达成了共识,即科学人文素养是科学素养和人文素养的总称。科学人文素养指的是:在小学中强调以人为本的文化理念,注重突出人在创新①活动中科学的基础知识与技能、科学的学习基本过程与方法以及科学的情感、态度与价值观等一系列三维目标内容的重要性,提倡建立在求真基础上的以求善、求美为宗旨的人文精神内涵,建立以人文知识为基础、以人文精神为核心、以人文行为为外显的人文素养内涵。也就是说,科学人文素养要求科学创新的主体在具有扎实的科学知识与技能、过程与方法的同时,还必须应当具有丰富的人文素养内涵。科学人文素养关注科学素养和人文素

---

① 创新:创新是指别于常规或常人思路的见解为导向,利用现有的知识和物质,在特定的环境中改进或创造新的事物、方法、环境,并能获得一定有益效果的行为。其有三层含义:第一,更新;第二,创造新的东西;第三,改变。

养各自特性的同时,还要关注两者之间的有机统合体,这是促进师生协调发展的不可分割的统一、综合的整体。

小学生培育科学人文素养的目标确定为:运用陶行知"教学做合一"和"六解放"思想,通过"用大脑学习——善学、静思;用双手创造——实践、创新;用心灵感恩——自主、快乐;用兴趣启航——健康、成长"这四项学风,培养学生热爱科学、了解科学知识,拥有创新意识、创新能力和知识产权保护意识等素养,同时能拥有感恩身边的伙伴、教师、学校及社会的行为,体现求真、求善、求美的人文精神内涵,并产生对科学人文素养内容的兴趣,让扎实的科学素养和丰实的人文素养成为学生生命的一部分,让学生健康快乐的成长。

第二节 课 程 理 论

学校核心课程的理念被确定后,项目组又在积极地探索和寻找能支撑起这门核心课程的基石。我们试图从理论和实践两种角度开始尝试寻找支撑点。

一、从多元智能理论角度看

加德纳是多元智能理论刨始人,被誉为"推动美国教育改革的首席学者"。他在 1983 年出版的《智能的结构》提出,人类存在着 7 种独立的智能,并进一步把智能定义为:"一切处理信息的生理心理潜能。这种潜能在某种文化背景之下,会被激活以解决问题或是创造该文化所珍视的产品。"这样看来,人的智能是潜在的、多样的和各不相同的。根据这一理论,学校反刍以往过于强调学生在数学思维(逻辑)和语文(主要是读和写)两方面的发展。认识到这不是学生智能的全部,不同的人会有不同的智能组合,从而更加重视课程体系内容的多样化,从而提出了 1 个课程主题 8 项课程领域。1 个课程主题即:科学人文素养;8 项课程领域:1. 科技类;2. 艺术类;3. 语言与文学类;4. 数学与思维类;5. 英语与会话类;6. 综合类;7. 德育类;8. 其他。通过这些领域的选择与学习,最大限度地满足了学生智能发展的需求,顺应了不同学生个性化、多元化的发展;从教师的角度讲,每个教师积极参与,他们在课程开发、编制与实施的过程中,都可以根据自己的特长,安排适合不同学生的教学内容并运用个性化的教学方法来实施,从而也再一次激发了教师除了基础课程教学能力以外,其他潜能的发展。因而,无论是教育中的学生或者教师,他们都可以从不同的课程领域,充分发挥自己独特的个性和智能。

二、从发展核心素养角度看

中国学生需要发展核心素养。党的十八大和十八届三中全会提出

的关于立德树人的要求要落到实处,2014 年教育部印发的《关于全面深化课程改革落实立德树人根本任务的意见》,提出"教育部将组织研究提出各学段学生发展核心素养体系,明确学生应具备的适应终身发展和社会发展需要的必备品格和关键能力"。中国学生发展核心素养应运而生。它以培养"全面发展的人"为核心,分为文化基础、自主发展、社会参与三个方面,综合表现为人文底蕴、科学精神、学会学习、健康生活、责任担当、实践创新六大素养,具体细化为国家认同等 18 个基本要点。各素养之间相互联系、互相补充、相互促进,在不同情境中整体发挥作用。基于上述政策的学习和理解,学校以培养科学人文素养作为主抓手。科学人文素养是我们学校培育每一位孩子的重点工作,学校上下一致,推动着它的健康发展,开展了许多活动。科学人文素养指的是在小学中强调以人为本的文化理念,注重突出人在创新活动中科学的基础知识与技能、科学的学习基本过程与方法以及科学的情感、态度与价值观等一系列三维目标内容的重要性,提倡建立在求真基础上的以求善、求美为宗旨的人文精神内涵,建立以人文知识为基础、以人文精神为核心、以人文行为为外显的人文素养内涵,培养学生热爱科学、了解科学知识,拥有创新意识、创新能力和知识产权保护意识等素养,同时能拥有感恩身边的伙伴、教师、学校及社会的行为,体现求真、求善、求美的人文精神内涵,并产生对科学人文素养内容的兴趣,让扎实的科学素养和丰实的人文素养成为学生生命的一部分,让学生健康快乐的成长。这些核心理念正是符合了中国学生发展核心素养的新时代需求。

三、从典型实践案例角度看

关于校本课程研究,在我国有许多学校都在结合各自的校情,积极地开展着研究,并取得了显著成效。其中,历城区实验小学的主题课程和亦庄实验小学的全课程有代表性。历城区实验小学的主题课程①整合改革,立足校情、学情,将课程整合定位为学科间的横向整

---

① 主题课程:摘自郭淑慧,韩艳红.统整理念下主题课程的构建与实施[N].中国教育报,2015 - 12 - 30

合,主张以国家课程《科学》《品德与社会》《综合实践活动》为主体,将地方课程《环境教育》《安全教育》《传统文化》等,全部打碎,重新糅合,在不降低课程目标、不减少课时量的原则下,通过删减、增补、融合,有机整合形成了一门全新的学校课程——主题课程,重塑了学校课程体系。该校主题课程的实施,使教师的教学目标观由知识本位走向能力本位、核心素养;使学生的学习方式由被动接受转变为主动合作探究;将教学空间由学校、课堂拓展到家庭、社区、社会,形成学校、教师、学生、家庭、社区、社会全方位的教育互助,最终指向学生核心素养的形成与提升。

亦庄实验小学在分科与综合中开辟出"全课程①"。"全课程"教育实验是以综合课程取代分科课程的一次大胆尝试。从亦庄实验小学课程改革的出发点来看,他们想保持分科课程的优势,同时在分科课程之外另辟蹊径。以"全课程"读本来弥补分科课程的不足,这是该校课程改革的明智之举,但也是他们课程改革的难点。从课程内容来看,他们自主编制的"全课程"读本——以二年级为例,包括四个主题:1. 开学了;2. 交朋友;3. 做自己;4. 找春天。从教学方式上看,他们提倡一种活动性、游戏性的教学方式。他们认为学习本身是一件好玩的事情。他们提倡:教育即生活,学习即游戏。

综上所述,基于学校实情的校本核心课程的开发是可行的。另外从他们实践过程来看,课程就是要立足于学校校情、学情和教情,针对学校的课程进行系统地、全面地实施规划,围绕学校发展中的重点问题,做好顶层设计。同时,课程开发就是要围绕自己学校的核心价值观,进行教育资源的重组和再分配,可以利用和发掘教育资源,使其更好地发挥出应有的价值,培育适合学生年龄段的价值需求和育人目标。

① 全课程:摘自李群.教育即生活　学习即游戏——"全课程"教育实验的现状及思考[J].当代教育,2015－04－08

第三节　课　程　目　标

　　课程是实现教育目的、培养全面发展人才的保证。根据学校科学人文素养内涵的理解,我们全面规划了自己学校的课程目标。

一、学校发展目标

　　坚持以人的发展为本,坚持以"播种兴趣的种子,奠基孩子的未来——让每一个学生健康快乐地成长"为办学理念,深化教育教学改革,凸显学校办学特色,努力把学校建设成为环境整洁优美的花园、科学人文素养的乐园、农村孩子幸福的家园,把罗店中心校办成"理念先进、管理科学、队伍优化、质量保证、特色鲜明、家长满意、孩子喜欢"的巴学园。

二、学生培养目标

　　坚持以培养学生的科学人文素养为重点,面向全体学生,把学生培养成为"明事理、知荣辱、能感恩、善学习、勤实践、会创新"的现代新人。

三、教师成长目标

　　让科学人文素养成为教师的自觉需求,让科学人文素养成为教师获取知识的源头活水,用科学人文素养提升教师专业化水平,用科学人文素养陶冶生活情趣,用科学人文素养提升教师师德水平和育人水平,努力建设一支师德高尚、业务能力精湛、教学特色鲜明、善于学习、勤于思考、勇于创新、乐于奉献的积极向上的学习型教师团队。

　　在上述课程目标的指引下,项目组又确定了课程活动的目标,它们是:

1. 基础型课程目标

立足"基于课程标准的教学与评价"实践,开展基础型课程的校本化实施,通过"基于核心素养养育的单元整体教学"研究,分析教材,研究学情,整合资源,聚焦课堂,关注个体,尊重差异,开展个别化指导,提高课堂教学实效,体现"轻负担、高质量"。

2. 拓展型课程目标

进一步充实限定拓展与自主拓展的课程内容,立足学生科学人文核心素养培育为目的,探索拓展型课程整体构建,进行分类梳理,结合学校育人目标,结合学生发展需求,结合教师个性特长,整合罗店地域特色和学校特色资源,开设丰富的拓展课程。继续推动拓展型课程质量的不断提升,规范完善课程建设,探索课程评价标准与方式,提升科学人文素养。

3. 探究型课程目标

进一步充实探究型课程内容,立足学生科学人文核心素养培育,探索探究型课程整体构建,进行分类梳理,充分挖掘校内外教学资源,确立探究主题,展开探究实践活动。以问题为起点,充分培养学生的问题意识;以研究为中心,充分关注过程,引导学生体验探究乐趣;强调团队合作能力培养,促进学生整体和谐发展。

另外,根据学校实际,开发德育与科学类校本课程,并随着课程资源的不断更新和学生实际需求的增加,生成和开发"+"课程,丰富学校的课程资源。

这些科学人文素养目标的构筑和确立,为更好地实现课程育人,进一步规范学校发展方向,起到了科学的指导作用和目标的引领作用。

第四节　课程体系

　　作为一所普通学校课程内容的开发,我们着重在拓展型课程中进行发掘和研究,围绕"播种兴趣　遇见未来　奠基幸福"的科学人文素养课程理念,设计课程内容总体结构。

罗店中心校"科学人文素养"课程构建图

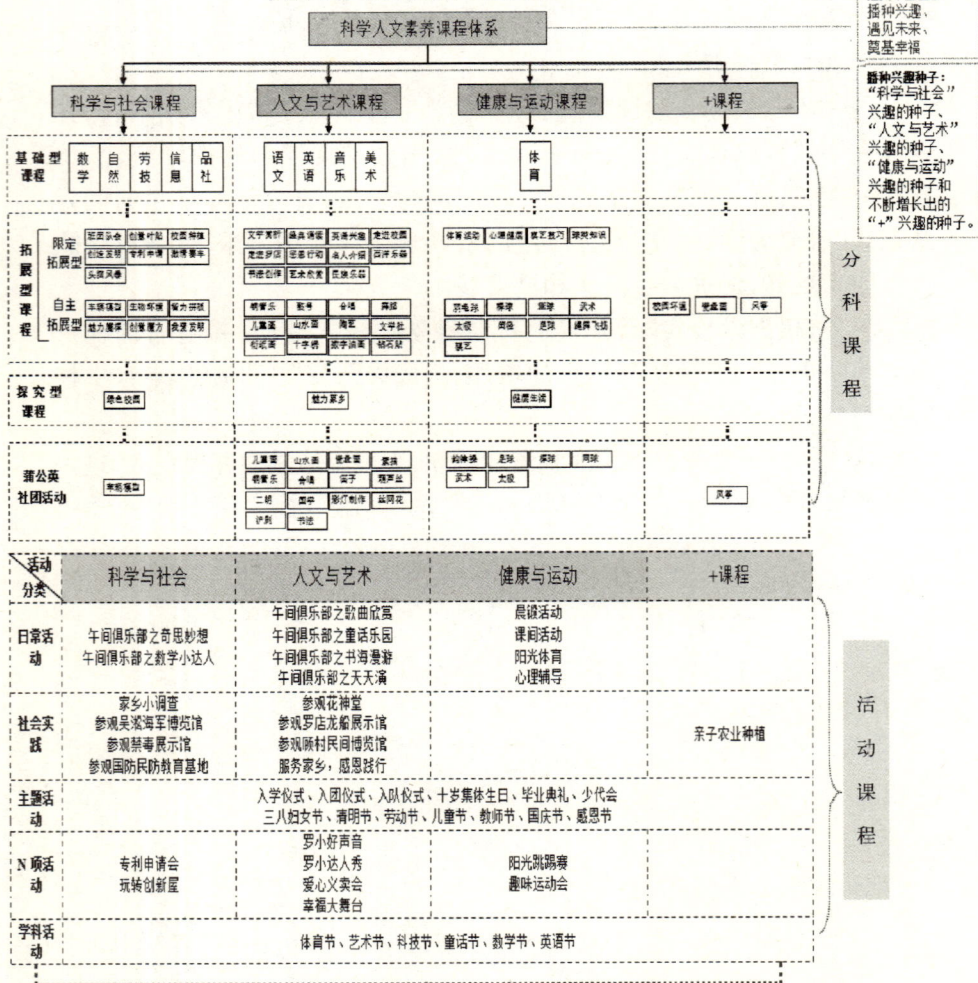

落实课程理念:
播种兴趣、
遇见未来、
奠基幸福

播种兴趣种子:
"科学与社会"
兴趣的种子、
"人文与艺术"
兴趣的种子、
"健康与运动"
兴趣的种子和
不断增长出的
"+"兴趣的种子。

明事理、知荣辱、能感恩、善学习、勤实践、会创新这张"科学人文素养"课程体系结构图,为我们整体把握"启梦"课程的顶层设计和合理定位课程目标与内容,指明了方向,把准了学科间的关系与属性。随后,我们在"科学人文素养"课程体系框架下,经过多年地不断实践和完善,渐渐地"启梦"课程开始形成。下图为"启梦"课程的体系框架。

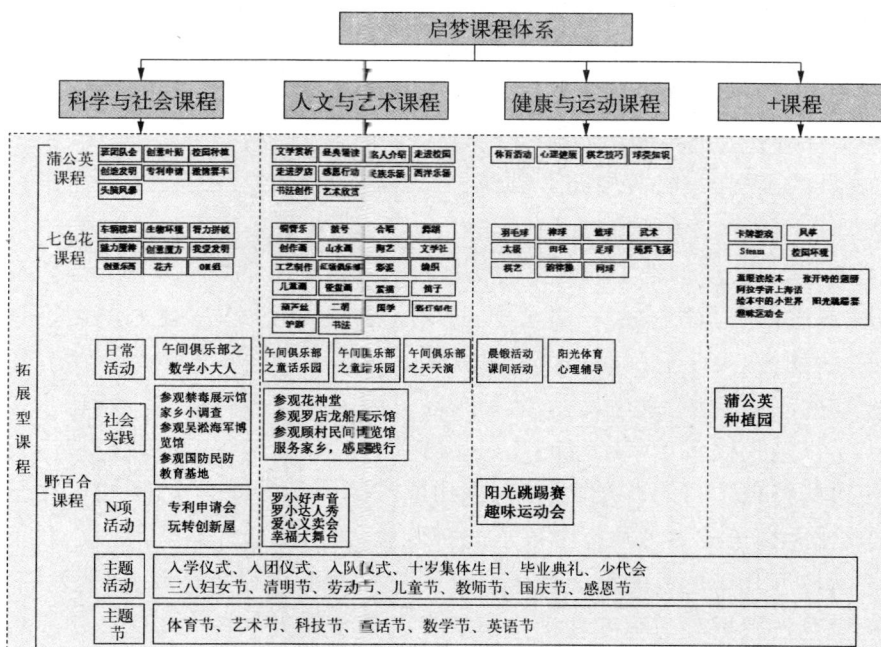

"启梦"课程体系,它是一个有结构的课程,是我们根据科学人文素养培育划分的课程模块。纵向看,分为四大板块,即:科学与社会、人文与艺术、健康与运动及"+"课程。横向看,其中"启梦"课程(拓展型课程)分为"蒲公英"课程、"七色花"课程和"野百合"课程这三类。其中,"野百合"课程又分为五大主题,它们是日常活动、社会实践、N项活动、主题活动和主题节。

一、课程内容

1. "蒲公英"课程

根据"播种兴趣　遇见未来　奠基幸福"这一总的课程理念,创建了"科学人文素养"统合性课程体系,同时,我们重点在限定拓展型课程中创编了"科学人文素养"拓展型课程中的学科课程。校本拓展型课程

围绕培育科学人文素养这一主题,依据陶行知先生的"生活即教育""社会即学校"和"教学做合一"理论,结合了学校传承的特色品牌,融入了罗店地域特色文化,通过将校内外教育教学资源的发掘和整合,我们罗列了近50门课程,然后根据学生对选课意向的调查,最终确立在一至五年级中,均分为四大板块,每个板块8课时,一学年共计32课时。一个孩子从一年级进入我校到五年级毕业接触的"科学人文素养课"总计160课时。我们称之为"蒲公英"课程。具体课程内容如下:一年级第一板块为:走进校园,包括学校历史、特色、标志、活动、参观校园、说说校园、画画校园、服务校园8课时;二年级至五年级第一板块均为走进罗店。我们的学校课程离不开学校实际,也离不开孩子们生长的这片土地。为此,我们把罗店的景点、历史、美食、名人、罗店的明天都汇编进"走进罗店"这一板块,并设计了以小组合作开展的"魅力罗店小调查"活动,作为此板块的一项学习成果。其余三个板块的内容一至五年级均为崇尚科学、践行感恩、播种兴趣。因为科技教育、感恩教育、学校少年宫是我校多年来形成的几大品牌项目。课程的进一步推进可以促使这些特色项目的普及面、参与面由原来的一部分变为全部、每一个孩子,使之真正成为惠及每个孩子的特色教育。在"崇尚科学"板块,我们把学校近几年形成的几大特色项目:头脑OM、生物与环境、创造发明、车模竞技根据难易程度和学生年龄特点分别编入了各个年级。第三板块"践行感恩"我们按照不同的形式加以推进。有感恩童谣、感恩故事、感恩歌曲、感恩游戏和感恩实践。第四板块"播种兴趣"以"蒲公英"学校少年宫社团为主要内容,重在知识的普及和兴趣的培养,内容涉及棋类、球类、乐器、诗词、国画、书法、名人等各个方面。

"蒲公英"课程目录

	第 一 学 期	第 二 学 期
一年级		
第一板块 走进校园	1. 学校的历史	1. 学校的标志
	2. 学校的特色	2. 说说我们的校园
	3. 学校的活动	3. 画画我们的校园
	4. 参观校园	4. 服务我们的校园

	第 一 学 期	第 二 学 期
	一年级	
第二板块 崇尚科学	1. 纸飞机留空	1. 认识校园植物
	2. 纸制斜塔	2. 创意叶贴1
	3. 纸船承重	3. 创意叶贴2
	4. 安全降落	4. 叶贴故事
第三板块 践行感恩	1. 老师，您早！	1. 老师辛苦了
	2. 我爱您，老师！	2. 唱给老师的赞歌
	3. 好朋友	3. 我的好朋友
	4. 排好队，向前走	4. 手牵手儿一起走
第四板块 播种兴趣	1. 飞行棋	1. 绘本阅读1
	2. 跳棋	2. 绘本阅读2
	3. 斗兽棋	3. 绘本阅读3
	4. 五子棋	4. 绘本阅读4
	二年级	
第一板块 走进罗店	1. 北欧新镇	1. 宝山寺
	2. 东方假日田园	2. 大居建设
	3. 花神堂	3. 龙船展示馆
	4. 闻道园	4. 罗溪公园
第二板块 崇尚科学	1. 剪纸比长	1. 无土栽培与种植
	2. 纸桥比长	2. 水培植物栽种
	3. 纸绳拖重	3. 种黄豆
	4. 头脑风暴	4. 种风信子
第三板块 践行感恩	1. 会说话的眼睛	1. 她用生命拯救了13个学生
	2. 程门立雪	2. 我爱老师
	3. 三个好朋友	3. 神奇的苹果
	4. 快乐的一天	4. 负荆请罪

第一章 "启梦"之树

	第 一 学 期	第 二 学 期
二年级		
第四板块 播种兴趣	1. 乒乓球	1. 排球
	2. 羽毛球	2. 足球
	3. 棒球	3. 网球
	4. 篮球	4. 桌球
三年级		
第一板块 走进罗店	1. 罗店的由来	1. 罗店的美食
	2. 昨天的罗店	2. 罗店的农业
	3. 艺术之乡	3. 罗店的建设
	4. 历尽沧桑	4. 农民的生活
第二板块 崇尚科学	1. 动手制作1	1. 罗小创造之足迹
	2. 动手制作2	2. 什么是创造发明
	3. 动手制作3	3. 怎样确立小课题
	4. 动手制作4	4. 缺点列举法
第三板块 践行感恩	1. 感恩的心	1. 拉住妈妈的手
	2. 世上只有妈妈好	2. 我爱妈妈的眼睛
	3. 妈妈的吻	3. 鲁冰花
	4. 父亲	4. 烛光里的妈妈
第四板块 播种兴趣	1. 笛子	1. 长笛
	2. 葫芦丝	2. 黑管
	3. 二胡	3. 萨克斯
	4. 古筝	4. 圆号
四年级		
第一板块 走进罗店	1. 陈伯吹与儿童文学	1. 中国科学院院士陈佳洱
	2. 丁婉娥与沪剧	2. 原国家卫生部部长钱信忠
	3. 潘光旦与优生学	3. 我为家乡做贡献
	4. 沈延太拍摄长江	4. 服务罗店,服务家乡

	第 一 学 期	第 二 学 期
	四年级	
第二板块 崇尚科学	1. 组合发明法	1. 设问发明法
	2. 联想法	2. 创意金点子
	3. 扩缩发明法	3. 创造发明我能行
	4. 希望点例举法	4. 专利申请
第三板块 心理健康	1. 心理健康活动课1	1. 心理健康活动课1
	2. 心理健康活动课2	2. 心理健康活动课2
	3. 心理健康活动课3	3. 心理健康活动课3
	4. 心理健康活动课4	4. 心理健康活动课4
第四板块 快乐生活	1. 心理健康活动课1	1. 心理健康活动课1
	2. 心理健康活动课2	2. 心理健康活动课2
	3. 心理健康活动课3	3. 心理健康活动课3
	4. 心理健康活动课4	4. 心理健康活动课4
	五年级	
第一板块 走进罗店	1. 罗店的明天	1. 小组合作,调查交流1
	2. 畅想罗店	2. 小组合作,调查交流2
	3. 描绘罗店	3. 魅力罗店调研报告
	4. 魅力罗店小调查	4. 总结、评价、表彰
第二板块 崇尚科学	1. 头脑风暴语言题1	1. 激情赛车
	2. 头脑风暴语言题2	2. 操控指导
	3. 头脑风暴动手题1	3. 赛车训练
	4. 头脑风暴动手题2	4. 赛车比拼
第三板块 践行感恩	1. 大声说出"感谢"	1. 妈妈知多少
	2. 洗脚	2. 老人的艰难
	3. 推小车送大娘	3. 内心表白倾真情
	4. 家庭趣味运动会	4. 人海茫茫

	第　一　学　期	第　二　学　期
	五年级	
第四板块 播种兴趣	1. 古典诗词	1. 古代诗人
	2. 国画赏析	2. 著名书画家
	3. 经典书法	3. 著名音乐家
	4. 篆刻技术	4. 著名科学家

2."七色花"课程

　　学校在科学人文素养培育的理念下,除了根据学生发展需求提出具有学校特色的限定拓展课程内容外,为了满足学生多元发展的学习需求,我们结合科学人文素养培育目标,统合校内外教育资源,我们开发了少年宫课程、"快乐半日活动"课程和"330"课程,这些课程内容,我们又称之为"七色花"课程。在这些课程开发过程中,我们对课程的主题和内容都进行了深入的研讨与挑选。如我们的"快乐半日活动"课程,在课程专家的引领下,规范课程编制,创编了82门学科课程,其中在学生的选择和学校的审核后,51门课程投入课程教学计划中,为学生进一步发展自己的个性特长,选择学习、主动发展提供了有力的帮助。后来,我们把这些课程称之为"七色花"课程。

"七色花"课程之"快乐半日活动"课程安排

序号	小　组　名	参　加　对　象	体系	活动地点
1	棒球小子	一、二年级每班3名	体育	一年级操场 二(6)
2	中国象棋入门	二年级每班3名、三年级每班2名	体育	一(1)教室
3	小小保健员	一年级每班3名,二年级每班2名	健康	一(2)教室
4	创意乐高建筑	一、二年级每班3名	科技	乐高屋
5	童眼读绘本	一、二年级每班3名	思维	一(3)教室
6	张开诗的翅膀	一、二年级每班3名	文学	一(4)教室
7	阿拉学讲上海话	一、二年级每班3名	文学	一(5)教室
8	绘本中的小世界	一年级每班6名	文学	一(6)教室

序号	小 组 名	参 加 对 象	体系	活动地点
9	绘本创意俱乐部	二年级每班 6 名	文学	二(1)教室
10	趣味折纸	一、二年级每班 3 名	艺术	录播教室
11	我们大家跳起来	一、二年级每班 3 名	艺术	唱游教室 2
12	树叶贴画	一、二年级每班 3 名	艺术	二(2)教室
13	画画民俗画	三年级每班 2 名,四、五年级每班 1 名	艺术	书法教室
14	书法入门	三年级每班 2 名,四、五年级每班 1 名	艺术	学生食堂西
15	Doremi 合唱社	三年级每班 1 名,四、五年级每班 2 名	艺术	唱游室 1
16	绘本故事表演	一年级每班 6 名	英语	二(3)教室
17	英语童谣 fun,fun	二年级每班 5 名	英语	二(4)教室
18	变废为宝	四年级每班 1 名,五年级每班 2 名	科技	三(2)教室
19	车模乐园	三年级每班 2 名,四、五年级每班 1 名	科技	自然实验室 1
20	探秘实验室	四、五年级每班 2 名	科技	四(4)教室
21	创造发明与知识产权	三年级每班 2 名,四、五年级每班 1 名	科技	电脑房 1
22	气象课程	四年级每班 1 名,五年级每班 2 名	科技	电脑房 2
23	玩转头脑奥林匹克	三到五年级每班 1 名	科技	科技工作室
24	小小实验员	一年级每班 2 名,二到五年级每班 1 名	科技	自然实验室 2
25	酸奶工坊	四年级每班 1 名,五年级每班 2 名	健康	三(3)教室
26	校园游戏	四年级每班 1 名,五年级每班 2 名	体育	综合楼花园三(1)
27	羽球飞扬	三年级每班 2 名,四、五年级每班 1 名	体育	风雨操场
28	玩转二十四点	三年级每班 4 名	思维	三(4)教室
29	数学文化古代乐园	四、五年级每班 2 名	思维	三(5)教室
30	跟着小导游,游遍上海	三年级每班 4 名	文学	三(6)教室

序号	小组名	参 加 对 象	体系	活动地点
31	MC(麦克苑)	三、五年级每班1名,四年级每班2名	文学	少先队室
32	名家名篇经典诵读	四、五年级每班2名	文学	四(2)教室
33	走进唐诗	五年级每班4名	文学	四(3)教室
34	悠悠葫芦丝	三年级每班2名,四、五年级每班1名	艺术	唱游教室2
35	布艺工坊	三、四年级每班2名	艺术	四(5)教室
36	趣味彩墨画	三年级每班2名,四、五年级每班1名	艺术	美术教室
37	创意彩泥	三年级每班2名,四、五年级每班1名	艺术	泥趣坊
38	钩针编织真美丽	三、五年级每班1名,四年级每班2名	艺术	五(1)教室
39	棒针编织真开心	三、五年级每班1名,四年级每班2名	艺术	五(2)教室
40	手工DIY	三到五年级每班1名	艺术	五(3)教室
41	魅力衍纸	三到五年级每班1名	艺术	五(4)教室
42	英语课本剧社	四、五年级每班2名	英语	五(5)教室
43	小小图书管理员	三到五年级每班1名	其他	阅览室
44	创意思维乐园	四年级每班1名,五年级每班2名	思维	五(6)教室
45	缤纷篮球	三到五年级每班1名	体育	篮球场(风雨操场)
46	生活中的数学	四年级每班4名	思维	四(6)教室
47	萌芽文学社	三年级每班4名	文学	四(1)教室
48	足球小将	三到五年级每班1名	体育	操场(学生食堂)
49	我爱多肉	三到五年级每班1名	其他	二(6)教室
50	OH卡游戏	随班就读和学困生	健康	资源教室
51	少儿软陶	一、二年级每班2名	艺术	微课教室

3."野百合"课程

每一个孩子的天资秉性各异、兴趣爱好不同、喜欢的活动类型也各不相同。针对这一学情,我们创设活动课程,我们相信每个孩子都能在自己喜欢的活动课程中智力得到开发,能力得到提升。我们要为学生的成长,提供丰富而又有特色的活动内容。为此,我们围绕培育科学人文素养这一主题,综合性地规划了五大类别的课程体系,推出 40 多个活动项目,让每一个罗店地区的未成年人,都能找到自己喜欢的活动课程。意在让每一个孩子在这个舞台上相互交流,体验和扮演自己喜欢的角色,使自己兴趣、爱好得到更好的专题学习与体验,使孩子回归天真的本原,从而凸显我校科学人文素养培育的这一主题。其中,我们把"数学节、英语节、科技节、感恩节、彩灯节、童话节、体育节、艺术节"八大主题活动和"一年级的小红星儿童团入团仪式、二年级的少先队入队仪式、三年级的十岁生日集体班会、四年级的大手牵小手活动、五年级的小学毕业典礼"五个年级的成长礼活动,称之为"野百合"课程。

活动 分类		科学与社会	人文与艺术	健康与运动	＋课程
常规活动	日常活动	午间俱乐部之奇思妙想 午间俱乐部之数学小达人	午间俱乐部之歌曲欣赏 午间俱乐部之童话乐园 午间俱乐部之书海漫游 午间俱乐部之天天演	晨锻活动 课间活动 阳光体育 心理辅导	
	社会实践	家乡小调查 参观吴淞海军博览馆 参观禁毒展示馆 参观国防民防教育基地	参观花神堂 参观罗店龙船展示馆 参观顾村民间博览馆 服务家乡,感恩践行		亲子农业种植
	主题活动	入学仪式、入团仪式、入队仪式、十岁集体生日、毕业典礼、少代会、彩灯节、三八妇女节、清明节、劳动节、儿童节、教师节、国庆节、感恩节			
	N 项活动	专利申请会 玩转创新星	罗小好声音 罗小达人秀 爱心义卖会 幸福大舞台	阳光跳蹋赛 趣味运动会	
	学科活动	体育节、艺术节、科技节、童话节、数学节、英语节			

二、课程案例

　　为了落实"启梦"课程的规范化开发,开启科学人文素养的培育之路,我们在专家的指引下,进行"启梦"校本课程的培训与开发。其中"校园游戏 30 分"设计纲要是我们开启的第一步……

"校园游戏 30 分"设计纲要

　　1. 科目开发背景

　　游戏,作为教育者的我们,人人都会一点,人人也都喜欢,也包括我们的教育对象学生。同样,游戏,对孩子们来说也是非常重要的教育资源。儿童心理学、发生认识论的开创者皮亚杰认为:游戏给儿童提供了巩固他们所获得的新的认知结构及发展他们情感的机会。心理学家维果茨基提出了最近发展区的思想,认为游戏在儿童发展中起着巨大的作用,游戏创造了儿童的最近发展区。因此,游戏是有效教育和引导孩子们健康成长的良好手段。它们是孩子们童年时代美好的成长历程,对孩子们心理健康发展也起到了非常重要的作用。

　　游戏是孩子们的天性,我们应该适时地加以吸引。罗店中心校在第一轮创建新优质学校的方案中提出了校园文化目标:创设科学化、人文化、学习化的校园科学人文素养的生态环境,让校园弥漫着崇尚科学人文素养的浓郁氛围。由此可见,校园人文培育与发展是学校未来发展的重点。校园游戏属于校园人文培育的一个方面,它也是培育科学人文素养的一种有效载体。

　　科学人文素养是科学素养和人文素养的总称。科学人文素养指的是:在小学中强调以人为本的文化理念,注重突出人在创新活动中科学的基础知识与技能、科学的学习基本过程与方法以及科学的情感、态度与价值观等一系列三维目标内容的重要性,提倡建立在求真基础上的以求善、求美为宗旨的人文精神内涵,建立以人文知识为基础、以人文精神为核心、以人文行为为外显的人文素养内涵。

　　小学生培育科学人文素养的目标确定为:运用陶行知"教学做合一"和"六解放"思想,通过"用大脑学习——善学、静思;用双手创造——实践、创新;用心灵感恩——自主、快乐;用兴趣启航——健康、成长"这四项学风,培养学生热爱科学、了解科学知识,拥有创新意识、创新能力和知识产权保护意识等素养,同时能拥有感恩身边的伙伴、教师、学校及社会的行为,体现求真、求善、求美的人文精神内涵,并产生对科学人文素养内容的兴趣,让扎实的科学素养和丰实的人文素养成为学生生命的一部分,让学生健康快乐的成长。

校园游戏,顾名思义,是适合在校园里玩耍的一种有益身心健康、增进身体机能发展和增强身体体质的娱乐活动。本课程中的校园游戏以学生团队为主体,适合进行各种团队活动训练的学生为对象,运用"一补一"学科整合理念,将体育游戏和校园游戏人文背景的教学内容相整合,通过合作活动为主的游戏方式,进行科学的游戏训练,了解校园游戏的人文背景知识,促进团队成员相互之间的沟通,帮助团队成员学会人与人之间的信任,通过多人团队游戏的形式来表现团队成员之间的协作能力和合作意识,重新认识校园游戏中的自我,从而播下科学人文兴趣的种子,遵守合作人群中的同学关系,努力营造一个健康快乐的校园文化环境。

2.科目目标

(1)知识与技能

① 在校园游戏活动过程中,尝试了解过去的经典传统游戏和现代的团队游戏的人文发展背景内容,知道校园游戏文化的传承与发展历史。

② 初步具有个体的学习经历、经验和体验,能科学地熟练玩转各类校园游戏,尝试创新自编游戏内容和形式。

(2)过程与方法

通过学一学、玩一玩、改一改等学习形式,参与各项游戏活动的体验和感悟,促进团队成员相互之间的沟通、信任和合作意识。

(3)情感态度价值观

在校园游戏中学会相互沟通、学会人与人之间的信任、培育团队成员之间合作意识,重新认识校园游戏中的自我,形成培育科学人文素养下校园游戏的兴趣,从而营造健康快乐的校园文化环境。

3. 科目内容

单元序列	单元题目	课序	课文题目	课时	内容要点和目标指向
第一单元	回顾身边游戏	1	我的角落游戏	1	单元内容： 1. 本单元以"我的角落游戏"为载体，介绍学生自己切身的游戏经历和对个人的影响。 2. 通过儿童介绍自己玩游戏的体会，介绍儿童游戏的操作策略。 单元目标： 1. 通过介绍"我的角落游戏"，知道健康游戏的内容，明辨健康游戏的意义。 2. 通过游戏案例的列举，初步了解游戏玩转的基本策略。
		2	游戏玩转策略	1	
第二单元	玩转传统游戏	3	单人娱乐游戏项目之造房子	1	单元内容： 本单元介绍传统游戏跳橡皮筋、跳房子、扔沙包和打弹珠，主要采用人文学习和合作活动的学习形式，初步了解传统游戏的发展历史和项目内容，介绍各种传统游戏的玩法，玩转各项传统游戏。 单元目标： 在游戏活动过程中，知道各种游戏的名称，玩转各种传统游戏，学会各种游戏技巧。 在玩转游戏的同时，引导学生规范学习行为，融洽游戏成员的关系。
		4	两人娱乐游戏项目之打弹珠	1	
		5	多人娱乐游戏项目之跳皮筋	1	
		6	多人对抗游戏项目之扔沙包	1	
第三单元	玩转现代游戏	7	三人合作游戏梦之盲人三角	1	单元内容： 本单元共设立盲人三角、坐地起立、过关斩将、蚂蚁搬山等12个游戏作为教学内容。它们包含团队游戏和体育游戏，内容涉及团队合作精神培养和各项身体技能的训练，适合场外游玩。
		8	六人团队合作游戏之坐地起身	1	
		9	十人团队合作游戏之抛球游戏	1	

单元序列	单元题目	课序	课文题目	课时	内容要点和目标指向
第三单元	玩转现代游戏	10	七人体育游戏之漫游太空	1	单元目标： 1. 通过游戏活动的开展，知道各种游戏名称，明白团队力量的重要性，培养学生动作的一致性和团队合作意识。 2. 通过丰富的游戏项目的开展，熟练学会并知道各类游戏的玩法，并能利用课余时间组织类似活动，以促进小学生身体技能训练的提高。
		11	十二人体育游戏之穿梭跑	1	
		12	三十四人体育游戏之蚂蚁搬山	1	
		13	全班体育游戏之拉网捕鱼	1	
第四单元	玩转创意游戏	14	自编游戏之混搭三兄弟	2	单元内容： 本单元运用做中学、玩中学的陶行知学习思想理论，合作完成自编游戏和玩转新游戏。 单元目标： 在学生玩转游戏的基础上，合作完成新游戏的创编和实践验证，激发学生创新意识，培养学生科学人文素养。
		15	玩转游戏之评价混搭三兄弟	1	

4. 科目实施

(1) 选修条件

本课程教学对象为四至五年级学生(友情提示：医学上不适合参加户外游戏活动的学生尽可能不要选此课，如先天性心脏病、气喘病等)，人数控制在 40 人以内，共计 16 课时，每节课活动时间为 30 分钟。

(2) 设备需求

在开展活动时需要根据教学内容，配备一些必要的活动器材，如：球、弹珠、绳子、指压板、眼罩等，以支持教学正常开展和保护小学生学

习活动安全。

（3）活动形式

班级人数 40 人为佳，教学组织形式主要为自主选课，学习活动场所主要以室外场地为主。活动时学生采用分组合作学习为主要教学活动策略，同时积极渗透科学人文素养的培育，促进学生全面健康的发展。

（4）实施原则

根据新课程要求和我校实际，在课程实施过程中采取"积极稳妥、逐步深化、逐年推进"的策略，体现以人为本的精神，以促进学校发展、教师专业成长和学生发展为基本价值取向。

① 实事求是原则。一要严格按照课程实施纲要，落实好开设的各项活动内容，不少上也不多上。二要客观反映教学中出现的问题，以人为本，有的放矢地寻找解决问题的办法。

② 选择性原则。本课程参与学校选课系统，为学生积极营造公平选择的机会，激发学生的学习兴趣，为学生提供学习方面的最近发展区。

③ 主体性原则。学生在活动过程中，教师积极发挥其参与学习活动的热情，在学生的学习形式、活动体验的过程方面，给学生充分的体验和活动经验的分享，发挥其主体作用。

④ 整合性原则。抓住新课改的契机，将课程整合理念积极引入教学活动，实施过程作为科学研究过程，各种方案的制定和实施均以项目和课题的形式出现，以此提高教师的科研水平，推进课程教学改革。

（5）配套资源

① 出版图书《团体心理游戏实用解析》田国秀主编

② 游戏课程内容，来源于网络（2017 年 8 月 1 日）。

参考网址：https://wenku.baidu.com/view/2047e027aaea998fcc220ea5.html

（6）相关说明

① 室外教学内容实施前，必须要对学生进行必要的身心健康询问，发现问题，及时安排休息，并安排有责任心的学生进行互助活动。

② 每次活动前应该认真做好各项准备工作，包括必要学习器材和

学生课前热身运动。

③ 本课程开设的各项活动内容,可以在单元教学中按照实际情况,授课顺序可以适当变动,并作适当调整使用说明,以便今后进一步对教学内容调整和完善做参考依据。

5. 科目评价

本学科实施学校拓展型课程的评价方案,具体内容如下所示:

(1) 评价原则

① 发展性原则:本课程评价积极遵循学生发展规律,建立科学的评价内容体系,使学生的评价符合拓展课程评价要求,又能结合学校科学人文素养培育的总体要求,关注的是学生终身发展所需的知识技能、过程与方法以及情感态度价值观。

② 主体性原则:在整个游戏学习活动过程中,承认、重视并坚持以学生为学习的主体,创造条件并给予学生更多的学习空间,突出学生主体在实践和认识活动中的地位和作用。

③ 过程性原则:在游戏活动中关注学生学习活动中的学习经历、体验和感悟,并采用积极地评价机制,积极引导学生注重平时的学习表现,在日积月累中不断提升自己科学人文素养的基本条件。

④ 多元化原则:本课程评价中知识与技能、过程与方法、情感态度价值观这三个维度提出基于课标和学校《启梦》课程所培育的评价要求,使课程评价不仅仅关注某一方面的发展,而且注重学生多元的发展、个性化发展,从而不断培养学生的创新精神和创新能力,实现学生健康快乐的成长。

(2) 评价内容

对学生学业成果的问卷式评价

"校园游戏30分"活动质量调查评价

1. 性别:男(　　　) 女(　　　)

2. 你的年级:四年级(　　　) 五年级(　　　)

3. 你在"校园游戏30分"经常参与游戏吗?

经常(　　　) 有时(　　　) 很少(　　　) 从来不玩(　　　)

4. 你是否喜欢"校园游戏30分"中所设置的各项游戏?

是(　　　) 否(　　　)

5. 你觉得"校园游戏30分"最吸引你的地方是什么? 多选题

活动精彩（　　）　过关时的成就感（　　）

身边有朋友合作玩（　　）　可以增加集体荣誉感（　　）

6.你觉得"校园游戏30分"游戏中的"快乐感和胜利感"可以增强你的自信心吗？

经常（　　）　有时（　　）　很少（　　）　从来不（　　）

7.你觉得通过游戏可以摆脱学习时的"枯燥"感吗？

经常（　　）　有时（　　）　很少（　　）　从来不（　　）

8.你是否希望上"校园游戏30分"老师在课堂中再多加入些游戏？

是的（　　）　不用（　　）　加不加都可以（　　）

9.你在课堂上是否参与"自编游戏"的设计？

是的（　　）　没有（　　）

10.你希望在今后的课堂上老师加入些什么样的游戏？

田径类（　　）　体操类（　　）　球类（　　）　接力类（　　）

心理健康类（　　）

学习小组个人自评单

班级_____　学生姓名_____　日期_____

评 价 标 准			学习自我评价（按学习要求，用 √ 给自己评一评）		
指标		评价内容	优秀	良好	一般
知识与技能	1	了解自己所学的基础知识内容。			
	2	能运用所学，对简单的学习问题发表不同的意见。			
过程与方法	3	有充分时间进行学习、讨论、交流活动。			
	4	小组合作中能选用科学的学习方法完成新的学习任务。			

评　价　标　准			学习自我评价（按学习要求，用 √ 给自己评一评）		
指标		评　价　内　容	😄 优秀	😐 良好	🙁 一般
情感、态度与价值观	5	能始终积极参与各项学习活动，对所学内容感兴趣。			
	6	对自己关心的问题，进行适当地质疑、追问。			
	7	学习中能主动适应或创新学习活动，有创新欲望。			
	8	在合作中有发现问题、收集信息、科学处理问题的善学行为、态度和习惯。			
	9	活动中能表现出求真、求善、求美的有责任心的行为。			
自我学习		我在科学人文素养课堂学习过程中的表现为	😄 ＿个	😐 ＿个	🙁 ＿个

评价方法说明

校本拓展型课程的评价从两方面进行。其一，关注课堂游戏活动中教师科学人文素养培育和实施的情况，同时，通过学业问卷调查的编制，重点关注是否关注了每一学习个体的需要，尊重和体现了个体的差异，激发了个体的主体精神，以促使每一个体最大可能地实现其自身价值。其二，是否通过落实了一学期的学习活动目标，确保学生身心健康的发展。

学生的评价：对学生采用日常激励性评价、赏识性评价、学习小组个人自评单和期末学业成果调查问卷《"校园游戏 30 分"活动质量调查评价》，注重学生主体日常参与实践的过程及在这一过程中所表现出来的积极性、合作性、操作能力和创新意识。评价注重过程性评价与综合性评价相结合，积极运用各项评价标准，关注学生的个体发展，尊重和体现学生个体发展。以促进实现自身价值为最终目标。

第五节　课　程　评　价

课程评价是指检查课程的目标、编订和实施是否实现了教育目的，实现的程度如何，以判定课程设计的效果，并据此做出改进课程的决策。

一、课堂评价

拓展性课程的实施关注学生在成长历程中的满足感与收获感，注重学生在学习过程中的积累，以满足学生全面发展的需求。以"限定拓展课"中的科学人文素养课程的实施，培育学生良好科学与人文的素养；以"自主型拓展课"的开设，提供了丰富的学习内容，促进学生的健康成长。

1. 对学生学习评价

每学期，任课教师按学校积点评价方案标准，通过活动考勤、学习作品、学习单或任务单等完成情况，对学生校本课程的参与情况、学习情况、活动情况等方面做出评价，并给予积点奖励。同时评价以"优秀""良好""及格"和"须努力"四个等第分别记录在《学生成长记录册》中。

2. 对教师教学评价

在实施过程中，对研究、设计、实施、评价和管理课程的能力与课程目标的达成度等方面，学校通过巡查、听课、听取学生的反馈的方法，根据活动开发与实施的状况以及课程目标的达成度对教师进行评价（见科学人文素养课堂学习评价表）；并通过问卷调查、座谈、个别调查等方法，由学生对教师做出评价。期末，学校对教师设计、开发和实施活动的意识和能力进行学期评估，以科目设计的评价单综合考量课程的科学性、时代性、层次性和综合性。

科学人文素养课堂学习评价表(拓展型、研究型课程)(试行稿)

学习内容								
班　级		指导老师					评估者	
评价项目	权重	评价标准	评价等第标准			指导老师自评	评估教师评价
			较好达成	基本达成	须努力		
知识与技能	基础知识素养	10分	1. 掌握与学习主题有关的主要知识点。	5—4分( )	3分( )	2—0分( )		
			2. 知道与学习主题有关的生命健康的背景知识。	5—4分( )	3分( )	2—0分( )		
	基本技能素养	10分	1. 能运用所学,对遇到的问题作出合理地回答,会学习。	5—4分( )	3分( )	2—0分( )		
			2. 面对学习问题,能尝试三种以上不同方法进行探究。	5—4分( )	3分( )	2—0分( )		
过程与方法	基本学习过程	15分	1. 能满足学习活动的一般步骤,过程清晰、合理。	7—6分( )	5—4分( )	3—0分( )		
			2. 学习活动有充分自学、讨论、交流机会。	8—7分( )	6—5分( )	4—0分( )		
	基本学习方法	15分	1. 在学习过程中明白自己所用的科学方法。	7—6分( )	5—4分( )	3—0分( )		
			2. 小组合作中能运用科学的学习方法完成课堂中新的学习任务。	8—7分( )	6—5分( )	4—0分( )		

第一章　“启梦”之树

评价项目		权重	评价标准	评价等第标准			指导老师自评	评估教师评价
				较好达成	基本达成	须努力		
情感、态度与价值观	科学兴趣	15分	1. 在学习过程中能始终积极投入，参与面100%。	7—6分（　）	5—4分（　）	3—0分（　）		
			2. 有自己感兴趣的问题，并进行适当地质疑、追问。	8—7分（　）	6—5分（　）	4—0分（　）		
	科学习惯	15分	1. 学习活动中能主动适应或创新学习活动，有新意。	7—6分（　）	5—4分（　）	3—0分（　）		
			2. 能发现问题、收集信息、科学处理问题的善学行为。	8—7分（　）	6—5分（　）	4—0分（　）		
	科学精神	15分	活动中能表现出求真、求善、求美的自觉人文行为。	15—12分（　）	11—9分（　）	6—0分（　）		
特色培育		5分	三维目标设计符合课程标准和学生学情。	5—4分（　）	3分（　）	2—0分（　）		
总评(简述)						总计(分值)		

二、积点评价

根据学校提出的"播种兴趣　遇见未来　奠基幸福——让每一个学生健康快乐地成长"的办学理念，我们以激发学生进一步学习的兴趣为抓手，全面提高每位学生科学人文素养、发展每位学生个性特长的目标，学校在所开设的课程教学过程中全面实施积点评价管理机制，要求教师在教育教学过程中使用激励语言、激励评价方式等，通过课堂积点激励、兑换奖品或荣誉等形式，充分调动学生学习兴趣和自主参与学习活动的热情，进而形成不断努力学习的强烈欲望以及夯实学生学习的自信心。

我们积点评价内容的设计，偏重于学生学习兴趣的培养、学习习惯的养成，涉及学科类、活动类、行规类三个方面。孩子在校内外的每一次参与、每一份努力、每一个进步，学校都会通过赠予积点的方式给予相应的肯定。与此同时,我们又在征求学生需求之后,从物质奖励、荣誉奖励、活动奖励等方面分别制订了相应的兑换方案。琳琅满目的奖品、各种各样的活动、令人羡慕的荣誉都能成为孩子们兑换的内容。另外,孩子们还能选择用积点成就他人的梦想、结识更多的朋友。其中的和校长喝下午茶、和老师共进午餐、到喜欢的老师家里去玩等最赚人气。积点评价活动产生了"蝴蝶效应",既评价了学生积极参与学校各种活动的积极性,又在改进学生和家长与学校和教师之间关系中探索出了一种新的路径。

（徐　琳　金志刚　王双琳）

第二章

——「启梦」之花

第一节 "蒲公英"课程

"蒲公英"课程就是我们学校的种子课程,旨在通过教师们自主开发的 160 课时的限拓型课程的实施,让具有地域特色、学校特色的项目像蒲公英的种子一样广泛播撒,在每个孩子心田生根发芽。

此课程各个年级均包含四大板块:第一板块"走进校园"或"走进罗店",我们想让刚踏入校园的一年级孩子熟悉校园,让其他年级的孩子熟悉自己生活成长的这片土地。另外三个板块分别是"崇尚科技""践行感恩"和"播种兴趣"。因为科技教育、感恩教育和学校少年宫是我校多年来形成的几大品牌项目,我们想通过此课程扩大这些特色项目的普及面、参与面,真正成为惠及每个孩子的特色教育。

课例 1

学校的历史

罗新路上有个 765 号,
这里就是我们的学校。
她的名字叫罗店中心校,
她建立于 1911 年,
至今已有一百多岁,
比我爷爷的年纪还要大。
哈哈,你说她老不老?

她原来不在罗新路上,
而在罗店赵巷的花神堂里。

她的原名叫"棉业小学"。

她已经搬了好几次家，

从花神堂搬到了市一路162号，

从市一路搬进了罗新路765号。

哈哈，你说她新不新？

以前的花神堂

现在的花神堂

1988年搬入市一路162号

2013年9月搬入现校址

罗新路上有个765号，

这里就是我们的学校。

新校舍新面貌，

草儿绿，树儿高，

花儿香，鸟儿叫，

校园处处有欢笑。

哈哈,你说她美不美?

思考:

1. 我们的学校叫( )。

2. 我们学校已经有( )岁了。

3. 我们学校原来的名字叫( ),后来改名叫
( )。

4. 我们的学校原来在罗店镇的( ),后来还搬到过
( )路,2013年9月刚搬到( )路765号。

5. 你喜欢我们的新学校吗?

星星榜:

(根据学习反馈的情况,奖励自己小星星)

☆☆☆☆☆

学校历史

一、教学目标:

1. 知道学校的名称,了解地是一所有百年历史的老学校,同时又是一所充满朝气与活力的年轻学校。

2. 了解学校创建于1911年,原址为罗店赵巷西街的花神堂,1988年搬入市一路162号,2013年9月又迁入罗新路765号。

3. 能感受到成为一名罗小学生的光荣和快乐,萌发对学校的喜爱之情。

二、教学重点:

1. 知道学校的名称和百年历史。

2. 知道学校现在的地址。

三、教学难点:

1. 了解学校的搬迁史。

2. 激发爱校情感。

四、教具准备:

多媒体PPT

五、教学过程：

（一）谈话导入

1. 老师：小朋友们，从今天起，我们不再是幼儿园孩子了，我们有了一个新的名字，你们知道是什么吗？（小学生）

老师：是啊，小学生，是多么光荣的名字啊。今后五年，我们将要在罗小学习知识，结交朋友，懂得道理。五年的小学生涯，就从今天开始了。

小朋友，我们都是一年级的小学生了，大家知道我们学校的名称叫什么？

2. 小朋友来看看这是哪里？你认识吗？（出示图片）

哦，这是我们上海市一城九镇之一的"金罗店"。再看看这条街叫什么街？

它叫赵巷西街。这里是赵巷西街 120 号。它叫"花神堂"。它是我们学校原来的地址。学校原来不叫罗店中心校，而叫"棉业小学"。在1911 年有一个叫罗升的商人创办了这所学校。后来在"文革"中把"棉业小学"改为现在的"罗店中心校"。

（二）学习第一节

1. 听老师读第一节，指名说说听到了什么。

2. 出示第一节内容，自由大声读。

3. 指名读，小组读。

4. 引读，完成反馈题（第 1、2 小题）。

（1）我们的学校叫（　　　　　　）。

（2）我们的学校有（　　　　　　）岁了。

小结过渡：通过学习第一节，我们知道了，我们学校现在在罗新路765 号，她已经有一百多岁了，是一所历史悠久的老学校。

（三）了解学校的搬迁史

1. 学习第二节

（1）自由大声读第一小节，说说这一节又告诉我们什么。

（2）完成反馈题（第三小题）。

2. 引读第二小节

（1）自由大声读第二节，说说这一节又告诉我们什么。

我们学校搬过家，一共搬了两次家。第一次搬家是在 1988 年，第二次搬家在 2013 年 9 月。

（2）完成反馈题（第四小题）。

我们的学校原来在罗店镇的（　　　　），后来还搬到过（　　　　）路，2013年9月我们搬到（　　　　）路765号。

（四）学习第三节，激发学生爱校热情

1. 跟读第三节，说说你读了这一节，有什么感想？

2. 交流，开火车读。

3. 完成反馈题（第五小题）你喜欢我们的新学校吗？

老师：我们的学校有着悠久的历史，这其中搬过几次家，学校的规模也在一次次扩大、壮大。我们学校在各个方面取得的成绩越来越多，希望各位小朋友在这五年的学习中多学知识，多学本领，将来做个对社会有用的人才。

（五）学生完成思考题

1. 我们的学校叫（　　　　）。

2. 我们学校已经有（　　　　）岁了。

3. 我们学校原来的名字叫（　　　　），后来改名叫（　　　　）。

4. 我们的学校现在的地址是罗新路（　　　　）号。

5. 你喜欢我们的新学校吗？

（六）收获园（星星榜）

学生涂星。

（陶　青）

课例 2

龙船展示馆

"罗店龙船"是从明清开始就流传于上海宝山罗店镇的一种民间风俗活动，至今已有四百多年的历史。它是一种表演活动，是集音乐、器乐、戏剧、曲艺、杂技、舞蹈和其他民间表演艺术于一体的民俗艺术。

一条罗店龙船基本由五部分组成：船体、艄亭、牌楼、旗仗、台角。造型别具一格，船体小，船底平，吃水浅，出驶快，小巧玲珑，宜于在本地狭小河道中行驶。

罗店至今已成功举办了八届龙船文化节，并建立了罗店龙船文化陈列馆，"罗店龙船"也已成功申请成为上海市国家级非物质文化遗产，与此同时，罗店也凭借龙船文化被评选为：上海2011—2013年度"中国民间文化艺术之乡"。

在罗店龙船文化展示馆内陈列着许多艘龙船模型，龙船的形态各异，姿态优美，形状像极了一条龙。

罗店龙船的制作工艺荟萃了造船、建筑、雕刻、扎灯、织棉、刺绣、书画等造型艺术的手法，造型别具一格，十分美丽。

划龙船表演以"打招"的形式进行，龙船交叉往返，有的互相追逐，有的相向穿行。划手们有时挺身举桨，有时横身卧水，可变换出种种队形。

罗店龙船已经成为罗店旅游业的品牌之一，罗店农家乐的代表地之一。多次举办的罗店龙船文化艺术节吸引了许多海内外朋友，罗店也因龙船文化闻名遐迩。

收获园:

填一填:一条罗店龙船由_____、_____、_____、_____ 和 _____ 五部分组成。

圈一圈:

罗店龙船是否已成功申请成为国家非物质文化遗产?
A. 是　B. 否

罗店凭借龙船文化被评选为:上海 2011—2013 年度"中国民间文化艺术之乡"。
A. 是　B. 否

说一说: 为了让罗店的龙船文化世代相传,我们作为一名小学生,能做点什么呢?

画一画: 画一画你喜爱的龙船是什么样的?

自我评价 ☆☆☆☆☆

龙船展示馆

一、教学目标:

1. 让学生了解知道罗店龙船文化的简单历史、展示馆内部构成、馆内展示等。

2. 介绍罗店龙船,普及罗店龙船文化。

3. 开拓联想,激发学生的创造性思维。

4. 激发学生对龙船的兴趣以及对身在罗店的荣誉感。

二、教学重点:

罗店龙船的构造。

三、教学难点：

罗店龙船文化。

四、教学准备：

PPT、视频

五、教学过程：

（一）谈话引入

师：端午节是我国传统节日之一。大家知道端午节有什么传统风俗吗？生：吃粽子，赛龙舟！

师：赛龙舟，是端午节的主要习俗。相传起源于古时楚国人因舍不得贤臣屈原投江死去，许多人划船追赶相救。他们争先恐后，追至洞庭湖时不见踪迹。之后每年五月五日划龙舟以纪念之。借划龙舟驱散江中之鱼，以免鱼吃掉屈原的身体。竞渡之习，盛行于吴、越、楚。现在跟老师一起看一段赛龙舟的视频好吗？生回答：好！

播放赛龙舟视频后，引出本课主题：龙船文化展示馆。

（二）罗店龙船文化展示馆的历史、民俗习惯

师："罗店龙船"是从明清开始就流传于上海宝山罗店镇的一种民间风俗活动，至今已有四百多年的历史。它是一种表演活动，集音乐、器乐、戏剧、曲艺、杂技、舞蹈和其他民间表演艺术于一体的民俗艺术。

接下来老师就会带大家走进罗店龙船文化展示馆，去欣赏更多的罗店龙船。大家准备好了吗？（生：好了！）

（三）龙船构成

以图片详细介绍一艘龙船的构成，老师按图详细解释，并一起解释龙船行驶的特点。

师：一条罗店龙船基本由五部分组成：船体、艄亭、牌楼、旗仗、台角。造型别具一格，船体小，船底平，吃水浅，出驶快，小巧玲珑，宜于在本地狭小河道中行驶。

师：大家喜欢龙船吗？（生回答：喜欢！）为了把罗店龙船文化世代传承下去，罗店镇还特意建造了罗店龙船文化展示馆。

（四）取得的荣誉

师：罗店至今已成功举办了八届龙船文化节，并建立了罗店龙船文化陈列馆，"罗店龙船"也已成功申请成为上海市国家级非物质文化遗产。与此同时，罗店也凭借龙船文化被评选为：上海 2011—2013 年

度"中国民间文化艺术之乡"。

（五）龙船模型欣赏

师：接下来跟着老师一起进入馆内，一起看看各种各样的龙船，好吗？生回答：好！

播放各类龙船模型照片。

（六）罗店龙船制造工艺

师：罗店龙船的制作工艺荟萃了造船、建筑、雕刻、扎灯、织棉、刺绣、书画等造型艺术的手法，造型别具一格，十分美丽。

师指着PPT上的龙船图片说明每一个手法的体现。

（七）划龙舟

师：那既然有了龙船，每年端午节都会上演划龙舟的好戏。我们来看看划龙船的表演有什么特点呢？

师：划龙船表演以"打拵"的形式进行，龙船交叉往返，有的互相追逐，有的相向穿行。划手们有时挺身举桨，有时横身卧水，可变换出种种队形。

（八）总结

罗店龙船已经成为罗店旅游业的品牌之一，罗店农家乐的代表地之一。多次举办的罗店龙船文化艺术节吸引了许多海内外朋友，罗店也因龙船文化闻名遐迩。

教学反馈：

小练习：

填一填：一条罗店龙船由＿＿＿＿、＿＿＿＿、＿＿＿＿、＿＿＿＿和＿＿＿＿五部分组成。

答案：船体、艄亭、牌楼、旗仗、台角。

圈一圈：

罗店龙船是否已成功申请成为国家非物质文化遗产？　A. 是
B. 否

罗店凭借龙船文化被评选为：上海2011—2013年度"中国民间文化艺术之乡"。　A. 是　B. 否

答案：B(只申请到上海市的)，A

说一说：为了让罗店的龙船文化世代相传，我们作为一名小学生，能做点什么呢？

答案：多观看端午节赛龙舟活动,和家人一起去参观罗店龙船文化展示馆,向家人展示自己画的龙船。

画一画：画一画你喜爱的龙船是什么样的?

自我评价　☆ ☆ ☆ ☆ ☆

（李苏苏　张莉娟）

课例 3

认 识 车 模

放映院

你观看过赛车比赛吗?

你观看过赛车比赛吗?有没有被赛车的惊险场面惊吓?有没有为赛车手的生命安全担心?有没有被赛车手的高超车技折服?请你说说观看后的感想。如果你没有见过赛车的场面,那么请你观看以下赛车视频(真人真车视频、越野比赛实况、8分钟的F1赛车比赛、遥控赛车漂移)。

请看赛车视频

车模工作室

你玩过车模吗?

什么是车模?

你玩过车模吗?什么是模型车?什么是玩具车?

模型车与玩具车的区别

一、模型车与玩具车的区别：

汽车模型有以下特点：

1.原厂授权　2.高度仿真还原　3.升值　4.精密的做工　5.价格高　6.汽车文化载体

玩具车的特点：

1.不需原厂授权　2.不需要高度仿真还原　3.玩具车不会升值　4.不需要精密的做工　5.价格低廉　6.玩具车不是汽车文化的载体

聊聊吧

有话大家说

遥控车的主要部分

二、遥控车知识

一辆遥控车主要由哪些部分组成？

1.车架（包括外壳、底盘）。

2.动力系统（电机、电池和传动系统、转向系统）。

3.控制系统（包括遥控信号的接受处理）和驱动执行（正反转、转向等）。

4.操作系统（遥控器）。

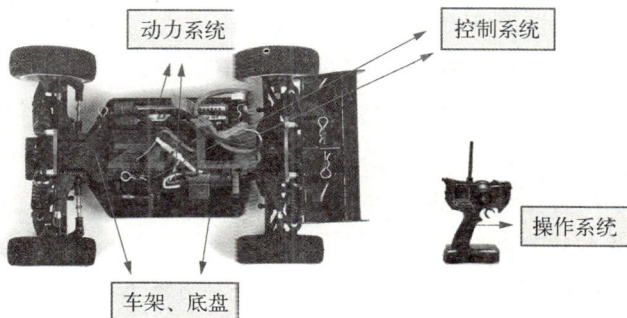

认 识 车 模

一、教学目标：

1.了解车辆模型运动是集竞技、科技、健身、益智为一身的科技体育运动项目。

2. 了解模型车与玩具车的区别,知道一般模型车的主要部件及功能。

3. 知道车辆模型竞技运动中团队合作精神的重要性。

二、教学重点:

了解车辆模型运动是集竞技、科技、健身、益智为一身的科技体育运动项目。

三、教学难点:

知道一般模型车主要部件的功能。

四、教学准备:

课件、模型车、玩具车

五、教学过程:

(一)导入:你观看过赛车比赛吗？有没有被赛车的惊险场面惊吓？有没有为赛车手的生命安全担心？有没有被赛车手的高超车技折服？请你说说观看后的感想。如果你没有见过赛车的场面,那么请你观看以下赛车视频。

(二)观看视频:(真人真车视频、越野比赛实况、8分钟的 F1 赛车比赛、遥控赛车漂移)

(三)谈谈观后感:学生谈观后感。

(四)学习车模知识:

1. 模型车:模型具有真车的比例,操控方式,甚至结构。跑起来能快能慢,能拐弯,能前后操控,甚至还能刹车,也就是有油门。能根据遥控器的油门进行操纵。

2. 玩具车:玩具汽车只能前后左右操控,没有油门,只能根据电池电量的大小而决定快慢,做工也不如汽车模型。

3. 模型车与玩具车的区别:

模型车的特点:	玩具车的特点:
1. 原厂授权	1. 不需原厂授权
2. 高度仿真还原	2. 不需要高度仿真还原
3. 升值	3. 不会升值
4. 精密的做工	4. 不需要精密的做工
5. 价格高昂	5. 价格低廉
6. 汽车文化的载体	6. 不是汽车文化的载体

很多人应该都有同样的疑问，为什么同样是玩具，汽车模型与汽车玩具的价格会差距这么大呢？其实如果你用玩具的眼光来看待汽车模型的话那你就大错特错了。因为汽车模型与汽车玩具有着本质的区别，两者是不可以相提并论的。我们从两者的销售与消费的群体都可以看出原因。汽车玩具我们随意地就可以在小商店或者批发市场购买到，但是汽车模型只有经过相关汽车模型生产商的授权才能进行销售的，所以只有汽车模型专卖店或是高档大型商场才能寻找到它们的踪迹。以下我总结了汽车模型身价如此高昂的几个原因。

（1）汽车模型要求材质：因为汽车玩具面向的消费群体只是一些低年龄段的儿童，所以厂家在制作开发的时候都是比较随意简单；但购买汽车模型的人群都是有消费能力的群体，汽车模型厂家在生产时大多都是采用树脂或者合金进行制造。因此造成了汽车模型的高身价。

（2）汽车玩具在制造工艺上比汽车模型简单许多。例如：汽车模型车身上的图案花纹都是通过严格专业金属烤漆后移印出来的，而汽车玩具只是简单地用印花贴纸进行粘贴。二者这方面是无法比拟的。

（3）许多的玩具都只是模仿汽车造型不需品牌授权，所以就不需要支付高额的版权费。可是汽车模型必须忠实于原车的外观、内饰、功能，因此在制造汽车模型前必须支付高额版权费才能进行生产、销售。

4. 遥控车组成部分：

（1）车架（包括外壳与底盘）实物演示

（2）电子设备：

电子调速器：简称电调，仝为有刷电调和无刷电调两种，作用是用来控制给电动机的动力电流，并给接收机和舵机供电。

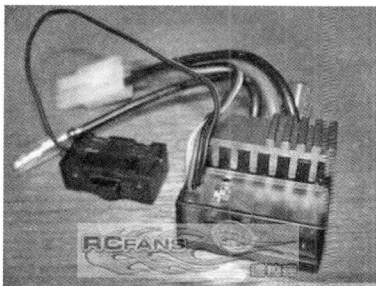

hsp 有刷电调　40 元左右　　　ZTW 无刷电调　200—450 元

接收机：用来接收发射机的信号并分配给电调和舵机的设备，常见的有 2 通道，3 通道，4 通道，6 通道等。一般接收机上还有一个 BATT 通道，此通道并不受接收机控制，处于常开状态，可以作为外接风扇或是 LED 灯使用。

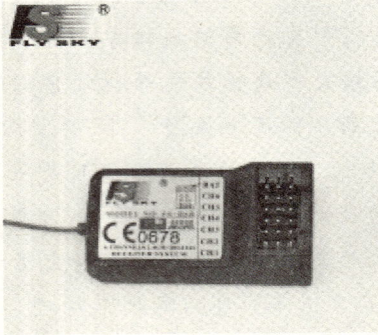

2.4G 富斯 flyskyFS - R6B
4 通道 40 元左右

Spektrum AR636 6 通道自
平稳系统 600 元左右

电动机：将电能转化成为动能的设备，分为有刷电动机和无刷电动机两种，其中无刷电动机又分为有感无刷电机和无感无刷电机两种。

田宫黑皮有刷马达 60—200 元

普通有刷马达 30—90 元

（3）动力系统：分油动车和电动车

95％的油动车都不是使用汽油为燃料的，是用"遥控车专用合成燃料"，这种燃料的成分含有：甲醇、蓖麻油、硝矶等。是专门为遥控模型车而设的燃料燃油车。

电动车用的是电池。电池是电动车的动力来源，非常重要。现在比较主流的是镍氢和锂聚合物电池。镍镉电池由于记忆效应大已经慢慢退出市场了。镍氢电池记忆效应小,价格便宜,是很多新手接触最多的电池。但是镍氢电池的放电持续能力稍差,锂电池放电能力大,放电的持续能力比较久。所以如果是无刷设备的话,这个锂电要更合适一些。但是锂电池使用的时候要稍微注意一点就是不能过度放电。锂电池是由单片的锂电池组成的,每块锂电池标准电压为 3.7 V,即为 1 S,充满为 4.2 V,一般 1∶10 车上使用 2 S 电压(也就是 7.4 V)的锂电池。在使用过程中每一片的锂电池电压不要低于 3.4 V 就是比较安全的了,就算是有电,这个时候也不要再使用了,否则会影响到电池的使用寿命,得不偿失。很多无刷电调是有低压保护功能的,电池放电到设置电压了以后会自动断电以保护电池;如果没有,那就可以买一个电量显示器,保护锂电池,这个还是必要的。

锂电池还有一个 C 数。这个 C 数代表了电池的放电能力,C 数越大,放电能力越高,电流越大。在电调和电机能承受的情况下,车子的动力就越大,速度就越快。一般车用的在 20C—40C 的比较常见。

(4) 操作系统(遥控器)

现在市面上很多控,从造型上来讲比较常见的有枪控和板控,制式上分为 AM,FM,2.4G 三种。枪控扳机型的控制比较适合玩车和船,而板控比较适合飞机或是通道比较多的遥控设备,当然也有用板控控制车的玩家,这就看个人习惯了。

2.4G 制式的遥控器是三种控中抗干扰能力最强的,撞频的可能性极低,适合人多和环境相对复杂的情况下使用。而且天线也短,方便车子的布置。现在市面上的 2.4G 的控非常多,国产的 2.4G 质量也是相当不错。现在比较火热的 FS－GT3B 据说性价比就不错,不失为一种选择。

乐迪4通

2.4G 枪控　　　　**富斯 FS－GT3B 2.4G 遥控器**　　**板控(适合空模)**

第三章　"启梦"之花

六、评价：

评价内容	优　秀	良　好	合　格	须努力
模型车与玩具车的区别	说出 5 个以上的区别	说出 4 个区别	说出 3 个区别	说出 1—2 个区别
遥控车模的组成	说出 4 个部分	说出 3 个部分	说出 2 个部分	说出 1 个部分

（申惠兴）

课例 4

发明创造的方法

一、主题附加法

任何一个发明，都有主题，在一个主题上附加一个或几个东西，可能产生一项新的发明。

同学们，发现两种铅笔有什么不同吗？

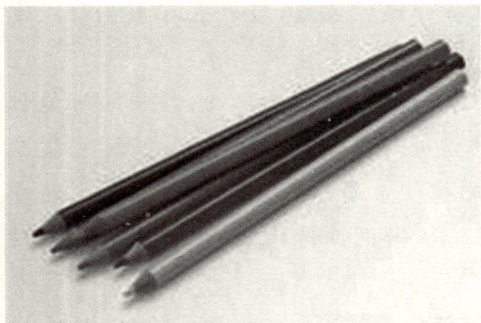

二、联想发明法

把你已经知道的物品或曾经看到的某种现象同研究的对象联系起来，加以比较，从中受到启发，或者是对某种技术的模仿和借鉴，从而打开思路，创造出新的东西来，这种小发明的方法称为联想法。

三、缺点列举法

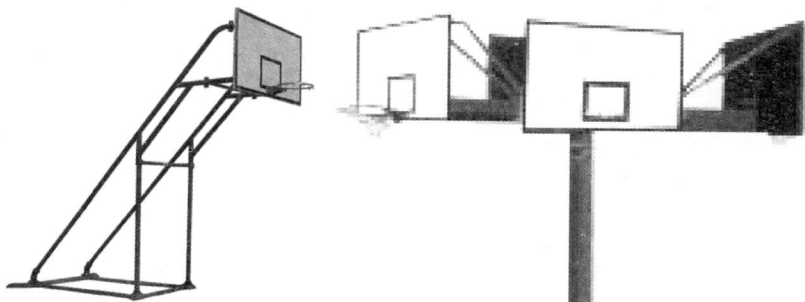

发明的题目从何而来？有个重要的方法，就是看身边使用的东西，有什么不方便、不顺当、不如意的地方。看它是否有什么缺点，如何克服？经过改进克服缺点，新的产品出来了，就是新的发明成功了。

四、移植发明法

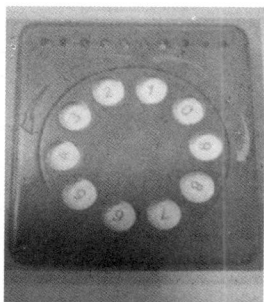

故事：听诊器是医生的常用器械，它是法国医生莱纳克发明的。莱纳克很早就想发明一种能及早发现人体心脏运动是否正常的仪器，但苦于没有好的方法。一天他偶然发现两个孩子在跷跷板上，一个孩子耳朵贴在跷跷板上，另一个孩子用钢针在板上划动，莱纳克好奇地也

将耳朵贴到板上一听,果然听到了另一端划木头的声音。他就借鉴这种方法发明了世界上第一只听诊器。

聪明豆

1. 说说看你知道哪些发明法?

2. 你觉得现在的雨伞有什么缺点?

3. 带灯的拖鞋运用了哪种发明法?

4. 你能改进设计一下现在的橡皮吗?

5. 说说看你知道什么创造发明的小故事。

自我评价 ☆☆☆☆☆

发明创造的方法

一、教学目标:

1. 了解 4 种发明创造的方法。

2. 通过学习,能说说生活中的小发明上用到哪些发明创造法。

3. 能试着用某种发明创造法说说自己的小发明。

二、教学重点:

了解 4 种发明创造法。

三、教学难点:

举出生活中实际应用的例子。

四、教学准备:

PPT、教材。

五、教学过程:

(一) 复习引入

搞小发明的第一步,就是要确定发明的对象,考虑研究什么问题,这就是选题。

当你在学习、生活中遇到一些困难时,你肯定会说:"要是有某某东西就好了。"这个你想的所要发明的东西就可作为发明对象。不过,同学们在选题时,一定要结合自己的知识水平和设计制作能力,不要空想办不到的发明。

（二）创造奇迹的主题附加法

1. 介绍主题附加法

相同或不相同的事和物，经适当的组合会创造出另一种新事物，并且会产生难以预料的作用。这是一种古老而又新颖的发明创造方法。

2. 举举生活中的例子

例如最简单的组合，饭锅和电炉组合在一起就成了电饭锅，而水杯和电炉组合在一起则成了电热杯。总之，只要根据需要，把不同的事物有机的结合，就有可能创造出新事物。

说说看，你觉得生活里，哪些物品是使用组合法发明出来的？

3. 小结

但是，请注意，组合方法并不是简单的相加或叠加，它需要把现有的知识、技术、工艺和智慧进行合理的综合开发，从而在科学的基础上，创造出新的技术和产品，才算是掌握了组合方法的真谛。

请相信组合方法的威力，并让这种方法为你创造奇迹。如果你细心观察和思考，就可以发现你周围的许多东西是由两种或两种以上的物体组合而成的。

（三）行之有效的联想发明法

1. 介绍联想发明法

联想就是由某种事物想起和它有关的事物。它是人类认识、研究和运用较早的一种心理活动。

一些学者曾把古希腊科学家亚里士多德的联想观点发展为联想的三种方法，即在空间或时间上接近的联想形成接近的联想（如由铅笔想到橡皮擦，由水库想到水力发电机等）；有相似特点的事物形成类似联想（如由带钩的草籽想到尼龙搭扣）；有对立关系的事物形成对比联想（如由热想到冷，由高想到低，由海洋想到陆地）。

2. 举举生活中的例子

发泡技术的类似联想产生了一系列意想不到的新发明。最早发泡技术的运用，要属我国的馒头和西方的面包。以后则有发泡橡胶、发泡塑料等一系列产品。

请你说说，你还知道什么类似的例子。

3. 小结

总之，我们每个人由小到大，经历过各式各样的事物。通过学习，

知识也在不断丰富。这些都是创造发明的潜在宝藏。开发和运用这些宝藏,联想正是一种行之有效的思维方法。

(四)独具魅力的缺点列举法

1. 介绍缺点列举法

列举物品的缺点实际上就是发现问题,而创造发明正是为了解决存在的问题。所以,我们每发现一个缺点,提出一个问题,往往就找到了一个发明的题目。

2. 实际应用

那么,怎样研究和发现缺点呢?

首先,要随时留意自己日常使用的物品存在哪些不足或不方便之处,并善于抓住一件物品深究细挖。伞,是大家常用的遮阳避雨的工具,似乎没有什么文章可做。可一些大小发明家却抓住它不放,花样日益翻新,如太阳伞、双人伞、折叠伞、母子伞、快干伞、天文伞……层出不穷。

3. 小结

可见,一件事物有很多的发明题材可搞,同一题材又可用各种不同的设计方案构成不同的发明。

(五)移植发明法

是指将某一领域中的原理、方法、结构、材料、用途等移植到另一个领域中去,从而发明创造出新的作品。

把大家已经知道的原理,已有的物品或方法等,移植运用到自己的发明上,得到一项新的发明,这种方法叫作移植法。这种技术性移植是发明创造的一条重要途径。

(徐丹丹)

课例5

猴 子 搬 家

引导园

人类(包括自然界的动物)的最基本的技能之一就是搬运。从原始社会的人在猎取食物后将其带回巢穴,到现代的航天飞机将航天员运往太空,这都是一个搬运的过程。现实生活中,我们处处都在进行着搬运的操作,如学生的书包是从家里背到学校,吃饭时用筷子将食品送到嘴里,将物品装载到汽车上等。当今,人们用智慧和创造力设计制造出能替代自己进行搬运的工具,而搬运的质量越来越重,搜运的体积越来越大。

任务区

今天小猴要搬家,你们怎么帮它的忙呢?

猴 子 搬 家

(1)这道题分成两个部分。在第一部分里,你们有6分钟的时间讨论、思考解题方法并实践解题。在第二部分里,你们有6分钟时间正式解题。两个部分里,当时间还剩下1分钟时,裁判会提醒你们。在任何时候,你们可以交流并向裁判提问。

(2)这里有一个胶带标出的得分区,得分区里有几个盒子(手指盒子)。有三个胶带标出的工作区(手指区域)。你们不能改变场地布置。

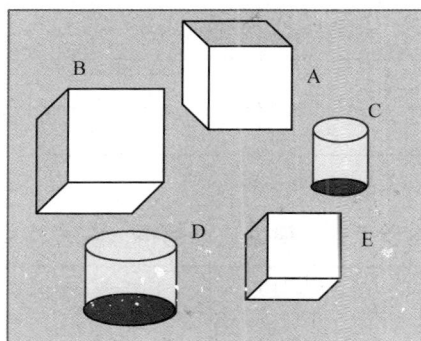

(3)在这个盒子里有一些得分物品(手指盒子),地板上有一些你们能用来解题的材料(手指材料)。不能使用除此以外的东西解题,包括用来装得分物品的盒子。

(4)你们不能损坏贴有黄色标签的材料。

(5)你们的问题是利用所给材料移动得分物品到盒子里(演示)。

(6)在第一部分里,你们可以根据自己的想法进行试验。当第一部分

结束,你们要把盒子完全放回得分区域,并将所有得分物品移出得分区。

(7) 在第二部分,当你们移动物品得分时,必须在一个工作区里操作。

(8) 在第二部分,当你们走出工作区时,不能接触盒子。

(9) 只有在回收材料和得分物品时,你们才能离开工作区。材料只能在一个工作区里使用。

(10) 得分区的每个盒子里最多只能有5个物品可计分。

(11) 当时间到或你们要求裁判评分时,解题结束。

(12) 评分标准如下:

(a) 每个在直立盒子里的得分物品得1分。

(b) 每个在侧放盒子里的得分物品得2分。

(c) 每个在倒置盒子里的得分物品得3分。

(d) 每个工作区的参赛队成功移动一个物品到得分盒里的,得10分。

(e) 根据参赛队的合作程度,在1—10分内评分。

竞技场

开始搬家啦!

成绩单

组别:　　　　　　　　　　　　　日期:　月　日

得分盒	A盒 开口下	B盒 前侧开口	C盒 开口右侧	D盒 开口上	E盒 开口上
物品数					
盒得分					

全组总分:　　　　　　　　　　　裁　判:

交流厅　　　　　　　　　　**自我评价:根据自己的得分在表格中涂★**

评价标准:

1—10分得　☆

11—20分得　☆☆

21—30分得　☆☆☆

31—40分得　☆☆☆☆

41—50分以上得　☆☆☆☆☆

我的得分	10	☆☆☆☆☆
	20	☆☆☆☆☆
	30	☆☆☆☆☆
	40	☆☆☆☆☆
	50	☆☆☆☆☆

小组互评得分:

(小组互评得分,要与本组裁判共同参与)

评价标准:分数的范围(1—10分)

1—3分：
- 某队员占据支配地位以致限制其他队员的参与
- 合作不多
- 难以取得共识或无法取得共识
- 缺少交换意见

4—7分：
- 有一些分工
- 有一些合作
- 能交换意见和接受其他队员的意见
- 能取得共识

8—10分：
- 分工明确
- 合作密切
- 能主意共享和频繁交换意见
- 参赛队有模范作用

猴 子 搬 家

一、教学目标：

1. 了解OM动手类即兴题的类型：结构类、发送类、包装类、信号类、测量类等。

2. 通过解题，懂得机械知识和搬运原理。了解这类题目的核心是设计制作一种或几种机械手、机器人，并要求准确地把物体从一个位置搬运到另一个位置上去。

3. 在设计搬运装置的时候，要知道比赛中使用最多的方法是弓箭和弹簧。要求队员们设计的发送装置要有新意，形式要丰富多彩，装置不仅要求设计非常巧妙，而且外观也要美观有新意。

4. OM体现的是团队合作精神，体验的是解题过程。要求人人积极投入、个个参与解题，多交流沟通，善于听取别人的意见和建议，具有积极向上的心态面对成功和失败。

二、教学重点：

理解题意，想出各种运送的方法。

三、教学难点：

通过解题，懂得机械知识和搬运原理。

四、教学准备：

1. 在得分区里放5个不同类型的盒子，盒子打开且开口朝上。盒

子最好是不同尺寸的大型硬纸板盒,或大型塑料箱等。

2. 在一张桌子上放以下材料:

*1把长柄勺	2个纸碟	2个塑料杯子
*1根直尺,40厘米	3根细绳,3米	*1根塑料棒球球棒
*1把扫帚	6枚回形针	6张标签纸
10根吸管	8根橡皮筋	2根纱线,1.8米

带＊的物品贴黄色标签。

3. 在地板上的一个盒子里放如下得分物品(该盒子应与得分盒子从外形上区别开来):

5个棒球	5个网球	5个乒乓球
3块抹布	1条红领巾	1个塑料CD盒(或形状相近的盒)
1把梳子	3支未削过的铅笔	1块鼠标垫(或塑料写字垫板)
4个塑料笔套	1根腰带(皮质、布质等)	
5枚硬币(或棋子)(相同类型)		

(红色字体物品可删去或换成更常见的替代品。)

五、教学过程:

(一)解题准备。(15分钟)

1. 导入:通过课件了解OM竞赛活动及即兴动手题的有关知识及竞赛规则。

2. 编组(每组一般5—7人,根据班级具体人数确定),确定每组队长、裁判人选,对裁判进行简单培训,明确裁判的任务和要求。为体现公平,各组裁判交叉工作。教师任总裁判长,并关注每组解题情况。

3. 出示题目。边放课件,边读题(可每组裁判读,也可全班集中读。第一次可这样处理)。每组下发两张题纸,供解题时参考。

(二)解题过程。(12分钟)

各小组解题。

教师巡视,若发现有小组没有理解题意可及时提醒。并指导各组裁判的工作。

(三)各小组汇报解题结果。(6分钟)

1. 各组裁判汇报本组得分情况。

2. 各队员根据解题中的得分评价得星情况涂★。

3. 各小组队长代表本小组交流解题体会。

（四）教师作课堂简单小结。(2分钟)(重点对解题中的问题及队员的参与合作情况进行小结。)

这道题主要是设计一个传送装置。对于成功搬家的小组提出表扬并鼓励其在之后的活动中将小组的结构搭的更便于传送,发送装置设计要有新意,形式要丰富多彩,装置不仅要求设计非常巧妙,而且外观也要美观有新意。对于没有成功的小组进行鼓励,总结经验,下次具有积极向上的心态面对成功和失败。

（申惠兴　孙雨辰）

课例 6

神奇的苹果

有两个朋友患难与共,形同亲兄弟。上帝不相信人间还有真正的友谊,于是就设计考验他们。

有一天,这两位朋友在大沙漠中迷失了方向,面临死亡。这时,上帝出现了:"我的孩子,前面一棵树上有两个苹果,吃下大的那个,就能抗拒死亡,走出沙漠;吃了小的那个,只能令你苟延残喘,最终还会极其痛苦地死去。"

两个朋友向前走了一段路,果然发现了一棵树,也发现了树上的两个苹果。可是,他们谁也不敢去碰那两个充满神奇的果子。

夜深了,两个好朋友深情地凝望着对方,他们都相信,这是他们的最后一晚。

当太阳从沙漠的一端再次升起的时候,其中一个朋友醒了过来,他发现,另一位朋友不在了,树上只剩下一个干干巴巴的小苹果。

他失望了,不是因为死亡,而是因为朋友的背叛。他悲愤地吃下这个苹果,继续向前方走去。走了半个多小时,他看见了倒在地上的朋友,朋友已经停止呼吸了,可是他的手上紧紧握着一个更小的苹果。

金点子

和伙伴一起搜集有关友谊的格言或谚语记录下来。

_____

_____

_____

自我评价

能信任自己的朋友	☆ ☆ ☆ ☆ ☆
能为朋友付出一切	☆ ☆ ☆ ☆ ☆

神奇的苹果

一、教学目标：

1. 理解什么是真正的友谊。

2. 能说出有关友谊的名人名言或小故事。

3. 能辨别友谊的真伪。

二、教学重点：

对友谊有深刻的理解,对朋友能足够信任。

三、教学难点：

能辨别真正的友谊。

四、教学准备：

PPT

五、教学过程：

(一) 谈话导入

1. 同学们,你们都有好朋友吗? 能告诉我,为什么他们能成为你的好朋友?

例：我的好朋友是×,在我生病的时候,她总是能帮我倒好热水,帮我理好书包。

2. 同学们感受很真切,老师也非常羡慕你们之间的友谊。今天我们来一起学习一下在沙漠中发生的一段感人的友谊小故事《神奇的苹果》(板书课题)。

3. 生齐读课题。

(二) 了解真正的友谊

1. 了解故事发生的背景

师:请同学们运用自己喜欢的阅读方式朗读课文,朗读过程中完成两件事情:

(1) 故事发生在哪里?

(2) 思考一个问题,为什么有人在夜深时先拿了苹果?

2. 解读课文

师:故事发生在哪里? 那里的条件怎么样?

生:故事发生在沙漠中,没有水,没有粮食,条件艰苦。

师:在旅途中,他们遇见了上帝,上帝也告诉了他们一个小秘密,请同学们在文中找找,上帝告诉了他们什么?

生:上帝告诉他们,前面一棵树上有两个苹果,吃下大的那个,就能抗拒死亡,走出沙漠,吃了小的那个,只能令你苟延残喘,最终还会极其痛苦地死去。

师:你们读得真仔细。接下来的行走中,他们果然看见了苹果树,可是他们谁也不敢去碰那两个充满神奇的果子。你知道为什么吗?

生:……

师:但是到了第二天早上,苹果少了一个,拿苹果的人是贪生怕死吗? 请同学们接着往后读。

生:他不是贪生怕死,他将最大的苹果留给了他的朋友,自己拿了小苹果。

3. 故事已经结束了,请同学们谈谈你们的想法。如果是你,会怎么做?

4. 你有什么好办法让这两位朋友都活着走出沙漠?

5. 真正的朋友不把友谊挂在嘴上,他们并不为了友谊而互相要求点什么,而是彼此为对方做一切办得到的事。真正的朋友,在你获得成功的时候,为你高兴,而不捧场。在你遇到不幸或悲伤的时候,会给你及时的支持和鼓励。在你有缺点可能犯错误的时候,会给你正确的批评和帮助。

6. 人生离不开友谊,但要得到真正的友谊是不容易的;友谊总需要

忠诚去播种,用热情去灌溉,用原则去培养,用谅解去护理。

(三)小组活动:辩一辩,这是真正的友谊吗?

1.小明没写回家作业,小红将作业拿给小明抄,他们是一对好朋友。(　　)

师:小红和小明是好朋友。一天,小明没写回家作业,小红将回家作业借给他抄。请问他们之间是真正的友谊吗?为什么?

生:他们不是真正的友谊,小明没有经过思考,直接将别人的答案变成自己的。

生:小红将作业给小明抄,实际上是害了小明,并不是帮他。

2.师:你们说得真对,真正的朋友不应该把作业给他抄,而是应该帮助他进步。

3.下面还有一些题目,也请同学们讨论一下,他们之间是不是真正的友谊?

(1)小明最喜欢的玩具是变形金刚,当他得知好朋友小强也喜欢时,就把变形金刚送给了小强。

(2)小明下雨天忘记带伞,小丁将伞借给小明,自己淋雨了,他们是一对好朋友。

4.小组讨论并交流。

5.师小结:真正的友谊是愿意拿出自己心爱的东西与朋友分享,真正的友谊是在朋友需要帮助的时候伸出援手。

(四)拓展名句

1.有关友谊的名人名言有许多,你知道吗?

2.学生交流。

3.老师也准备了一些有关友谊的名句,希望我们能受益! 大家和我一起朗读并铭记在心上。

生齐读:海内存知己,天涯若比邻。

同是天涯沦落人,相逢何必曾相识。

莫愁前路无知己,天下谁人不识君。

人之相识,贵在相知,人之相知,贵在知心。

(五)教师总结

师:本节课我们学习了《神奇的苹果》。由于上帝不相信人间还有真正的友谊,于是就设计考验两位好朋友。在生死关头,一位把生的希望留给了朋友,自己失去了宝贵的生命。希望我们能相信身边的人,珍惜与朋友之间的友谊。

(六)自我评价

能信任自己的朋友	☆ ☆ ☆ ☆ ☆
能为朋友付出一切	☆ ☆ ☆ ☆ ☆

(杨志芳　林凤英)

课例7

大声说出"感谢"

想一想:

1. 你经常对爸爸、妈妈说谢谢吗?

2. 最近一次对爸爸、妈妈表达感谢是什么时候呢?

忆一忆:

在你的成长路上,爸爸、妈妈为你做过什么?

做一做:

1. 制作一张"感恩父母温馨卡"。

2. 创作一首"感恩父母"的诗歌。

3. 做一朵小花或一份小礼物。

议一议：

除了用以上方法向父母表达感谢，你还有什么好办法吗？

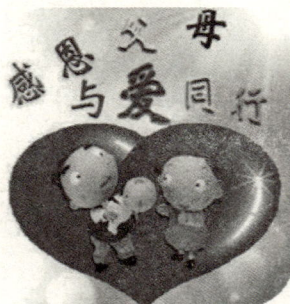

真实记录：

请真实记录你参与这个游戏活动之后的感受。

自我评价：

主动交流想法　☆☆☆☆☆

积极参与活动　☆☆☆☆☆

参与小组讨论　☆☆☆☆☆

真实记录感受　☆☆☆☆☆

大声说出"感谢"

一、教学目标：

1. 了解父母之爱,感受父母之情,体验亲情的无私和伟大。

2. 以自己的方式对父母的关爱表达感恩之情,体会表达感谢之后的快乐心情。

3. 学会如何去理解、体谅、关心父母,与父母和谐相处,从现在做起,从点滴做起,以实际行动来回报父母。

二、教学重点：

学会如何去理解、体谅、关心父母,与父母和谐相处,从现在做起,从点滴做起,以实际行动来回报父母。

三、教学难点：

学会如何去理解、体谅、关心父母,与父母和谐相处,从现在做起,从点滴做起,以实际行动来回报父母。

四、教学准备：

1. 布置学生搜集体现父爱、母爱伟大的故事,《田世国捐肾救母》的故事,学唱歌曲《感恩的心》。

2. 信封、沙包、笔、纸、塑料袋等。

3. 多媒体课件。

五、教学过程：

(一) 歌曲引入,揭示主题

1. 播放《天下父母心》片子感受父母无私的爱、伟大的爱。

2. 初步感受:看了刚才的片子你有什么感受?

3. 小结:是呀,说起我们的父母,同学们心中一定会涌起一股暖

流。从你们呱呱坠地，到现在已经是五年级的学生了，谁能离开父母的呵护。每天，当你背着书包走进学校时，你是否从心底说过感谢？因为父母对我们的爱是人世间最真诚、最无私、最深厚的爱，这种爱，不是一个字所能表达的，它就像江水一样滔滔不绝；这种爱，不是三言两语就能表达的，它如同海水一样，永不干枯。

（二）事迹暗示，体验亲情

多媒体课件播放父母爱孩子的报道事迹。

A 事迹之一：遇难母亲遗言：亲爱的宝贝，如果你活着，记得我爱你！

抢救人员发现她的时候，她已经死了，是被垮塌下来的房子压死的。透过那一堆废墟的间隙可以看到她死亡的姿势，双膝跪着，整个上身向前匍匐着，双手扶着地支撑着身体，有些像古人行跪拜礼，只是身体被压的变形了，看上去有些诡异。救援人员从废墟的空隙伸手进去确认了她已经死亡，又冲着废墟喊了几声，用撬棍在砖头上敲了几下，里面没有任何回应。当人群走到下一个建筑物的时候，救援队长忽然往回跑，边跑变喊"快过来"。他又来到她的尸体前，费力的把手伸进女人的身子底下摸索，他摸了几下高声地喊"有人，有个孩子，还活着"。经过一番努力，人们小心地把挡着她的废墟清理开，在她的身体下面躺着她的孩子，包在一条红色带黄花的小被子里，有三四个月大，因为有母亲身体庇护着，他毫发未伤，抱出来的时候，他还安静地睡着，他熟睡的脸让所有在场的人感到很温暖。随行的医生过来解开被子准备做些检查，发现有一部手机塞在被子里，医生下意识地看了下手机屏幕，发现屏幕上是一条已经写好的短信"亲爱的宝贝，如果你能活着，一定要记住我爱你"。看惯了生离死别的医生在这一刻落泪了，手机相互传递着，每个看到短信的人都落泪了。

B 事迹之二：在探监的日子里，一位来自贫困山区的老母亲，经过乘坐驴车、汽车和火车的辗转，探望服刑的儿子。在探监人五光十色的物品中，老母亲给儿子掏出用白布包着的葵花子。葵花子已经炒熟，老母亲全嗑好了。没有皮，白花花的像密密麻麻的雀舌头。服刑的儿子接过这堆葵花子肉，手开始抖。母亲亦无言语，撩起衣襟拭泪。她千里迢迢探望儿子，卖掉了鸡蛋和小猪崽，还要节省许多开支才凑足路费。

来前,在白天的劳碌后,晚上在煤油灯下嗑瓜子。嗑好的瓜子肉放在一起,看它们像小山一点点增多,没有一粒舍得自己吃。十多斤瓜子嗑亮了许多夜晚。服刑的儿子垂着头。作为身强力壮的小伙子,正是俸养母亲的时候,他却不能。在所有探监人当中,他的母亲衣着是最褴褛的。母亲一粒一粒嗑的瓜子,包含着千言万语。儿子"扑通"给母亲跪下,他忏悔了。

1. 学生谈感受。听了老师的讲述,你想说些什么?

2. 学生交流课下搜集的资料。你还知道哪些感人的故事?

3. 回想亲人的关爱,讲述自己和父母的故事。

(1) 多媒体课件出示

我讲我的故事:在你生病的时候、在你遇到挫折的时候、在你伤心难过的时候……你与父母发生了哪些故事,和小组同学相互讲一讲。

(2) 生互相讲

师:哪一位同学愿意上来讲一讲?

(3) 指名讲故事

(三) 感悟亲情,学会感恩

师:母亲永远给孩子挡风雨,父亲的背永远是孩子的靠山;父母的爱是寒冬里的一把火,是黑暗里的一束光明。"谁言寸草心,报得三春晖。"这是一个被追问了千年的问题。一个儿子,在2004年用身体做出了自己的回答,他把生命的一部分回馈给病危的母亲。在温暖的谎言里,母亲的生命也许依然脆弱,但是孝子的真诚已经坚如磐石。田世国,让天下所有母亲收获慰藉。谁知道《田世国捐肾救母》的故事?

1. 生讲《捐肾救母》的故事。

2. 生交流、谈感受。

师:这是2004年感动中国的人物之田世国"反哺"的事迹。其实,田世国的母亲对孩子的爱,同千千万万普通的母亲一样,没有轰轰烈烈的事情,有的只是一个眼神,一个动作,一句话语,都是点点滴滴的琐碎的小事,但是无论何时何处,都闪烁着母子情深。正是他的感恩,让生命更精彩。

(四) 小组合作,表达感恩

过渡:或许我们不必如田世国那样捐肾救母,但是羊有跪乳之意,

鸦有反哺之恩,在日常生活中我们应常怀对父母的感恩之心。滴水之恩,当以涌泉相报。那么,我们今天就请利用老师给你们准备的材料来向父母表达你们的感谢。

活动步骤:

1. 领取信封,了解任务。

领取内有游戏操作要点和要求的信封,自己阅读,了解相关要求。

2. 小组讨论,寻求方法。

分成若干个小组,同小组成员互相商量,找寻表达对父母感激之情的好方法。

3. 介绍方法,展示践行。

由小组成员代表介绍确定的好方法,并践行,直观地向大家展示。

4. 畅谈感受,队员评议。

活动结束后,参与者畅谈活动后的感受,由其他队员进行评议。

5. 记录感受。

真实记录下参与这个游戏活动之后的感受。

(五) 小结升华

感恩是一种心态,也是一种美德。爱是一种付出,更是一种享受,我们付出爱的同时,享受着一种幸福和快乐,享受着生活,享受着人生……拥有一颗感恩的心,感谢父母的养育之恩,回报父母的养育之恩,让我们用心一起去回报我们伟大的父母,请同学们行动起来吧,并坚持下去。(放背景音乐《感恩的心》)

(潘晓倩　沈静雯)

课例 8

飞 行 棋

游戏介绍

飞行棋是一种非常适合低年级小朋友的棋类游戏,由棋盘、四种颜色的棋子和骰子组成,可以两个或三个小朋友同时玩,最多可以四个人一起玩。小朋友通过飞行棋游戏,在玩中学习,进一步增进学生之间的合作意识和合作技巧。

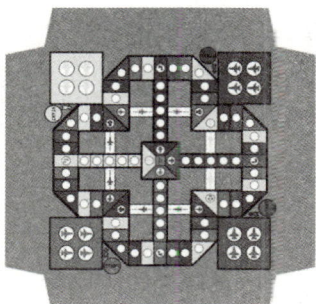

棋盘

棋子和骰子

游戏规则

1. 自己选定一种颜色的"飞机"棋子,各自在"停机坪"准备好,安排好丢骰子的顺序。

2. 骰子只要掷到 6 就可以起飞,掷到 6 可以再掷一次。

3. 起飞后,骰子掷到几就可以往前进几步。如果走到和自己"飞机"颜色一样的格子就可以跳到下一个同色的格子中(只能跳一次)。

4. 自己的棋子可以同时停在一个格子中,但如果别家的棋子之后也飞到这一格,那你的棋子就要回停机坪。

5. 若飞至有虚线的格子即可沿着虚线飞至下一个同色格子中。

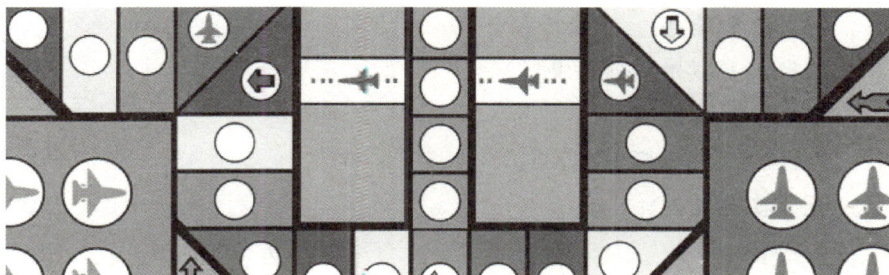

6. "终点"就是游戏棋子的目的地。当玩家有棋子到达本格的时候,表示到达终点,该棋子就得回停机坪好好休息,不能再起飞了。玩家要刚好走到终点处才能算"到达",如果玩家扔出的骰子点数无法刚好走到终点,棋子将往回退多出来的点数。

第二章——"启梦"之花

试一试

小朋友们,快点拿起手边的飞行棋,找到你们的小伙伴一起玩一玩吧!

聪明豆

1. 你知道玩飞行棋时,需要些什么吗?

2. 几个小伙伴可以一起玩飞行棋?

3. 当骰子掷到几你的飞机才能起飞呢?

4. 当有颗棋子到终点以后还能再起飞吗?

5. 你知道骰子有什么用?

自我评价 ★☆☆☆☆

飞　行　棋

一、教学目标:

1. 在本节课中,了解飞行棋是一种棋类游戏活动。

2. 通过教材以及老师的授课,了解飞行棋的游戏规则。

3. 通过本课学习,能尝试着下飞行棋,并享受其中的乐趣。

二、教学重点:

认识飞行棋并激发兴趣。

三、教学难点:

了解飞行棋的游戏规则。

四、教学准备:

PPT、教材、视频、飞行棋。

五、教学过程:

(一) 导入

1. 师:小朋友,今天我们要学习的课题是"飞行棋"。有没有小朋友玩过飞行棋的呢? 那你是和谁一起玩的?(师:对的,飞行棋可以两个或三个小朋友同时玩,最多可以四个人一起玩。)

2. 老师给学生呈现一些飞行棋的图片(展现棋盘、骰子和四色棋子)以引起学生兴趣,并提出问题。

师：小朋友，你们知道玩飞行棋时，需要些什么吗？

3. 师：那你们观察一下棋子有几种颜色啊？每个颜色有几个呢？

4. 师：你们的小眼睛真尖，一下子就观察到了。那我们再看看棋盘吧，仔细观察一下这个棋盘有什么特点呢？

5. 师：小朋友们真棒，发现了好多棋盘上的秘密。那你们知道骰子是怎么样的吗？

师：是的，骰子一共有6个面，每个面上的点都不同，不同的点代表棋子往前进的步数。

6. 师：小朋友们，你们能不能运用身边的物品做一颗骰子呢？

学生小组讨论。

师：既然你们已经了解了骰子，那让我们一起来做一个游戏，看看你的眼睛亮不亮，看看你的小脑袋聪明不聪明。

进行掷骰子游戏，让学生读点数，熟悉骰子。

(二)教学

1. 老师交代游戏规则。

(1) 自己选定一种颜色的"飞机"棋子，各自在"停机坪"准备好，安排好丢骰子的顺序。

(2) 骰子只要掷到6就可以起飞，掷到6可以再掷一次。

(3) 起飞后，骰子掷到几就可以往前进几步。如果走到和自己"飞机"颜色一样的格子就可以跳到下一个同色的格子中(只能跳一次)。

(4) 自己的棋子可以同时停在一个格子中，但如果别家的棋子之后也飞到这一格，那你的棋子就要回停机坪。(如果你有两颗棋子在那里，只需要回去一个。)

(5) 若飞至有虚线的格子即可沿着虚线飞至下一个同色格子中。

(6) "终点"就是游戏棋子的目的地。当玩家有棋子到达本格的时候，表示到达终点，该棋子就得回停机坪好好休息，不能再起飞了。玩家要刚好走到终点处才能算"到达"。如果玩家扔出的骰子点数无法刚好走到终点，棋子将往回退多出来的点数。在棋盘上举个例子，问问要退几格？

学生通过老师的文字、图片以及讲解，了解游戏规则。

2. 师：让我们一起观看一段视频，更好地掌握这个游戏吧。小朋友要认真哦，待会我们就要正式玩游戏了。

学生看视频,学玩游戏。

3. 师:接下来,让我们找小伙伴一起玩飞行棋吧。(教师巡视整个班级,且帮助个别不会玩的小朋友进行游戏)

(三)小结

1. 师:老师看到大部分小朋友都会玩飞行棋了,你们真聪明。也有个别小朋友还不是很熟练,但是得到了朋友的帮助,帮助他人的小朋友真棒!但是,老师也发现在游戏过程中个别小朋友在耍赖,不遵守游戏规则。这样是不对的,希望下次能及时改正,这样大家才能和你成为好朋友。还有个别小朋友在玩游戏的过程中,丢了几个小飞机,希望下次可以保管好物品,这样才是乖孩子。

2. 师:这是老师给大家的小贴士,大家一起跟老师读一读!

(1)遵守游戏规则,享受游戏乐趣。

(2)保管好飞行棋,不丢失。

(3)朋友间的友谊最重要,互相帮助。

(4)师:最后,请大家同桌之间完成书下方的"聪明豆"。看看这节课你认真听了吗?学得愉快吗?如果还有不懂,课后和小朋友们再下几盘就一定会了!

(滕晶晓　吴小琴)

课例 9

民 乐 之 王
——笛子

笛子是中国传统音乐中常用的横吹木管乐器之一,即中国竹笛,一般分为南方的曲笛、北方的梆笛和介于两者之间的中笛。笛子常在中国民间音乐、戏曲、中国民族乐团、西洋交响乐团和现代音乐中运用,是中国音乐的代表乐器之一。在民族乐队中,笛子是举足轻重的吹管乐器,被当作民族吹管乐的代表,被称作"民乐之王"。大部分笛子是竹制的,但也有石

笛、玉笛。最好原料仍是竹子.因为这种材料的笛子声音效果较好,制作成本较低。笛子的表现力不仅仅在于优美的旋律,还在于能表现大自然的各种声音,比如模仿各种鸟叫等。

一、自我介绍

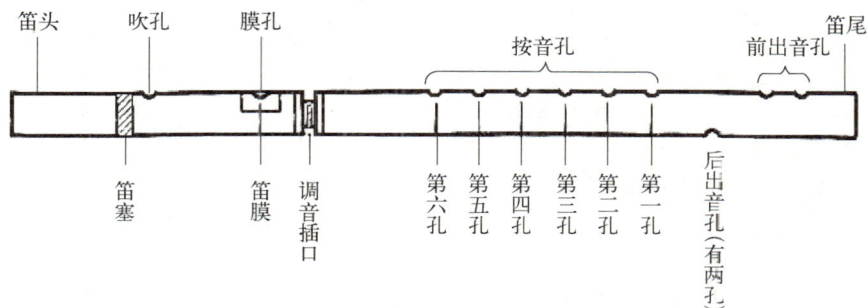

笛子的构造

笛子是一根比手指略粗的长管,上面开有几个小孔。常见的六孔竹制膜笛由笛子正面的吹孔(1个)、膜孔(1个)、音孔(6个),笛子背面的后出音孔(2个)、前出音孔(2个,又名筒音),以及笛管的笛头和笛尾组成。大部分笛子是竹制的.但也有石笛和玉笛。不过,制作笛子的最好原料仍是竹子,因为这种材料的笛子声音效果最好。

吹孔是笛子的第一个孔,气流由此吹入,使管内空气振动而发音。

膜孔是笛子的第二个孔,专用来贴笛膜。笛膜多用芦苇膜或竹膜做成,笛膜经气流振动,便发出清脆而圆润的乐音。

要想学会吹响笛子其实很简单,只要能吹响"笔套"这个简单的小玩意儿,你就已有足够的天分来学笛子了!

笛膜作用

贴上笛膜之后,笛膜因为气流振动而发生共鸣,由于共振作用影响而使笛音更加明澈、洪亮。

二、种类

笛子不但演奏技巧丰富,而且它的品种也多种多样并形成了风格迥异的南北两派。

南派:曲笛。笛身较为粗长,音高较低,音色醇厚。因伴奏昆曲而得名,又叫班笛、市笛或扎线(即缠丝)笛,因盛产于苏州,故又有"苏笛"之称。

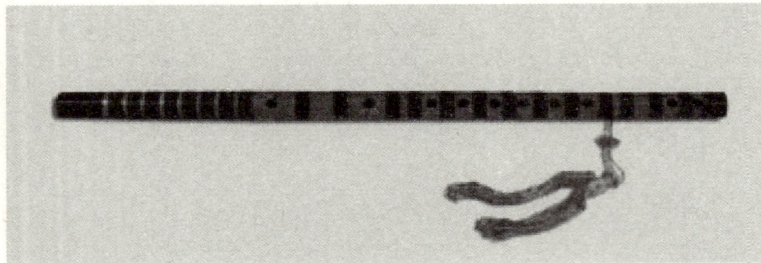

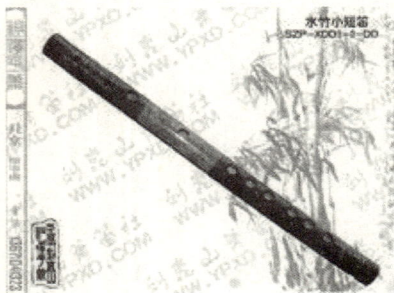

北派：梆笛。笛身较为细短，音高较高，音色清亮。因伴奏梆子戏曲而得名。管身较曲笛细而短。音色高亢、明亮，是吹高音用的一种笛子，主要流行在北方，多用于北方的吹歌会、评剧和梆子戏曲（秦腔、河北梆子、蒲剧等）的伴奏，也可用来独奏，富有浓郁的乡土气息和地方色彩。

三、近代著名演奏家

陆春龄（1921— ），笛子演奏家，作曲家，南方笛派的代表人物之一，被誉为"中国魔笛"，上海人，曾任上海音乐学院教授、上海江南丝竹学会会长。他演奏的作品，音色淳厚圆润纯净甜美，表演细腻，气息控制功力尤深。多年来他除了演奏外，还创作了不少优秀的笛子曲目，如：《今昔》《喜报》《江南春》《工地一课》《练兵场上》等，经他整理的笛子曲有《鹧鸪飞》《欢乐歌》《小放牛》《中花六板》等，这些和《今昔》《喜报》等都已成为笛子的保留曲目，并已出版发行。

赵松庭（1924—2001），笛子演奏家，作曲家。浙江东阳人，曾任浙江艺术学校（现浙江艺术职业学院）名誉校长、中国民族管弦乐学会副会长、浙江省音乐家协会主席。南派笛艺的代表人物，浙派笛艺创始人，被誉为"江南笛王"。九岁学吹竹笛，上海法学院肄业，曾任东阳中学、缙云师范学校音乐教师。中华人民共和国成立后,历任解放军第二十一军文工团团员,浙江省歌舞团演奏员,浙江省艺术学校教员、艺术指导。中国民主同盟盟员。曾创吹笛循环换气法。创作笛子独奏曲《早晨》《三五七》《婺江风光》等。著有《横笛的频率计算与应用》《温度与乐器间准问题》等。

四、笛子十大名曲

《鹧鸪飞》《姑苏行》《春到湘江》《喜相逢》《牧笛》《小牧牛》《牧民新歌》《黄莺亮翅》《五梆子》《扬鞭催马运粮忙》

聪明豆

1. 在民族乐队中,笛子是举足轻重的吹管乐器,被当作民族吹管乐的代表,被称作什么?

2. 笛子的品种分为南北两派。南方是什么品种的笛子?北方是什么品种的笛子?

3. 曲笛和梆笛有什么区别?

4. 说出近代的两名著名演奏家。

5. 至少说出三首名曲。

自我评价,你能得到几颗星?

☆ ☆ ☆ ☆ ☆

笛 子

一、教学目标:

1. 简单的认识中国笛子的结构与分类。

2. 了解部分经典竹笛作品及竹笛著名演奏家,扩大音乐视野和知识面,培养多元审美意识。

3. 通过欣赏乐器,能辨别笛子的音色。

二、教学重点：

对中国名族乐器笛子的结构与分类有简单的认识。

三、教学难点：

对部分经典竹笛作品及竹笛著名演奏家有所了解。

四、教学准备：

PPT课件。

五、教学过程：

(一) 导入

师：今天老师给你们带来了一样乐器，首先请你们来猜一猜这是中国的民族乐器还国外的西洋乐器？

1. 播放《扬鞭催马运粮忙》

师：民族乐器有这么多，你们所知道的有哪些是民族乐器呢？那你们能听出来这首曲子它又是用哪一种民族乐器演奏的呢？

2. 出示笛子图片

(二) 笛子的认识

1. 介绍笛子，了解笛子

师：你们能说出来笛子的形状是怎么样的吗？请同学们自己来画一画。

2. 介绍笛子的形状构造

常见的六孔竹制膜笛由笛子正面的吹孔（1个）、膜孔（1个）、音孔（6个），笛子背面的后出音孔（2个）、前出音孔（2个，又名筒音），以及笛管的笛头和笛尾组成。吹孔是笛子的第一个孔，气流由此吹入，使管内空气振动而发音。膜孔是笛子的第二个孔，专用来贴笛膜。

3. 笛膜的作用

4. 吹奏笛子的正确姿势

5. 吹笔套

师：请同学们拿出你们的笔套，试着吹响它。

师：其实吹响笛子就像是吹响笔套一样的，嘴唇自然闭合，双手捧着笛子两端，左手握笛头，右手握笛尾，将吹孔置于下嘴唇下沿，对准吹孔吹气。

(三) 笛子的种类

师：笛子不但演奏技巧丰富，而且它的品种也多种多样，一般有曲笛、梆笛等,并形成了风格迥异的南北两派。

1.观察曲笛和梆笛两者有什么区别?

师:曲笛的笛身较为粗长,音高较低,音色醇厚,多分布于中国南方;梆笛的笛身较为细短,音高较高,音色清亮,多用于中国北方各戏种。

2.介绍曲笛和梆笛。

(四)认识两位近代的著名演奏家

师:笛子是我国的民乐之王,学习笛子的人非常的广泛,其中也有许多有名的演奏家,今天我们就来认识两位近代著名的演奏家。

1.认识陆春龄

陆春龄,1921年出生。著名的笛子演奏家,作曲家,南方笛派的代表人物之一,被誉为"中国魔笛"。上海人。曾任上海音乐学院教授、上海江南丝竹学会会长。创作了不少优秀的笛子曲目,如:《今昔》《喜报》《江南春》《工地一课》《练兵场上》等。经他整理的笛子曲有《鹧鸪飞》《欢乐歌》《小放牛》《中花六板》等。

2.认识赵松庭

赵松庭(1924—2001),笛子演奏家,作曲家。浙江东阳人。曾任浙江艺术学校(现浙江艺术职业学院)名誉校长、中国民族管弦乐学会副会长、浙江省音乐家协会主席。南派笛艺的代表人物,浙派笛艺创始人。被誉为"江南笛王"。曾创吹笛循环换气法。创作笛子独奏曲《早晨》《三五七》《婺江风光》等。著有《横笛的频率计算与应用》《温度与乐器间准问题》等。

(五)笛子十大名曲

1.《鹧鸪飞》《姑苏行》《春到湘江》《喜相逢》《牧笛》《小牧牛》《牧民新歌》《黄莺亮翅》《五梆子》《扬鞭催马运粮忙》

2.欣赏《鹧鸪飞》《扬鞭催马运粮忙》《牧民新歌》演奏视频

3.欣赏民乐队演奏的视频

(六)自我评价

师:今天我们认识了我国的民族乐器笛子,了解了很多关于笛子的知识。那老师现在就来考考你们,看你们现在对笛子有多少了解。只要你们能回答上老师的一个问题就可以给自己一颗星星,看看最后谁的星星最多!

问:

1.在民族乐队中,笛子是举足轻重的吹管乐器,被当作民族吹管乐

的代表,被称作什么?

2. 笛子的品种分为南北两派。南方是什么品种的笛子?北方是什么品种的笛子?

3. 曲笛和梆笛有什么区别?

4. 说出近代的两名著名演奏家。

5. 至少说出三首名曲。

(金 珺)

课例 10

男 生 女 生

魔力画板

小力有一个好朋友叫小强,小欣有一个好朋友叫小美。你猜猜他们分别长什么样?请你给他们画个像。

你画的小强是男孩还是女孩?小美呢?他们有哪些不一样的地方?

感悟即时贴

男生和女生,在不一样的外表下面,还有不一样的做事方法。

同意(　　)　不同意(　　)

我觉得

_____

_____

趣味游戏

猜 猜 这 是 谁

请你猜猜看,下面这些事情说的是小力还是小欣,可要有理由哦。

1. 早上起来胡乱地梳两把头,有时忘了梳头就出门,用手随便捋一下。

我猜这是_____(小力/小欣)

几乎每天出门前都要很仔细地梳头,只要有镜子的地方,总不忘看上一眼,理一理头发。

我猜这是_____(小力/小欣)

2. 开心的时候哈哈大笑,又蹦又跳,最好能到操场上跑上两圈。

我猜这是_____(小力/小欣)

开心的时候浅浅微笑,得意地高昂起头,最多握着拳头原地跳一跳。

我猜这是_____(小力/小欣)

3. 受到批评,瘪瘪嘴,有时一声不吭,有时还会顶嘴。

我猜这是_____(小力/小欣)

受到批评,眼泪汪汪,有时轻轻抽泣,有时放声大哭。

我猜这是_____(小力/小欣)

4. _____

我猜这是小力。

因为,大部分的男孩都这样。

_____

我猜这是小欣。

因为,大部分的女孩都这样。

感悟即时贴

男生和女生,在不一样的故事方法背后,是不一样的喜好和想法。

同意(   ) 不同意(   )

我觉得

_____

_____

心灵剧场

一 块 橡 皮

背景:

小力是个大大咧咧的男孩,写字的时候总是找不到橡皮。他喜欢运动,却总忘了打完球要洗手,橡皮一到他手上就变成黑的了。他经常向同学借橡皮。

同桌的小欣是个非常爱清洁的女生,她的橡皮从来都是干干净净的。她最怕小力来借橡皮,每次小欣都要花好长时间才能把小力还来的橡皮重新弄干净。而且,这学期小力已经把她的两块橡皮给弄丢了。

时间:星期二的中午

人物:小力和小欣

剧情：小力和小欣在教室里自习。小力发现橡皮找不到了，又来问小欣借……

小力：小欣，橡皮借一下。

小欣：不借！

小力：干嘛啊？我就擦一下。

小欣：我就不借。

小力：快点借给我。不要那么抠门儿。

小欣：不借就不借！

小力：小气鬼！你们女生就是小气鬼！

你知道小欣为什么这么不愿意借橡皮给小力吗？

如果你是小力，怎样做才能借到小欣的橡皮呢？请你和小伙伴们想一想，演一演。

七嘴八舌

男孩爱一身仔装外出兜风，

女孩爱一把花伞雨中散步；

男孩把试卷丢一边大喊轻松快乐，

女孩小心翼翼把错题改正；

男孩爱骑快车满街穿梭显威风，

女孩爱叽叽喳喳走马观花看闹市。

……

日常生活中，男生希望女生怎样对待他？女生又对男生有什么要求呢？

感悟即时贴

掌握与男、女生打交道的不同规则，交个朋友并不难。

同意（   ） 不同意（   ）

平时，我可以

_____

_____

每个班级都是由男生和女生构成的。做个受人欢迎的小明星，可不能不考虑两个"阵营"的支持率哦。

自我评价：

积极参与活动,主动和同学配合　☆☆☆☆☆

学会与朋友们和谐相处　☆☆☆☆☆

我更加了解男女生的不同之处了　☆☆☆☆☆

男生　女生

一、教学目标：

1.通过活动学习并且拓展合适的性别概念,树立正确的性别观念。

2.通过活动找到自己性别角色的优势,悦纳自己的性别角色,快乐自信地学习生活。

3.欣赏两性不同的行为特质,检视自己在两性中的互动及言行表现,谋求合宜的交往行为方式。

二、教学重点：

通过活动找到自己性别角色的优势,悦纳自己的性别角色,快乐自信地学习生活。

三、教学难点：

欣赏两性不同的行为特质,检视自己在两性中的互动及言行表现,谋求合宜的交往行为方式。

四、课前准备：

1.事先在一定范围内进行调查,适当了解小学四年级学生性别角色的不同特质。

2.PPT、音乐、卡纸、彩色笔等。

3.座位排成圆弧形,半个圆是男生,半个圆是女生,方便活动讨论。

五、教学过程：

(一)热身

1.活动

A圈B圈(根据自己的感觉站到各自的选项中)

● 一条小河挡住去路

A. 直接脱下鞋子,挽起裤脚蹚水过去　　B. 从附近的小桥绕过去

● 我更喜欢

A. 粉红色　　　　　　　　　　　　B. 天蓝色

● 有礼物可选择我会要

A. 一辆遥控车　　　　　　　　　　B. 一个芭比娃娃

● 双休日我喜欢

A. 和一帮朋友在一起聊天　　　　　B. 和一帮朋友在一起踢球

2. 活动总结

师:通过活动,我们有什么发现?

生:自由交流

总结:通过游戏,我们会发现有时候 A 圈中女生站得多一些,有时候 B 圈中几乎全是女生,这里面有什么奥秘呢?这一堂课我们一起来探讨吧!

3. 揭示课题:男生　女生

(二)主题活动

活动一:魔力画板

1. 画一画

小力有一个好朋友叫小强,小欣有一个好朋友叫小美,猜测他们分别长什么样?请你给他们画一个像。

(1)活动反馈

师:你是怎样画的,说说你的理由。

学生自由交流。

(2)活动总结

男生有男生的特质,女生有女生的特质,男女有别,我们要为我们的差别欢呼!

2. 看一看

让我们来欣赏一下一系列的风景画。

(1)活动反馈

师:照片中有北国长城、高山的巍峨、伟岸,也有南方水乡柔美、娴娜,有大树的挺拔,亦有花朵的娇美,这是自然真实的本性。看了这些风格迥异的图片你有什么感想?

生:交流反馈。

（2）活动总结

顶天立地的小小男子汉，心思细腻的女孩，你们同样各自拥有不同的色彩，因为男孩女孩各自的不同色彩让世界多姿多彩。所以说：我是男生，我很棒！我是女生，这很好！

感悟即时贴：男生、女生在不一样的外表下，还有不一样的做事方法哦！（YES or NO?）

活动二：趣味游戏

1. 猜猜这是谁？

请你猜猜看，下面这一些事情说的是小欣还是小力，举一举你手中的男生头像和女生头像，并且说说理由哦！

情景一：早晨出门

● 胡乱梳两把，有时忘了梳头就出门，随便捋两下。

● 几乎每天出门都要仔细梳头，有镜子的地方，总忘不了看一眼，理理头发。

情景二：

● 开心时哈哈大笑，又蹦又跳，最好到操场上跑两圈。

● 开心时浅浅微笑，心里乐开花，最多握紧拳头原地跳一跳。

情景三：

● 受到批评时，瘪瘪嘴，有时一声不吭，有时还会顶嘴。

● 受到批评时，泪汪汪，有时会轻轻抽泣，有时还会放声大哭。

活动总结：很多时候，男生、女生对于同一件事情的表现形式不一样，还真是一件很有意思的事情哦！

2. 送你一首小诗：男孩和女孩

男　孩

男孩多数用脑子做事情，

男孩一早醒来不用担心头发乱蓬蓬。

男孩比女孩更酷，

男孩不会老是难为情，

男孩看恐怖片眼皮一眨也不眨。

男孩做事不拖泥带水，扭扭捏捏，

男孩不喜欢讲套话，

男孩很讲义气。

男孩不拘小节,不会斤斤计较

男孩,勇敢、坚强、不怕困难。

女　孩

女孩多数用感情做事情,

女孩的头发老是梳得服服帖帖。

女孩看上去会比男孩漂亮一些,

女孩比较文静安静,

女孩很细心。

女孩有爱心,

女孩比较爱干净,

女孩走路姿态优雅。

女孩做事更斯文,打喷嚏时会用手捂着嘴,

女孩,善良、温柔、关心别人。

感悟即时贴:男孩和女孩做事方式不一样的背后,有着不同的角色优势。(YES or NO?)

活动三:七嘴八舌

1.脑力激荡

男生和女生拥有不同的色彩,我们各自的色彩有不同的优势,让我们一起来发现吧!我们一起来玩一个脑力激荡的游戏,我们一起来写写自己的优势与特质。

(1)男女生优点接龙

(2)活动反馈

(3)活动总结

我们发现了自己有那么多的优势,无论男生、女生都要喜欢属于自己的色彩哦!

(三)互赠心语

师:有一句话说"不识庐山真面目,只缘身在此山中",可能我们在认识自己的时候还有一些优势没有发现,可能也有一些问题没有察觉。所以呢,让我们男女生彼此来送上真诚的心语,我们的心语内容包括真诚夸赞与友情提示两部分,以便在以后的交往中让我们彼此做得更好。

(1)互赠心语(音乐响起)

（2）分享心语

（3）活动总结

师：我们男孩女孩都拥有不同的色彩，在现实生活中，在交往中，我们将彼此优势互补，那样我们会做得更好。

感悟即时贴：掌握男生、女生交往不同规则，交个朋友其实也不难。（YES or NO?）

（四）结束活动

1. 共同唱响《do re mi》

2. 结束语：我们一同唱响 do re mi，我们男生女生就像一个个音符，只有汇合到一起才能奏出美妙的乐章。

（崔晓曙）

第二节 "七色花"课程

"七色花"课程就是我们学校的社团课程,旨在通过多达100个社团的开设,让每个孩子能根据自己的兴趣爱好,自主选择参与七色花般丰富多彩的社团活动,满足个性发展的需求。

学校集全体教师智慧,共开发了八大类的社团项目,包括"科技""艺术""德育""体育与健康""数学与思维""英语与会话""语言与文学"等。目前,我们通过课程研讨、论证,选择了部分精品社团进行实施,包括每周快乐半日活动51个社团、双休日学校少年宫31个社团和每天放学后快乐30分钟18个社团。在开学典礼上,我们把这些社团作为礼物供孩子们自主选择,做到了人人报名,人人参与。这些社团的实施,让孩子们在活动过程中身体得到锻炼、个性得到张扬、潜能得到开发、能力得以提升,逐渐成为一个会学习、会健体、会审美、会交往、会创造的健康、快乐、和谐的人。

课例 1

"科普气象站"科目设计纲要

本科目属于学校拓展型课程,所属类别为科学类。教材的适用对象是小学中高年级对气象气候相关问题相关现象有兴趣的学生。教材包括4个单元共计16个学习主题,视学生的学习情况每主题分1—3课时,教学时长为两个学期。

对执教教师的要求:有一定的气候气象方面的知识,能引导学生进行探究。

一、科目开发背景:

气象与人类生活息息相关。随着社会的发展,人们也越来越关注气象,关注生活质量的提升。在小学阶段开展气象实践活动是科学教育的有效载体,提升学生素养的重要途径。

开展气象科普教育不仅可以实现课堂学习的有效拓展,也可以培养学生的观察能力、动手能力、分析能力和运用知识解决实际问题的能力,为学生终身学习打下扎实基础。

二、科目目标:

1.了解掌握气象的一些基本知识,体会气象科学的魅力与知识的力量,激发探究气象科学的浓厚兴趣。

2.通过实践活动,更好地掌握气象知识,运用知识解决实际问题的能力,提高科学人文素养,增强预防灾害的能力。

3.主动探究获取气象知识,提升科学探究能力和团队合作精神。

三、科目内容:

我们将教材分为上下册,学习的内容分为气象故事篇、气象常识篇、气象实践篇、气象灾害预防篇四个部分,每部分从知识、技能、情感态度等方面予以体现。本课程内容以正文为主体,辅以古今经典气象故事、气象名人、气象知识、气象谚语、气象灾害与预防等多种形式相结合,介绍一些与气象有关的历史故事、气象名人名言、谚语等拓展知识作为课程的一种补充。

（一）结构体系

```
┌──────────┐      ┌──────────┐      ┌──────────┐
│ 知识与拓展 │ ───► │ 方法与技能 │ ───► │ 情感与能力 │
└──────────┘      └──────────┘      └──────────┘
┌──────┬──────┐  ┌──────┬──────┐  ┌──┬──┬──┐
│气象故事│气象常识│  │气象观测│气象预报│  │提│增│培│
├──────┼──────┤  ├──────┼──────┤  │升│强│养│
│古代气象│认识春夏│  │小小观测│认识天气│  │科│预│团│
│故事  │秋冬  │  │员   │符号  │  │学│防│队│
├──────┼──────┤  ├──────┼──────┤  │人│灾│合│
│认识气象│动植物气│  │温度和气│认识气象│  │文│害│作│
│名人  │象员  │  │温   │预警  │  │素│能│精│
├──────┼──────┤  ├──────┼──────┤  │养│力│神│
│气象小 │城市气候│  │风向和风│看云识 │  │ │ │ │
│故事  │问题  │  │速   │天气  │  │ │ │ │
├──────┼──────┤  ├──────┼──────┤  └──┴──┴──┘
│二十四 │天气的 │  │降水量 │总结预报│
│节气  │日历  │  │测量  │观测  │
└──────┴──────┘  └──────┴──────┘
```

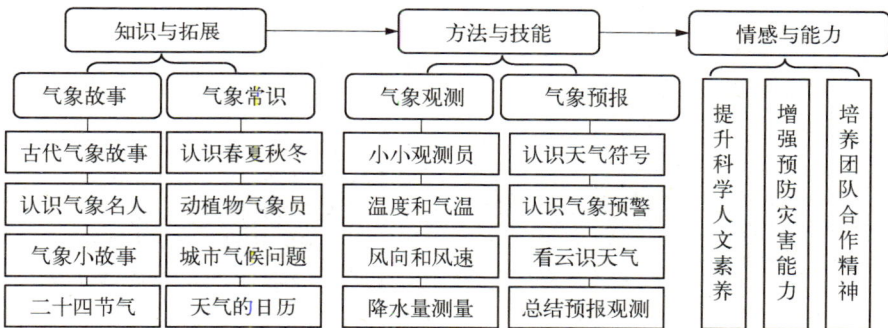

（二）框架及内容要点

单元序列	单元题目	课序	课文题目	课时	内容要点和目标指向
第一单元	气象故事	1	古代气象故事	1	单元内容:火烧赤壁、雅安天漏、草船借箭、巴山夜雨、竺可桢的故事、涂长望的故事。
		2	认识气象名人	1	
		3	气象小故事	2	单元目标:了解气象对人类的影响与作用,认识气象名人,激发学生探究气象知识奥妙的兴趣。
		4	二十四节气	3	

续　表

单元序列	单元题目	课序	课文题目	课时	内容要点和目标指向
第二单元	气象常识	5	认识春夏秋冬	3	单元内容：认识春夏秋冬、动植物气象员、世界气象日的由来、温室效应、气象与科技，穿插介绍常见的气象知识…… 单元目标：了解常见的气象知识，体会气象科学的魅力，知识的力量，为以后学会气象观测做好准备。
		6	动植物气象员	3	
		7	城市气候问题	3	
		8	天气的日历	3	
第三单元	气象观测	9	小小观测员	2	单元内容：小小观测员、温度与气温、风速和风向、降水量测量、学会气象观测的一些基本方法，动手进行简单的测量。 单元目标：学习掌握一些气象的基本要素，并制作简单的观测工具，进行实际观测操作。
		10	温度和气温	2	
		11	风速和风向	2	
		12	降水量测量	2	
第四单元	气象预报	13	认识天气符号	2	单元内容：关注天气、认识气象符号、认识预警信号、了解气象指数、了解一些气象预报的基本方法。 单元目标：认识天气，气象的基本知识，初步学会一些气象预报的方法与技巧，学做一名合格的小气象员。
		14	认识气象预警	3	
		15	看云识天气	3	
		16	总结预报观测	2	

（三）科目编写体例

1. 它与学科课程并列。该校本课程是一门独立的课程，它在学习系统结构、实践方法和手段等方面有着与学科课程本质的不同。

2. 它是学科课程的补充和完善。在本课程开发时注意防止两种错误倾向：既要防止教学活动游离于学科理性，而步入学习的经验主义误区；又要防止学科的知识和系统对教学活动的束缚，使成为局限在简单层次上的学科教学的重复和凑合。要及时补充学科教学的缺损。

四、科目实施：

（一）选修条件

1. 本科目的教材适合小学阶段使用。

2. 教材编写时的主要目标对象为学校中高年级学生。

3. 教材主要供上述学校的拓展型课程中的兴趣活动课时使用，也可以供这些学校以社团活动名义开展的兴趣活动使用。

（二）设备需求

1. 用于活动的教室需配套多媒体等相关设备。

2. 让学生在课后有更多的时间和空间去进行探究活动，开阔着他们的视野，收获着新知，更重要的是让他们的学习更主动，兴趣变得更浓。

（三）活动形式

以校级兴趣班的形式授课。兴趣班以学生自主报名的形式组成，各班教师根据教材并结合自身教学特点进行教学设计，每周一在指定活动室活动1课时。授课中鼓励学生以小组合作的形式，开展自主活动。小组的构成由学生自由组合，4人一组，提倡两个高年级学生和两个中年级学生为一组，教师做好适当的指导工作。

（四）实施原则

1. 坚持科学与人文的融合。在课程的实施过程中，除了强调科学知识的学习和研究，更强调学生在进行气象科学研究的同时，注重自身人文素养的形成和健全人格的形成。

2. 坚持普及与提高的统一。课程实施面向的是从起始年级的学生到全校全体学生的一个推广过程。我们一直强调根据学生的兴趣爱好和实际能力的差异，在课程实施中应凸显普及与提高的统一。

3. 坚持知识与能力并重。克服传统教育过程中的重视知识传授而忽视能力培养的偏差，强调学生在研究过程中对原有知识的开发和利用，尝试用已学知识解决问题，运用知识分析和解决问题，使知识和能力统一于课程实施过程之中。

4. 坚持个性与群体兼顾。在课程学习中要充分尊重学生的个性和自身兴趣爱好，在课外组织不同的研究小组满足学生对深入研究的兴趣和需求，通过不同的研究途径、方法去获得不同的学习体验，不断发展自己的人格个性。

5. 坚持主体探究与创新发展结合。课程学习中要培养高素质的学生群体,就必须尊重学生的主体,通过学生在学习过程中的思维方式、个人体验以及对信息资料的整理与综合,让学生主动参与探究,自主发展,来培养他们创新精神。

(五)配套资源

以第一单元第四个活动主题《二十四节气》为例:

1. 教材

2. 活动设计

活动目标:

1) 了解二十四节气的相关知识。

2) 探索传统节日的历史渊源、独特情趣。

3) 传承民俗文化,建立起对家乡浓厚的感情。

活动重点:

了解二十四节气的相关知识。

活动难点:

探索传统节日的历史渊源、独特情趣。

活动准备:

活动课件、相关视频

活动过程:

导入

同学们,每当上课铃声响起,大家都知道应该回教室上课;我们的爸爸妈妈看看钟表把握好自己的上班时间,也不会迟到。可古代的人们呢? 他们没铃声和钟表,他们靠什么知道什么时候该做什么事? 你知道吗?(请同学来回答)

对于古代没铃声,没钟表这些可难不倒我们智慧的老祖先。他们啊,为了准确地把握好时间和季节变化特意设定了二十四节气。大家想认识这些节气、了解这些节气吗? 这节课我们就一起来学习二十四节气。

新课

1. 你们知道哪些节气? 可以说一说。这些节气有什么寓意呢?

小组交流──→班级交流

2. 介绍二十四节气的来历

二十四节气起源于黄河流域。远在春秋时代,就定出仲春、仲夏、仲秋和仲冬四个节气。以后不断地改进与完善,到秦汉年间,二十四节气已完全确立。公元前104年,由邓平等制定的《太初历》,正式把二十四节气订于历法,明确了二十四节气的天文位置。

3. 二十四节气含义

二十四节气的命名反映了季节、气候现象、气候变化等。

表示季节变化的有:立春、春分、立夏、夏至、立秋、秋分、立冬、冬至八个节气;

象征温度变化的有:小暑、大暑、处暑、小寒、大寒五个节气;

反映降水量的则是:雨水、谷雨、白露、寒露、霜降、小雪、大雪七个节气;

反映物候现象或农事活动的节气有:惊蛰、清明、小满、芒种四个节气。

立春、立夏、立秋、立冬则反映了四季的开始。

4. 二十四节气的作用

二十四节气主要是为农民服务。因为农民种地节气很重要,这决定着农作物的生长如何,收获的丰歉。因为农作物生长温度等因素比较重要,而每个节气的这些因素不同。于是农民在适当的节气种适当的农作物,所以二十四节气主要对农民的种植起重要作用。

5. 节气歌

由于节气比较多,人们为了方便记住这些节气,把它编成了诗歌。

(1)读一读:学生以小组为单位,练习朗读二十四节气歌,体会它们所代表的气候节律。

(2)背一背:每个小组选择二十四节气歌或二十四节气诗练习背一背,看哪个小组的同学记得又快又准。

6. 节气与生活

生活中有哪些和"节气"有关的谚语或习俗?和同学们交流一下吧!

小结

这节课同学们表现得都很出色,既记住了二十四节气歌,又学到了很多有关二十四节气的知识。其实有关二十四节气的知识还

有很多很多,如果同学们课后能主动去搜集,你一定会学到更多的知识。

(六) 相关说明

1. 活动设计的要求

(1) 情境引入环节:创设相关情景,提供背景资料,使学生进入问题情境,激发活动兴趣。

(2) 发现和提出问题环节:提供给学生不同的情境或资料,引导学生从不同的角度对情境进行思考,提出疑问与发现,激发学生解决问题。

(3) 探索和实践环节:各小组在教师的指导下,实施自己原先的设想,可以查阅资料、采访调查、分析设计等。组内成员分工协作。

(4) 表达和交流环节:学生整理小组的活动收获,形成成果,用自己喜欢的方式表达自己的成果和真实体会。

(5) 总结发展环节:对活动过程进行反思评价,发现不足,总结积累成功经验并加以推广。鼓励学生深入思考,拓展活动的空间。

2. 德育要求

在教学过程中对学生进行民族精神教育,鼓励学生在创作合作过程中互相帮助,掌握基本技能,形成良好的习惯,并逐步培养学生实践能力。通过实践活动,更好地掌握气象知识,运用知识解决实际问题的能力,提高科学人文素养,增强预防灾害的能力。

五、科目评价:

(一) 评价原则

1. 激励性原则。以肯定性的评价激发学生积极参与的热情,形成良好的活动氛围。

2. 过程性原则。本课程目标的重点在于培养学生的兴趣和能力,所以评价时,应特别关注学生参与的态度,关注学习的过程。

3. 开放性原则。本课程具有开放性的特点,评价也应该具有开放性。在学生自我评价的基础上,应尽可能采用集体交流的形式,将个人和小组的经验及成果展示出来。

(二) 评价内容

评价的内容是多元的,一是学生参与活动的态度,二是学生的体验,三是学生活动能力的发展。

（三）评价方式

1. 小组活动评价——个人档案评定。为了使过程评价更真实、形象，综合评价小学生气象科技学习中情感态度、知识与技能、创新与实践能力，实施档案袋评价，主要搜集小学生历次活动的记录、最佳作品项目、对学习态度、情感、价值观的评价。

2. 学生个人评价。主要通过学生自评、小组互评和教师评价三种评价方法，最终由指导老师根据学生自评与小组互评的结果，给出每个学生的活动等级。

（1）学生自评主要根据自己在活动中所承担任务的完成情况，自发的科技学习习惯、内容、成果、改进学习的计划及执行情况等。

（2）小组互评，同伴评价的记录，参加小组互评的同学真实客观地对小组中其他的同学给予评价。气象科技方面的特殊贡献、参与的重要的气象科技实践活动，自发的科技学习习惯、内容、成果，改进学习的计划及执行情况等。

（3）教师评价，师生共同持续记录，指导学生学习。既评价学生科技学习成果的优劣，扬其长处，又从成果中看到学生学习过程中的优点，还要在气象科技教学过程中，发现学生学习方式的优劣，予以评价。

附教案：

城市气候问题

活动目标：

1. 了解城市的主要环境问题及其危害，认识到保护环境的重要性。

2. 针对三类环境污染的主要污染源，了解相应的治理措施及治理成绩。

3. 通过环境污染热点事件，结合生活感知，明确环境污染的危害。

4. 通过课堂交流展示，认识各类环境污染的特点，感受保护环境的重要性。

5. 提高学生的环保参与意识，激发学生热爱家乡、保护环境的热情。

活动重点：

了解城市的主要环境问题及其危害。

活动难点：

了解相应的治理措施及治理成绩。

活动准备：

板书、多媒体课件

活动过程：

一、活动一：新课引入

图片展示"优美的城市环境"，激发学生的兴趣和向往。每个人都希望能拥有一个蓝天碧水、鸟语花香的生活环境，但事实上，我们生活的城市存在许多的环境问题。请学生说说目前城市有哪些环境问题。我国的《环境保护法》中的环境指的是什么？

来认识一下环境的概念(看课件)。在众多的城市环境问题中，其中污染问题是我国所有城市必须面对的问题。今天我们来具体分析我国最主要的三类城市环境污染问题。

二、活动二：城市水污染和缺水问题

1. 中国水污染图

(1) 在图上找出我国长江、黄河、珠江、淮河、海河、辽河和松花江。看看这些河流有没有受到污染？都受到了不同程度的污染。

(2) 在图册上找到需要重点治理的"三河三湖"，看看是哪三条河和哪三个湖泊？

(3) 按照国家标准，地表水水质分为Ⅴ类，其中作为饮用水水源的水质必须达到Ⅲ类水以上(即Ⅰ～Ⅲ类)。这两个数据说明了什么问题？(我国水污染已相当严重)

(4) 是什么原因导致了我们的城市水污染(污染源)？(图片展示)上海城市规模的扩大，城乡人口的对比。随着城市人口的不断增加，规模不断扩大，工业不断发展，大量的工业废水和生活污水未经处理直接排放。

2. 水体富营养化图(太湖蓝藻暴发事件) 水域中的植物营养成分氮、磷，大量地通过城市污水排入河中，致使水体出现营养过剩。水生生物(主要是藻类)大量繁殖，消耗了水中的大量的氧，致使水体处于严重缺氧状态，并分解出有毒物质，水质变坏，鱼类大量死亡。

3. 上海自1997年以来，生活污水的排放量已经超过工业废水的排放量。生活污水仅15％处理后达标排放，生活污水已成为上海水环境的"元凶"。你认为，在保护城市水环境方面，我们能做些什么？

4. 我国城市不仅水污染严重，而且全国600多个城市中有一半以上缺水。讨论：北京缺水严重有其自然原因。请你根据已学过的有关我国气候的知识，分析北京缺水的自然原因是什么？还有哪些人为原因？

三、活动三：大气污染

1. 大气污染图片：城市大气污染是一个难以逃避的问题。因为人类必须呼吸。我国11个最大的城市中，空气中的烟尘和颗粒物每年使5万人死亡，40万人感染慢性支气管炎。（展示伦敦烟雾事件）

2. 想一想：大气污染源？（生产生活的废气，汽车尾气，工业、建筑粉尘）怎样做可以保持大气的清洁？（搭乘公共交通，使用节能电器，不使用喷雾剂）

3. （阅读）"冬季北方城市大气污染较严重的原因" 我国城市的大气污染程度：北方与南方相比；大城市与中小城市相比；夏秋季与冬春季相比。

4. 我国部分城市空气质量日报，关注上海的空气质量。上海空气质量一般在50—100左右，质量为良。

四、活动四：固体废弃物污染

什么是固体废弃物？（在生产建设、日常生活和其他活动中产生的固态、半固态废弃物质，通常称为垃圾。）垃圾泛滥，并成为一种环境污染问题，是近代工业发展和城市化的结果。

1. 一组图片：这些城市垃圾主要来自哪些方面？（工业废渣和城市生活垃圾）它们有哪些危害？介绍各种废弃物解体所需的时间。玻璃瓶实际上在任何时候都不会分解，其他如塑料瓶约需450年，盛啤酒或汽水的易拉罐需200—250年，普通马口铁罐头盒约需100年，经抽漆粉刷的木板约需13年，帆布制品约需1年，绳索需3—14个月，棉织物需1—5个月，火车票等纸屑约需半个月。

2. 小结：今天，我们从三个方面探讨了城市环境问题，水污染、大气污染和固体废弃物污染。环境问题的本质是发展问题，环境问题在发展中产生，必须在发展中解决。保护环境，从我做起。

（徐丹丹）

"小小实验员"科目设计纲要

一、科目开发背景：

随着科学的发展和社会的进步,陈旧的教学模式越来越不适应现代化的教育。根据学生心理特征的发展,开发学生的思维,提高学生的动手能力才是现代教育的关键,尤其是在小学阶段趣味实验技能的教育与培养对学生个体积极性和智力的开发都具有重要意义。

小小实验员是以"培养学生的科学兴趣,启发学生的科学思维,培养学生的创新实践能力和科学态度"为主要目标,以"让学生在做中学、在学中做,校内为主、家庭为辅"为主要学习方式,鼓励每个学生都能在学校、家庭中建立实验角,有自己的实验小天地,包括种植、养殖、小发明、小制作,从最简单的小实验做起,让学生边动手实践、边观察思考,在观察中产生疑惑,在动手实践中得到真实的感受和体验,从而激发学生的科学兴趣、探究和创造的欲望,培养学生的动手实践和创新能力。以科学探究为方法,培养具有良好科学素养的创新人才为目标,提高学生各方面素质,拓宽学生的知识视野,促进学生全面发展,提高学生对科学奥秘的探究意识,是课堂教学以外的课外科学实践活动,是课堂教学的良好补充,进一步推进学校科学教育工作。

二、科目目标：

1. 培养小学生的科学素养,通过亲身经历以探究为主的学习活动,培养他们的好奇心和探究欲,增进他们对科学本质的理解,使他们学会探究解决问题的策略。

2. 通过观察、实验、验证、比对、实践、记录、总结等过程,提升学生的观察力、专注力、动手力,培养学生严谨、科学的学习态度。

3. 使学生初步树立正确的科学价值观,建立科学的信念,培养创新意识。

4. 通过小实验,掌握科学观察的方法,培养解决实际问题、动手实践的能力,初步学会科学实验的方法,具有一定的实验能力。

三、科目内容：

选取较简单的实验，准备好实验材料，创造机会让学生动手做实验，让学生参与其中，亲历实验过程，真正经历科学学习过程。该课程将日常有趣的科学现象（比如：鲜花变色、柠檬发电等），设计为科学小实验，教师为学生提供实验器材，供学生们动手操作，使学生们有机会在玩耍中认识、体验、探究科学现象，真正做到在玩中学，在学中玩。学生在实践的基础上掌握基本的实验方法和技能，在此基础上，还为学生进行探究性学习和实践活动预留了创造空间，使学生们在进行实验的过程中可以结合自己学到的知识，创新设计出新的实验。在这个过程中，学生们通过参与活动，获得科学知识，激发学习兴趣，形成创新思维，体验自主学习和在发现与探索中体验自我成功的快乐，有助于养成勇于探索、不怕失败、严谨求实的优良作风和乐观、积极、健康、自信的人生态度，从而直接或间接地为学生们提升科学素养、改善学习成绩发挥积极作用。

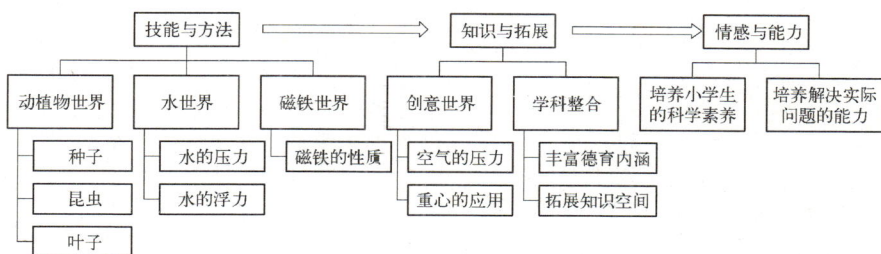

单元序列	单元题目	课序	课文题目	课时	内容要点和目标指向
第一单元	动植物世界	1	秋天为什么有的树叶不会凋落呢？	1	单元内容： 1.种子萌发的条件； 2.茎的秘密； 3.植物的生长特性； 4.昆虫的种类； 5.制作昆虫琥珀。 单元目标：通过对自然界中动植物的观察探秘，在生态教育活动中养成爱护自然、亲近自然、维护生态平衡的自觉行为。
		2	种子怎么才能发芽？	1	
		3	昆虫琥珀的制作	1	
		4	茎怎么喝水呢？	1	

单元序列	单元题目	课序	课文题目	课时	内容要点和目标指向
第二单元	水世界	5	倒不满的水杯	1	单元内容： 1. 水的压力。 2. 水的浮力。 单元目标：通过简单的材料探究水中的秘密，培养他们的好奇心和探究欲，增进他们对科学本质的理解，使他们学会探究解决问题的策略。
		6	水中弹跳的乒乓球	1	
		7	隔空取水	1	
		8	水会弯曲	1	
第三单元	磁铁世界	9	磁铁小陀螺	1	单元内容： 1. 磁铁的特性。 2. 磁铁的应用。 单元目标：通过磁铁的实验、记录、总结等过程，提升学生的观察力、专注力、动手力，培养学生严谨、科学的学习态度。
		10	简易指南针	1	
		11	悬浮的纸蝴蝶		
		12	水果磁铁		
第四单元	创意世界	13	神奇的吸管	1	单元内容： 1. 空气的压力。 2. 重心的应用。 单元目标：通过小实验和各种研究活动，掌握科学观察的方法，培养解决实际问题、动手实践的能力，初步学会科学实验的方法，具有一定的实验能力。
		14	气球喷泉		
		15	自制打气筒		
		16	不愿摔倒的易拉罐		

四、科目实施：

（一）选修条件

1. 本科目的教材适合小学阶段使用。

2. 教材编写时的主要目标对象为学校二年级及以上的学生。

3. 教材主要供上述学校的拓展型课程中的兴趣活动课时使用，也可以供这些学校以社团活动名义开展的兴趣活动使用。

（二）设备需求

1. 以自然教室为主，需要生活中的塑料废瓶、磁铁、科学实验器材等。

2. 用于活动的教室需配套多媒体等相关设备。

（三）活动形式

以兴趣班的形式授课。兴趣班以学生自主报名的形式组成，每周一在指定活动室活动1课时。授课中鼓励学生以小组合作的形式,开展自主活动。小组的构成由学生自由组合,4人一组,提倡两个高年级学生和两个中低年级学生为一组,教师做好适当的指导工作。

（四）实施原则

1.活动性原则。通过小组合作学习培养学生的合作活动能力。

2.全体性原则。动员全班学生,营造快乐学习氛围。

3.兴趣性原则。通过科学小实验,同学们观察到了许多有趣的科学现象,激发了研究科学的浓厚兴趣,明白了实验所蕴含的科学原理,养成了认真严谨的科学态度。

4.发展性原则。以学生发展为本,设计出适合学生发展的活动。

5.互动性原则。通过师生互动、生生互动,培养学生的团队合作意识与探究精神。

（五）配套资源

以第二单元第二个活动课题《水中弹跳的乒乓球》为例：

活动设计

活动课题：水中弹跳的乒乓球

活动目标：

1.知道水是有压力的。

2.知道水的压力是向着各个方向的,水的压力随着水的深度的增加而增加。

3.通过实验养成良好的观察与实验的能力。

活动重点：

能通过实验了解水的压力的特征。

活动难点：

知道水的压力是向着各个方向的,水的压力随着水的深度的增加而增加。

活动准备：

教师方面：板书、多媒体课件、水杯

学生方面：乒乓球、塑料瓶、剪刀

活动过程：

一、讨论你了解的水的特征。

二、根据水的这些特征你能想到哪些实验？

三、教师示范实验步骤

第一步：用剪刀将塑料瓶底部去掉，做成漏斗形状；

第二步：把乒乓球放入漏斗中，再拿起漏斗，往漏斗里倒入水；

第三步：盖上瓶盖，观察现象。

四、小组分工合作，完成实验内容。

五、交流评价，总结本次实验的收获。

五、科目评价：

（一）评价原则：

评价坚持激励原则、自主评价原则和注重过程原则，激发学生学习科学的热情。以符合学校办学思想和育人目标为准则，体现学校的办学特色，体现课程目标、课程内容、课程实施和课程评价的一致性。

（二）评价标准：

1. 科学探究方面。应重点评价学生动手动脑"做"科学的兴趣、技能、思维水平和活动能力。具体可以评价他们参与科学学习活动时是否主动积极、是否持之以恒、是否实事求是；观察是否全面、提问是否恰当、测量是否准确、设计是否合理、表达是否清晰、交流是否双向或多向的；搜集、整理信息，进行合理解释的能力怎么样，动手能力怎么样，与同伴之间交往合作的能力怎么样等。

2. 情感态度与价值观方面。应重点评价学生们学习科学的态度。具体可以评价他们的学习兴趣是否浓厚、学习动机是否强烈；能否尊重证据；能否大胆想象勇于创新；是不是乐于合作与交流，乐于采纳别人的意见，乐于改进自己的学习或研究；能不能关心科学技术，热心参与有关活动，发展对自然和社会的关怀与责任感。

3. 科学知识方面。应重点评价小学生对生命科学、物质科学、地球与宇宙科学多方面最基本的概念和技能的理解过程情况和应用情况，而不是检查学生最终记住了多少信息。

（三）评价方法：

采用教师评价、家长评价、学生自评和互评相结合；注重学生学习过程的评价，定性和定量相结合，如采用评价表、即时评价、谈话激励、主题活动作品展等形式，优化学生的学习活动；注重差异性评价，以鼓励性评价为主，促进个体的发展。

附教案：

昆虫"琥珀"的制作

活动目标：

1. 学会基本的收集方法，通过收集能够说出生活中有哪些昆虫，感受科学学习的方法。

2. 通过亲手制作昆虫的"琥珀"，在过程中了解昆虫的形态特征并提高仔细观察、动手等能力。

3. 通过小组合作完成"琥珀"制作，提高团队合作等能力。

活动重点：

学会昆虫"琥珀"的制作。

活动难点：

通过制作能了解昆虫的基本形态特征及其生活习性。

活动准备：

教师方面：多媒体课件、热水、圆形水槽、环氧树脂加固化剂（也叫水晶滴胶组合）、各种形状的硅胶模具、塑料滴管、搅拌棒、镊子、若干昆虫"干尸"

学生方面：若干昆虫"干尸"、一次性塑料杯子

活动过程：

一、活动一：认识自然物琥珀

1. PPT展示，出示图片，老师讲解什么是琥珀。

2. 了解什么样的昆虫可以做琥珀。学生分组讨论，交流自己查阅的资料说说看你们的发现。

3. 观察之前收集的昆虫"干尸"，推测今天的实验任务。

4. 了解今天的实验任务是：小组合作完成昆虫"琥珀"的制作。

二、活动二：学习制作自然物琥珀

1. 教师讲解实验步骤并演示如何操作。

实验步骤如下：

① 根据昆虫"干尸"的大小，选择合适的硅胶模具，用镊子将昆虫"干尸"放入模具中；

② 在塑料杯中加入环氧树脂（滴胶A）和固化剂（滴胶B），按照体积比2.5∶1或者按照重量比3∶1确定使用量，如滴胶A 50 mL、滴胶B 20 mL。

③ 接着将塑料杯放置在 40℃—50℃ 左右的热水中,用搅拌棒快速同方向搅拌 2—3 分钟,当液体由浑浊变清澈时即可。

④ 将搅拌后的液体用滴管加入模具中。

⑤ 静置 24 小时后即可取出。

2. 学生动手操作,20 分钟时间学生自由操作。

3. 请做好的小朋友示范,再请其余小朋友学习,或者请已经做好的小朋友帮助不会做的小朋友。

三、活动三:交流评价,总结本次活动

1. 说说这节课你有什么收获?

2. 学生交流。

3. 小结:日常生活中可以收集到的昆虫可真不少,将它们封存在像琥珀一样的水晶滴胶中,不仅保存时间久还可以 360 度让学生观察,不会受到时间、季节、种类、数量的限制,还能作为教具在自然课堂中应用,甚至是作为评价机制来激励学生学习自然课程。

(孙雨辰)

课例 3

"创造发明与知识产权"科目设计纲要

一、科目开发背景:

回顾人类社会的发展史,我们不难看到,发明创造是推动社会进步的十分重要的因素。在远古时代,人类就发明了车、船、弓、箭、陶器等,从而使社会摆脱愚昧走向文明。随着社会的不断发展,发明创造在现代社会生活中起着更大的作用。科技进步、社会发展和经济振兴,处处离不开发明创造,人类正是在发明创造中改变世界,改变自身的生活,"创新是一个民族进步的灵魂,是国家兴旺发达的不竭动力,其中小发明创造就是技术创新中的一项重要内容。"作为祖国未来的栋梁之材,必须具有创新意识和创新能力。这是时代赋予教育的不可推卸的责任。

现代教育理论和新一轮基础教育课程改革强调培养学生分析问题、解决问题的能力,培养他们的动手能力。在需要培养的各种能力之中,创造能力是最可贵的。有了创造能力,学生可以自己掌握科学的学

习方法、思考的方法，运用理论知识解决实际问题的能力和方法。发明是"首创前所未有的事物"。世界知识产权组织对"发明"的定义是："发明是发明人的一种思想，这种思想可以在实践中解决技术领域里特有的问题。"我国在《发明奖励条例》中对"发明"的定义是："发明是一种重大的科学技术新成就，它必须同时具备下列三个条件：第一，前人所没有的；第二，先进的；第三，经过实践证明可以应用的。"

小发明不同于大发明，是根据儿童已有的科学技术知识和实际能力，在日常学习、生活、工作和劳动中，对那些感到不方便、不称心的东西，加以改进、改革和创新。所以小发明是实用新型的"身边科学"。

全国青少年科技活动领导小组对科技小发明的主要项目作了明确的规定：第一，发明，指一切具有新颖性、先进性和实用性的科技成果；第二，改进和革新，指对原有物品的形状、构造或其他方面提出的改进技术方案；第三，新品种，指人工培育的动植物新的品种；第四，发现，是对前所未知的事物、现象及其规律的揭示。

小发明的主要特点是：第一，新。无论是发明、改进或发现，都是前所未有的或前所未知的，不是仿制或重述已有的东西，所以小发明不同于一般的科技小制作。第二，小。小发明是儿童身边的科学，是改进日常生活中经常接触到的东西，而不是去搞高深的、尖端的、难以办到的科技发明项目。

在以往的几年中，小部分学生通过参加课外活动，参加科技组、航模、车模组活动唤起了他们对科技的兴趣，动手能力得到了培养，参加省、市、区的科技创新活动也是屡屡获奖，还有一批小小发明家在区校内人人皆知，但毕竟参与面不广。更多学生的创造潜能没能得到开启。现代心理学研究表明：创造力是人类与生俱来的一种能力，每个人天赋的创造力差异是不大的，关键是在于后天的开发和培养。在我校进行校本课程学生需求调查评估中，选择创造发明与专利的占3—5年级学生人数的85%以上。有些学生直接找到科技老师说，老师，这学期您一定要让我参加发明创造班，以前总是您选那些您想要的学生，其实，我们也很想参加！我想把我的一些设想变成现实！

二、科目目标：

总体目标：为学生获取发明创造所需的知识、技能、态度和价值观提供机会。培养从小对科学的兴趣和爱好，了解和掌握发明创造的常

用方法,培养创新意识和实践能力;在动手制作过程中领悟科学道理、增强实践动手能力,从而训练学生的多向思维方式,激发他们发明创造的灵感;注重知识产权保护,积极申请发明专利。

具体目标:

(1)知识目标:了解发明创造所需的各种经验和知识。

A.发明、创造的含义,对社会进步的意义。

B.发明创造的特点:要具有新颖性、实用性、先进性。

C.爱迪生等大科学家发明创造过程中的动人故事,及身边熟悉的人的先进事迹。

D.科技发明对人们日常生活的帮助。

E.形成合理的知识结构,学生要有多方面的知识以及综合运用这些知识的能力。

F.知道什么是知识产权,了解申请专利的具体流程。

(2)技能目标:获得发明创造的一般方法和技能。

A.会观察、分析周围的生活环境,发现科技发明与日常生活的联系,从发现问题(创新灵感),提出假设,组织考证,具体实施,总结分析行动结果到检测数据,通过多种途径,收集信息的能力得到发展。

B.发挥思维的独创性,通过多种方式表达自己的想法,写设计方案、小论文、制作作品等。

C.能简洁清晰地分析推介自己的设计和观点,又能听取他人意见,完善方案。

D.使用简单工具和合适的材料,动手制作作品的能力。

E.能与同伴互相合作解决问题,研究方案,分工合作制作作品并积极参加创新类大赛。

F.能独立申请专利,进行知识产权保护。

(3)情感、态度目标:

A.培养创造意识,勇于提出自己的独到见解,对问题寻根究底,乐于参与发明创造的活动。

B.培养创造毅力,能经得起困难和挫折的考验,勇于克服困难,保持对发明创造的热情和兴趣。

C.尊重科学、尊敬他人,认识科学及科学家对人类所做出的贡献。

D.在获奖的过程中体验成功的乐趣。

三、科目内容：

单元序列	单元题目	课序	课文题目	课时	内容要点和目标指向
第一单元	什么是创造发明	1	罗小发明之路	1	单元内容： 发明的基本知识和我校开展小发明活动的基本情况。 单元目标： 1.了解我校开展科技活动的基本情况。 2.了解开展科技发明活动的具体内容。 3.理解创造发明的社会价值；明确创新的时代意义。
		2	什么是创造发明	1	
		3	发明的条件	1	
		4	怎样选择课题	1	
第二单元	创造发明的方法	5	缺点列举法	1	单元内容： 发明活动的各种方法。 单元目标： 1.了解发明的各种方法，掌握创造发明的基本技法。 2.能运用这些方法，发现生活中的一些问题，提出改进意见。 3.形成将设想付诸实施的实践能力。
		6	组合发明法	1	
		7	大胆联想法	1	
		8	扩大增加法	1	
		9	缩小省略法	1	
		10	设问发明法	1	
		11	希望点例举法	1	
		12	逆向发明法	1	
第三单元	我也来发明	13	设计并制作绿色环保车	1	单元内容： 动脑、动手开展发明活动。 单元目标： 1.通过活动提高学生开展小发明活动的兴趣。 2.在活动中发现新的思路。
		14	设计并制作一辆多功能早餐车	1	
第四单元	专利的意义和申请	15	什么是专利	1	单元内容： 知识产权与专利申请。 单元目标： 1.通过活动了解专利申请的意义。 2.了解专利申请的步骤。
		16	专利的申请	1	

四、科目实施：

（一）实施原则：

以人为本原则：教师是开发课程资源的主体。学生是实现课程目标

第三章 "启梦"之花

的主体,是课程活动的主体,教师是课程活动的组织者、引导者和协作者。

以校为本的原则：课程资源的开发和利用取之于学校,课程实施效果见之于学校和学校的每一位学生。

(二)实施的准备：

A. 做好课程实施前的调研评估工作,以问卷和访谈形式了解学生对本课程所持的态度,为学校选编教材和教师实施课程奠定基础,以学生的需求和愿望为出发点,因材施教。

B. 选编校本教材《创造发明与知识产权》。

C. 创设民主和谐的课堂氛围,营造平等融洽的师生关系、活泼互动的生生关系。

D. 师生在活动过程中共同建立个性化的科技发明资料库,收集相关资料文摘、图书报刊及视听资料……

(三)实施的方法：

A. 阅读讲授法：课本中小故事对学生有很大的吸引力,让其自行阅读,可以激发兴趣。当涉及发明创造方法处则通过老师讲授点拨,让学生豁然开朗：原来这些发明创造是源于平时的学习活动、日常生活之中,我们要当有心人。

B. 对话交流式：当学习了一种发明创造方法后,学生根据主题提出、设计方案时,设计者要说出自己的主题来源、创造灵感、查找记录资料的途径和方法,让师生提出质疑,交流看法,达成一致,完善方案。

C. 探究制作法：设计方案完善后,要把他们的设想变为现实,让方案成为实物,需要准备材料、工具。探究摸索制作过程,这就需要师生合作、生生合作,还需要家长等人士的合作探究。

还有课内学习与课外实践相结合,由单项设计到综合设计相结合。

五、科目评价：

教师评价：

等级 目标	A	B	C
知识 目标	掌握小发明的基本技法,掌握什么是发明,发明的基本概念是什么。	了解小发明的基本技法,对什么是发明有一定的认识。	初步了解小发明的基本技法,对什么是发明有一定的认识。

目标 等级	A	B	C
能力目标	能设计有一定创新精神的小发明方案,方案设计新颖合理。	能设计有一定创新精神的小发明方案。	能尝试设计有一定创新精神的小发明方案。
情感目标	对小发明项目产生浓厚的兴趣,能在课余时间积极思考。	对小发明项目产生较大的兴趣,能经常思考。	喜欢来参加小发明小组活动。

附教案:

少年爱迪生——寻找课题

活动目标:

1. 搜集少年爱迪生的资料,知道在生活中善于观察、发现问题是寻找课题的途径。

2. 通过观察生活、小组讨论,体验发现问题与解决问题的方案设计过程。

3. 初步养成多角度观察、分析问题的习惯,逐步提高解决问题的能力。

活动重难点:

体验从生活中发现问题与解决问题的方案设计过程。

活动准备:

学生学习单、相关视频

活动过程:

一、活动一:活动引入、激发兴趣。

1. 观看视频、介绍活动

师:我们学校最近活动特别多,数学节刚闭幕,童话节、科技节又要来了。那你们看看这是什么活动?(视频播放)(板书:少年爱迪生的活动)

师:这是上海电视台举办的一个有关发明创造的活动,是展示我们小朋友创新思维、创新思路的一个活动,我校的杨龚玥、王俊哲等同

学都曾参加过这个节目,他们可以和科学家面对面地交流,你们想不想参加?

师:但是参加这个活动是有条件的。那么需要什么呢?(作品)你们有没有作品?(没有)

2.出示课题、明确任务

师:今天老师就带领大家一起寻找课题,争取也做一个作品。

二、活动二:合作体验、发现问题。

1.观看视频、交流想法

师:要做作品首先要寻找课题。那你们说从哪里去寻找课题?我们生活中就有很多这样的课题,用你们的小眼睛发现问题,请看视频。

师:跷跷板大家都很喜欢玩,但是他为什么会受伤?

2.小组讨论、发现问题

师:PPT我们换个画面看得更清楚一点。这个跷跷板好不好?你们觉得哪些地方不好?(生自由说)

师板书问题:跷跷板落地压脚

3.师:我们发现了这么多问题,就要解决这个问题。(学生讨论,交流)

4.案例赏析、拓展思路

师:我们小朋友想出了很多解决的办法,那看看我们罗店中心校科技小组的同学是怎么想的?(继续PPT播放视频)

我们科技小组的同学怎么样?他们的作品获得了上海市青少年创新大赛一等奖等很多奖项。给我们科技小组的同学鼓鼓掌,点个赞吧!(作品的奖章)

师:你们再仔细观察一下这个作品有什么好的地方?(出示模型,生说)

师:这个方案跟你刚才想的有什么相似的地方?这个问题还有什么改进的地方?

师小结:因为发现了问题,他们设计解决方案,作品就完成了。

三、活动三:独立思考、设计方案。

1.生活实例,寻找课题

师:生活中到处都有课题,大家试试从身边的物件中来寻找课题吧。

可以从中任选一样说说你的发现,也可以说身边其他的。

2. 观看视频、发现问题

师:生活中到处都有作品,缺少的就是善于发现问题的眼睛,老师这里还有一个视频,请大家仔细看一下,你发现了什么问题。(PPT 播放视频)

3. 交流讨论、聚焦问题

师:发生了什么事?谁知道一般这种停车场是怎么操作的?(画个草图)

师:你们发现什么问题?为什么碰不到?(距离太远)(板书问题:距离)

4. 独立思考、设计方案

师:也就是说,我们只要解决了距离的问题,就可以解决现在这个问题了。

现在我们拿出学习单,自己独立思考,想想你怎么合理设计来解决这个问题?

5. 交流方案、归类整理

师:跟他想出来的解决方案相似的举手!不同的呢?再说说看你的想法?

四、活动四:归纳总结、课后延伸。

1. 教师总结

师:经过刚才两次活动的体验,我们发现原来寻找课题也不是那么难,课题来源于哪里?(来源于生活)那么我们如何来寻找课题呢?(需要仔细观察,发现问题)

2. 课后活动:上网查询、论证与修改方案

师:刚才这个课题是否可行?我们回去上网查一查,别人是怎么想的,我们再把自己的方案修改得更合理。

板书设计:

少年爱迪生 ——寻找   课题
                ↓   ↓
          观察发现   源于生活

(王伟龙)

第三章——"启梦"之花

"罗店印象·少儿陶艺"科目设计纲要

本科目属于学校拓展型课程,所属类别为艺术类。教材的适用对象是小学中高年级对陶艺制作有兴趣的学生。教材包括 4 个单元,共计 16 个学习主题,视学生的学习情况每主题分 2—3 课时,教学时长为两个学期。

对执教教师的要求:有一定的陶艺专业知识以及基本的陶艺专业制作技能。

一、科目背景

(一) 背景分析

陶艺是陶瓷艺术的简称。我国是陶瓷艺术的发源地,因而陶瓷艺术在我国年代久远、种类繁多,在世界历史上相当具有代表性。然而,陶瓷艺术却非我国独有,甚至在陶艺教学方面我们国家要远远落后于美日欧等发达国家。20 世纪 90 年代美国颁布了艺术教育国家标准,倡导利用社区资源扩展学生对艺术的学习。

与此同时,日本颁布了中小学校学习指导要领,要求使用各地优秀的文化遗产作为教材内容。美日等发达国家从幼儿教育、小学教育、中学教育,甚至大学教育都开设有完整的陶艺课程体系。我国随着国家经济不断向前发展,许多学校依托地域特色课程资源开展精品课程建设,成为学校精品课程建设及特色创建的有效途径。为了让我校学生从小了解我国源远流长的陶瓷艺术,感受陶瓷工艺美术的艺术魅力,继承和发展我国古老的陶瓷艺术文化,提高学生动手动脑、手脑协调的能力,我们确立了此项拓展型课程。

我校位于上海北部农村,古镇地域特色非常明显。古老的罗店民居、罗店拱桥、罗店船只和一些名人轶事凸显了罗店古镇的地域特色。从我在本校开始尝试融合地域特色资源进行陶艺教学活动以来,受到学生和家长的喜爱,陶艺兴趣组报名人数一度超出预期许多。学校添置陶艺专业制作工具和电窑设备,烧制陶艺作品千余件,学生参与的人数更加广泛,孩子们参加各级陶艺比赛也获得了显著成绩。

通过对学校、教师以及学生的调查,对原有的陶艺知识技能实践体验进行系统的学习,构建了陶艺课程的基本结构,最终完成了《罗店印象·少儿陶艺》拓展活动的设计。

（二）科目的育人价值

1. 陶艺是一门融合了美术、科技、劳技制作等各科知识的综合性艺术,能将各课程的知识与技能进行整合,从而提高动手动口动脑能力。

2. 通过对原始陶艺、民间陶艺和现代陶艺作品的欣赏,激发思维与灵感,在轻松的创作活动中,培养健康的审美情趣和良好的道德情操,促进观察能力、空间想象能力、形象思维能力得到充分发展。

3. 通过运用揉团、搓、捏、接等方法自由改变形体,激发探索陶土和塑造新方法的浓厚兴趣。通过强化眼、脑、手的协调运用,促使创造思维和实践能力得到和谐发展。

4. 通过泥料沾合、色彩处理、焙烧温度、陶的保护,培养在艺术创作中认真、严谨的科学态度和技术创新精神。通过不同地区、不同时期、不同民族作品的交流评价,培养互相学习,不断超越的人文精神。

二、科目目标

（一）为本校开展的拓展型陶艺兴趣活动课程提供适合于中高年级学生使用的教材。

（二）通过陶艺这一动手动脑动口的活动形式,拓展和加深对美术、科技、自然的认识和体验。通过动手制作,实践体验具有民族文化气息的陶瓷艺术,感受陶瓷艺术的魅力。

（三）通过团、搓、捏、接等简单方法塑造形体,培养学生熟悉陶土性质,感受陶土柔韧度、可塑性,教授学生陶艺浮雕、泥板成型、简单器皿等陶艺制作。通过学生对身边最熟悉事物的艺术加工,使学生提高动手能力,提升自身素质,从而切身理解艺术创作源于生活而高于生活。

（四）通过浮雕、圆雕、镂雕等方法,在团、揉、捏、接基础上,塑造立体造型,培养学生立体塑造能力,及运用肌理、压印、雕刻等多种方法塑造具有一定艺术审美情趣的陶艺作品。通过儿童故事、民间传说、风土人情、景物等塑造具有儿童趣味的陶艺美术作品。通过观察身边的自然景观、人物特征、劳动景象等塑造具有深度的陶艺作品。通过陶艺欣赏、陶瓷历史发展介绍、陶艺技法传授等培养学生陶艺审美能力、创造能力。

（五）通过陶艺这一校本课程的学习,使学生逐步形成良好的个性

心理品质和健全的人格,养成健康的审美情趣和生活方式,传承和发展
陶艺这一民族文化的艺术,培养学生的爱国主义情感和民族精神。

三、科目内容

（一）框架及内容要点

第一学期:

单元序列	单元题目	主 题	技能与方法		知识与拓展	
			陶艺的制作	陶艺赏析	陶艺的历史	与学科整合
第一单元	乐玩陶艺	1.泥条小陶罐	练习用搓、揉、捏、压等方法制作泥条小陶罐,并加以修饰。	用亲身制作和欣赏体验,评析古代陶瓷艺术作品和自己体验制作的陶艺作品。	欣赏古代原始社会时期陶瓷艺术,感受原始人类的聪明智慧,初步认识陶艺。	了解我国是陶瓷艺术的发源地,知道陶艺制作的烧制科技知识,激发学生对陶瓷艺术的热爱。
		2.有趣的外婆饼	练习用擀、搓、揉、捏、压等方法制作泥工外婆饼,并在外婆饼上添加浮雕图案。	欣赏浮雕艺术,知道什么是浮雕,通过欣赏外婆饼的形状亲身制作,并用优美贴切地语言加以评析。	了解古代画像砖的浮雕装饰效果,感受古代人民精简概括的精美艺术表现。	通过对画像砖人文知识的了解,感受浮雕装饰美。激发学生对我国古代文物的爱好。
		3.美丽的绣花鞋	练习用擀、搓、揉、捏、压等方法制作泥工绣花鞋,并在绣花鞋上添加浮雕图案。	欣赏我国古代绣花鞋的造型,通过泥板成型制作泥工绣花鞋并用自己的语言加以评析。	了解各种各样的古代绣花鞋,知道绣花鞋的装饰特点,并用陶艺制作出来。	通过绣花鞋的文化了解,增强学生对我国民族文化的热爱。
		4.外公家的大鲤鱼	练习用搓、揉、捏、压等泥工方法制作立体的鲤鱼陶瓷雕塑。	欣赏我国古代五大名窑陶瓷雕塑,体验制作大鲤鱼,并用生动的语言加以评析。	了解我国五大名窑的基本特点,知道陶瓷雕塑空心、薄胎的工艺制作需要具备极高的工艺技巧。	通过对陶艺烧制技巧的了解,知道在制作时精心、细致,培养学生精细制作的能力。

单元序列	单元题目	主题	技能与方法		知识与拓展	
			陶艺的制作	陶艺赏析	陶艺的历史	与学科整合
第二单元	泥趣古镇	5.罗店之船	练习用擀、搓、揉、捏、压等综合泥工方法制作独特的罗店之船。	欣赏古代罗店渔船的独特造型,用综合泥工技法制作独特的罗店之船并加以评析。	了解古代罗店渔船的结构、造型,对比古代汉陶工艺,知道陶制船的工艺技巧。	知道古代劳动人民的智慧是无穷的,激发学生的民族自豪感。
		6.罗店民居	练习用擀、搓、揉、捏、压等综合泥工方法制作独特的罗店民居。	欣赏古代罗店民居的独特造型,用综合泥工技法制作独特的罗店民居并加以评析。	了解古代罗店民居的结构、造型,对比古代汉陶建筑工艺,知道陶制建筑的工艺技巧。	知道古代人民对建筑制作工艺的严谨,激发学生一丝不苟的工匠精神。
		7.罗店拱桥	练习用擀、搓、揉、捏、压等综合泥工方法制作独特的罗店拱桥。	欣赏古代罗店石拱桥的独特造型,用综合泥工技法制作独特的罗店拱桥并加以评析。	了解古代桥梁的结构、造型,了解石拱桥的独特的造型与力学原理。	知道古代人民通过力学原理让拱形桥坚固的聪明智慧。
		8.罗店寺庙	练习用擀、搓、揉、捏、压等综合泥工方法制作独特的罗店寺庙——宝山寺。	欣赏罗店镇上的宝山寺独特造型,用综合泥工技法制作独特的宝山寺并加以评析。	了解我国寺庙建筑的人文和内涵,知道宝山寺的相关历史。	知道寺庙在我国佛教文化的历史地位,懂得我国公民有信教自由权益。

第二学期:

单元序列	单元题目	主题	技能与方法		知识与拓展	
			陶艺的制作	陶艺赏析	陶艺的历史	与学科整合
第三单元	创意天地	9.罗店古镇	练习用擀、搓、揉、捏、压等综合泥工方法创意制作罗店古镇的人文情怀。	欣赏罗店镇上的美景,用综合泥工技法创意制作独特的罗店古镇并加以评析。	了解罗店古镇独特的人文建筑和人民文化生活的地方特色。	在创意制作中体验和感受罗店古镇的人文情怀。

第三章　"启梦"之花

续　表

单元序列	单元题目	主题	技能与方法		知识与拓展	
			陶艺的制作	陶艺赏析	陶艺的历史	与学科整合
第三单元	创意天地	10. 梦里水乡	练习用擀、搓、揉、捏、压等综合泥工方法创意制作罗店古镇江南水乡的人文情怀。	欣赏罗店镇上的水乡美景,用综合泥工技法创意制作独特的罗店古镇江南水乡风韵并加以评析。	了解罗店古镇七百多年形成独特的江南水乡人文建筑和渔民生活的地方特色。	在创意制作中体验和感受罗店古镇的江南水乡人文情怀。
		11. 美食天地	练习用擀、搓、揉、捏、压等综合泥工方法创意制作罗店古镇各种美食的人文特色。	欣赏罗店镇上的美食文化,用综合泥工技法创意制作独特的罗店古镇美食、人文并加以评析。	了解罗店古镇七百多年形成独特的美食生活的地方特色。	在创意制作中体验和感受罗店古镇的美食文化。
		12. 北欧新镇	练习用擀、搓、揉、捏、压等综合泥工方法创意制作罗店镇美兰湖北欧新镇特色新貌。	欣赏罗店镇上美兰湖的欧式新建筑,用综合泥工技法创意制作独特的北欧新镇新景象并加以评析。	了解罗店镇美兰湖北欧新镇的现代建设发展,感受上海国际大都市日新月异的发展。	增强自豪感,激发学生热爱家乡的情感,做现代化建设的生力军。
第四单元	陶瓷彩绘	13. 浮在瓷盘上的罗店古韵	练习用釉上彩(新彩)颜料在瓷盘上绘制具有罗店古韵的人文建筑等。	欣赏釉上彩的陶瓷装饰美,用瓷盘画创意表现罗店古镇并用美妙的语言加以评析。	了解釉上彩的瓷盘彩绘装饰发展,感受瓷盘彩绘艺术魅力。	通过欣赏,了解瓷盘彩绘的装饰美,感受陶瓷艺术无穷的艺术表现力,进而激发对陶瓷艺术的热爱。
		14. 瓷盘意趣下的北欧风情	练习用釉上彩(新彩)颜料在瓷盘上绘制具有罗店古韵的人文建筑等。	欣赏釉上彩的陶瓷装饰美,用瓷盘画创意表现罗店镇上的北欧风情建筑、人文并用美妙的语言加以评析。	了解釉上彩的瓷盘彩绘装饰美感,感受粉彩瓷器艺术魅力。	通过欣赏,了解瓷盘彩绘的装饰美,感受陶瓷艺术无穷的艺术创作表现力,进一步激发对陶瓷艺术的热爱。

单元序列	单元题目	主题	技能与方法		知识与拓展	
			陶艺的制作	陶艺赏析	陶艺的历史	与学科整合
第四单元	陶瓷彩绘	15.釉下彩绘的花香校园	练习用釉下彩颜料在陶瓷素坯上绘制罗小校园的鸟语花香。	欣赏釉下彩的陶瓷装饰美,用陶瓷釉下彩装饰表现罗小校园的鸟语花香并用美妙的语言加以评析。	了解釉下彩的装饰,感受釉下彩的陶瓷装饰工艺技术。	通过欣赏和实践体验感受釉下彩的装饰美,增强学生对陶瓷艺术热爱。
		16.青花瓷器上的罗小好少年	练习用青花颜料在陶瓷素坯上绘制表现罗小好少年的青花图案。	欣赏青花瓷的装饰美,用青花颜料绘制罗小好少年,并给以评价和分析。	了解青花瓷的独特装饰美,感受青花瓷的陶瓷装饰工艺技术。	了解我国经典的青花瓷器的独特艺术魅力,增强对传承和发展我国陶瓷艺术的浓厚兴趣。

(二)科目编写体例

本教材使用"一课一主题"的编写方式,采用了一个课题占两页的呈现方式,便于教师在较短时间内理清教学内容开展教学指导活动,也有利于学生的学习和创造。

教材的每一课题里都大致包含以下四个方面的内容:

1."知识窗"。我们在这栏目中安排了古代陶艺的发展、陶瓷欣赏、赏析案例等内容,拓展学生的知识空间,通过欣赏、制作、创意、评析等,认识了解中华民族的古老的陶瓷文化,传承和发展陶瓷工艺美术。

2."泥趣坊"。教材采用了以"浅显易懂的图例或说明"来呈现重点难点,教师可根据本教材所提供的范例及学生的实际情况分解进行教学,目的是立足于让学生实践操作来掌握一些基本的陶艺制作技能。

3."交流会"。我们利用陶艺展示台,展示老师和学生创意制作的

各式陶艺作品,让学生在活动中直观地学习和掌握陶艺操作技能,加深对陶瓷艺术表现方式的理解和掌握,提高对陶艺的审美情趣。

4."创意屋"。这一部分主要是本课题的学习内容的延伸与拓展。在这里,教材呈现了一些富于变化的、与本课题学习内容有关的学生作业,也留下体现学生创作个性的空间。目的是为学生搭建展示自我的舞台,拓展学生的制作视野,激发学生的创作灵感,促进学生自主选择学习能力的形成和提高。

四、科目实施

(一) 选修条件

1. 本科目的教材适合小学高年级阶段(三—五年级)使用。

2. 教材编写时的主要目标对象为学校的中高年级学生。如果有的学校用作低年级使用,则需要教师在指导学生活动的过程中对教材内容做适当降低难度的选择和处理。

3. 教材主要供学校的拓展型课程中的兴趣活动课时使用,也可以供这些学校以社团活动名义开展的兴趣活动使用。

(二) 设备需求

1. 陶泥、瓷泥、彩色瓷泥、擀泥杖、垫布、晾晒板、转盘、陶艺八件套、透明釉、釉上彩(新彩)颜料、釉下彩颜料、毛笔、调色盘、乳香剂、樟脑油、吹釉壶、气泵、电窑、拉坯机、毛巾、白瓷盘、瓷盘素坯、彩色釉、色粉、圆规、直尺、小美工刀、陶艺作品展示架、打孔器等。

2. 用于活动的教室需配套多媒体等相关设备。

(三) 活动形式

以校级兴趣班的形式授课。兴趣班以自主报名的形式招生,每周六上午在泥趣室活动2课时。授课中小组活动和个人活动相结合,教师从中示范、指导、点拨。

1. 小组活动。鼓励学生以小组合作的形式,开展自主活动。小组的构成由学生自由组合,6人一组,教师做好适当的指导工作。

2. 个人活动。即个别学生独立制作,完成自己设计的陶艺作品。

(四) 实施原则

1. 活动性原则。通过交往活动培养学生的合作探究能力。

2. 全体性原则。动员全班学生,营造快乐学习氛围。

3. 兴趣性原则。培养学生对陶艺的兴趣,从而奠定良好的学习习惯。

4. 发展性原则。以学生发展为本,设计出适合学生发展的各项活动。

5. 互动性原则。通过师生互动、生生互动,培养学生的团队合作意识与探究精神。

五、科目评价

(一)评价原则

1. 全员性原则。学生是学习的主体,评价又是学习的有机组成部分,因此学生全员参加评价。

2. 过程性原则。评价贯穿于活动的全过程。

3. 激励性原则。以肯定性的评价激发学生勇于创新的热情。

4. 多元化原则。针对不同的评价内容采用与之相适应的评价方式。

(二)评价内容

评价的内容是多元的,一是学生的态度,二是学生的体验、方法和能力,三是学生的创新精神和实践能力的发展。

(三)评价方式

1. 社团活动评价——个人档案评定。个人档案评定就是收集学生从某项任务开始到任务结束这段时间内的典型作品,以这些作品作为依据对学生的学习表现进行评价。

2. 学生个人评价——协商评价。主要通过学生自评、小组互评和教师评价三种评价方法,最终由指导老师根据学生自评与小组互评的结果,给出每个学生等级,记录于《雏鹰争章手册》中。

(1)学生自评主要根据自己在活动中所承担任务的完成情况,按教师或集体商议后所给出的几项指标对自己做出中肯的评价。

(2)小组互评。参加小组互评的同学真实客观地对小组中其他的同学给予评价。

(3)教师评价。教师按照有关的要求与项目,结合学生自评与小组互评的结果,给学生做出一个客观、公正的评价,评价要以激励评价为主。

3. 对教师的评价

陶艺课程教师教学评价表

执教老师　　　　　评价者

序号	内　　容	分　值					备注
		5	4	3	2	1	
1	教学计划对发展学生个性的合理性						
2	教学内容的科学性、时代性、层次性和综合性						
3	对班级学生的关注程度						
4	教学目标的达成度						
5	教师在实施拓展型课程中的投入程度						
6	教师在开发和建设拓展型课程过程中其专业水平的提高程度						

4. 对学生的评价

学生陶艺课程学习评价单

班级　　　　　姓名

指标	序号	评　价　标　准		评价等第		
		★★★ 标准	★ 标准	自评	互评	师评
参与程度	1	主动、积极参与	能与大家一起玩			
	2	有拓展资料(两篇以上)	拓展资料仅有一篇			
	3	有浓厚的实践兴趣	有实践兴趣			
合作精神	4	能大胆表明自己的想法	有时能表明自己的想法			
	5	能服从分工并完成任务	尚能服从分工			
	6	能热心帮助别人	有时能帮助别人			
拓展能力	7	有观察和思考能力	有一定的观察能力			
	8	有发现和提出问题的能力	有一定的发现问题的能力			
	9	有收集和整理信息的能力	有收集信息的能力			
其他	10					
	11					
	12					

指标	序号	评　价　标　准		评价等第		
		★★★标准	★标准	自评	互评	师评
定性评价		自评：				
		互评：				
		教师评：				
说明		1.定量评价等第设优秀、良好、合格、须努力等。 2.定性评价指对主要问题、突出问题或某些特长写出描述性评论。 3.本评价属于对课程参与者基本表现的评价，若是项目拓展或小制作或有个性表现的，可参考此标准，或在表中"其他"栏另加标准。 4.本评价适合于各年级学生。				

5.对教材的评价。通过组织教学诊断活动内容是否成熟，不断修订方案，提高方案的整体性和可操作性。

（1）学校评价。学校成立评价小组，通过听课、听取学生的反馈意见、检查课程开发与建设的情况、教学目标的达成程度和教学安排等手段对科目作出一定的评价。

（2）教师自我评价。教师在课程开发与建设以及教学活动的过程中，进行自我评价，以不断提高自己开发与实施拓展型课程的能力。

（3）学生评价。通过问卷调查、座谈、个别调查等方法了解学生对教师的评价，并以此了解学生的需求，以不断提高拓展型课程质量，使之更加适应学生发展的需要。

附教案：

罗 店 之 船

活动目标：

1.知识与技能：了解渔船的结构特点，学会用陶泥塑造有罗店古镇特点的罗店渔船。

2.过程与方法：在欣赏、观察、交流、尝试、教师示范演示的过程中，学习用泥板成形的泥工技法制作罗店之船。

3.情感态度与价值观：在泥工的过程中培养学生动手塑造能力，从而让学生感受船的造型美，进而引导学生体会船在罗店人文化生活中的重要性。

活动重点：

用泥板成形法制作独特的"罗店之船"。

活动难点：

船的拼接方法。

作业设计：

作业内容：独立制作或两人合作制作独特的罗店之船。

作业要求：① 要求制作形体美观，船体结实，不松散。

② 给自己作品取个名。

活动准备：

教师：龙船范作、渔船范作、陶泥、擀泥杖、陶艺针、陶艺切刀、毛巾等。

学生：陶泥、擀泥杖、陶艺针、陶艺切刀、毛巾等。

活动过程设计：

活动环节	活动过程		
	教师活动	学生活动	设计意图
课前两分钟	一、欣赏《罗店河道建筑群》 1. 引导学生参观； 2. 组织学生简单交流。 二、组织学生上课	一、欣赏交流《罗店河道建筑群》 1. 学生参观上节课作品； 2. 交流作品。 二、学生准备上课	一、利用两分钟预备铃时间，引导学生观察《罗店河道建筑群》的整体效果，形成罗店河道的初步感知，为后续教学内容的开展作铺垫。 二、组织学生为上课做准备。
欣赏与导入	一、罗店古镇图片欣赏 1. 引入学习； 2. 组织学生交流。 二、不同船只的图片欣赏 1. 播放各种船图片； 2. 组织交流； 3. 总结：（这些适合罗店河道的船的特点） 4. 出示课题：《罗店之船》 板书：罗店之船	一、欣赏过去的罗店古镇图片 1. 欣赏罗店古镇图片 2. 学生交流 二、欣赏各种船 1. 欣赏； 2. 交流； 3. 学生学习罗店河道特点； 4. 学习课题。	一、引导学生了解罗店古镇的历史文化风貌。 二、使学生初步感知罗店之船的特点。明白今天的学习内容。

活动环节	活 动 过 程		
	教师活动	学生活动	设计意图
探究与认知	一、教师作品欣赏 1.《罗店之船》范作欣赏要求； 2.组织观察； 3.介绍船的基本结构。 （1）船底； （2）船身； （3）船篷。 板书：船底　船身　船篷	一、欣赏作品 1.欣赏各小组中的教师作品，并思考问题； 2.观察学习：了解船的基本结构； 3.学习并交流船的形体特点。	通过探究了解船特点，认识船结构，为制作罗店之船打下基础。
方法与步骤	一、"罗店之船"制作步骤的学习 展示并分析制作步骤图： （1）划底； （2）拼接船身； （3）制作船篷； （4）细节装饰。 板书：① 划底　② 拼接船身　③ 制作船篷　④ 细节装饰 二、探究制作步骤中的难点 三、用泥板成形的方法示范制作船 四、请一名学生尝试性体验粘贴泥板 五、船的变化 1.展示不同形体特征的船； 2.欣赏罗店之船的独特装饰。 （1）引导思考； （2）启发拓展。 3.总结	一、学习"罗店之船"的制作方法 学习了解制作船的基本步骤； 二、学习、讨论并思考如何拼接船体更加结实 三、学生学习船的制作方法 四、探究学习泥板的粘贴技法 五、交流讨论船的形体与装饰变化。 1.思考老师的问题 2.学习给船装饰 （1）思考不同的装饰方法； （2）交流不同的装饰方法。 3.学习回顾	通过学生体验学习、教师示范与演示、讲解，让学生了解泥板成形制作罗店之船的方法、步骤，并通过欣赏、交流、探讨感受罗店之船的形体变化以及独特装饰。

续　表

活动环节	活 动 过 程		
	教师活动	学生活动	设计意图
练习与制作	一、练习制作 1.作业要求： (1) 设计制作独特的罗店之船； (2) 要求制作形体美观，船体结实，不松散，并给自己作品取个名。 2.开始制作。 二、巡视指导学生制作。	一、了解动手制作要求 1.清楚作业要求； 2.按要求完成船制作。 二、学生制作	通过亲身实践制作罗店之船，让学生学会泥板成形制作泥工船，也增强了学生学习的兴趣和对罗店古镇的热爱。
展示与评价	一、展示评价学生作品 1.选学生领头船作品； 2.让小组代表说说本组领头船的推荐理由； 3.由领头船作者自我评价； 4.教师点评； 5.奖励学生积点。 评价要求： (1) 谁的船最美观、结实； (2) 谁的船比较独特； (3) 谁的船名字最好听。 二、学生作品展示 1.将所有作品展示在罗店河道建筑群中； 2.共同欣赏集体作品的壮丽之美。	一、作品展示评价 1.本组学生评出组内最好的船； 2.小组代表评价本组领头船； 3.学生自我评价； 4.听取教师点评； 5.学生获取奖励。 二、呈现作品 1.展示自己的作品； 2.欣赏自己和同学作品。	将学生集体作品融合在教师的作品中，形成具有罗店乡土特色的整体作品，让学生体会整体作品的壮丽之美，也让学生感受集体的力量，进而提升学生的集体意识和热爱家乡的情怀。
拓展延伸	1.展示龙船范作，提示学生拓展延伸学习龙船； 2.教师总结。	1.思考罗店的龙船文化； 2.总结回顾本课学习。	通过具有罗店特色的龙船文化介绍，更激发学生学习兴趣，并总结和回顾本课学习的知识、技能。

（刘贤芳）

"趣味彩墨画"科目设计纲要

本科目属于学校拓展型课程,所属类别为艺术创作类。教材的适用对象是小学中高年级对彩墨国画艺术有兴趣的学生。教材包括4个单元,共计16个学习主题,视学生的学习情况每主题分4课时,教学时长为两个学期。对执教教师的要求:有一定的国画技法以及基本的国画创作技能。

一、科目背景

(一)背景分析

彩墨画是一种能够展示美术这门课程多样性的绘画类型。家长、孩子以及大部分人对于美术,对于画画仅局限于用铅笔勾线,然后填色的认知。彩墨画则能够打破以往的程式,不仅拥有基本的勾线填色的本领,还能够泼彩泼墨,利用作画者随性的挥洒,再对其添翼点睛。

本校地处上海市郊边界,学生均是农家子弟,对于他们来说,虽然他们热爱画画,但是缺乏开阔的视野,对美的感知能力有限。

新课程要求以每个学生的发展为本,因此,我们借助彩墨创作这一媒介,进一步提高学生的造型表现能力,帮助其在生活中实践中探索自身对美的感知能力。通过对学校、教师以及学生的调查,对基础的传统文化进行系统的学习,并且进一步对现当代文化的发展结构与传统文化做出对比,最终完成《趣味彩墨画》拓展活动的设计。

(二)科目的育人价值

1. 彩墨创作属于"造型·表现"的领域,教师帮助学生培养热爱中国传统绘画的情感,并通过简单的彩墨画技巧,创作彩墨画。

2. 教师通过教授学生对彩墨技法和知识结构的学习,拓展到深层次文化的学习,加强两者之间的联系,多方式多渠道地培养学生的学习兴趣。

3. 针对彩墨画的可变性和未预料性,针对学生的选材和表现方法,推动学生开展创意思维活动。

4. 培养学生的合作能力以及对绘画的探究和鉴赏能力。

二、科目目标

1. 为本校开展的拓展型中国传统文化兴趣活动课程提供适合于中

高年级学生使用的教材。以学生为主体,关注学生探究和合作等能力的培养。

2.学生通过彩墨创作这一创新的活动形式,拓展和加深对自然、社会、自我的认识和体验,亲近具有中国传统文化气息的艺术。

3.彩墨画拥有一种不限制其标准的创作类型,画幅可宽可窄、可大可小,材料多样,能够帮助学生展现其率真的性格、童真质朴的美学感受,进一步提高学生的造型表现能力,帮助其在生活中实践中探索属于自身对美的感知能力。

4.逐步培养学生勇于创新的意识、习惯和能力,促进学生形成积极的生活和学习态度、良好的学习策略和可持续发展的学习能力,真正达到"知行统一""德行统一"。

5.通过彩墨创作这一校本课程的学习,使学生逐步形成良好的个性心理品质和健全的人格,养成健康的审美情趣和生活方式,传承和发展中国画这一传统文化的艺术,培养学生的爱国主义情感和民族精神。

三、科目内容

(一)框架及内容要点

第一学期:

单元序列	单元题目	主题	技能与方法		知识与拓展	
			彩墨的技法	彩墨的创作	中国画的历史	与学科整合
第一单元	彩墨蔬果	1.石榴姐妹	练习用不同角度的泼彩方法泼出石榴的造型,并加以修饰。	练习不同的颜色让颜料融合,使得画面丰富多彩。	知道中国画起源于商周时期,提及器物上的人物造型。	了解中国传统文化,提及中国的书法与中国画的紧密结合。
		2.红萝卜与白萝卜	练习用不同的颜料表现同一种主体物的方法。	练习学会用主体物搭配出不同的构图。	知识拓展,大师绘出的萝卜图。	通过表现两种不同的蔬果,拓展出生活中对其他事物的不同表现方式。
		3.熟透了的小柿子	学会两种不同的柿子泼彩表现方式。	练习用不同的颜色来表现柿子的成熟度以及寻找不同的造型方式。	知识拓展,大师绘出的柿柿如意图,并解释谐音的用意。	培养学生对生活中的事物细心观察的能力。

单元序列	单元题目	主题	技能与方法		知识与拓展	
			彩墨的技法	彩墨的创作	中国画的历史	与学科整合
第一单元	彩墨蔬果	4.葡萄兄弟	练习用大笔蘸颜料滴在画面的技法来表现葡萄兄弟。	练习用不同的颜色来表现不同成熟度的葡萄兄弟。	知识拓展,大师绘出的葡萄图。	培养学生对生活中的事物细心观察的能力。
第二单元	彩墨花鸟	5.鸢尾花与蝶	练习如何小心的泼出属于鸢尾花特点的蝴蝶花瓣。	创作时可以学会运用动静结合的方式,用另一只运动的生物帮助协调画面。	知道鸢尾花的花语以及其他花卉的知识拓展。	培养学生对花卉的具体的审美意识。
		6.水仙的舞姿	学习勾勒填色的方法,并运用其表现水仙花。	运用水仙叶子的交叉关系,绘出一盆属于自己的水仙。	了解水仙花的特点。	培养学生对花卉的审美意识。了解水仙花。
		7.绣球花与小蜜蜂	综合练习绣球花的造型。	综合表现绣球花与小蜜蜂的完整构图。	观察真实的绣球花,不同的色彩及特点。	培养学生对花卉的审美意识。了解绣球花。
		8.荷塘的故事	练习用泼彩泼出大荷叶的造型,墨色的调配。	练习用不同的构图和泼的角度,再予以添加莲蓬,增加点线面的形式感。	了解近现代国画大师对荷塘的表现。	学会寻找生活中的荷塘,寻找心中那片安静的荷塘。

第二学期:

单元序列	单元题目	主题	技笔与方法		知识与拓展	
			彩墨的技法	彩墨的创作	中国画的历史	与学科整合
第三单元	彩墨人物	9.钟馗,你是谁	对已掌握的彩墨方法泼出一小块衣服的一部分,其他部分用小笔绘出细节。	通过不同的角度绘出钟馗的衣服,造型可多变。	了解人物画的历史,提及壁画的发展。了解钟馗的造型特点。	在绘画过程中发现人物画与传统文化的紧密结合。

第二章　"启梦"之毛

单元序列	单元题目	主题	技能与方法		知识与拓展	
			彩墨的技法	彩墨的创作	中国画的历史	与学科整合
第三单元	彩墨人物	10. 西游传记	西游传记的技法针对人物的表现。	练习用已学会的方法泼出不同的背景场景。	了解西游记人物特点,尺幅不必太大,背景选择多样。	培养学生对人物特点的掌握能力。
		11. 水浒叶子	练习用小狼毫笔勾出水浒叶子的造型。	练习在绘画的过程中,对服饰的白描画法,临摹和对临。	了解陈洪绶这位画家,了解人物画的历史,了解水浒叶子的功能作用。	培养学生的审美能力和对服装造型的改造能力。
		12. 学学丰子恺	练习丰子恺爷爷的人物写生造型。	练习学习简洁大方的造型能力。泼彩可用于背景。	介绍丰子恺大师的背景和创作经历。	增强自豪感,感受中国画的意境美。
第四单元	彩墨山水	13. 优美的水乡	练习用点线面来表现建筑。	练习的过程中注意留白,以及添加不同的人物或者船只等物。	介绍各大有名的水乡古镇。	通过欣赏,了解水乡与城市的区别与联系。
		14. 环绕的云海	练习用中国画留白的特点,来泼出剩余的地方,显现出我们需要表现的画面。	练习过程中,注意泼颜料的间断性,让云保持一种清透感,注意颜料水分的掌握。	了解运用不同的色彩云海的表现方式。	培养学生对天空美的认识。
		15. 神奇的梯田	练习用小口的瓶子来泼彩,泼的过程中采用平行重复的线条路径方式。	练习不同构图,不同造型的梯田。	了解梯田的特性,以及出现的地区,分布的地域。	培养不同的思维方式表现画面。
		16. 绵延的山脉	练习时采用与同学合作,2人一组绘制一幅山水长卷。	综合练习团队合作能力以及对整体的色彩和构图掌控能力。	了解到中国的主要山脉以及分布的地域。	培养与伙伴的交往合作能力,提高学生的艺术修养。

启 梦

（二）科目编写体例

本教材使用"一课一主题"的编写方式，采用了一课占两页的呈现方式，便于教师在较短时间内理清教学内容开展教学指导活动，也有利于学生的学习和创造。

教材的每一课都大致包含以下四个方面的内容：

1."资料库"。我们在这栏目中安排了中国绘画的起源与发展、与绘画相关的地方特色、民间传说和名人逸事等内容，拓展学生的知识空间，通过欣赏、模仿、比较，认识了解中华民族的传统文化，传承中国画艺术。

2."技术坊"。教材采用了以"浅显易懂的图例或说明"来呈现绘画的重点难点，教师可根据本教材所提供的范例及学生的实际情况分解进行教学，目的是立足于让学生通过实践掌握一些基本的绘画技法。

3."创意屋"。这一部分主要是主题学习内容的延伸与拓展。在这里，教材呈现了一些富于变化的、与主题学习内容有关的学生作业，供学生学习和参考，也给予学生体现创作个性的空间。目的是为学生搭建展示自我的舞台，拓展学生的创作视野，激发学生的创作灵感，促进学生自主选择学习能力的形成和提高。

四、科目实施

（一）选修条件

1. 本科目的教材适合小学阶段使用。

2. 教材编写时的主要目标对象为上述学校的中高年级学生。如果有的学校用作低年级使用，则需要教师在指导学生活动的过程中对教材内容做适当降低难度的选择和处理。

3. 教材主要供上述学校的拓展型课程中的兴趣活动课时使用，也可以供这些学校以社团活动名义开展的兴趣活动使用。

（二）设备需求

1. 画材的丰富性较高，需要储备齐全。笔、墨、中国画颜料、宣纸、调色盘、笔洗、报纸等。

2. 用于活动的教室需配备多媒体等相关设备。

（三）活动形式

以普及班和提高班（校级兴趣班）的形式同时授课。普及班由各自然班组成，各班教师根据教材并结合自身教学特点进行教学设计；提高

班以学生自主报名的形式,每周五在美术教室教授 2 课时。授课中小组活动和个人活动相结合,教师从中点拨。

1.小组活动。鼓励学生以小组合作的形式,合作创作大幅的彩墨作品。小组的构成由学生自由组合,2—3 人一组,教师做好适当的指导工作。

2.个人活动。即个别学生对某一问题有特别的兴趣,并且对该问题已有一定程度的了解,能在教师的指导下独立完成的活动。

(四) 实施原则

1.活动性原则。通过交往活动培养学生的合作探究能力。

2.全体性原则。动员全班学生,营造快乐学习氛围。

3.兴趣性原则。培养学生对彩墨画创作的兴趣,从而奠定良好的学习习惯。

4.发展性原则。以学生发展为本,设计出适合学生发展的各项活动。

5.互动性原则。通过师生互动、生生互动,培养学生的团队合作意识与探究精神。

五、科目评价

(一) 评价原则

1.全员性原则。学生是学习的主体,评价又是学习的有机组成部分,因此学生全员参加评价。

2.过程性原则。评价贯穿于活动的全过程。

3.激励性原则。以肯定性的评价激发学生勇于创新的热情。

4.多元化原则。针对不同的评价内容采用与之相适应的评价方式。

(二) 评价内容

评价的内容是多元的,一是学生的态度,二是学生的体验、方法和能力,三是学生的创新精神和实践能力的发展。

(三) 评价方式

1.综合活动评价——个人档案评定。个人档案评定就是收集学生从某项任务开始到任务结束这段时间内的典型作品,以这些作品作为依据对学生的学习表现进行评价。

评价内容		等第标准				评分
		优（9—10分）	良（6—8分）	合格（4—5分）	须努力（1—3分）	
学习表现	对科目感兴趣，能主动积极投入	具有较高的参与积极性，能主动选择、积极投入，在学习中发挥主人翁的作用	具有一定的参与积极性，能根据要求选择学习，完成规定的学习任务	能完成学校规定的选择和学习任务，各方面表现一般	不能完成规定的学习任务	
	乐于合作，勇于表达，善于沟通	具有较强的合作能力，能积极发言并准确表达自己的观点，善于倾听他人观点，乐于与他人交流	具有一定的合作能力，能经常发表自己的观点，能主动帮助他人并接受他人的帮助	具有一定的集体参与热情，能在老师的启发下发表自己的观点、接受他人的建议	缺乏与人沟通的热情，不愿意帮助别人，不愿意接受他人的帮助	
学习能力	阅读交流表达	具有较强的阅读交流表达能力	具有一定的阅读交流表达能力	具有基本的阅读交流表达能力	须在他人帮助下完成阅读交流表达任务	
	勤思考，好提问，能质疑	具有较强的独立思考能力和质疑反思能力，敢于提出自己的不同观点和问题	具有一定的独立思考能力，能对一些观点提出质疑	能在老师或同学的启发下进行一定的独立思考和质疑反思	独立思考和质疑反思能力较弱	
	在他人的帮助下选择学习的能力	能主动积极地寻求教师、家长、同学的帮助，有目的地进行科目选择和学习，形成一定的自主选择能力	经老师和家长的启发引导，根据自己的兴趣进行科目选择和学习	需要在老师和家长的帮助下进行选择和学习	即使有老师和家长的帮助，选择能力仍比较弱	
实践能力	完成科目要求的实践活动与动手能力	具有较强的实践动手能力，能在老师指导下独立完成作业	具有一定的实践动手能力，能在老师或同学的帮助下基本独立地完成作业	能在老师或同学的帮助下完成作业，并在学习过程中养成实践动手能力	实践动手能力较弱，不能完成规定的实践动手任务	

2.学生个人评价——协商评价。主要通过学生自评、小组互评和教师评价三种评价方法，最终由指导老师根据学生自评与小组互评的结果，给出每个学生等级，记录于学生学习单和《雏鹰争章手册》中。

（1）学生自评主要根据自己在活动中所承担任务的完成情况，按教师或集体商议后所给出的几项指标对自己做出中肯的评价。

（2）小组互评。参加小组互评的同学真实客观地对小组中其他的同学给予评价。

（3）教师评价。教师按照有关的要求与项目，结合学生自评与小组互评的结果，给学生做出一个客观、公正的评价，评价要以激励评价为主。

学生学习单

学校：		班级：		姓名：	
学习地点：		学习时间：		学习内容：	
评价内容： 1.上课守纪律、专心听讲、肯动脑筋。 2.尊重老师、上课不做小动作、不打瞌睡。 3.在学习活动中，积极参与、善于合作，能够在与别人合作中达到学习目的。 4.学习积极主动，达到合格的学习目标。 5.学会学习和解决问题，形成一定的能力和方法。 6.学完这门课，你喜欢中国传统艺术吗？				收获情况： 快乐指数 小组互评 教师评价 ☆☆☆ ☆☆☆ ☆☆☆ ☆☆☆ ☆☆☆ ☆☆☆ ☆☆☆ ☆☆☆ ☆☆☆ ☆☆☆ ☆☆☆ ☆☆☆ ☆☆☆ ☆☆☆ ☆☆☆ ☆☆☆ ☆☆☆ ☆☆☆			
说明：1.本表主要记录学校拓展型课程的活动情况。 　　　2.根据开展活动的周次，由学生在教师指导下进行记录。					

附教案：

石 榴 姐 妹

活动目标：

1.欣赏各种图片，了解石榴的特点，激发学习兴趣。

2.学会怎样执笔、用笔。

3.学会构图，注意物体与物体之间的搭配。

活动重点：

1.学生的选材和表现方法，促进学生开展创意思维活动。

2.学习用笔用墨。

活动难点：

五指执笔法，绘画技法难把握。

活动准备：

教师方面：笔、墨、中国画颜料、宣纸、调色盘、笔洗、教学课件等。

学生方面：笔、墨、中国画颜料、宣纸、调色盘、笔洗、报纸。

活动过程：

检查学生用具准备情况。

一、活动一：欣赏与发现。

1. 图片引入课题。

2. 请小朋友仔细看看图片，说说它与其他水果的不同点。

3. 教师提问：石榴穿的衣服是什么颜色？

学生回答：_____色。

4. 教师对学生的观点进行总结，引出课题——石榴姐妹。（补齐板书）

齐读课题

5. 教师：今天，我们也来画一画石榴。

二、活动二：教师示范如何调色，如何正确地泼彩，示范绘画步骤，示范如何用笔(中锋、侧锋)。

1. 认识石榴结构：石榴花托成长为榴，呈球形，顶端有托口，画的时候不用画得非常圆。我们一起来观察石榴的正面、侧面以及反面吧！

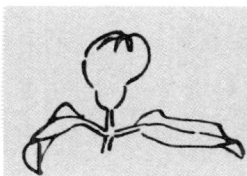

2. 说说绘出一幅美丽的石榴图需要哪些步骤？（贴板书：备齐材料、选好尺幅、定好构图、调好颜色）

3. 教师示范调色方法，学生认真观看。教师教授口诀：① 赭石侧

锋一转;② 曙红点粒满碗;③ 花青叶子三片;④ 点花画顶好看。（通俗的说：先画籽再画皮）

4. 学生尝试绘出两只形态各异的石榴。

三、活动三：知识拓展。教师说明石榴的特点，果实很多寓意着多子多福。

1. 教师 PPT 播放示例图片。

2. 教师来回巡视，指导和帮助学生完成作品。

3. 作业讲评，学生互评。

四、活动四：教师评价，总结本次活动。

1. 教师：谁来说说这节课你有什么收获？或者想提醒大家的也行。

2. 师生交流。

3. 小结：同学们，今天我们学习了如何画好石榴，明白了只有细心观察事物，才会发现生活中的美。

（彭　越）

课例 6

"巧手做衍纸"科目设计纲要

一、科目开发背景

（一）情况分析

衍纸也称卷纸，是纸艺的一种形式。衍纸是一种简单而实用的生活艺术，运用卷、捏、拼、贴组合完成。常被运用于卡片、包装装饰、装饰画、装饰品等。衍纸艺术又叫卷纸装饰工艺，就是以专用的工具将细长的纸条一圈圈卷起来，成为一个个小"零件"，然后藉由组合这些样式复杂、形状各有不同的"零件"来创作。据说这种风格奇丽的纸艺术起源于 15—16 世纪左右欧洲修道院甚至是英国王室贵族间的一种手工艺术。当时的修女为了美化宗教性质的用具，曾利用羽翮作为卷纸的道具。容易曲折、具回复力、活泼的弹性、可切割……将纸张的特质活用至极致，呈现出来的成品就能从原有的平面扩及至立体世界。

本校地处上海市郊边界，学生大多数为郊区农村子女。对于他们来说，虽然他们爱表演、爱动手，但是地区劣势让他们平时能够接触到的课外知识会比较少，了解到的新鲜知识也相对局限。新课程要求以每个学生的发展为本，因此，我们借助衍纸这一媒介，逐步培养学生动手和动脑的能力，给孩子播下高雅艺术的兴趣种子。另外，相较于编织、刺绣等传统艺术，衍纸做来相对简单，可以说只要抓住要点，相信没有比它更好学的手工艺了，一点点耐心和创意，就能变出美轮美奂的作品。

（二）科目的育人价值

1. 衍纸艺术是一门融合了美术、劳技制作等科目知识的综合性艺术，能将多种课程的知识与技能进行整合，从而提高学生的动手、动脑能力。

2. 通过衍纸这一载体，将原来的雕塑和绘画技艺承载体转换为纸，将一种艺术表现力转为另一种艺术形式。

3. 通过活动，在培养孩子高雅的艺术修养的同时培养孩子的行为习惯，如耐心、细心等；同时，衍纸更多的是需要好的创意，心灵之美在指尖的流露就是纸艺。纸艺的魅力就在于其无限的表达能力，多样的表达手法更凸显出纸艺的包罗万象。

二、科目目标

1. 为本校开展的拓展型衍纸兴趣活动课程提供适合于中高年级学生使用的教材。

2. 让学生通过衍纸这一动手动脑的活动形式，拓展和加深对自然、社会、自我的认识和体验，亲近具有文化气息的艺术，体验纸艺大家族中优雅的典范。

3. 在拓宽纸艺知识、提高基本技能的同时，激发学生的兴趣和爱好，培养学生高雅的艺术修养和灵活的创意思维。

4. 形成积极的生活和学习态度、良好的学习策略和可持续发展的学习能力，真正达到"知行合一"。

5. 通过衍纸艺术这一校本课程的学习，使学生逐步形成良好的个性心理品质和健全的人格，养成健康的审美情趣和生活方式，传承和发展这样简单而实用的生活艺术。

三、科目内容

单元序列	单元题目	课序	课文题目	课时	内容要点和目标指向
第一单元	走进衍纸的世界	1	衍纸的历史与赏析	1	单元内容： 了解衍纸艺术的由来和历史，根据色彩丰富的衍纸，感受不同色彩对作品的表现力，如互补色、代替色等不同的表现力。感受优秀作品带来的属于艺术的感动。 单元目标： 初步认识其艺术特色，感受它的魅力，并且有进一步学习的兴趣与愿望。首先要学会用薄的纸条制作各种基础造型，为后面制作更加复杂的衍纸作品奠定基础。
		2	认识和准备属于你的材料包和工具包	1	
第二单元	认识衍纸的基本	3	基础造型制作（一）：松卷、紧卷、开卷、泪滴卷	1	单元内容： 认识和准备自己的材料包和工具包，对自己今后的衍纸所需要的工具有初步的感知。 单元目标： 衍纸像任何其他纸艺类型一样，有其特殊的工具和专门的技术。更加吸引人的是，尽管只有简单地工具和材料，却能催生出美轮美奂的艺术品。
		4	基础造型制作（二）：弯曲卷、眼型卷、半圆卷、叶型卷	1	
		5	基础造型制作（三）：箭头卷、V型卷、心形卷、月型卷	1	
		6	基础造型制作（四）：三角卷、方形卷、鸭掌卷	1	
第三单元	感受衍纸的魅力	7	动动手，小组合作（迷迭香＋香蜂草）	1	单元内容： 感受看似繁复作品里的不同基础的卷的手法，并自己动手尝试做一做。 单元目标： 不拘泥于只是欣赏，更多的是体会作品里呈现出的不同的艺术形式，并自己动手做一做基础造型，能区分不同基础造型适合的不同作品。
		8	动动手，小组合作（幸运草＋雏菊）	1	
		9	动动手，小组合作（铃兰＋紫罗兰）	1	
		10	动动手，小组合作（幸运草＋雏菊）	1	
		11	动动手，小组合作（薰衣草＋一串红）	1	
		12	动动手，小组合作（风信子＋蓝星花）	1	

单元序列	单元题目	课序	课文题目	课时	内容要点和目标指向
第四单元	体验衍纸的乐趣	13	独自构思,自行选材	1	单元内容: 根据所学,选定自己的作品,制作并展示。 单元目标: 张开想象的翅膀,大胆创新,张扬个性,放飞生命。充分发挥自身个性特点,在自由的创作中获得个性表达。
		14	观摩作品,确定形式	1	
		15	动动手,制作创意作品	1	
		16	互相切磋,成果展示	1	

四、科目实施

（一）选修条件

1.本科目的教材适合小学阶段使用。

2.教材编写时的主要目标对象为学校的中高年级学生。

（二）设备需求

1.50 色彩纸、珠针、镊子、剪刀（为安全考虑,请尽量选择圆头剪刀）、锥子、胶水（PVC 透明环保手工胶）、衍纸笔、缠绕盘（或衍纸造型模板）。

2.用于活动的教室需配备多媒体等相关设备。

（三）活动形式

以兴趣班的形式授课,由各班报名组成,授课教师根据教材并结合自身教学特点进行教学设计。授课中有"老师讲"也有"学生做",其中又将小组活动和个人活动相结合,教师从中点拨。

1.小组活动。鼓励学生以小组合作的形式,开展自主活动。小组的构成由学生自由组合,2 人一组,教师做好适当的指导工作。

2.个人活动。即个别学生对某一问题有特别的兴趣,并且对该问题已有一定程度的了解,能在教师的指导下独立完成的活动。（注:课程最后每位学生自定完成作品,制作并进行展示）

（四）实施原则

1.活动性原则。通过交往活动培养学生的合作探究能力。

2.兴趣性原则。培养学生对衍纸的兴趣,从而培养良好的行为习惯和高雅的艺术情操。

3. 发展性原则。以学生发展为本，设计出适合学生发展的各项活动。

4. 创新性原则。本着"播下兴趣的种子"提倡求异、求新。

5. 互动性原则。通过师生互动、生生互动，培养学生的团队合作意识与探究精神。

五、科目评价

（一）评价原则

1. 以"创新性"为主，在作品中要求体现不同于教师范作的要求。提倡求异、求新。能从孩子们的眼光去观察事物，表现对事物的理解，运用衍纸的方法表现。并体现所表现物体的特征。

2. 以"激励性"为主，尽可能地用宽容的丰富多样的审美眼光来评价学生的作品，因为创造性作业很难用固定统一的标准来衡量。

（二）评价内容

1. 学生是否能联系生活，就地取材，产生衍纸创作的愿望以及创意衍纸艺术创作的持久兴趣。

2. 学生是否能注重细致观察物体，分析结构，概括和表现能力有明显的提高。

3. 学生是否对衍纸作品的理解能力、欣赏能力、审美能力有了较大的提高。

4. 学生是否掌握基本的衍法和创意衍法，会运用所学的衍纸方法和创意的衍法表现出有新意的衍纸作品。

5. 学生是否能够主动收集、选择材料，表达自己想法，积极参与合作，在团队合作中不断积累、不断实践、不断创新。

（三）评价方式

1. 建立"我的成长变化"记录册，将学生的作品成果收录其中，结合考勤评价学习态度。

2. 依据"学习单"，主要通过学生自评、小组互评和教师评价三种评价方法，最终由指导老师根据学生自评与小组互评的结果，给出每个学生等级，并记录在册。

3. 学生成果可通过实践操作、作品鉴定、竞赛、评比、汇报演出等形式展示，到了学期结束，还会根据学生的学习态度以及作品评选"课程之星"。

学 习 单

评价项目	评价观察点	评价标准	学生自评	组内互评	教师评价
参与兴趣	（1）能每次参与活动，有积极性	A. 每次都能积极参与。			
		B. 一学期请假三次以下。			
		C. 一学期请假三次以上。			
	（2）能耐心听讲，有上进心	A. 能做到。			
		B. 基本能做到。			
		C. 做得不是很到位。			
	（3）喜欢衍纸制作，有想法	A. 能做到。			
		B. 基本能做到。			
		C. 做得不是很到位。			
制作态度	（1）能安全的使用工具	A. 能做到。			
		B. 基本能做到。			
		C. 做得不是很到位。			
	（2）能自主完成作品	A. 能做到。			
		B. 基本能做到。			
		C. 做得不是很到位。			
	（3）作品有较高的完成度	A. 能做到。			
		B. 基本能做到。			
		C. 做得不是很到位。			
制作成果	（1）能积极参与制作并展示	A. 能做到。			
		B. 基本能做到。			
		C. 做得不是很到位。			
	（2）能发挥自己的创意进行制作	A. 能做到。			
		B. 基本能做到。			
		C. 做得不是很到位。			
总体评价	成果展示：（照片1—2张） 老师寄语： 教师签名：				

第三章 "启梦"之花

附教案：

走进衍纸的世界

活动目标：

1. 欣赏各种图片,了解各种魅力无穷、繁复多样的衍纸作品,激发学习兴趣。

2. 了解衍纸艺术的由来和历史,感受衍纸与众不同的艺术感。

3. 学会细心观察生活,体悟和感受美。

活动重点：

能够简单了解衍纸艺术的由来和历史,并说给身边的人听,让更多人了解衍纸艺术。

活动难点：

能够说出衍纸与其他纸艺的不同之处。

活动准备：

教师方面：多媒体课件、指导书。

学生方面：镊子、剪刀(为安全考虑,请尽量选择圆头剪刀)、锥子、胶水(PVC透明环保手工胶)、衍纸笔、缠绕盘(或衍纸造型模板)。

活动过程：

一、**活动一：图片展示,欣赏衍纸。**

1. 图片引入课题

2. 请小朋友仔细看看图上的艺术品,说说你看到了怎样的纸。(播放多媒体)

3. 指名回答：用"我看到了_____的纸。"

4. 这些纸的造型真奇特。它有一个美丽的名字——衍纸!(补齐板书)齐读课题

5. 今天,我们就来认识一下衍纸,让我们一起走进衍纸的世界。

二、**活动二：观看短片,听听衍纸的历史。**

1. 老师给大家准备了短片,让我们一起来认识这个"奇怪"的纸艺。

2. 观看视频。

3. 谁来说说衍纸是什么时候出现的呢? 最开始用于何处? (贴板书：时间、地点、人物)

4. 小组合作交流,衍纸的历史和由来。

三、**活动三：七嘴八舌,说说你还知道什么。**

1. 拿出课前预习单,看看还有什么你知道的关于衍纸的知识点。

2. 小组比一比,看看谁的资料全。

3. 小组评议。

四、活动四:交流评价,总结本次活动。

1. 谁来说说这节课你有什么收获?或者想提醒大家的也行。

2. 生交流。

3. 小结:今天大家认识了衍纸,是纸艺的一种形式,是一种简单而实用的生活艺术,运用卷、捏、拼、贴组合完成。常被运用于卡片、包装装饰、装饰画、装饰品等。衍纸做来相对简单,可以说只要抓住要点,相信没有比它更好学的手工艺了,所以同学们有一点点耐心和创意,就能创作出美轮美奂的作品。

(陈怡莉)

课例 7

"发饰 DIY"科目设计纲要

一、科目开发背景

(一) 科目的开发分析

1. 明晰学校教育理念

本课程以课改为载体,坚持"科研兴校"与创建"校园文化"相结合,提高学生综合素质,努力实现学校课改总目标。在校本课程开发、实施中"以人为本",以学生的发展为核心,让师生与课改同成长,把学校办出特色、办出质量。

2. 学生发展需求分析

学校是为学生而存在的,学生的兴趣与需要、个性的充分发展,是校本课程开发的重要依据。小学生的发展需求具有一定的共性:健康生活的需求、快乐学习的指导、幸福成长的体验、创新思维品质的养成。

(二) 科目的育人价值

开设的手工地方课程活动为一部分有特长爱好的学生提供一个展示个性才艺的机会和空间,使他们的一技之长得到充分的发挥和展示,以点带面,提高学生的欣赏水平及创造能力。同时让学生在活动中体验创作的乐趣。

二、科目目标

课程目标从"制作""创意"两个维度设计,以"模仿"为基石,达到

"创作"的要求。

（一）"制作"维度：

1.学生知道头饰制作的基本手法。

2.学生能运用所学技巧进行模仿制作。

3.学生能在制作过程中感受到手工制作的愉快。

（二）"创意"维度：

1.学生能有自主创作的兴趣。

2.学生能进行初步设计。

3.学生能将自己的想法付诸行动,制作创意头饰。

三、科目内容

（一）活动目标

1.通过手工制作培养学生动手能力、生活自理能力。多了解一些关于手工制作的知识,认识手工制作在生活中的主要作用,为以后的学习和工作打下一个良好的基础,懂得如何创造性地去美化自然、美化生活。

2.通过手工制作增强审美能力,陶冶学生的情操。多动手,使想象力、发散思维和创造热情得到迅速提高。

3.培养学生良好的学习品质和手工劳动习惯,养成耐心细致的学习习惯和积极向上的生活态度。

4.激发学生对美好生活的热爱,丰富学生课余生活,感受生活的美。开拓艺术视野,陶冶艺术情操,让知识启迪智慧,使生活更多姿多彩,让课堂成为展示自我个性的舞台。

5.通过成果展示培养学生的成就感。

基于以上思考,根据学生的身心发展和综合能力发展,确定四个主题单元,16课时的活动内容,分别为：

单元序列	单元题目	课序	课文题目	课时	内容要点和目标指向
第一单元	你见过这些头饰吗	1	1.头饰初认识	1	单元内容： 头饰的分类以及入门制作。 单元目标： 能初步了解手工头饰的组成部分,进行入门制作。
		2	2.头饰简单做	1	

单元序列	单元题目	课序	课文题目	课时	内容要点和目标指向
第二单元	吸引眼球的发夹	3	蝴蝶发夹	1	单元内容： 学习几种发夹的制作方法。 单元目标： 能了解手工制作的基本手法，进行简单的发夹制作。
		4	缎带雏菊	1	
		5	水晶装饰	1	
		6	丝带装饰	1	
第三单元	发圈制作	7	双蝴蝶结	1	单元内容： 学习几种发圈的制作方法。 单元目标： 能掌握蕾丝、珍珠等材料的制作方法。
		8	贴钻装饰		
		9	蕾丝装饰	1	
		10	珍珠装饰		
第四单元	头箍制作	11	流苏装饰	1	单元内容： 学习几种不同风格的头箍制作方法。 单元目标： 能完成头箍的整体制作。
		12	山茶花头箍		
		13	苏格兰风头箍	1	
		14	海军风头箍		
第五单元	创意制作	15	作品欣赏制作	1	单元内容： 进行创意思考和制作。 单元目标： 能完成创意作品。
		16	作品展示评比	1	

四、科目实施

（一）选修条件

1. 本课程教学对象为三四五年级的小学生，由学生自主报名，人数控制在 30 人左右。活动内容共计 16 课时，每次活动时间为 30 分钟。

2. 教材主要供学校的拓展型课程中的科技兴趣活动课时使用，也可以供这些学校以社团活动名义开展的兴趣活动使用。

（二）活动需求

在开展活动时需要根据教学内容，配备 PPT 和制作材料，以确保活动正常开展。

（三）活动形式

活动场所为教室，课前自主准备材料，采取分组合作和自主制作相结合的形式。

（四）配套资源

PPT、制作视频、制作图画、制作工具。

五、科目评价

（一）评价的技术及相关量规

1. 过程评价与作品打分相结合

（1）因人而异，不管是谁，不管作品的质量如何，只要参与学习就能得到肯定与表扬。

（2）评价标准侧重于创造性与个性：内容是否有情趣、是否显示出对周围事物的留意与好奇、是否有一定的想象和个性成分。

（3）允许大家反复尝试，作业讲评后修改，获得成功。

2. 教师评分与学生互评相结合

（1）教师选择技法、形象感、创意各有千秋的作业，让学生先评价对方的作品，将个人的审美与认知表现出来，教师在一旁因势利导：你认为他好不好？你认为他有没有创意……

（2）将学生的作品都展示在黑板上，优劣比较，一目了然让全体学生在教师的指导下学习优点。

3. 情感态度与协作精神相结合

学生们通过学习，掌握手工创意制作，从学习手工制作的基本技巧到会自己创作，获得成功的体验，培养学生动手能力、合作能力，并激发学生热爱美好生活。

"手工 DIY"评价表

评价项目	评价观察点	评 价 标 准	学生自评	同伴互评	教师评价
参与兴趣	（1）积极参与社团活动	☆☆☆：每次都能积极参与			
		☆☆：一学期请假三次以下			
		☆：一学期请假三次以上			
	（2）喜欢手工制作	☆☆☆：能做到。			
		☆☆：基本能做到。			
		☆：做得不够到位。			
	（3）能认真听课	☆☆☆：能做到。			
		☆☆：基本能做到。			
		☆：做得不够到位。			

评价项目	评价观察点	评价标准	学生自评	同伴互评	教师评价
制作态度	（1）能使用工具	☆☆☆：能做到。			
		☆☆：基本能做到。			
		☆：做得不够到位。			
	（2）能积极参与制作并展示	☆☆☆：能做到。			
		☆☆：基本能做到。			
		☆：做得不够到位。			
	（3）能发挥自己的创意进行制作	☆☆☆：能做到。			
		☆☆：基本能做到。			
		☆：做得不够到位。			
制作成果	（1）能自主完成作品	☆☆☆：能做到。			
		☆☆：基本能做到。			
		☆：做得不够到位。			
	（2）作品有较高的完成度	☆☆☆：能做到。			
		☆☆：基本能做到。			
		☆：做得不够到位。			
总体评价	老师寄语：　　　　　　　　　　　　　　　　教师签名：				

对学生实施多元评价，既重视教师的评价，也关注同学的评价；增加评价的正面效应，使其更大程度上激发学生的兴趣。这样的评价全面、科学、客观，能更有效地促进学生开展手工创意制作。

附教案：

蝴蝶结发夹

活动目标：

1. 学习制作蝴蝶结发夹的基本步骤、方法。

2. 掌握制作方法，培养研究意识、创新意识，提高动手、动脑能力。

3.初步具有与他人合作的态度与能力,初步具有探究精神,受到美的熏陶,体验劳动的快乐。

活动重点:

能制作完成蝴蝶结发夹。

活动难点:

能发挥创造力,制作出不同样式的蝴蝶结发夹。

活动准备:

教师方面:板书、多媒体课件、制作材料。

学生方面:剪刀、各种类型的发夹、双面胶、布、铁丝、UHU胶水等。

活动过程:

一、活动一:创设情境,实物激趣导入。

1.引入:看,老师这里也有许多漂亮的蝴蝶结发夹(出示各种蝴蝶结发夹),你最喜欢哪一种?说说你喜欢的原因。

2.学生欣赏各种蝴蝶结发夹,并谈蝴蝶结发夹的美丽。表现优秀的学生,奖励其喜欢的发夹。

3.谈话:蝴蝶结发夹真美丽!老师给大家准备了一些这样的发夹,现在大家可以摸一摸、闻一闻,说一说:你发现了什么?

(引导学生说出制作蝴蝶结发夹的材料和蝴蝶结的造型)

明确:制作花蝴蝶结发夹的材料主要是各种类型的发夹和布

4.引题:同学们观察得真仔细,这些蝴蝶结发夹全都是手工制作的。同学们想不想给自己亲手制作这种蝴蝶结发夹?想!这节课老师和大家一起来学习制作蝴蝶结发夹(板书:制作蝴蝶结发夹)。相信大家一定能妙手生花,制作出各种各样漂亮美观的蝴蝶结发夹。

二、活动二:探究方法。

1.观看视频,学习一种蝴蝶结发夹制作过程。

观看要求:制作蝴蝶结发夹先做什么,再做什么?

2.全班交流,理清思路。

谈话:谁来交流一下你从视频中学习到了什么?

师根据生回答及时板书,明确制作过程:

(1)根据发夹形状和布的颜色进行材料选择。

(2)蝴蝶结形状的设计。

（3）用最简单的方法制作蝴蝶结。

（4）蝴蝶结与发夹联结。

三、活动三：学习制作。

1.制作蝴蝶结。

（1）学生探究，自己试着做蝴蝶结。

谈话：刚才，同学们通过观看视频，研究出制作蝴蝶结发夹的一般方法。现在，大家自己试着动手做一个蝴蝶结发夹。大家看一下制作蝴蝶结发夹需要这样一些工具（大屏幕出示做蝴蝶结发夹的工具：剪刀、各种类型的发夹、双面胶、布、铁丝、UHU 胶水等），在你面前的工具筐里，老师已经为大家准备好了。看谁做的最精致、最逼真。

温馨提示：千万不要用铁丝头剌到同学或伤到自己，使用工具时一定要注意安全。（大屏幕出示）

学生试着做蝴蝶结。师巡回指导。

（2）质疑。

谈话：在刚才做蝴蝶结的过程中，你遇到了哪些困难？你还有哪些地方不明白？还有什么疑惑？提出来，我们一起研究研究。

学生自由提出疑问，尝试解决，不会的，教师随机指导制作方法。

（3）指导方法。

① 会做的学生在实物投影仪下示范或讲解。

② 师边示范演示，边讲解要点。

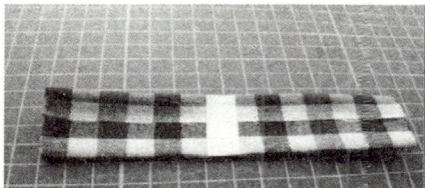

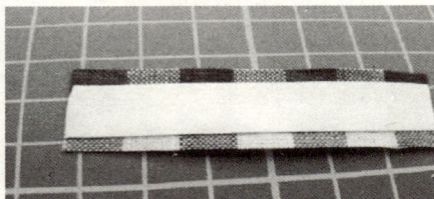

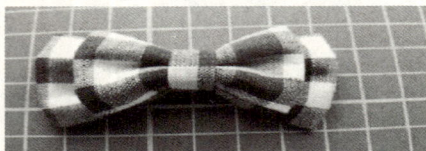

③ 学生根据讲解,继续做蝴蝶结。

谈话:现在,同学们根据刚才的讲解把没做完的蝴蝶结继续做完,做完的整理一下。

④ 学生展示评价。

谈话:现在大家把自己制作的蝴蝶结在小组内互相欣赏一下,看看谁做的好?教师引导学生从以下几个方面来评价:(1)蝴蝶结的造型怎样;(2)制作是否精巧等。

2. 组成蝴蝶结发夹。

(1)谈话:刚才,同学们都做好了一个漂亮的蝴蝶结。你打算怎样让它组成蝴蝶结发夹呢?小组同学共同探讨一下。

(2)生交流自己的想法。师根据学生的交流明确:先将蝴蝶结用UHU胶水固定在发夹上,然后整形。

(出示大屏幕制作蝴蝶结发夹的流程)

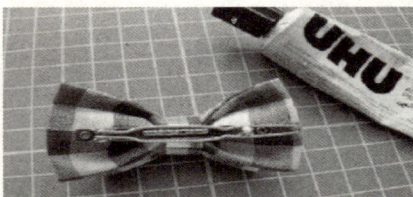

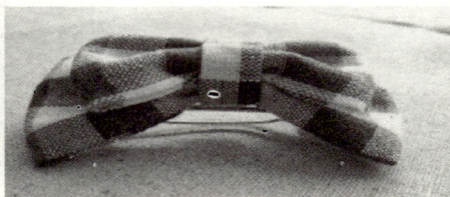

（3）展示评价：生在投影仪下展示作品，其他同学评价。

3. 自主创新，设计属于自己的蝴蝶结发夹。

谈话：要想做出属于自己独特的蝴蝶结发夹，就要根据自己喜欢的风格设计蝴蝶结的造型。请你发挥自己的想象，制作独特的蝴蝶结发夹吧。

学生制作属于自己的蝴蝶结发夹。

（视频播放各种漂亮的蝴蝶结发夹）

四、活动四：总结收获，拓展延伸。

1. 谈话：这节课，你有什么收获？

2. 下节课，进行"最美丽的蝴蝶结发夹"表演大赛，希望大家展示美丽的蝴蝶结发夹，展示美丽能干的自己。

（陈雨虹）

课例 8

"羽球飞扬"科目设计纲要

本科目属于学校拓展型课程，所属类别为体育类。教材的使用对象是小学中对羽毛球有兴趣的学生，主要以 3—5 年级学生为主。教材包括 4 个单元共计 10 个学习三题，视学生的学习情况每个主题分 1—3 课时，教学时长为一学期。

对执教教师的要求：有一定的羽毛球技术和对羽毛球裁判法的了解。

对选修学生的要求：喜欢羽毛球且身体具备体育运动最基础的健康标准。

一、科目开发背景

（一）项目背景分析

羽毛球运动起源于 14—15 世纪的日本，现代羽毛球运动起源于 19 世纪的英国的贵族阶层。羽毛球运动除了具有一般运动项目娱乐身心、增强体质、培养意志、陶冶情操等锻炼价值之外，还具有场地设施要求小、老少皆宜、运动量可控制的特点。经常参加羽毛球运动还对提高人体的平衡能力、身体协调性以及灵活性，开发智力和非智力因素起到积极的作用。

我国羽毛球运动一直处于世界羽坛较高水平,屡次在世界大赛上争金夺银。不仅受到了社会各阶层的广泛关注,还在国家体育局群体科的调查中显示羽毛球运动在我国是除了广场舞、散步、慢跑之外群众参与最多的体育健身项目,参与率达42.6%。有关研究还表明,羽毛球在我国是不同年龄体育人口选择的主要项目,参与人群从6—60岁均有涉及。在对我国备有运动器材的家庭调查中,占比例最高的就是羽毛球拍。所以在学校积极开展具有特色的羽毛球拓展课程是具有现实性和可行性的。

1. 学情分析

(1)课程硬件条件分析

罗店中心校地处上海市东北角,学校历来重视各项体育运动的开展,相关运动器材和场地设施齐全。罗店中心校现有室内标准羽毛球场地两片,羽毛球拍和羽毛球若干。同时在学校附近还有罗南中心校、罗店中学和社区活动中心都拥有羽毛球场地,便于日后相应的羽毛球活动。

(2)人员分析

领导层面:学校领导高度重视体育课程的建设与实施,时时关心体育活动的开展,并及时解决和指导在体育活动中所遇到的各种问题。

教师层面:罗店中心校体育组是一个高度专业化的体育教师团队,所有体育教师体育教学业务精湛,关爱学生。另外罗店中心校其他学科教师也乐于积极参与体育锻炼活动,并对羽毛球有所涉及,可以成为羽球飞扬课程建设的有利补充。

家长层面:罗店中心校的学生家长不仅对学生参与体育运动持支持态度,还积极同学生一起参与到校内外各体育项目比赛现场,是羽球飞扬课程建设有力的后援团。

学生层面:罗店中心校大多数学生自主运动意识强,吃苦耐劳,有一定拼搏精神,在运动中有合作意识。

2. 其他因素和教育价值的分析

罗店中心校作为一所地处乡镇的中心小学,历史悠久。我校一直秉承"蒲公英"的教育教学理念,为学生播撒各种"学习兴趣"和"快乐学习"的种子以及提升教师对于"微型课程"的研究、设计和实践操作能力。由于罗店中心校常年坚持对于学生德智体美劳全面素质的培养,使得学生对于体育锻炼拥有浓厚的兴趣和很高的参与度。特别是羽毛球运动,由于受场地影响小,器材简易灵活,学生不仅在学校积极参与,还在课后与家长进行羽毛球亲子活动,使得羽毛球运动成为我校的教师、学生乃至学生家长都深为喜爱的运动项目。借助"羽球飞扬"这个课程平台,不仅要培养学生自主参与体育运动的同时,还带动全校师生共同体育锻炼,以实际行动响应国家"每天锻炼一小时,健康工作50年,幸福生活一辈子"的号召。本课程正是基于这一背景下开发的。

二、科目目标

通过激发兴趣、合作学练和羽球竞赛等活动形式,学生在羽球活动中进行知识与技能、过程与方法、情感态度价值观的学习。并继承罗店中心校"蒲公英"的精神,发展学生的个性和特长,培养学生顽强拼搏的体育精神和体会快乐体育、健康一生的体育理念,并为区学生各项羽毛球比赛做好辅助工作。

知识与技能	1. 知道羽毛球的发展史和名人、名赛系列。
	2. 了解羽毛球的基本规则和开展方式,学会欣赏比赛,能够做比赛中的"小裁判"。
	3. 初步掌握羽毛球的各种有球和无球技术,并开展羽毛球各项活动。
过程与方法	1. 收集国内外羽毛球运动的相关资料,了解羽毛球开展的历史和趋势。
	2. 通过讲解示范和分解动作等方法,自编突出重点的"儿歌",强化动作要点。
	3. 利用游戏法、竞赛法等方法提高羽毛球基本技术和实战能力。
情感态度价值观	1. 激发羽毛球学习的兴趣,学会欣赏羽毛球运动特有的"美"。
	2. 逐步形成自信、勇于尝试、善于表现的良好心理素质,并增强健身中的安全意识。
	3. 在活动中养成团队意识,能够主动与他人进行合作交流。

三、科目内容

(一)设计原则和组织说明

羽毛球运动虽然是一项个体技术性很强的运动项目,但是对于初学者而言,前期的基础性动作难度不高,易于学习和操作。所以教师在安排基础性练习时,要以多变教学节奏、有趣的教学情境和专项性的教学游戏来激发学生对羽毛球学习的兴趣。在后期强化性动作练习时,以竞赛法为导向,引导学生自主开展羽毛球比赛的裁判和组织工作,让学生体会到羽毛球运动的快乐。

课程内容主要由"入门篇—基础篇—强化篇—实战篇"四个部分组成,是以体育运动技能形成规律为指导进行设计的。入门篇介绍羽毛球发展历史、比赛规则和步伐、握拍、身体姿势等最为基础的羽毛球知识;基础篇以发球、高远球、跳球等最为平常且不带有进攻特点的羽毛球动作来让学生初步"玩"起羽毛球;强化篇则强调攻防练习为主,对动作的合理性特别是以手腕为主的"小球"技术的磨练;实战篇则是在检验学生所学动作的基础上,强调学生的自主活动意识,让学生自主开展羽毛球比赛的组织和裁判工作,培养学生终身锻炼体育的意识和实际动作操作能力。

(二) 内容设计

单元序列	单元题目	课序	课文题目	课时	内容要点和目标指向
第一单元	羽毛球入门篇	1	羽毛球的故事	1	1. 了解羽毛球发展的历史,知名赛事和名人。 2. 激发羽毛球学习的兴趣,体验羽毛球运动特有的"美"。
		2	羽毛球裁判法	1	1. 了解羽毛球比赛场地的各条线的作用和基本的比赛规则。 2. 学会正确的羽毛球开展方式。
		3	握拍、步伐移动、身体姿势	1	1. 掌握不同的握拍方法和快速的步伐移动。 2. 养成正确的羽毛球身体姿势。
第二单元	羽毛球基础篇	4	发球	2	学习并掌握正反手发球的技术动作,能够把球尽量按照预设的轨迹落到相应的区域。
		5	高远球	3	1. 正确的发球身体姿势。 2. 掌握正确的击球点、球的飞行轨迹和落点的合理有效。
		6	挑球	1	1. 结合步伐和手腕的挥拍动作。 2. 控制好球的落点。
第三单元	羽毛球强化篇	7	杀球	3	1. 掌握正确的击球点控制和身体发力动作。 2. 发展上下肢的协调性和快速挥臂动作。
		8	搓球	1	1. 学习搓球动作提高用力方法和击球时机感。 2. 发展灵敏协调能力,熟悉球性。
		9	平抽球	2	1. 快速反应下的平抽球练习,回球路线平,击球迅速。 2. 提高反应速度和身体灵敏性。

单元序列	单元题目	课序	课文题目	课时	内容要点和目标指向
第四单元	羽毛球实战篇	10	我们的世锦赛	二	1. 组织教学比赛，让学生对这一阶段的学习有一个比较清晰的认识。 2. 学生已有知识基础：运用所学知识，自主组织正规的羽毛球教学比赛。

四、科目实施

（一）选修条件

1. 具有一定运动能力并对羽毛球感兴趣的学生自主选择，男女不限，16 人左右。

2. 本课程授课对象为 3—5 年级学生。部分 1—2 年级学生也可以参加，但是建议 1—2 年级学生由家长自备专用儿童羽毛球拍，并且在练习中只强调动作的完成，不强调最终的效果。

（二）设备需求

1. 羽毛球拍由学校体育器材室统一供给，部分学生也可以自备羽毛球；羽毛球为红双喜 402 或 403 型之类的轻便型用球。服装和鞋子，按照体育课标准执行，部分学生也可以自备羽毛球专业服装和用鞋。

2. 羽毛球活动开展的相关场地和多媒体设备等。

（三）活动形式

1. 集体授课：由教师引导或者以教学任务单的形式，全体同学针对某项技能进行集体学习。

2. 小组学习：可按自由分组的形式对单个技能进行小组内的合作；也可以按照个体学生羽毛球技能水平的高低进行分组分层的提高性练习。

3. 个别辅导：针对某些技能不足的学生，可以由教师或者动作优秀的学生进行一对一的针对性辅导，以求共同进步。

（四）实施原则

1. 激趣性原则：以形象直观和生动有趣的羽毛球小游戏等活动形式，激发学生对羽毛球学、练的兴趣。

2. 实践性原则：羽毛球是一个实践性较强的项目。在羽毛球学习中，要以实战为背景，提升学生在实战中熟练运用羽毛球球技、战术的

能力。

3. 发展性原则：通过运动技能的学习，绝大多数学生要形成自己的运动兴趣和爱好，并有所专长，最终较熟练地掌握和运用运动技能，同时还要求学生能够组织体育比赛，并能担任一些比赛的裁判工作。

4. 合作性原则：在双打教学和一些双人或多人合作学练中，发现问题、解决问题，感受集体力量和智慧。

5. 励志性原则：在教学和实战中，通过经历失败和鼓励战胜困难，使学生形成正确的人生观和价值观。

（五）安全教育与困难预期

1. 安全教育：

（1）通过班主任了解参与本课程的学生是否符合最为基本的体育运动条件。

（2）做好安全教育工作。学生练习时穿好必备的运动服装和鞋子，注意练习的次序和彼此间的练习距离。对于因突发身体不适的学生，在场地边进行观察或去医务室进行休息。

（3）教师做好课前场地检查，消除安全隐患。练习时控制练习间距和练习秩序。

2. 困难预期：

（1）场地问题。由于是木地板，运动中可能会让学生重心不稳，特别是雨天时学生入场后可能因场地湿滑造成伤害，所以提示在门口弄干鞋底和做好热身准备活动。

（2）部分学生因自身原因造成技术水平差异明显而对练习失去信心，进而影响课堂教学活动。教师要加强鼓励和指导工作，分组安排学生间的合作学练。

（3）练习密度。由于羽毛球场地只有两块，在进行提高性练习和比赛时可能出现多数学生在球场边无所事事的情况。可安排学生进行裁判工作或者对墙进行"击球接力"和"羽式壁球"等活动。

五、科目评价

（一）评价内容

1. 评价原则

（1）激励性原则

"羽球飞扬"教学中坚持以鼓励为主，能使学生对自己的能力及其成果有信心,有助于学生形成良好的意向。因为鼓励是信任,是一种美好的情绪。当学生感到自己处于温暖而可靠的信任中时,努力做得更出色就是他的动力。信任带给他心情舒畅,使他把内心潜在的美好东西发挥出来了。

(2) 创新性原则

任何活动贵在创新,可以说没有创新的项目是没有生命力的。体育锻炼是培养学生创造精神的最好途径之一,要在体育教育过程中培养学生的创造能力,教师在进行评价时要注意引导创新。应改变过去单一、机械的评价标准,对那些区别于大多数同学、略有新意的想法或做法都应给予肯定和鼓励。

(3) 差异性原则

学生作为教育对象,他们是发展的主体。每个学生由于遗传因素、学校教育、家庭生活、社会环境及个体努力程度等方面的不同,在发展过程中呈现出差异,这是客观存在的。面对这些有差异的教育对象,应持有不同的评价标准,强调过去与现在作比较,这样有利于激励各类学生的进步,有利于挖掘每个学生的潜能。承认差异这也正是孔子提出的"因材施教"的具体运用。

(4) 及时性原则

评述教学活动是运用反馈原理实现有目的的可控活动。根据反馈原理,讲评应及时。无论学生在哪个环节上出现差错,教师及时的讲评可促进学生按正确的方法学习和强化巩固所学的知识和技能。

(5) 过程性原则

课程评价,不仅要关注结果,更要关注过程;不仅要关注共性,更要关注个性;不仅要关注学生成就,更要关注学生在学习过程中情感、态度、价值观的形成,带动学生认识自我,建立自信。在评价中,教师对学生学习羽毛球技术动作的能力、练习态度、合作练习精神以及在教学赛中熟练运用技术的能力等方面进行有侧重的评价,注意培养学生学习兴趣与创造能力,同时兼顾学生羽毛球技术的基本功的实践操作。对学生羽毛球技术能力的评价,不仅要求教师重视课堂练习中的及时点评,还要做到以态度、合作、拼搏等多元性的内容评价。

2. 评价对象

(1) 教师评价:教师开发课程或活动科目,并制定具体方案;学校

对课程的目标、内容、实施方法、组织形式、评价予以审核,课程审核通过后方可实施;学校对拓展型课程的开发、实施、评价进行全程管理,采用审核评估、检查落实、考核展示等措施加以强化;课程的实施情况列入专任教师学期工作评价体系之中。

（2）学生评价：教师通过对学生参与学习活动过程的观察、交流和学习情况的记录、多种形式的作业及个人成长记录等对学生进行评价。学生可采用自评和互评的方法,关键是体现学生自我管理的过程。

（3）科目评价：通过学校、教师、家长对科目的目标达成、实施过程、相关活动的设计进行评价。

（二）评价方法

作为一门课程,其评价的方式也应该是多种多样的。其中在教学实施活动中采用生自评、生互评、教师评等评价方式。内容包括：

1. 采用星级制记录学生羽毛球学习情况(情感态度、实践能力、合作交流等方面)。

2. 自己、教师、同学的评价。

3. 教学赛：通过教学赛授予学生小奖章,分为"胜利奖章""顽强拼搏奖章""最佳救球奖章""最佳扣杀奖章"等。

4. 小评价：针对某位同学的某一项技术动作让同学、老师及自己进行评价。多元化的评价办法,更加激发了学生学习羽毛球技术的兴趣。

一、"羽球飞扬"兴趣活动评价表

班级：　　　姓名：

评价项目	评价标准	评价结果			
		个人评	伙伴评	教师评	家长评
情感态度	1. 积极参与	☆☆☆	☆☆☆	☆☆☆	☆☆☆
	2. 认真听讲	☆☆☆	☆☆☆	☆☆☆	☆☆☆
	3. 不怕困难	☆☆☆	☆☆☆	☆☆☆	☆☆☆
实践能力	1. 熟练掌握各项羽毛球技能	☆☆☆	☆☆☆	☆☆☆	☆☆☆
	2. 担任羽毛球教学赛裁判工作的能力	☆☆☆	☆☆☆	☆☆☆	☆☆☆

评价项目	评价标准	评价结果			
		个人评	伙伴评	教师评	家长评
合作交流	1. 乐于助人	☆☆☆	☆☆☆	☆☆☆	☆☆☆
	2. 乐于请教	☆☆☆	☆☆☆	☆☆☆	☆☆☆
拼搏精神	胜不骄,败不馁	☆☆☆	☆☆☆	☆☆☆	☆☆☆

我已学会的羽毛球技术有:

教师寄语:

家长留言:

二、科目整体评价表

学校		姓名		班级			
学科		时间		总分			
课题				等　级			得分
评价指标		分值	优	良	中	差	
教学目标8分	符合学科三维目标设计,教学目标明确具体,体现学科的实践性和综合性。	8	8	6	4	2	
教学内容8分	内容设计合理,符合学生认知水平,能够满足各层次学生学习需要。结构体系合理。	8	8	6	4	2	
教学策略与方法38分	围绕目标创设灵活的、有助于学生学习情境,营造民主、平等、互动、开放的学习氛围,激发学习兴趣。	8	8	6	5	4	
	善于引导学生主动学习、合作学习,指导具有针对性、启发性、实效性。	8	8	6	5	4	
	学生认真参与学习、评价活动,积极思维,敢于表达和质疑。	12	12	10	8	5	
	根据教学实际选用恰当的教法,为学生的学习设计并提供合理的学习资源。	10	10	8	6	4	
教材处理30分	根据学生的认知水平和已有经验,活用教材,充分挖掘教材中的创新因素。	10	10	8	6	4	
	教学要求深浅适中,重点难点突出。教学策略的选择有利于学生积极主动地参与学习过程。	10	10	8	6	4	
	学习活动的设计有利于学生的合作交流及教学共鸣。	10	10	8	6	4	

第三章　"启梦"之花

课题			等 级				得分
	评 价 指 标		分值	优	良	中	差
教学效果 16分	学习目标在学生身上得到实现。		8	8	6	5	4
	学生参与面广,参与度高且能较为熟练的运用所学技能。		8	8	6	5	4

附教案：

羽球飞扬：正手击球

年级		人数		日期		执教	朱晓敏
班级		组班形式		周次		课次	
内容主题	羽毛球：学习正手击高远球5—(1)		重点		选择正确的击球点直臂击球		
			难点		侧身挥拍击球		
学习目标	1. 了解正手击高远球的动作要领,初步学习掌握正确的击球动作,提高击球的准确性。 2. 复习正手发高远球和反手发网前球技术,建立正确的动作本体感觉,发展上肢力量,提高身体协调性。 3. 逐步养成自信、果敢等良好心理品质,体验健身中的乐趣。						

课序	时间	教学内容	运动负荷			教与学的活动	组织与队形
			次数	时间	强度		
一		一、课堂常规 1. 整队 2. 师生问好 3. 宣布教学内容,提出教学目标和要求				◇ 体育委员整队口令汇报 ◆ 宣布课的内容与任务 ◆ 安排见习生,随堂听课 ★ 集合迅速,注意力集中	四列横队
二	8′/9′	二、准备部分 1. 游戏——抛球接龙 方法：两人前后站立,前者持球把球往前上方抛出,后者由		1′30″/2′	中下	◆ 教师讲解示范游戏方法、提出注意点与规则后组织练习 ◆ 分析点评练习 ◇ 听取方法与要求,自由结伴合作练习 ★ 积极动脑、跑动积极、配	▽↑↑↑ * * * * 两人组合

课序	时间	教学内容	运动负荷			教与学的活动	组织与队形
			次数	时间	强度		
		后向前跑,接住球后马上把球向前上方抛出,在规定距离内依次进行抛接				合默契、抛接移动快,注意安全不要相互冲撞	
		2. 徒手操 双人压肩练习;肩绕环练习;体前屈压腿;活动腕、髋、膝、踝关节		2′/2′30″	小	◆ 讲解组织方法与练习要求 ◆ 巡视、个别提示操的动作要领 ◇ 两人组合自主准备练习 ★ 认真听教师口令,充分活动各关节	＊＊　＊＊＊ ＊＊＊＊▽＊＊ ＊＊　＊＊＊＊ ＊＊　＊＊＊＊ 两人组合
三		三、羽毛球 1. 复习 ① 正手发高远球 ② 反手发网前球		1′ 1′	中下	◆ 提问动作要领,示范与讲解,组织学生分组复习 ◆ 巡视、个别技术指导、教师补充小结 ◇ 思考与回答,观察与听讲,两人一组对角线自主练习、交换站位重复进行,积极思考、学生演示、集体讨论问题 ★ 挥拍路线及击球点位置正确;球过网,高度适中,落点准	←——→
	28′/29′	2. 学习正手击高远球 动作要领:以合理快速的步法移动到球落下的位置上,击球点选择在右肩上方。向后引拍——侧身对网,左脚在前并以脚尖垫地,右脚在后稍屈膝,重心在右脚				◆ 观看多媒体课件,讲解正手击高远球的动作要领及注意点并示范动作 ◆ 口令指挥学生徒手挥拍练习;结合放球动作,判断观察击球点位置练习 ◆ 组织合作隔网击球练习、巡视、个别纠正 ◇ 认真观看,领悟动作要领 ◇ 听口令集体挥拍练习;结合球击球练习 ◇ 分组合作练习,隔网两人对击,相互观察、交流、改进	

第三章　"启梦"之花

课序	时间	教学内容	运动负荷			教与学的活动	组织与队形
			次数	时间	强度		

课序	时间	教学内容	次数	时间	强度	教与学的活动	组织与队形
		上;上体和头稍后仰,眼看来球,手臂放松微向后拉,左手(未持拍手)屈肘自然上举。挥拍击球——当球落到适当高度时开始转体,发力击球动作是从球拍由前臂带动往上加速挥拍开始。此刻,手指握紧拍柄,从手腕的充分后伸经过稍微有点内旋至前屈转腕动作产生爆发力,击球托的后下底部,使球往前上方击出。随挥——击完球后,由左臂的带动和右臂击完球后的惯性作用,使身体转成面对球网的身体姿势,重心移动到左脚上。				★ ① 向后引拍动作中,大臂要抬起,微微向后拉开。② 挥拍过程中,身体和大臂带动手臂向前挥动,肘部要抬高,手腕要后伸并且放松。③ 手腕带动球拍上挥并要接触球时,手腕要有转腕压拍的动作,并且要快速有爆发力。④ 整个动作协调自然,要利用腰部的转动发力,重心在动作完成后自然地由右脚移到左脚。 	△ ＊＊＊＊＊ ＊ ＊ ＊＊＊＊＊ ＊ ＊ ＊＊＊＊＊ ＊ ＊ ＊＊＊＊＊ ＊ ＊ ▽ 四列横队成体操队形
		① 挥拍练习 ② 结合球击球练习 ③ 隔网两人对击练习	若干次	1′ 2′ 2′	中		＊＊＊＊＊＊＊＊＊＊ ▽ ＊＊＊＊＊＊＊＊＊＊ 两人一组,面对面 ← →
		3. 正手击高远球接力 方法:两人一组,隔网对击高远球,在终止比赛时看哪组累计		3′	中	◆ 讲解比赛方法,组织比赛 ◆ 师生共同点评练习情况 ◇ 明确方法,积极参与比赛 ★ 互相合作,击球动作连贯,用力协调,注意击球点,失误少	← →

课序	时间	教学内容	运动负荷			教与学的活动	组织与队形
			次数	时间	强度		
		成功对击次数多，多的小组为胜					
		4.游戏：方形传接球 方法：四人一组，各站在场地的四个角上。对角线对击高远球后两人迅速互换位置直线对击，四人均击过一次球算一圈，依次类推，在规定的时间内球转的圈数多者为胜		2′	中	◆ 示范、讲解游戏方法与规则，组织比赛与巡视 ◆ 组织学生示范，帮助分析讨论练习中的问题，鼓励学生互纠互学，提出注意点，进行改进提高练习质量 ◇ 听取方法，明确要求，遵守规则、配合练习 ◇ 观摩分析讨论，再进行配合改进练习 ★ 要求正确控制击球点，击球时用力协调，击球准	←—→
四	2′/3′	四、结束部分 1.放松活动 2.小结讲评 3.宣布下课 4.回收器材		1′/2′	小	◆ 共同放松与点评 ◆ 组织学生回收器材 ★ 身心放松	四列横队

场地器材	羽毛球拍与羽毛球若干 体操馆	安全保障	1.检查场地、服装、运动鞋。 2.合理安排场地，注意各小组的练习范围。 3.学生进行游戏时，注意自我保护。		
		预计	练习密度		强度
			全课	内容主题	中
			42.5％左右	30％左右	

课后小结	

（朱晓敏）

163

"棒球小子"科目设计纲要

一、科目开发背景

(一)背景分析

棒球运动是一种以棒子打球为主要特点,集体性、对抗性很强的球类运动项目。它在国际上开展较为广泛,影响较大,被誉为"竞技与智慧的结合"。中国棒球在大学校园中有相当高的人气,加上中小学,学校的数量加起来有1000所左右。中国的棒球人口据不完全统计,至少在10万人以上。"校园热"将为这项运动在社会层面的普及奠定坚实的基础。棒球既能让学生锻炼身体,又能让他们增强团队意识,这足以让这项运动在中国学校拥有广阔的市场。

目前世界上有不少国家,特别是美国、日本等国家已经把棒球列入学校课程,但在我国开展的还是比较滞后。除了上海、北京、天津、广州、深圳、杭州等一些发达城市在开展此项运动外,其他的地区还不了解棒球运动,有的老师、学生都不知道棒球是什么。为了棒球运动在我国能更好地发展,让更多的家长、学生所熟知,2006年美国MLB棒球协会与上海学生活动管理中心合作推广棒球运动,我校有幸成为上海市部分棒球试点学校之一。在MLB协会的支持和帮助下,我校的棒球设备、活动经费、技术指导得到了很大的保障,通过几年的指导训练,我校的棒球社团迅速的壮大发展,并培养了一批具有顽强拼搏、不断进取、团结合作、永不言败精神的棒球好少年。并在2009年"MLB全国小学生棒球联赛"上海站获得C组第一名;2014年上海市小学生棒球比赛第六名;每年参加上海市棒球联赛和锦标赛都能跻身前六名。作为全国青少年棒球发展计划定点培训基地校,受到了区体育局的关注,也逐渐获得了家长的认同、学生的喜爱。

我校地处上海市北郊,是一所农村学校,自2013年搬迁至新校址,学校占地面积达到了47亩,拥有一片广阔的场地,给棒球训练提供了有利的条件。

虽然我校的棒球队在近几年取得了一些成绩,但还存在着一些值得我们思考的问题。我校的棒球运动目前还是以社团、兴趣组为主,参与的学生只是很少部分。随着棒球运动队伍在上海市其他区不断壮大,竞技水平的不断提高,使我们基层的体育老师倍感压力。如何提高棒球运动在学生中的影响力,如何让更多的学生了解棒球、喜欢棒球、走进棒球显得尤为重要。通过学生问卷调查得知,全校80%的学生有参与棒球运动的意向,因此开设棒球拓展课程是适合学生发展需求的,棒球课程的开发,使其形成系统的拓展型课程体系,是推动我校棒球发展的当务之急。希望提高校本课程的研发,积极探索适合小学生年龄特点的棒球活动,真正促进学生身心的全面发展。从2017年起,我们先在二年级开设《棒球小子》拓展型课程作为尝试,并逐年向其他年级段铺开,做到普及与提高相结合。

（二）教育价值

棒球,是一种团队运动,团队合作,要求彼此要照应,要学会考虑他人的感受,通过共同努力才能得到好的结果。他们必须互相关心,互相体谅,一起合作,最终取得胜利。团队精神是棒球的根本,礼仪则是维系团队的关键。我们要培养的不仅是运动员,更是文明守礼的小公民。通过开展棒球运动,也让我们意识到,体育教育达到了在知识课堂中达不到的效果。吃苦耐劳,坚韧不拔,不怕受伤,所以孩子的意志品质坚强了,对他一生的发展,学业、事业,影响都非常深远。我觉得棒球活动对孩子们的成长有很多好处。

二、科目目标

（一）教学目标设计原则

"播下学期的种子,奠基孩子的未来,让每个罗小孩子喜欢棒球,参与棒球活动",这是我们教学目标的基本原则。通过棒球知识和文化的传播,让更多的学生知晓棒球文化,通过学生参与棒球课程学习,提升他们的身体素质、身心发展、合作交流、团队意识等。同时,选拔一批优秀的棒球队员做好梯队工作,并进行系统规范的训练,为各级各类比赛提前做好准备。

（二）三维目标

1.知识与技能

（1）了解棒球发展,知道棒球的器具,认识棒球场地及相关的队员位置。

（2）基本掌握棒球的规则和比赛方法,能看懂棒球比赛,理解裁判

第三章 "启梦"之花

员的手势等。

（3）初步掌握棒球的传、接、投、击打、跑垒等技术。

2.过程与方法

（1）通过网络收集棒球相关的资料，描述当前棒球运动的发展趋势。

（2）发现生活中的一些材料，进行辅助练习。

（3）通过个别指导、小组合作、游戏教学等形式开展各种技战术的学习。

3.情感态度与价值观

（1）在棒球活动中体验快乐、感受快乐，积极参与其中。

（2）在学练和比赛中增强自信心，磨练意志和克服困难的勇气。

（3）在棒球活动中，关注他人、团结互助，养成团队意识、合作意识，遵守活动规则的品质等。

三、科目内容

（一）内容选取的原则及组织形式说明

棒球虽然很受学生的喜欢，但毕竟有一定的身体接触，而且竞技性很强，它的基本动作要求高，专业术语多。为避免学生在学习时产生畏难的情绪，为了让学生喜学乐学，我们在安排单元内容的时候，将棒球知识及对棒球发展历史的探究、基本动作的训练、动脑创编和展示风采结合起来，丰富的内容、多样的形式，极大地激发了学生的学习兴趣，引导学生走进学校棒球文化。在校本教材的编写过程中我们注重图文并茂，以图为主，凡是能用插图表示的内容尽量少用文字；必须用文字来辅助说明的地方，尽量做到精练简洁，富有童趣。

科目内容主要由棒球入门知识了解、棒球基本技术学练、棒球实战演练三部分组成。鉴于学习对象是二年级小学生，"入门篇"的三课内容主要让学生通过网络预习了解棒球的发展，通过观看棒球教学录像知晓棒球基本知识，感受棒球运动的源远流长，体会棒球运动的独特魅力。在"棒球基本技术学练"中，运用器具开展传球、投球、接球、击球、跑垒等游戏活动，让学生体验棒球运动带来的乐趣，感受到棒球正走向中国，走进校园。在"棒球实战演练"中，了解球赛必备基本规则，模拟开展简易的棒球比赛，体会棒球是一种增进团队精神的集体性运动项目，激发学生争当棒球小子的愿望。

（二）内容安排

单元序列	单元题目	课序	课文题目	课时	内容要点和目标指向
第一单元	棒球入门	1	了解棒球发展史		单元内容：了解棒球的发展史，目前在中国发展的趋势；知道棒球运动需要的器具和装备，场地上的人员站位等。 单元目标：初步了解棒球知识，接触棒球运动，培养学生对棒球学习的兴趣。
		2	知道棒球的装备和器具		
		3	观看棒球入门教学录像		
第二单元	棒球基本技术学练	4	踩垒跑垒游戏		单元内容：在游戏中学习棒球的传球、接球、跑垒、挥棒、击打等基本技术动作。 单元目标：学会棒球的基本技术，乐于合作，体验集体活动的快乐。为三年级参加棒球社团做准备，选拔优秀的"棒球小子"。
		5	握球传球游戏		
		6	对网传球游戏		
		7	跨步传球游戏		
		8	跨步传球游戏		
		9	传球延伸游戏		
		10	接球游戏		
		11	接地滚球游戏		
		12	接高飞球游戏		
		13	挥棒游戏		
		14	挥棒击打游戏		
第三单元	棒球实战演练	15	站位跑动游戏		单元内容：各种位置的站位，攻守互换练习。 单元目标：知道场上的各个位置，队员之间如何补位，比赛的规则等。
		16	实战演练		

（三）课程资源说明

本课程的学习对象是小学二年级的学生，让小学生能够喜欢棒球、乐于接受棒球，是教学的目标。基于这样一个想法，我校棒球拓展课的授课模式与低年级学生的年龄特征、学习能力相匹配，在形式上是以小

组为团队,每一课设计了游戏教学,在游戏比赛中不断的掌握棒球的技术动作,有利于学生主动参与学练,同时也增进了学生之间的交流和友谊,团队精神逐步在孩子们心中生根发芽。

四、科目实施

(一)组织形式及实施的原则

1. 科目实施对象:本校对棒球运动有兴趣的二年级学生

2. 科目实施时间:一学年

3. 科目实施者:拓展型课程教师

4. 科目实施场地:大操场

5. 本课程课时安排:每周1节课,每学期16课时

6. 实施方式:自主拓展

(二)教学实施的要求

1. 科目教学要求

在教学中基本采用教师讲解示范、学生尝试实践、评价激励等方式,结合校外或比赛中与棒球队员、教练的交流沟通,以及组织观看棒球比赛,起到促进提高的作用。

2. 学习资源要求

(1)教材。

(2)符合棒球比赛训练的场地面积。

(3)具备充分的、适合低年级学生活动的棒球学习资源。

五、科目评价

(一)建立评价体系

要"建立促进学生全面发展的评价体系",如何科学合理的评价学生棒球学习成绩,是我们必须解决的问题。

1. 确立评价的目的:通过系统的评价,我们要达到了解学生学习情况与表现,以及达到学习目标的程度;判断学生学习中存在的不足,分析其原因,并改进教学;为学生提供展示自己能力、水平、个性的机会,并鼓励和促进学生的进步和发展;培养学生自我认识、自我教育、自我学习能力。

2. 制定评价标准:评价的标准是实现评价目的的关键。我们以"跳一跳摘到桃子"的原则,按学生的体育基础水平、身体素质、能力等实际采用相对评价标准,使尽可能多的学生通过努力能达到标准,完成

任务。评价的标准不是一成不变,我们要根据学生的学习情况、学习内容和学生的发展进行适宜的调整。

3. 学习评价的形式:在评价的过程中我们重视过程的评价,老师、学生应以评价来了解学习情况和能力的方向,采用多种评价手段,即自评、互评、教师评价相结合,在此基础上进行奖励与评价,使学生始终能得到成功的体验。

(二)遵循评价原则

1. 过程性原则。在教学活动过程观察学生,通过问卷、同伴互助和小组讨论等形式,让学生边学习实践、边关注学习过程,及时客观地评价自己和同伴的优势和不足,教师在学生评价的过程中做到客观公平地对待每个学生,并以鼓励和发展为主。

2. 主体性原则。进行教学评价时,承认学生在评价中的主体地位,充分发挥他们的主观能动性,使他们自觉积极地参与评价活动。在教学评价过程中,学生既是评价的客体,又是评价的主体,他们既要被他人评价,同时又要对自己进行价值判断。

3. 一致性与灵活性相结合原则。评价指标与评价标准的制定,以及评价方法与评价程序的选取,都应考虑这种差异,要灵活对待。在教学评价中,既要贯彻一致性原则,又要贯彻灵活性原则,将两者统一起来。

4. 定期性评价与经常性评价相结合原则。

(三)选择题

1. 棒球的历史悠久,于 17 世纪在(   )诞生。

A. 英国   B. 美国   C. 日本

2. 棒球的比赛场地是(   )形状。

A. 长方形   B. 椭圆形   C. 直角扇形

3. 棒球比赛防守方上场人数(   )人。

A. 6 人   B. 9   C. 10 人

4. 中国的棒球之父是(   )。

A. 詹天佑   B. 梁扶初   C. 卡特来特

5. 在我国第(   )届全运会上,棒球被列为正式比赛项目。

A. 第一届   B. 第二届   C. 第三届

一、"棒球小子"活动评价表

班级：　　　　姓名：

评价项目	评价标准	评价结果			
		个人评	伙伴评	教师评	家长评
情感态度	1. 积极参与	☆☆☆	☆☆☆	☆☆☆	☆☆☆
	2. 认真听讲	☆☆☆	☆☆☆	☆☆☆	☆☆☆
	3. 不怕困难	☆☆☆	☆☆☆	☆☆☆	☆☆☆
实践能力	1. 熟练掌握各项棒球技能	☆☆☆	☆☆☆	☆☆☆	☆☆☆
	2. 担任棒球教学赛指挥队员的能力	☆☆☆	☆☆☆	☆☆☆	☆☆☆
合作交流	1. 乐于助人	☆☆☆	☆☆☆	☆☆☆	☆☆☆
	2. 乐于请教	☆☆☆	☆☆☆	☆☆☆	☆☆☆
拼搏精神	胜不骄，败不馁	☆☆☆	☆☆☆	☆☆☆	☆☆☆

我已学会的棒球技术有：

教师寄语：

家长留言：

二、教师活动组织评价表

学校		姓名		班级			
学科		时间		总分			
课题		等级					得分
评价指标		分值	优	良	合格	须努力	
教学目标 8分	符合学科课程标准和教材的基本要求，教学目标明确、具体、多元化。	8	8	6	4	2	
教学内容 8分	形成合理的知识结构，突出重点，难易适度，联系学生生活和社会实际。	8	8	6	4	2	
教学策略与方法 38分	围绕目标创设灵活的、有助于学生学习情境，营造民主、平等、互动、开放的学习氛围，激发学习兴趣。	8	8	6	5	4	
	善于引导学生主动学习、合作学习，指导具有针对性、启发性、实效性。	8	8	6	5	4	
	学生认真参与学习、评价活动，积极思维，敢于表达和质疑。	12	12	10	8	5	
	根据教学实际选用恰当的教法，为学生的学习设计并提供合理的学习资源。	10	10	8	6	4	

课题					等　级			得分
	评　价　指　标	分值	优	良	合格	须努力		
教学效果22分	学生获得的基础知识扎实,在学会学习和解决问题方面形成一些基本策略和能力。	10	10	8	6	4		
	学生在情感、态度、价值观等方面得到相应的发展。	12	12	10	8	6		
教师素养24分	正确把握学科的知识、思想和方法,对教材资源有深度的挖掘、整体的把握、恰当的处理。	8	8	6	4	2		
	有较为丰富的组织和协调能力,富有教学机智,能恰当地利用课堂动态生成性资源。	6	6	5	4	3		
	现代教学技术手段设计应用适时适度,操作规范熟练。	6	6	5	4	3		
	语言准确、有感染力,讲解清晰合理。	4	4	3	2	1		
简评								
评课教师签名				学科组长签名				

附教案:

跑跑踩踩真有趣

年级	二	人数		日期		执教	
班级		组班形式		周次	4	课次	1
内容主题	1.棒球基本技术学练:跑垒、踩垒 2.综合活动:跑垒踩垒游戏		重点	绕垒方向			
			难点	急转方向改变			
学习目标	1.学会跑垒技术,85%学生能初步学会跑垒动作方法,了解快速绕垒的道理。 2.积极参与综合活动跑垒接力,学会方法遵守规则,发展奔跑能力。 3.在学练活动中相互合作,练习中加强安全要求,善于思考,大胆尝试,积极适应环境变化。						

第三章　"启梦"之花

课序	时间	教学内容	运动负荷			教与学的活动	组织与队形
			次数	时间	强度		
一	3	课堂常规： 1.师生问好 2.宣布上课内容 内容：棒球基础动作——规则、跑垒 目标：基础跑垒动作的重要性		2	小	1.集合整队，师生问好。 2.教师宣布内容主题。 3.语言激发学生学习期望。 要求：精神状态佳 教法：助教整队；教师讲解。 强调学生服装是否符合礼仪；强调技术课安全问题；上课规定，球场整理整顿。	✳ ♂♀♂♀♂♀♂♀♂ ♀♂♀♂♀♂♀♂♀ ♂♀♂♀♂♀♂♀♂ ♀♂♀♂♀♂♀♂♀
二	5	热身活动：热身操 (1) 慢跑2圈 (2) 关节与韧带伸展 A.头部运动 B.肩部运动 C.扩胸运动 D.腰部运动 E.膝部运动 F.弓步压腿、侧压腿 G.腕关节、踝关节膝部运动 H.弓步压腿、侧压腿 I.腕关节、踝关节	1	5	小	1.小班长带头做热身运动。 2.学生根据教师要求进行跑垒小游戏。 3.师生共同练习。 要求： 1.手腕关节腰部脚部进行充分热身。 2.积极主动，按目标要求认真完成练习。	· X X X X X X X X X X X X X X X X X X ▲ ▲
三	15	基础跑垒、离垒： 1.直线冲刺	3—5	13		1.教师讲解示范练习。 2.学生听清练习方法及要求。 3.要求前脚掌确实踩到垒包。 4.教师讲解示范前脚掌踩到垒包的基本方法。 5.本垒出发，跑至一垒之后，再由第二位继续出发。 6.跑垒需要排队，听哨声出发跑垒，保持安全距离，第一个出发过垒包下一个再出发。 7.地上有圆盘标示盘指示跑道，跑在圆盘内。	一垒XX本垒 ▲ XXXXX

课序	时间	教学内容	运动负荷			教与学的活动	组织与队形
			次数	时间	强度		
		2.本垒绕垒到二垒	5—8		中上	1.师讲解示范前脚掌踩到垒包转换方向的基本动作。 2.学生听清动作要求,听教师口令,进行集体练习。 3.教师在练习中强调重难点。 4.学生再进行分组练习。 5.优秀学生展示。 6.教师评价。 要求:明确踩垒包的重要性。	▲ ╳╳ ╳╳╳
		3.一垒绕垒到三垒				1.教师强调用力踩垒包的重要性,并提高练习难度,引导学生进一步练习。 2.学生听清要求,听教师口令,进行集体练习。 3.教师强调练习要点。 4.学生再进行分组练习。 5.优秀学生展示。 6.教师评价。 7.学生继续练习。 要求:明确踩垒,绕垒要小要快。 1.教师引导学生对小组成员进行评价。 2.学生积极练习,互帮互助。 3.优秀小组展示。 4.教师再次强调重难点。 5.学生继续练习、展示。	╳ ╳╳ ╳ ▲
四	10	综合活动:跑垒接力	5	8	中上	1.教师讲解方法和规则,激发学生的兴趣。(逆时针) 2.学生分组尝试。 3.教师对团结协作的小组给予表扬和肯定,并对出现问题的小组及时进行指导。 要求:积极参与,体验快乐。	╳╳ ╳╳╳ ╳╳╳╳ ╳╳╳ ╳╳ ▲

173

课序	时间	教学内容	运动负荷			教与学的活动	组织与队形
			次数	时间	强度		
五	2	1. 放松操 2. 小结下课	1	1	小	1. 教师带领学生进行集体放松。 2. 师生小结。 3. 宣布下课,师生再见。	*

场地器材	垒包4个　标志杆20根 软皮球2个	安全保障	1. 场地布置合理,队伍调动有序。 2. 做好充分的准备活动。 3. 练习时注意间隔距离,避免学生被球砸到。

预计	练习密度		强度
	全课	内容主题	中
	42%	48%	

课后小结	

（金国华）

课例 10

"绘本创意读写俱乐部"科目设计纲要

一、科目开发背景:

(一)背景分析

1. 自身特征决定。"绘本"也叫图画书,源于日文,与英文对应的是"picture book"。从一般意义上讲,绘本或图画书所指的对象是相同的,即指那些图文紧密结合的图书。儿童文学家彭懿在他的新作《图画书阅读与经典》中指出:"绘本是用图画与文字共同叙述一个完整的故事,是图文合奏的。在绘本里,图画不再是文字的附庸,而是图书的生命,甚至有很多绘本是一个字也没有的无字书。"可见,绘本的最大特点是图文结合,多姿多彩。它形象十分直观,但是又不乏鲜明的逻辑,理性的思维。非常有意思的是，"绘本"这个词在世界范围比较通行的理解是"为儿童"创作的图书，所以从一定的意义上说，又可以把它叫作"小人书"，这样的书，当然要让孩子读。

2.课程标准要求。国家课程标准中明确提出，要让低年级孩子"喜欢阅读，感受阅读的乐趣"。要让他们能够"借助读物中的图画阅读"。低年级两年的时间内应该让学生养成阅读兴趣，广泛阅读达到5万字的课外阅读量。囿于低年级语文教材的浅显性、局限性，语文教师应该注重教材的重组、教材的开拓，以实现这些教学目标。为了实现这些目标，我旨在通过绘本阅读这一较本教材的开发，以实现全方位的突破。

3.身心发展需要。低年级孩子识字量少，注意力集中时间不长，自控能力和忍耐力都较差，但是他们对像图画这样的直接感官刺激的物体感兴趣，形象性思维占主导地位，联想丰富，喜欢表达。这正好与"绘本"的特点贴切地吻合，夸张的构思、精妙的图画、童趣的语言，在孩子们的眼里十分富有吸引力。借此途径开启孩子的想象，培养孩子的阅读兴趣，提高孩子的表达能力，最为合宜。

4.家长教师重视。近几年，绘本已经走进了寻常百姓家，成为年轻的爸爸妈妈为孩子首选的课外读物，培养孩子们的阅读兴趣，增长他们的知识和阅读能力。同时，绘本也走进了不少幼儿园和小学，成为老师带领儿童语言学习的新媒介。很多一线老师和儿童阅读推广人，已经把绘本作为教材的有益补充，引进课堂，开展阅读教学、写话教学的尝试，受到了孩子们的普遍欢迎。从家长到教师，大家都越来越认识到阅读绘本的好处，如：绘本可以促进孩子语文素养的提升，帮助孩子进行口语语言和书面语言的顺利转换，培养良好的阅读理解能力；绘本对孩子的心理发展、情绪培养、逻辑思维、观察力、想象力等都有深远的影响；绘本有丰富的想象空间，可以让孩子获得阅读的欣悦，得到审美的体验，养成独立思考的能力……

可以说，绘本以精练的文字，精美的图画和内涵丰富的故事展现在儿童读者面前，看似一个简单的故事，极少的文字，甚至是无字之书，却能给人一种温润的感动，一种意味深长的暗示，打开了孩子们天马行空的想象之门。

根据以上情况，我想借助绘本，构建出适合发展儿童读写能力的课程，开展系统的、有针对性的读写活动，必能推动儿童语言素养的全面

第三章 "启梦"之花

提升。于是,我确定"低年级绘本创意读写课程"作为语文教学的拓展课程。下面是几个概念的界定:

读:就是引导掌握基本的绘本阅读技能和方法,学习从图文中获取信息,并根据图文信息进行推论、联结和整合,构建属于自己的故事意义,读出属于自己的绘本故事。

写:绘本创意读写课程中的"写",不是狭义上的用文字书写,而是儿童在阅读绘本故事的过程中,通过身体器官,采用说、写、演、画等各种表现形式,把自己独一无二的阅读体验、感悟、联想、想象等展现出来。

创意读写:在读写活动中,重在激发儿童的阅读兴趣,发展他们的阅读策略、想象力和思考力,借助绘本丰富的语言学习因子,以读带"写",以"写"促读。

(二)课程价值

1. 绘本最大的特点就是以图为主,图文结合,所以阅读绘本可以培养儿童良好的图像概念,加强观察能力,提高思考连贯性,丰富想象力,提升表达能力。

2. 通过欣赏、感知绘本画面的美和文字传递的力量,读懂蕴含其中的道理,拓宽视野,养成良好的习惯,以获得心灵的滋养和生命的成长。

3. 阅读绘本不仅能培养学生的色彩感知能力,帮助他们树立正确的审美观,提高欣赏水平,而且能激发他们创造美的热情,帮助其步入艺术殿堂,终身受益。

二、科目目标:

课程目标,从"读""写"两个维度设计,以"读"为主,以"写"为辅。

"读"的维度,渐次达到以下四个目标:

1. 愿意参加绘本阅读活动,对绘本阅读有兴趣。

2. 学习观察绘本图像,能发现绘本画面细节中的"秘密",初步感受画面中不同色彩、不同线条、不同形状等表达的情绪和情感。

3. 能倾听教师讲述故事,乐意运用推测、联结、图像化、统整等阅读策略阅读绘本故事。

4. 通过画画、演演、做做、评评、议议等方式理解故事的旨趣。

"写"的维度,渐次达到以下三个目标:

1. 对绘本"写"话有兴趣,愿意与同学交流和分享自己的发现和想法。

2.通过画画、演演、评评、议议等多种形式,会用几句话完整清楚地表述自己的发现、猜测、想象、感受等,创编属于自己的故事情节片段。

3.群书阅读后,在比较中发现异同,并发表自己的阅读观点,开展与文本相契合的读写迁移,体验片段创作。

三、科目内容:

"低年级绘本创意读写课程"教学材料的挑选是课程建设的重要工程。这门课到底有何特质?借由绘本创意读写,我将引导孩子们走向何方?带着这些问题,我阅读、记录、思考⋯⋯慢慢琢磨出此课程的教材内容应该遵循的四个基本理念:

1.贴近心灵。即选入课程的绘本以及绘本的读写活动设计,都以贴近儿童的心灵,让每一个儿童都能在活动中打开心扉,产生言说的冲动和兴趣。

2.快乐参与。即绘本创意读写要充分尊重儿童之间的个体差异,从儿童的角度出发设计读写活动,让每个孩子都感受到读写的快乐。

3.尊重差异。即每个儿童对作品的理解和表达自己理解的方式是不一样的,尊重儿童读写表现的差异,认同并鼓励他们用自己的方式走进故事,走进自己。

4.创意表达。即引导儿童从多个角度、多种途径进入绘本世界,与作者对话,与故事里的人物对话,获得丰富的情感体验,开展富有创意的读写活动。

基于以上思考,根据学生的身心发展和绘本读写的能力发展,确定四个主题单元,16课时的活动内容,分别为:

单元序列	单元题目	课序	课文题目	课时	内容要点和目标指向
第一单元	初识绘本	1	我和绘本拉拉手(《大卫上学去》)	1	单元内容: 介绍绘本的组成部分以及阅读方法。 单元目标: 学生能知道绘本的组成部分并且知道一些简单的阅读方法。
		2	我和绘本交朋友(《小阿力的大学校》)	1	

续　表

单元序列	单元题目	课序	课文题目	课时	内容要点和目标指向
第二单元	阅读绘本	3	可爱动物（《好饿的小蛇》）	1	单元内容： 本单元包含了6个主题的绘本阅读，从不同方面培养孩子的阅读能力。 单元目标： 在老师的指导下学生能自主阅读，知道故事的梗概。
		4	家庭温暖（《逃家小兔》）	1	
		5	相信自己（《你很特别》）	1	
		6	个性发展（《有个性的羊》）	1	
		7	卫生习惯（《鳄鱼怕怕牙医怕怕》）	1	
		8	智慧非凡（《幸运的一天》）	1	
第三单元	讲述绘本	9	自由准备讲述（《猜猜我有多爱你》）	1	单元内容： 本单元以四篇绘本的阅读引入，教授学生讲述绘本的方法和注意事项。 单元目标： 学生能在老师的带领下对绘本进行简单的复述，最终能够自主讲述一个完整的故事。
		10	师生配合讲述（《想吃苹果的鼠小弟》）	1	
		11	伙伴分享讲述（《我的妈妈真麻烦》）	1	
		12	成果展示讲述（《花格子大象艾玛》）	1	
第四单元	创编绘本	13	"读—猜—写"（《母鸡萝丝去散步》）	1	单元内容： 本单元着重于培养学生编写绘本的能力。 单元目标： 学生通过猜一猜、说一说、编一编的活动，能简单创编绘本故事。
		14	"读—编—写"（《花婆婆》）	1	
		15	"读—说—写"（《小猪变形记》）	1	
		16	"读—画—写"（《笨拙的螃蟹》）	1	

四、科目实施：

（一）选修条件

本课程教学对象为一二年级的小学生，由学生自主报名，人数控制在30人左右。活动内容共计16课时，每次活动时间为30分钟。

（二）活动需求

在开展活动时需要根据教学内容，配备绘本书籍和多媒体，以确保活动正常开展。

（三）活动形式

活动场所为室内场地,采用分组合作学习为主要教学活动策略。

（四）实施原则

在拓展型课程的实施过程中,应由教师积极组织,学生全员参与,具体应体现以下原则:

1.自主性原则

以学生自主活动为主要目标。学习上:学生可自由选择方法、内容等,体现其个性特点;评价上:要充分体现多样化、人性化和广泛性、过程性。要关注学习过程、学习需求,重视学生的成功体验。

2.自愿性原则

学生自愿参与各种学习活动,能激发内在的学习需求。教师应充分尊重学生的意愿。学生可按自己的兴趣特点,自由选择某一课程,自由选择教师,发挥其特长。

3.合作性原则

自主能力不等于以自我为中心。学生通过合作学习活动,在展现个性特长的同时,学会与同学间的愉快合作,体现集体智慧的魅力,培养学生的团队合作能力。

4.发展性原则

拓展型课程教学应关注社会,体现时代性、实效性;应重视学生的内在潜力和持续发展,通过自主学习,在原有的基础上不断发展提高。

（五）配套资源

电子绘本读物;绘本故事丛书;多媒体课件;绘本录音;绘本读物网站

五、科目评价:

绘本创意读写课程的评价,坚持的原则有四条:兴趣为首,激励为主,注重过程,主体多元。绘本创意读写的评价,不是为了给学生一个结论或成绩,而是为了促进他们持续地更有兴趣地参与读写活动。因此从"阅读习惯""阅读能力""阅读成果"三个维度,采用以下方式开展评价:

1.日常观察。教师和同学对学生在绘本读写过程中表现出来的读

写兴趣和读写能力进行观察，特别是参与读写活动的态度、合作精神等，必须通过观察才能作出评价。

2. 成长记录。绘本创意读写的成长记录，宜采用"展示型"和"过程型"相结合的方式，也就是每次读写活动，都可让学生展示读写成果，如：朗读片段（录音）、讲述故事（录音）、写出感想、画出想法等。再把所有的成果按照时间排列，作为一个学期的绘本创意读写的成长记录。

3. 展览和展示。在一次绘本读写活动后或在学期结束时，选出自己的成果进行展览或展示（现场演示，以表明自己掌握了某种技能），由同学和老师作出评价。

"我是绘本小达人"评价表

评价项目	评价观察点	评价标准	学生自评	同伴互评	教师评价
绘本阅读习惯	（1）能每次积极参与社团活动。	☆☆☆：每次都能积极参与			
		☆☆：一学期请假三次以下			
		☆：一学期请假三次以上			
	（2）喜欢阅读绘本，能坚持每天阅读半小时以上的绘本故事。	☆☆☆：能做到。			
		☆☆：基本能做到。			
		☆：做得不是很到位。			
	（3）能爱护绘本书籍，保持整洁。	☆☆☆：能做到。			
		☆☆：基本能做到。			
		☆：做得不是很到位。			
绘本阅读能力	（1）能借助绘本中的图画理解作品内容。	☆☆☆：能做到。			
		☆☆：基本能做到。			
		☆：做得不是很到位。			
	（2）能看懂绘本的意思，有条理地说出图的内容。	☆☆☆：能做到。			
		☆☆：基本能做到。			
		☆：做得不是很到位。			
	（3）能根据故事情节和图画进行想象表达或创编故事。	☆☆☆：能做到。			
		☆☆：基本能做到。			
		☆：做得不是很到位。			

评价项目	评价观察点	评　价　标　准	学生自评	同伴互评	教师评价
绘本阅读成果	（1）能通过各种形式呈现自己参加活动的收获。	☆☆☆：能做到。 ☆☆：基本能做到。 ☆：做得不是很到位。			
	（2）乐于与伙伴分享，把自己的阅读成果进行展示或介绍。	☆☆☆：能做到。 ☆☆：基本能做到。 ☆：做得不是很到位。			
总体评价	恭喜你一共得到了　　颗☆，可以兑换　　个积点，获得的称号是： 阅读绘本小达人（　　）　　　阅读绘本小能手（　　）　　　阅读绘本小苗苗（　　） 学习习惯优秀章　　　　　学习习惯良好章　　　　　学习习惯合格章 老师寄语： 教师签名：				

注：本次评价总评星数为24颗。

　　20—24颗为优，颁发"绘本读写小达人"章，兑换10个积点；

　　15—19颗为良，颁发"绘本读写小能手"章，兑换8个积点；

　　15颗以下为合格，颁发"绘本读写小苗苗"章，兑换5个积点。

　　对学生实施多元评价，既重视教师的评价，也关注学生的评价；既重视学生自己的评价，更关注同伴互相的评价。增加评价的交互性，使其成为教师组织下的教师、学生、同伴共同积极参与的交互活动。这样的评价全面、科学、客观，能更有效地促进学生开展创意绘本阅读。另外，评价活动能根据低年级学生的年龄特点，给予"绘本读写小达人""绘本读写小能手""绘本读写小苗苗"称号，并结合学校积点活动开展，相信学生会兴趣盎然，更积极地参与此项活动。

附教案：

我和绘本手拉手

活动目标：

1.了解绘本故事书的各个部分，发现绘本的特别之处。

2.通过阅读绘本《大卫上学去》,初步掌握阅读方法,产生阅读兴趣。

3.知道作为一名小学生,行为习惯方面应该注意些什么。

活动重点:

了解绘本故事书的各个部分,发现绘本的特别之处。

活动难点:

初步掌握阅读方法,产生阅读兴趣。

活动准备:

多媒体课件、一些绘本书籍

活动过程:

一、活动一:活动导入,谈话交流。

1.小朋友,你们爱看书吗?谁能告诉大家你喜欢看什么书?

2.分组交流。指名交流。

我最喜欢看＿＿＿＿＿＿,因为＿＿＿＿＿＿＿＿＿＿＿＿＿。

二、活动二:对比观察,初识特点。

1.今天老师给大家带来了一种有趣的书籍"绘本"。

出示课题,齐读课题:我和绘本手拉手

2.看谁的眼睛跟孙悟空的眼睛一样厉害,能发现绘本书有什么特点?

自主翻阅比较童话书和绘本书,让学生组内观察讨论。

指名交流:我发现了＿＿＿＿＿＿。

3.师随机点拨,总结要点:绘本特点为图片有趣,文字较少。

三、活动三:自主翻阅,了解绘本。

1.请你们自己翻阅桌上的绘本故事,说说绘本书由哪几部分组成?

指名交流。(封面、扉页、故事正文、封底)

2.说给同桌听听绘本有哪几个部分,用手指一指。

四、活动四:走进绘本,共同阅读。

1.小朋友刚才都交流了绘本的各个部分,下面我们就通过《大卫上学去》这本绘本故事书,更深入地了解绘本的特别之处。

2.了解封面:拿起这本书,首先映入眼帘的第一页就是封面。请你仔细观察封面,说说看到封面上有什么。

指名回答。（要点：故事题目、图片、作者姓名、出版社名称）

请你先读读封面上的题目·再看看图片，猜想这本书讲了一个怎样的故事？

指名交流。

总结：我们读绘本故事之前一定要仔细观察封面，从中你会了解到许多知识。

3. 了解扉页：翻开封面，第二页上有什么？这些文字告诉你们什么，有什么用？听老师读一读，想一想。

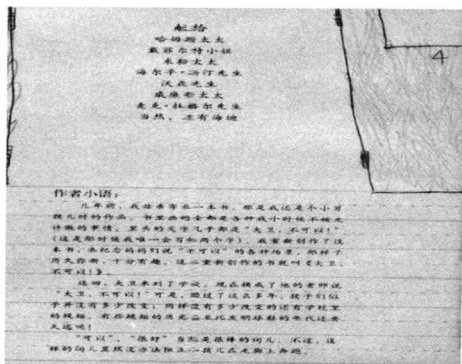

教师朗读，指名随机交流。（告诉我们作者这本书是写给谁的，要表达什么。）

4. 了解正文：自己读读文字，看看图片，说说你读懂了什么？（引

第三章——"启梦"之花

导学生懂得作为一名小学生,行为习惯方面应该注意些什么。)

请你仔细观察上面这三幅图,你看到了什么?想到了什么?

组内交流,指名交流。

小结:阅读绘本时,我们要仔细观察图片,并且发挥丰富的想象力,才能体会人物的情绪。

5.了解封底:看着封底,想象一下大卫回家后会对爸爸妈妈说什么?

说给同桌听一听。

五、活动五:总结课堂,交流感受。

1.你喜欢绘本故事吗?为什么?

2.今天你掌握了阅读绘本故事的哪些方法?

(关注绘本书籍的各个部分,仔细观察图片,发挥丰富想象力)

(高文芳)

"阿拉学讲上海话"科目设计纲要

一、科目开发背景：

(一) 保护本土文化的需要

上海颁布的《学生民族精神教育指导纲要》和《生命教育指导纲要》中指出，民族精神，历来是教育中的重头戏，是各类学校教育的必修课，在上海学生中弘扬和培育民族精神是上海建设社会主义现代化国际大都市的迫切需要。众所周知，上海是一座高速发展的现代化城市，历史悠久，文化底蕴深厚。但是近年来，随着改革开放的深入，经济建设、城市建设步伐的加快，民族文化、本土文化受到了外来文化的挤压和冲击，出现了孩子会说标准普通话、简单英语，却不会说本土方言这一令人惋惜的现象。保护本土文化迫在眉睫，我们秉着以学生发展为本的理念，立足本土文化，抓住小学时期是学习语言的黄金时期，从社会文化现状出发，将沪语教育引入小学课程中，加深小学生对上海乡土文化的感知和了解。

(二) 学生发展的需求

语言学习非常重要的一个因素是环境，学习方言也同样如此。我校作为罗店镇上的一所农村学校，生源接近一半是本地子女，另一半是外来务工子女，学生来自祖国的五湖四海。对于本地孩子来说，平时生活中大多是说罗店本地话；对于外地学生来说，上海这座陌生的城市，并不那么容易融入。通过问卷调查、访谈等方式，学校了解到听不懂上海话是孩子们在上海生活遇到的最大的烦恼。因此，开发《阿拉学讲上海话》的校本课程，希望能充分运用现成的语言环境，来帮助本地孩子学说上海话，让外地孩子们更快融入上海。此外，小学时期也是学习语言的黄金期，这个年龄段的孩子都具有很强的语言塑造能力，孩子们对于学习方言的积极性也很高，因此我们决定把课后简单的模仿搬上了课堂，让学生可以系统地学习沪语。

(三) 家长的愿望

从家长方面来看，本地的家长说着一口流利的罗店本地话，也希望孩子在会说本地话的同时，能说上一口流利的沪语。外地的家长们虽

然有些已到上海工作多年,但是他们对上海的了解也不是很多。平日里忙于生计的家长,也没时间带孩子们出门,家长自己对沪语也只是能够听懂日常对话,但是不太会说。因此,许多家庭虽然已经在上海生活了好几年,可还是对上海的方言、文化等不太了解。针对这一现象,我们希望《阿拉学讲上海话》这一课程能够帮助本地和外地的家长们,特别是今后准备长期在上海发展,做"新上海人"的家庭深入了解上海,使他们可以更快地在这个大城市中自立、自强。

(四) 社区的发展需要

我校地处宝山区罗店镇。罗店是一个有着悠远历史的老镇,然而沪语的交流与影响力在罗店的各个社区仍显薄弱。近些年,随着拆迁、换房等因素,越来越多的市中心市民搬至罗店及美兰湖附近,沪语的大门越开越广。此外,学校所处的宝山区不仅有得天独厚的人文背景,还有内容丰富的文化资源。宝山区内也有一些历史遗迹可供学生参观学习,这也为此课程提供了许多教学素材及辅助。

二、科目目标:

(一) 知识与技能:

1. 知道沪语的一些发音特点,能从不同方言中辨别出沪语。

2. 会唱经典的沪语童谣,会做沪语游戏。

3. 初步学会用沪语进行日常对话和交流,初步掌握近 400 个沪语字词。

4. 了解中国的一些传统节日以及风俗习惯,了解上海的本土文化,从而初步掌握相关沪语用语。

(二) 过程与方法:

1. 通过倾听、拼读和角色扮演等,模仿沪语发音,掌握普通话中没有的音节。

2. 在运用沪语交流时,选择较适合的字词。

3. 结合学校开展的各项活动,积极运用沪语,并能够尝试改进自己的沪语。

(三) 情感态度与价值观:

1. 在日常表达中,具有积极使用沪语的意识、意愿和兴趣。

2. 养成在生活中与上海人交流时讲沪语的习惯。

3. 感受沪语的魅力,了解上海的海派文化,体验上海的风情地貌及人文景观,增强热爱祖国、热爱上海的情感。

三、科目内容:

单元序列	单元题目	课序	课文题目	课时	内容要点和目标指向
第一单元	日常会话	1	阿拉,数字	1	**单元内容:** 1.初步学习沪语发音。 2.初步学习用简单的沪语与他人数数字、分享喜欢的小动物、问候介绍、天气交流等日常会话。 3.初步学习4首简单的上海沪语童谣。 **单元目标:** 1.尽可能纠正讲沪语时带有的家乡口音,初步掌握沪语常用发音。 2.初步学会用沪语进行日常对话,初步掌握100个沪语字词。 3.初步感受沪语魅力,提高日常沪语交流兴趣。
		2	阿拉,动物	1	
		3	阿拉,问候	1	
		4	阿拉,天气	1	
第二单元	吃喝玩乐	5	阿拉,运动	1	**单元内容:** 1.学习用沪语表达自己喜欢的兴趣爱好和体育活动,交流有名的上海小吃,会用沪语问路坐车、打电话。 2.学习4首沪语童谣。 **单元目标:** 1.巩固已学的沪语童谣。 2.掌握100个沪语字词。 3.知道上海的著名小吃及文化习俗,初步学会用简单的沪语在生活中交流。 4.进一步感受沪语魅力,提升学习沪语的积极性,以及沪语表达的兴趣。
		6	阿拉,小吃	1	
		7	阿拉,出行	1	
		8	阿拉,致电	1	
第三单元	我爱我家	9	阿拉,我家	1	**单元内容:** 1.初步学习用沪语交流自己的家人、班级、老师、同学、学校,并用沪语介绍喜爱的上海人文景观。 2.学习4首上海童谣。 **单元目标:** 1.初步掌握100个沪语字词,能用沪语连起来说几句完整准确的上海话。 2.能用沪语交流自己的家庭、班级、学校、城市,表达自己的真情实感。 3.感受沪语魅力,增强沪语表达的自信心和主动性。
		10	阿拉,我班	1	
		11	阿拉,罗小	1	
		12	阿拉,上海	1	

第二章 "启梦"之花

单元序列	单元题目	课序	课文题目	课时	内容要点和目标指向
第四单元	节日礼仪	13	阿拉，节日	1	单元内容： 1. 初步学习用沪语介绍罗小开展的节日活动、春节的节日风俗和喜爱的节日。 2. 初步学习在走亲访友时，用沪语表达礼貌用语。 3. 学习4首沪语童谣。 单元目标： 1. 了解相关节日活动及其风俗，初步掌握100个相关的沪语词汇。 2. 用沪语表达正确的文明礼貌用语，交流喜爱的节日。 3. 充分感受、享受沪语的魅力，有浓厚的沪语表达兴趣，能较为自信、准确、流利、连贯地在不同的场合与人用沪语进行交流。
		14	阿拉，过年	1	
		15	阿拉，拜访	1	
		16	阿拉，风俗	1	

备注：学习形式，包括：多媒体、童谣、游戏、情景演绎等。

四、科目实施：

（一）实施原则：

根据"以学生发展为本"的理念，在课程的实施中将重点体现学生的参与性和自主性。为学生创设轻松有趣的课堂氛围，以全沪语授课的方式，为学生提供有利的方言学习环境。鼓励学生大胆发声，主动学习。对于有这方面语言天赋的学生则需要为他们创造更多说沪语的机会，设想结合学校开展的各项活动，开展两周一次的"沪语日"，推选沪语说得好的同学轮流当各班的"推沪员"，并且鼓励学生在日常生活中也尽量使用沪语，真正做到学以致用。

（二）实施对象：

《阿拉学讲上海话》课程面向全体自主报名的二年级学生，本方案为二年级第一学期的设计方案，主要学习日常生活中的沪语字词、语句表达和沪语童谣。

（三）实施形式：

每周一课时，由二年级学生自主报名。通过图片、录像、音频等多媒体教学形式，调动学生多种感觉刺激以及学习积极性；创设情境，让学生在语言环境中扮演角色，帮助学生流畅地掌握语言；以活动游戏为主,培养学生的学习积极性。

五、科目评价细则:

执教《阿拉学讲上海话》的教师必须以发展的眼光关注每一位学生,重视学生各方面的发展,鼓励每一位学生积极表现,将学到的沪语展示出来。要做到既重视学生的学习结果,又重视学生的学习过程和学习兴趣,分校内、校外两个板块,将学生评价(自评、互评)、教师评价、家长评价、综合评价有机结合,充分培养学生的自主性,尊重学生的个性,鼓励学生自信地用沪语进行表达与交流。

(一)校内评价单:

方式＼内容	情感态度	口语表达	情景演绎	附加活动
自　评	☆☆☆	☆☆☆	☆☆☆	☆
互　评	☆☆☆	☆☆☆	☆☆☆	☆
师　评	☆☆☆	☆☆☆	☆☆☆	☆

(注:本评价单每两周交一次,利用课余时间填写,互评可根据学生自己与同伴交流后的相互评价来填写,师评则由任课老师根据平日的观察进行记录。)

(二)家长评价单:

沪语学习评价单	
我的孩子可以得:	☆☆☆☆☆
我想对你说:	亲爱的孩子,_____

(注:本评价单每个单元结束后填写一次。家长可根据孩子在家或一起出门时的表现来打分,其中可包括:孩子是否积极说沪语;是否敢于在购物或游玩时用沪语与上海人对话;是否乐于教爸爸妈妈沪语等。)

(三)评价量规:

内容＼标准	优良 (8☆—10☆)	合格 (6☆—7☆)	须努力 (0☆—5☆)
情感态度	认真、积极参与课堂上的模仿与操练;课后主动使用沪语进行交流。知道上海的风情地貌,热爱在上海的生活。	对二课堂上的集体模仿与操练较为积极,但是怯于尝试较难的沪语发音;课后需在别人的带动下用沪语交流。对上海的风情地貌等知道较少,较热爱上海的生活。	学习沪语的整个过程中不太愿意或不敢动口说。对于上海的文化或是在上海的生活均有些无所谓的态度,很少出门看看上海。

第二章 "启梦"之花

内容＼标准	优良 （8☆—10☆）	合格 （6☆—7☆）	须努力 （0☆—5☆）
口语表达	掌握所学沪语字词的80％以上，口头表达较清晰，家乡口音的痕迹不十分明显，语音语调较正确。能熟练掌握沪语童谣及游戏。	掌握所学沪语字词的60％以上，口头表达能让人听懂，带一些家乡口音，语音语调需要纠正。基本掌握沪语童谣及游戏。	掌握所学沪语字词的60％以下，口头表达较为拘谨，普通话或家乡话口音严重，语音语调缺乏。不会唱沪语童谣，不会做相关游戏。
情景演绎	在不同情境中能够随机应变，积极运用沪语表达，意思较贴切，用词较地道。	在不同情境中，能够运用沪语表达，意思接近，用词还需改进。	在不同情境中，不能运用沪语表达，或运用沪语时词不达意。
附加活动	每当一次"推沪员"可获得5积点。（注："推沪员"在两周一次的"沪语日"时，由老师推选最近一段时间沪语学得较好或表现较积极的学生，然后由学生自行投票选举。尽量每次换人，轮流当"推沪员"，提高更多孩子的积极性。）		

（四）综合评价：

评价内容		等第标准			
		优	良	合格	须努力
学习表现	对活动感兴趣，能主动积极投入。	具有较大的参与积极性，能主动选择、积极投入，在学习中发挥主人翁作用。	具有一定的参与积极性，能根据要求选择学习，完成规定的学习任务。	能完成学校规定的选择和学习任务，各方面表现一般。	不能完成规定的学习任务。
	乐于合作，勇于表达，善于倾听。	具有较强的合作能力，能积极发言并准确表达自己的观点，善于倾听他人观点，乐于与他人交流。	具有一定的合作能力，能经常发表自己的观点，能主动帮助他人并接受他人的帮助。	具有一定的集体参与热情，能在老师的启发下发表自己的观点、接受他人的建议。	缺乏与人沟通的热情，不愿意帮助别人，不愿意接受他人的帮助。
学习能力	阅读交流表达。	具有较强的阅读交流表达能力。	具有一定的阅读交流表达能力。	具有基本的阅读交流表达能力。	需在他人帮助下完成阅读交流表达任务。
	勤思考，好提问，能质疑。	具有较强的独立思考能力和质疑反思能力，敢于提出自己的不同观点和问题。	具有一定的独立思考能力，能对一些观点提出质疑。	能在老师或同学的启发下进行一定的独立思考和质疑反思。	独立思考和质疑反思能力较弱。

评价内容	等　第　标　准			
	优	良	合格	须努力
实践能力	完成科目要求的实践活动,有相应的动手能力。	具有较强的实践动手能力,能在老师指导下独立完成作业。	具有一定的实践动手能力,能在老师或同学的帮助下基本独立地完成作业。	能在老师或同学的帮助下完成作业,并在学习过程中提高实践动手能力。	实践动手能力较弱,不能完成规定的实践动手任务。

附教案:

阿　拉，数　字

活动目标:

1.初步学习用沪语念数字,尝试用沪语说说花名,增加学习沪语的兴趣。

2.学会加上动作,用沪语情感朗诵童谣《五月红花朵朵开》。

3.尝试用上海话进行表达和交流,体验使用方言的乐趣,在交流分享中初步了解上海方言的基本特点。

活动重点:

1.初步学习用沪语念数字,尝试用沪语说说花名,增加学习沪语的兴趣。

2.学会加上动作,用沪语情感朗诵童谣《五月红花朵朵开》。

活动难点:

尝试用上海话进行表达和交流,体验使用方言的乐趣,在交流分享中初步了解上海方言的基本特点。

活动时间:

1课时

活动准备:

PPT、背景音乐、鲜花道具、快板。

活动过程:

一、活动一:兴趣导入。

1.播放沪语童谣。

2.说说听了沪语童谣后的感受。

(1) 刚才老师用沪语念了一首童谣,你觉得怎么样?

(2) 生随机交流。

3. 师小结:上海话不仅有许多读音和普通话不一样,而且也很形象,我们生活在上海的孩子,不仅要能说好普通话,还要能用上海话进行对话,感受这座海派都市的魅力,融入大上海。

二、活动二:魅力新授。

(一) 听童谣《五月红花朵朵开》学数字。

1. 师念沪语童谣《五月红花朵朵开》。

你听到了哪些数字?

2. 指名交流。板书:1　2　3　4　5　6　7　8　9　10

3. 师范读,生跟读。

(1) 开火车读数字,师纠正发音。

(2) 男女生接龙读数字,边读边用手势表示相应的数字。

4. 用上海话表示:10　20　30　40　50　60　70……

5. 学习"2"的变化　　　　　2　　　　　　12　　20　　22

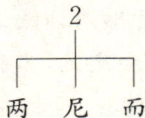

　　　　　　　　　　　　两　尼　而

6. 观看多媒体,说出一组数量词。

一把伞、一件衣服、一顶帽子、一支铅笔、一块橡皮……

7. 用上海话,做数学题。

(1) 师用沪语出数学加法题,生抢答。

沪语:10+7=　　　　　12-4=　　　　　9+7=

(2) 指名几位学生,用沪语出数学题,其余学生抢答。

(3) 四人小组为单位,互相用沪语出题、解答。

播放:趣味背景音乐。

(二) 听童谣《五月红花朵朵开》学花名。

1. 再听一遍童谣,仔细听,你听到了哪些花名。

2. 个别交流,生补充,师板书:

梅花、茶花、桃花、蔷薇、栀子花

3. 学说花名。

① 师领读花名,生跟读。② 横排火车读。③ 属相赛读。

4. 你还知道哪些花?

板书：荷花、菱花、桂花、菊花、芙蓉、芦花、腊梅

5. 学念童谣：《五月红花朵朵开》。

> 群：一月一月啥花开？
>
> 独：一月一月梅花开。
>
> 群：两月两月啥花开？
>
> 独：两月两月茶花开。
>
> 群：三月三月啥花开？
>
> 独：三月三月桃花开。
>
> 群：四月四月啥花开？
>
> 独：四月四月蔷薇开。
>
> 群：五月五月啥花开？
>
> 独：五月红花朵朵开。

注释：① 上海话"三""山"音同。② 上海话"四""水"音同。

（三）续写童谣。

1. 你还知道几月会开哪些花？试着用沪语，把儿歌编下去吧。

2. 同桌合作，续编儿歌。

3. 指名一对同桌，交流续编的儿歌。

男：六月六月啥花开？　　女：六月六月栀子花开。

男：七月七月啥花开？　　女：七月七月荷花开。

男：八月八月啥花开？　　女：八月八月桂花开。

男：九月九月啥花开？　　女：九月九月一串红开。

男：十月十月啥花开？　　女：十月十月菊花开。

男：十一月十一月啥花开？　　女：十一月十一月兰花开。

男：十二月十二月啥花开？　　女：十二月十二月水仙花开。

4. 试着读童谣，老师纠音。

5. 各种形式，诵读沪语童谣。

6. 分小组表演童谣。

三、活动三：巩固总结

1. 配乐，用上海话边拍手，边情感朗诵童谣《五月红花朵朵开》。

2. 选 3 位同学打快板，12 位同学拿着鲜花道具，全班背诵沪语童谣。

3. 情景对话：数字的故事。

第二章　"启梦"之花

4. 玩一个沪语游戏《王大妈买花》。

师：王大妈买花！生：多少钱？师：2块钱。生：根据数字，自由搭配。

规则：每位男生代表5毛，每位女生代表1块。老师报出相应的数字，或报出相应的加法题，学生们要搭配组合出相应的数字。如：2块，可以是4个男生抱在一起，也可以是2个女生抱在一起，或者1个女生和2个男生抱在一起，以此类推。游戏中全程使用上海话，考验学生的听、算、说。

5. 课堂小结。

今天，我们学习了用沪语来讲数字，学会了用沪语来表达花名，还用沪语诵读、编写、背诵了童谣《五月红花朵朵开》。希望同学们能够把所学的运用到生活中去，让我们在生活中也说上海话。

板书设计：

阿拉，数字

1	2	3	4	5	6	7	8	9
梅花	茶花	蔷薇	桃花	月季	栀子	荷花	桂花	一串红

10　　11　　12　　……
菊花　兰花　水仙花

评价单：

方式＼内容	热爱沪语	口语表达	情景演绎	背诵儿歌
自评	☆☆☆	☆☆☆	☆☆☆	☆
互评	☆☆☆	☆☆☆	☆☆☆	☆
师评	☆☆☆	☆☆☆	☆☆☆	☆

（注：本评价单每两周交一次，利用课余时间填写，互评可根据学生自己与同伴交流后的相互评价来填写，师评则由任课老师根据平日的观察进行记录。）

（颜晓慧）

课例 12

"张开诗的翅膀"科目设计纲要

一、科目开发背景：

（一）背景分析：

童谣是采取韵语的形式，适合低幼儿童反复聆听和吟唱的简短"歌谣体"诗歌，也称"儿童谣""孺子歌"。童谣的艺术特点包括：注重音乐性，强调音韵和节奏；短小单纯，易懂、易记；歌戏互补，富有情趣。童诗是提供给幼儿、儿童、少年各兰龄层次少儿读者阅读欣赏的诗歌作品的统称。通常，根据读者对象的不同，童诗可以细分为幼儿诗、儿童诗和少年诗；根据文体形态的差异，又可以划分为抒情诗、童话诗、叙事诗、朗诵诗、科学诗等。

（二）学情分析：

近年来，全国很多小学都有纽织阅读童诗童谣的活动，也有很多小学将童诗童谣作为本校的校本课程来开发。例如宁波市北仑区实验小学就将儿童诗作为其校本课程进行开发与实践。

我们学校历史悠久，有着农厚的人文底蕴，在"构建和谐校园、提升生命质量、打造特色学校"的办学理念指引下，我们努力于追求"崇尚真理、张扬个性、充满智慧、富有人性"的教育。学校里常举办诸多的学科活动，例如语文学科就有"童话节"。到目前为止，童话节已经举办过六届，活动举行井然有序，并且成果颇丰，受到了老师、家长和小朋友们的欢迎。在此基础上，我们可以考虑将童诗童谣也加入到小朋友的日常学科活动中。

与"童话节"时阅读童话相比，童诗童谣的篇幅常常较短，并且多"一韵到底"，所以，小朋友，尤其是低年级的小朋友阅读起来，常常更为朗朗上口，容易记诵。

（三）育人价值：

童谣和童诗都以儿童为主体接受对象，适合于儿童听赏、吟诵和阅读。诵读优秀的儿童诗和童谣能够培养儿童良好的道德品质、思想情操，激发他们丰富想象力、思维能力，尤其是在培养儿童健康的审美意识和艺术鉴赏力上，发挥自己独特的作用。

二、科目目标：

（一）科目设计的原则与要求

我们设计教学目标的基本原则是：通过阅读与记诵童诗童谣，让更多的小朋友喜欢上童诗童谣，体会到童诗童谣的美，获得更加丰富的情感体验。激发小朋友的想象力，培养小朋友良好的道德品质和思想情操，是我们更高的目标。

（二）科目的三维目标

知识与技能	1. 能够借助拼音，识读诗歌中的生字。
	2. 每首诗歌能够诵读，个别诗歌可以记诵。
	3. 初步了解每首诗歌的内容、写作特色以及诗歌所包含的感情。
过程与方法	1. 能够更熟练地掌握拼音，运用拼音进行识字。
	2. 了解诗歌的停顿、诵读方法，培养良好的语感。
	3. 学会倾听别人的朗读、发言。
情感态度价值观	1. 感受诗歌中所包含的感情，获得丰富的情感体验。
	2. 体会到阅读的乐趣。
	3. 在阅读中，培养良好的道德品质和思想情操。

三、科目内容：

（一）内容选取的原则

1. 由于阅读童诗童谣是一个积少成多、潜移默化的过程，所以我们在安排课程时，每一课时选取一首重点诵读赏析讲解的诗歌，师生共同学习。让学生在教师的带领下，知道"如何去读一首诗"。

2. 鉴于学习对象主要是一年级小学生，因此科目内容主要是以简短、有趣的数字歌、物象歌和谜语歌为主。

3. 在教材的选择上，我们可以选用《日有所诵（小学一年级）》这本教材。这本教材由薛瑞萍、徐冬梅和邱凤莲主编，编写上具有经典性、课程化和儿童本位三个特点。本书除了有童诗童谣外，还选有不少优秀的现当代诗歌、古诗词曲、晨读对韵等，供学有余力的学生学习。

（二）内容安排

单元序列	单元题目	课序	课文题目	课时	内容要点和目标指向
第一单元	数字歌	1	《数字歌》	1	单元内容： 本单元所选取的诗歌，多为三字和七字句式，节奏明快。 单元目标： 1.正确诵读诗歌，初步了解童诗童谣，对童诗童谣产生兴趣。2.学会听同伴朗读诗歌。
		2	《做手影》	1	
		3	《过山车》	1	
		4	《小猫拉车》	1	
第二单元	物象歌	5	《门》	1	单元内容： 本单元的儿歌将生活中的事物融入其中，从多个方面描述事物。 单元目标： 诵读诗歌，进一步了解童诗童谣，在诵读中，让儿童读出认知事物的快乐。学会听别人发言。
		6	《大小多少》	1	
		7	《有条"蚯蚓"真可笑》	1	
		8	《牵牛花》	1	
第三单元	物象歌	9	《落叶》	1	单元内容： 本单元的诗歌仍然以物象歌为主，对事物的描写更为具体客观，诗歌多叠词、比拟等修辞手法的运用。 单元目标： 诵读诗歌，初步了解"叠词"、比拟的含义，了解诗歌要停顿，学会停顿。
		10	《黄豆荚》	1	
		11	《墙头草》	1	
		12	《金花银花》	1	
第四单元	谜语歌	13	《看月亮》	1	单元内容： 本单元介绍了两种新的儿歌体裁：谜语歌和游戏歌。 单元目标： 诵读童谣的同时，将童谣与游戏相结合。让儿童体会到阅读的乐趣。
		14	《螃蟹》	1	
		15	《浇麦歌》	1	
		16	《小蘑菇》	1	

四、科目实施：

（一）组织形式及实施的原则

1.科目实施的对象：本校一年级学生

2.科目实施的时间：一学年

3.科目实施者：拓展型课程教师

4.本课程课时安排：每周1节课

5. 实施方式：自主拓展

（二）教学实施的要求

1. 科目教学要求

在教学中，基本以学生自学为主，教师辅助。

本课程的学习对象是一年级的小学生。让学生喜欢上童诗童谣，从中体会到阅读的乐趣，是本课程的目标。因此，在开展授课时，我们主要是以学生自读自学为主，让学生来"当当小老师"，说一说"你是怎样理解这首诗歌/童谣的"。如果是谜语歌、绕口令等体裁的童诗童谣，还能让学生将游戏与诗歌相结合，先读好诗歌，再用诗歌来做游戏，最后可以以自我评价表的形式开展自我评价。

2. 学习资源要求

（1）教材：《日有所诵（一年级）》

（2）符合教材的 PPT（主要以插图为主，配有少量的诗歌注释）

五、科目评价：

（一）科目评价原则

自评、互评和师评相结合，以自评为主。

1. 过程性原则：

在教学活动的过程中，观察学生，通过学生自学、小组讨论、小组学习等形式，让学生在学习诗歌的同时，注重自身的理解与同伴的解读，客观地评价自身的优点与缺点。教师在评价班级学生的过程中，也要做到客观公正，并以激励性言语为主。

2. 参与性原则：

师生共同参与本课程的评价，通过评价，让学生知道自己在学习中的优点与缺点，以便后续更好地学习。

3. 多元性原则：

基于本门学科的教学目标，在课程中不仅仅要促进学生对知识和技能的了解，也要关注学生在学习的过程中情感态度价值观的变化。

（二）评价的内容

第一单元评价内容
1. 学会正确朗读诗歌。
2. 学会听同伴朗读。

第一单元评价内容
3. 对童谣产生兴趣。

第二单元评价内容
1. 能够正确朗读诗歌。
2. 学会听同伴发表意见。
3. 知道本单元的物象诗写的是什么。

第三单元评价内容
1. 能够带有停顿地朗读诗歌。
2. 初步了解诗歌写作特色(叠词)。

第四单元评价内容
1. 不仅能够正确朗读诗歌,还能正确停顿。
2. 能够参与到童谣游戏中,体会到阅读与游戏相结合的快乐。

(三)评价的工具

综合评价

评价内容		等　第　标　准			
		优	良	合格	须努力
学习表现	对活动感兴趣,能主动积极投入	具有较大的参与积极性,能主动选择、积极投入,在学习中发挥主人翁的作用	具有一定的参与积极性,能根据要求选择学习,完成规定的学习任务	能完成学校规定的选择和学习任务,各方面表现一般	不能完成规定的学习任务
	乐于合作,勇于表达,善于倾听	具有较强的合作能力,能积极发言并准确表达自己的观点,善于倾听他人观点,乐于与他人交流	具有一定的合作能力,能经常发表自己的观点,能主动帮助他人、接受他人的帮助	具有一定的集体参与热情,能在老师的启发下发表自己的观点、接受他人的建议	缺乏与人沟通的热情,不愿意帮助别人,不愿意接受他人的帮助
学习能力	阅读交流表达	具有较强的阅读交流表达能力	具有一定的阅读交流表达能力	具有基本的阅读交流表达能力	需在他人帮助下完成阅读交流表达任务
	勤思考,好提问,能质疑	具有较强的独立思考能力和质疑反思能力,敢于提出自己的不同观点和问题	具有一定的独立思考能力,能对一些观点提出质疑	能在老师或同学的启发下进行一定的独立思考和质疑反思	独立思考和质疑反思能力较弱

续 表

评价内容		等 第 标 准			
		优	良	合格	须努力
实践能力	完成科目要求的实践活动,具有相应动手能力	具有较强的实践动手能力,能在老师指导下独立完成作业	具有一定的实践动手能力,能在老师或同学的帮助下基本独立的完成作业	能在老师或同学的帮助下完成作业,并在学习过程中提高实践动手能力	实践动手能力较弱,不能完成规定的实践动手任务

附教案:

做 手 影

活动目标:

1. 能够正确流利地朗读诗歌。

2. 学会听同伴朗读,知道本诗描写的是手影。

3. 在活动中,体会做手影的快乐。

活动重点:

1. 能够正确流利地朗读诗歌。

2. 学会听同伴朗读,知道本诗描写的是手影。

活动难点:

在活动中,体会做手影的快乐。

活动过程:

一、活动一:谜语导入,引出手影。

1. 今天老师给大家带来了一个谜语,看看哪个小朋友最机灵,能够一下子猜出来?

(谜语:我有一个好朋友,他常常跟着我。一会儿在前,一会儿在后,和他说说话,他就是不张口。谜底:影子)

2. 交流反馈:谁猜出来了?

3. 对呀,这个谜底就是我们的好朋友——影子。今天老师要和小朋友们一起来做手影游戏。

二、活动二:学生做手影游戏,初读诗歌。

1. 你们知道什么是手影吗?

2. 教师简介手影:手影是杭州民间传统儿童游戏。手影游戏十分简便,且历史悠久。在古书《都城纪胜》中,就记载杭州瓦舍众伎"杂手艺"中就有"手影戏"一项。手影戏不需要复杂的设备,只要一烛或一灯,甚至一轮明月,就可以展开巧思,通过手势的变化,创造出种种物的形象。

3. 看,手影游戏真是有很久的历史了。今天我们就一起去玩玩这个手影游戏,好吗?

4. 揭示课题《做手影》,PPT 出示诗歌。

5. 谁来当当小播音员,为我们读读这首小诗?

6. 教师点评:字音都读准了,你真厉害! 谁也想来试一试?

7. 个别朗读,学生自评。

提示:教师可指导学生从是否读准字音、朗读的声音大小、站姿等方面进行评价。

三、活动三:自由朗读,小组之间比一比。

1. 听了这几位小朋友的朗读,你们也想试一试,读一读吗? 请你们也在下面读一读。

2. 学生自由朗读。

3. 分小组赛读:现在,请第一组的小朋友起立,我们来比一比哪个小组读得棒!

四、活动四:再读诗歌,小组讨论。

1. 小朋友,读完这首诗歌,你有什么疑问吗?

2. 预设:为什么电灯一开就会有"兔子""狼"和"螃蟹"?

为什么电灯一关,"兔子""狼"和"螃蟹"就会消失不见呢?

3. 是呀,老师也有这个疑问。我们四人小组讨论一下,一起来找找问题的答案好不好?

4. 四人小组讨论,个别交流。

5. 原来啊,诗歌中的"兔子""狼"和"螃蟹"都是小娃娃做出的手影呢!

6. 欣赏手影图片。

五、活动五:欣赏手影舞,感受手影的美。

1. 手影可真奇妙啊,通过一双小手,一盏灯,就能让很多可爱的小动物来到我们身边。甚至还能表演出手影舞呢,想不想看手影舞呀?

2. 欣赏手影舞。

3. 看了手影舞,你有什么感受呢?

六、活动六:到室外做手影,展开想象,续编儿歌。

1. 看到手影演员做出这么漂亮的手影,我们也来当一回手影演员,用我们的小手,创造出可爱的手影吧!

2. 做了这么可爱的手影,你能学着作者的样子,也来编编儿歌吗?

3. 学生交流。

评价单:

评 价 要 求	自 评	互 评	师 评
1. 能够读准诗歌。	☆☆☆	☆☆☆	☆☆☆
2. 能够认真听同桌朗读诗歌。	☆☆☆	☆☆☆	☆☆☆
3. 对童谣产生兴趣。	☆☆☆	☆☆☆	☆☆☆

（罗　婷）

课例 13

"数学文化古代乐园"科目设计纲要

一、科目开发说明:

(一) 背景说明

数学可以帮助人们更好地探求客观世界的规律,并对现代社会中大量纷繁复杂的信息作出恰当的选择与判断,同时为人们交流信息提供了一种有效、简捷的手段。数学是博大精深、丰富多彩的,数学绝不是简单的加减乘除。数学是空间,是图形,是语言,是游戏,是故事,是问题,是发现和发明,是科学,是历史,是一座艺术的宫殿,更是一把金钥匙,让学生们用这把金钥匙去打开人生旅途上每一扇通向成功的大门。数学不仅仅是形式化、演绎化的思维训练,也不仅是一门严肃的、抽象的学科,数学教育也是一种文化的教育。数学中的几乎每一步进展都反映了推进者的个人背景、时间和地点的影响,也受到当时流行的价值观、社会思想和当时所有的资源的影响。数学不仅是一种知识活动,它也拥有丰富的历史文化广度,人类丰富多彩的文化为它染上了浓重炫目的文化色彩。几乎任何一门数学分支的发展都反映了一定时代和地域所流行的价值观和各种因素的影响,这些因素包括游戏娱乐、美学欣赏、宗教信仰、哲学思考和实用价值探索等。因为对这一切的了解通常近乎于无,所以数学在考核中越来越重要,但是学生的数学学习兴趣却越来越低。"每一个生命都有一个不朽的传奇,每一个传奇背后都有一个精彩的故事。"数学知识发展中的每一点都充满了传奇。"数学文化古代乐园"通过16课时的学习,让学生初步了解数学古代发展史,了解中外古代数学家的故事,了解具有里程碑作用的数学成果及重大事仵,掌握一些简单的数学思想,感受数学好玩、数学有用、数学是美的。学会用数学的眼光去看这个世界,用数学的头脑去解决身边的问题。培养学生坚韧不拔,勇于创新的科学品质,激起学生学习数学的兴趣。

(二)学情说明

在小学数学教学大纲和教材中,仅仅只是在数学的知识之外通过提供少量"花絮",简介中国古代数学成就进行爱国主义教育,提高学生的学习兴趣。在新课程中,数学背景资料被看作理解数学的一种途径,在三维目标态度情感价值观中占据重要地位。但是课本中附带的资料终究很少;出于课时的限制,数学教师通常也不能提及太多,学生对数学的背景了解依然很少,数学教育中通常忽略了数学的人文成分。

(三)教育价值

数学文化史在数学教育上有非常重要的地位和价值,是数学教育的重要内容,也是培养数学能力和实施数学素质教育的关键所在,对数学教育来说十分有意义,甚至是不可或缺的工具。它可以活跃课堂气氛并激起学生学习数学的兴趣,可以培养学生的创新精神以及能让学生了解数学的应用价值和文化价值,还可以通过数学史教育提高学生的综合文化素质,更能帮助学生树立科学品质,培养良好的科学精神。在数学史教育中,我们可以通过在教材中穿插相关的数学故事,来发挥激励和榜样作用,可以揭示数学发展的曲折历程,培养学生的探索精神,可以在教学中追忆数学家的成败历程,吸取有益的教训,还可以考察历史上的数学思想方法,强化数学素质教育。

二、科目目标:

(一)课程目标

数学有悠久的历史,它的发展过程中的许多曲折的故事,"前事不

忘后事之师"。通过本课程的学习,可以使学生认识到数学不只是关于数的世界、形的世界,数学还是一门充满人文精神的科学,使学生更全面、更深刻地了解数学;体会数学的科学价值、应用价值、人文价值,开阔视野;寻求数学进步的历史轨迹,激发对于数学创新原动力的认识,领会数学的美学价值,从而培养坚韧不拔,勇于创新的科学品质,提高数学学习的兴趣。

(二)教学目标

1. 了解古代著名数学家的故事以及他们的主要成就及其对世界数学发展的影响。

2. 会讲数学家的故事,感悟数学家的人格魅力。

3. 了解古代生活中数学的运用,感受中外文化的差异。

4. 通过数学趣题感受数学与生活的联系,掌握一些简单的数学思想方法,解决实际问题。

5. 通过对古代数学发展的学习,感知数学对于社会发展的重要性。激起学习数学的兴趣。

三、科目内容:

单元序列	单元题目	课序	课文题目	课时	内容要点和目标指向
第一单元	数学智慧之星	11	圆周率的首位理论计算者——张衡	2	单元内容:介绍古代中外著名数学家张衡、祖冲之、徐光启、毕达哥拉斯、欧几里得以及阿基米德的故事以及重要成就。 单元目标: 1. 了解张衡、祖冲之、徐光启、毕达哥拉斯、欧几里得以及阿基米德的故事以及重要成就。感悟数学家的人格魅力。 2. 了解古代数学家所处社会背景,感知数学研究的不易。 3. 体会数学发展的曲折历程,感知数学对于社会发展的重要性。激发学习数学的兴趣。 4. 培养坚韧不拔、勇于创新的科学品质。
		22	圆周率的首位精确计算者——祖冲之	2	
		23	中西文化先行者——徐光启	2	
		44	现代数学创始人——毕达哥拉斯	2	
		55	几何之父——欧几里得	2	
		56	数学之神——阿基米德	2	

单元序列	单元题目	课序	课文题目	课时	内容要点和目标指向
第二单元	数学生活乐园	11	古代数字乐园	1	单元内容：介绍古代中外数学在生活中的运用，分为计数、时间、长度以及趣题四方面。 单元目标： 1. 了解古代中外生活中数学的运用。 2. 体会生活与数学的紧密联系。 3. 感知古代中外数学运用上的差异。 4. 体会数学发展对于人类社会发展的重要意义。
		22	古代时间乐园	1	
		33	古代长度乐园	1	
		54	古代数学趣题	1	

四、科目实施：

（一）适合对象

四、五年级对了解数学文化有兴趣的学生。

（二）教学方式

教师引领学生自主探究与教师点拨交错进行。每节课前教师提出要求，学生利用业余时间，进行资料的收集，然后在课堂进行内容的展示交流。期间教师可以采用提问加点评的方式，进行师生互动，共同对相关事件进行评析，使学生在了解相关数学文化的同时，也形成自己观察问题的视角，进而影响学生的情感态度和价值观。

（三）学习方式

学生在教师的指点下，主动搜集各种资料，培养自己的个人动手能力和主动探究能力；在课堂中进行展示交流，在与同学和教师的对话交流中，进行思想上碰撞，促进个人对数学学习的认识，提高个人数学素养和人文素养。

（四）课时安排

第 1—12 课时：介绍中外古代著名数学家的故事及其重要成就。

第 13—16 课时：介绍中外古代数学在平时生活中的运用。

（五）场地及班级规模

本课在教室内进行，班级内人员控制在 30—40 人之间。

（六）配套资源

教学相关课件

（七）实施注意问题

注意要让每个学生都能够参与课程，收集的资料本身也就是学生的作业；注意要让每个学生都有展示的机会。

五、课程评价

（一）评价原则

1. 全员性原则。学生是学习的主体，评价又是学习的有机组成部分，因此学生全员参加评价。

2. 过程性原则。评价贯穿于活动的全过程。

3. 激励性原则。以肯定性的评价激发学生勇于创新的热情。

4. 多元化原则。针对不同的评价内容采用与之相适应的评价方式。

（二）评价方式

学生在这一课程中没有平时枯燥的专业知识的压力，重在参与和了解，只要是能够丰富自己的数学文化背景知识，让数学这门学科真正地有血有肉、富有情感，就应该给予肯定。针对学生在课下资料的收集整理，课上的自我展示，采用三种方式进行评价。

1. 学生自评与互评

学生根据自己的表现情况进行自评；小组同学根据在课余的活动中合作、课堂上参与程度和表现进行互评。

学生自评：

评价内容	优　秀	良　好	合　格	须努力
学习兴趣	对活动感兴趣，能主动积极投入	对活动感兴趣，经老师提醒才能主动积极投入	对活动不太感兴趣，经老师多次提醒才能主动积极投入	对活动不感兴趣，经老师多次提醒也不能投入
学习态度	能认真听讲，积极发表自己见解	能认真听讲，不能主动发表自己见解	经老师提醒能认真听讲，不能发表自己见解	经老师提醒不能认真听讲，不能发表自己见解

学生互评：

评价内容	优　秀	良　好	合　格	须　努　力
学习合作	能主动积极投入合作活动	经同组学生提醒才能投入合作活动	经老师多次提醒才能投入合作活动	经老师多次提醒也不能投入合作活动
学习态度	能认真听讲，积极发表自己见解	能认真听讲，不能主动发表自己见解	经老师提醒能认真听讲，不能发表自己见解	经老师提醒不能认真听讲，不能发表自己见解

2. 教师评价

教师根据学生的学习兴趣、课堂纪律情况、参与练习情况、团结协作情况、作业完成情况等进行评价。

评价内容	优　秀	良　好	合　格	须　努　力
学习兴趣	对活动感兴趣，能主动积极投入	对活动感兴趣，经老师提醒才能主动积极投入	对活动不太感兴趣，经老师多次提醒才能主动积极投入	对活动不感兴趣，经老师多次提醒也不能投入
学习态度	能认真听讲，积极发表自己见解	能认真听讲，不能主动发表自己见解	经老师提醒能认真听讲，不能发表自己见解	经老师提醒不能认真听讲，不能发表自己见解
学习合作	能主动积极投入合作活动	经同组学生提醒才能投入合作活动	经老师多次提醒才能投入合作活动	经老师多次提醒也不能投入合作活动
学习任务	能很好地完成老师布置的收集资料、讲故事等任务	能完成老师布置的收集资料、讲故事等任务	能部分完成老师布置的收集资料、讲故事等任务	不能完成老师布置的收集资料、讲故事等任务
学习成果	能说出所学数学家的名字以及他们各自最大的贡献。知道古代数学在生活中的运用	能说出大多数数学家的名字以及他们各自最大的贡献。知道古代数学在生活中的一些运用	能说出个别数学家的名字以及他们各自最大的贡献。知道古代数学在生活中的一个运用	不能说出数学家的名字以及他们各自最大的贡献。不知道古代数学在生活中的运用

3. 最终评价

在结合上述两种评价之后形成本学期学生的最终评价。最终评价

第三章　"启梦"之花

等级为：A. 优秀、B. 良好、C. 合格、D. 须努力四档。

评价内容		等　第　标　准			
		优　秀	良　好	合　格	须努力
学习表现	对科目感兴趣，能主动积极投入	具有较大的参与积极性，能主动选择、积极投入，在学习中发挥主人翁的作用	具有一定的参与积极性，能根据要求选择学习，完成规定的学习任务	能完成学校规定的选择和学习任务，各方面表现一般	不能完成规定的学习任务
	乐于合作，勇于表达，善于沟通	具有较强的合作能力，能积极发言并准确表达自己的观点，善于倾听他人观点，乐于与他人交流	具有一定的合作能力，能经常发表自己的观点，能主动帮助他人并接受他人的帮助	具有一定的集体参与热情，能在老师的启发下发表自己的观点、接受他人的建议	缺乏与人沟通的热情，不愿意帮助别人，不愿意接受他人的帮助
学习能力	阅读交流表达	具有较强的阅读交流表达能力	具有一定的阅读交流表达能力	具有基本的阅读交流表达能力	须在他人帮助下完成阅读交流表达任务
	勤思考，好提问，能质疑	具有较强的独立思考能力和质疑反思能力，敢于提出自己的不同观点和问题	具有一定的独立思考能力，能对一些观点提出质疑	能在老师或同学的启发下进行一定的独立思考和质疑反思	独立思考和质疑反思能力较弱
	在他人的帮助下的选择学习的能力	能主动积极地寻求教师家长同学的帮助，有目的地进行科目选择和学习，形成一定的自主选择能力	经老师和家长的启发引导，根据自己的兴趣进行科目选择和学习	需要在老师和家长的帮助下进行选择和学习	即使有老师和家长的帮助，选择能力仍比较弱
实践能力	完成科目要求的实践活动，具备相应的动手能力	具有较强的实践动手能力，能在老师指导下独立完成作业	具有一定的实践动手能力，能在老师或同学的帮助下基本独立的完成作业	能在老师或同学的帮助下完成作业，并在学习过程中提高实践动手能力	实践动手能力较弱，不能完成规定的实践动手任务

附教案：

圆周率的首位精确计算者——祖冲之

活动目标：

1. 知道祖冲之是我国南北朝时期的著名数学家。

2. 知道祖冲之的最大贡献是在世界上第一次把圆周率的数值精确地推算到小数点以后的第七位数字。

3. 了解祖冲之在其他领域的一些贡献。

4. 学习祖冲之勤奋学习、刻苦钻研的精神。

活动重点：

学习祖冲之勤奋学习、刻苦钻研的精神。

活动难点：

圆周率的数值的意义。

活动准备：

板书、多媒体课件

第 一 课 时

活动过程：

一、活动一：PPT 展示，祖冲之简介。

1. 图片引入课题　　板书：祖冲之

问题：你们认识祖冲之吗？你知道有关于他的哪些事迹？

2. 出示祖冲之生平简介

祖冲之（429—500）是我国南北朝时期，河北省涞源县人。他从小就阅读了许多天文、数学方面的书籍，勤奋好学，刻苦实践，终于成为我国古代杰出的数学家、天文学家。

问题：请小朋友仔细阅读，说说你知道了什么。

3. 指名用"我知道了＿＿＿＿＿"句式回答。

4. 今天我们就来认识南北朝的著名数学家祖冲之。

二、活动二：观看动画，了解祖冲之在数学上的最大贡献。

1. 播放动画。

祖冲之算出圆周率（π）的真值在 3.1415926 和 3.1415927 之间，相当于精确到小数第 7 位，简化成 3.1415926，因此他入选世界纪录协会，他是世界上第一位将圆周率值计算到小数第 7 位的科学家。祖冲之还给出圆周率（π）的两个分数形式：22/7（约率）和 355/113（密率），其中

密率精确到小数第 7 位。祖冲之对圆周率数值的精确推算值,对于中国乃至世界是一个重大贡献,后人将"约率"用他的名字命名为"祖冲之圆周率",简称"祖率"。

2. 指名回答:说一说祖冲之在数学上的贡献。

板书:圆周率的首位精确计算者

(1) 问题:看了动画你还有什么疑问吗?

(2) 讲解圆周率。

圆周率(Pi)是圆的周长与直径的比值(一个圆的周长除以直径的商)。一般用希腊字母 π 表示,是一个在数学及物理学中普遍存在的数学常数。

(3) 谈谈体会,感知数学家勤奋学习、刻苦钻研的精神。

问题:祖冲之在计算圆周率的过程中遇到了哪些困难?他是如何做的?你有什么感受?

三、课后作业:学生收集祖冲之相关故事。

第 二 课 时

活动过程:

一、活动一:交流作业:祖冲之的事迹交流。

二、活动二:观看动画,了解祖冲之在其他方面的贡献。

1. 播放动画。

祖冲之在科学发明上是个多面手,他造过一种指南车,随便车子怎样转弯,车上的铜人总是指着南方;他又造过"千里船",在新亭江(在今南京市西南)上试航过,一天可以航行一百多里。他还利用水力转动石磨,舂米碾谷子,叫作"水碓磨"。

祖冲之对木、水、火、金、土五大行星在天空运行的轨道和运行一周所需的时间,也进行了观测和推算,给出了更精确的五星会合周期。中国古代科学家算出木星(古代称为岁星)每十二年运转一周。西汉刘歆作《三统历》时,发现木星运转一周不足十二年。祖冲之的成就不仅限于自然科学方面,他还精通乐理,对于音律很有研究。

祖冲之又著有《易义》《老子义》《庄子义》《释论语》等关于哲学的书籍,都已经失传了。文学作品方面他著有《述异记》,在《太平御览》等书中可以看到这部著作的片断。

2. 说说祖冲之在其他领域的贡献,感知他的能力超群、学识渊博。

问题：祖冲之在其他领域还有什么贡献？谈谈你的体会。

三、活动三：交流评价，总结本次活动。

1.通过两节课的学习我们认识了祖冲之，谁来说说你有什么收获和感受？

2.生交流小结：

祖冲之是南北朝著名数学家，他在世界上第一次把圆周率的数值，精确地推算到小数点以后的第七位数字。祖冲之虽已去世1400多年，但他的广泛吸收古人成就而不为其所拘泥、艰苦劳动、勇于创造和敢于坚持真理的精神，仍旧是我们应当学习的榜样。

（赵丽萍）

课例14

"童眼读绘本"科目设计纲要

一、科目开发背景：

（一）背景分析

绘本，英文为 picture books，在日本译为"绘本"，直译为图画书。顾名思义就是画出来的书，非常类似于早期的中国小画书。绘本是以图文并茂的形式，反映儿童生活的儿童图书，它不仅具有辅助文字传达的功能，更能增强主题内容的表现。多为适合幼儿、儿童阅读的内容。我们时常会看到这样的画面：在以前没有网络且图书资源较匮乏的年代，祖辈们儿时的口袋里常常揣着一本手掌大小的口袋小人书；现如今科技信息网络发达的时代，孩子们的阅读资源越来越丰富，阅读启蒙的年龄段也越来越早，书店图书馆总能看到小小的人儿捧着本大大的图书在津津有味地阅读。相比较通篇大段的文字，这些有图片有绘画的读物更具有趣味性、情境性和生活性，似乎更能吸引孩子们的阅读兴趣。优秀的绘本能够给孩子带来愉悦和幸福感，让孩子充分体会到阅读的快乐。

"数学好玩"是数学家陈省身先生对数学的赞美。数学确实很好玩，由抽象的符号、推理与运算结合并且充满思维活动的数学怎能不好玩？但学生从课本上、练习卷上认识的数学在他们心中只有做题和考

试还有难懂的数学概念,常常忽略了数学本身所特有的魅力。低年级学生更是在学习中注意力往往不容易集中。这样的现状值得我们好好思考,思考怎样把数学变得让每个孩子都觉得好玩。现在市面上已经存在大量的绘本,也不乏优秀的数学绘本。这些数学绘本以其特色吸引着孩子们——数学带来新观点:孩子读过各类的数学绘本后,不仅能建立数学观念,更能拓展日常生活中的世界观;生活中的数学:虽然数学符号十分抽象,但其包含的资讯可以让我们了解日常生活中的各种现象;好玩的数学:数学绘本以简单自然的方式说明日常生活中遇到的数学观念,透过这些故事,孩子可以体会到如何观察生活。于是我们在想将数学绘本引入到课堂中,在数学学习中也来点数学绘本阅读,这将会给孩子的数学学习打开一扇窗,让他们跳出数学课本学数学。数学绘本和所有适合儿童阅读的绘本一样,它拥有简单的文字,便于理解,提供了贴切生活经验的场景,让学生真真切切体会到生活与数学的紧密联系,如磁铁般被绘本牢牢吸引到数学课堂中去。

(二)科目育人价值

1. 数学绘本课程整合了语文、数学、美术、音乐、自然、劳技等多种学科,有效地将各学科的知识与技能进行整合:培养学生的数学阅读和语言表达能力、倾听能力以及绘画技能和色感等。

2. 通过演绘本、画绘本、编绘本等活动,培养学生团队合作的能力,以及收集信息、发现问题、解决问题的能力。

二、科目目标:

(一)挑选适合各学段学生使用的数学绘本课程内容。

(二)在轻松有趣的氛围中培养喜爱数学学科的兴趣,努力经历生动活泼、富有个性化的数学学习过程。

(三)以小组合作活动培养团队合作的意识与能力,敢于发言、善于合作,是"民主型的小公民"。

(四)在看、想、听、说、读、写、做、画、演的综合性游戏式的活动中,提高听说读写的综合能力,培养对阅读的兴趣、对美的感受力、丰富的想象力,对周围世界的认识能力,培养乐于观察、乐于动手、乐于合作、乐于探究、乐于学习数学的情感,发展自己的个性,在"悦读"中健康快乐地成长。

(五)由师生共读、亲子共读向独立阅读过渡,逐步成为一名真正的读者。

三、科目内容：

单元序列	单元题目	课序	课文题目	课时	内容要点和目标指向
第一单元	分类与顺序	1	让谁先吃好呢。	1	1. 通过数数的历史、算式中的符号、数的合成与分解、分数的概念、10以下的加减法等主题加强学生的数学能力思考。 2. 通过排序、复合分类、绘制统计图表、理解概率与统计、对给定的资料进行组织等主题加强学生在日常生活中运用数学知识的能力。 3. 通过图表这一主题加强学生在日常生活中运用数学知识的能力。
		2	一起分类	1	
		3	小熊一家和吵吵闹闹的怪物们	1	
		4	躲避恶猫的方法	1	
第二单元	排列与规律	5	美术馆里遇到的数学	1	1. 引导学生探索自然界中存在的规律性，又带领他们寻找隐藏在美术、建筑、音乐当中的数学概念。 2. 让学生体会自然规律在生活中无处不在，探究自然规律的过程也是形成数学思维的过程，分类、排序、概率和统计等数学领域都与规律的理解有关。
		6	很特别的音乐故事	1	
		7	燕子，你还记得吗	1	
		8	乱七八糟的魔女之城	1	
第三单元	图形与空间	9	点与线相遇	1	1. 向孩子们介绍了点、线、面的概念，同时引导学生将这些空间和几何概念与日常生活中遇到的事物联系起来。 2. 从单一图形组合到综合图形组合，由易到难，直观展示了各种图形组合的多样性和丰富性，从而扩展学生的空间感和图形思维。
		10	吃了魔法药的哈哈阿姨	1	
		11	寻找消失的爸爸	1	
		12	阿捶和阿蛋愉快的一天	1	
第四单元	工具与测量	13	时间的故事	1	1. 通过不同事物大小比较、用身体测量、辨认货币、看时间、认识时间概念的独特性等主题加深学生对测量概念和测量工具的理解。 2. 了解物体的重量、长度、厚度以及温度等概念，培养学生热爱生活的积极品格。
		14	面包公主三姐妹	1	
		15	最棒的蔬菜	1	
		16	鸟儿鸟儿飞进来	1	

第三章 "启梦"之花

四、科目实施：

（一）选修条件

1. 本科目的教材适用于小学阶段使用。

2. 教材编写的主要目标对象为小学低年级的学生。

（二）教学组织的基本方式

1. 参与式。首先在阅读过程中尊重每个孩子的不同感受，积极鼓励他们参与到故事的讨论、表演、制作中。其次引导学生在参与中学会挑选图书，通过课后亲子阅读或者自主阅读，总结体会，发表交流，推荐自己的书籍。无论课内阅读还是课外阅读，都应在课内交流分享，让孩子们有一个展示的平台。在交流中，孩子们既可以体验成就感和分享快乐，又可以强化阅读的兴趣。

2. 互动式。分小组的同学间互动，相互交流图书、交流收获的数学知识，交流自己创作的数学知识绘本故事。

3. 拓展式。结合阅读内容开展拓展延伸的互动，可以读故事、演故事、编故事、画故事。

（三）实施原则

1. 价值性原则。根据小学生身心发展的规律和认知特点，在整个教材中渗透对儿童的情感、态度、价值观的教育，重视儿童良好品德与习惯的养成。

2. 丰富性原则。关注儿童的现实生活和数学学科特点，内容上、类型上力求丰富，知识性的、情感性的、哲理性的内容，能涵盖儿童生活、成长的方方面面。

3. 全体性原则。动员全班学生参与，营造良好的学习氛围。

4. 辅助性原则。通过数学绘本课程的学习，帮助学困生理解难懂的数学知识点。

5. 互动性原则。通过师生互动、生生互动、亲子互动，培养学生的团队意识和探究意识。

6. 系统性原则。在绘本的选择上围绕数学学科的主题，避免随意性、盲目性。

五、科目评价：

（一）评价原则

1. 全员性原则。教师和每个学生参与评价。

2．过程性原则。评价根据学生课堂及课后延伸活动的表现等进行综合评价，贯穿于整个活动的全过程。

3．多元化原则。评价分为教师评价和学生互评以及家长评价。

（二）评价内容

1．教师做好学生考勤评价记录。

2．教师根据每个学生参加学习的态度进行评价，可分为"优秀""良好""合格""须努力"记录，并三作为"优秀学生"评比的条件。

3．从知识与技能来看：以自评和互评的方式评价学生是否实现课程总目标。

4．以情感态度价值观来看：喜欢数学学习，遇到困难不退缩；乐于与同伴交流，互帮互助；具有一定的想象力和创造力。

（三）评价方法

1．教师评价。

（1）观察法。在自然条件下，有目的、有计划地观察学生在课堂学习或者活动中的情感、态度和能力，以此分析学生的学习情况。

（2）激励性评语。教师根据观察学生的表现，采用正面、激励性的语言鼓励学生，使其有更明确的努力方向。

（3）积点奖励。结合我校积点兑换评价方式，通过奖励积点，评价学生的课堂表现、作业、积极性等。

2．小组评价、生生互评。学生自评主要根据自己在活动中所承担任务的完成情况，按教师或集体商议后所给出的几项指标对自己做出中肯的评价。参加小组互评的同学真实客观地对小组中其他的同学给予评价。

我能得到几颗星？

内容	要 求	自我评定	同学评定	教师评价
课堂表现	认真听讲，不乱插嘴	★★★	★★★	★★★
	学习主动，善于思考	★★★	★★★	★★★
	勇于探索，敢于质疑	★★★	★★★	★★★
	友好合作，积极发言	★★★	★★★	★★★
学生作业	书写端正，整洁规范	★★★	★★★	★★★
	及时完成，质量较高	★★★	★★★	★★★

内容	要 求	自我评定	同学评定	教师评价
学习能力	自主学习,探索实践	★ ★ ★	★ ★ ★	★ ★ ★
	发现问题,解决问题	★ ★ ★	★ ★ ★	★ ★ ★
	学会思考,表达准确	★ ★ ★	★ ★ ★	★ ★ ★
同学的话				

说明:每月评价一次。本评价表采用"星级制",优秀的圈★★★,良好的圈★★,合格的圈★。

附教案:

乱七八糟的魔女之城

活动目标:

1. 喜爱阅读,能说出简单的故事内容。

2. 培养学生观察、比较能力和初步的判断推理能力。

3. 通过游戏和动手操作等活动体验和创造排列的各种模式。

4. 体验帮助别人的快乐的成功感。

活动过程:

一、欣赏封面,导入活动。

1. 出示图片,引导学生观察绘图封面。

师:同学们,封面上有谁呀? 你从什么地方感觉出她是一个魔女?

2. 引出主题,激发兴趣。

师:这幅图上物体的摆放是什么样子的?(很乱、乱七八糟的)

揭示课题:今天我们就一起去乱七八糟的魔女之城看看。

3. 谈话:今天魔女城里发生了一件大事,你想知道发生了什么大事吗?

二、欣赏绘本 PPT,理解故事内容,学习按规律排列。

1. 坚强的公主在去解救王子的路上遇到了很多困难,你们愿意帮助她吗? 请你在认真听故事的同时仔细观察图片,并记下相关信息。

2. 问:你觉得哪一把钥匙才是正确的?(引导学生观察物体的有

序排列。)指名回答,板书:苹果苹果梨苹果苹果梨

3.问:坚强的公主走哪条路了呢?请个别学生讲述选择道路的理由。板书:粉色、蓝色、白色、粉色、蓝色、白色……

4.问:乱七八糟魔女给巨人涂的指甲是什么样子的?板书:红黄黑红黄黑红黄黑红白黑白黄黑

5.追问:公主怎样为巨人涂指甲的?板书:红黄黑红黄黑……

6.问:坚强的公主能帮助猴子们各就各位吗?板书:上上下上上下

7.问:坚强的公主能过桥吗?板书:星星月亮白云星星月亮白云星星月亮白云

8.问:到底哪个是摆错的呢?公主能进到城堡里面吗?看哪位同学有火眼金睛能够帮助公主进入城堡。

9.问:公主该把门口的三样东西搬到哪里去呢?指名回答。板书:蓝黄蓝黄蓝黄……粉绿粉绿粉绿……大提琴笛子谱大提琴笛子谱大提琴笛子谱……太阳头像头像太阳头像头像太阳头像……酒杯酒杯酒瓶酒杯酒杯酒瓶……

三、体验帮助别人的快乐。

师:公主帮助了王子和魔女以后,他们的心情是什么样的?你喜欢魔女还是公主,为什么?

生交流体会。

四、整理排列中的规律。

谈话:如果某种事物遵循一定的规则,就意味着这种事物之中有着某种规律,我们再来看看公主在救王子的一路上遇到各种事物的模式。如果用字母 A、B、C 表示各种事物,你会用字母表示出这些规律吗?小组讨论,指名汇报,板书。

五、游戏及动手操作等活动体验排列的各种模式。

1.游戏体验规律

(1)做 AB—AB 模式的动作:请 2 位同学上台做动作,再请 4 位同学按照模式有规律地接着做动作。

(2)做 AAB—AAB 模式的动作:请 3 位同学上台做动作,再请 3 位同学按照模式有规律地接着做动作。

(3)做 ABC—ABC 模式的动作:请 3 位同学上台做动作,再请 3

位同学按照模式有规律地接着做动作。

2. 动手操作创造规律

生用学具尝试创造规律。展示部分作品并指名说说创造的是什么模式的规律。

六、总结延伸。

今天我们和公主在乱七八糟的魔女之城不但救出了王子,一路上还有很多收获。谁愿意与大家分享一下你的收获?

（车凤珊）

课例 15

"英语课本剧社"科目设计纲要

一、科目开发背景：

（一）背景分析

1. 学校生源状况

罗店中心校现有 30 个教学班,近 1 200 名学生,其中有相当一部分是外来务工子女,学校地处农村,造成学生的成长环境视野比较狭隘。但是随着家庭生活条件的改善,学生家长越来越重视孩子的英语学习,想要给予学生更好的英语学习环境;学生在近几年中随着学校一系列活动的实施,显示出更多的自信与求知欲,对于英语充满了学习欲望;加之一些英语口语训练软件的运用,课堂所学知识已经不能满足学生的需求。因此,有部分家长积极为学生寻求课外学习的途径。可是由于本地离区的中心城区较偏远,外出学习耗费较多时间与精力。针对这样的学生与家长的需求,如何开拓他们的学习视野,培养他们英语学习的兴趣与能力,成了老师们日常思索的问题。

2. 学校发展状况

近年来,学校与时俱进积极争创新优质学校,着力推动校本课程的开发与研究,带动学校师资队伍建设与课程管理、评价以及完善教学资源等方面的和谐发展,力求为学生发展播下学习兴趣的种子、科技兴趣的种子、艺术兴趣的种子、运动兴趣的种子和感恩意识的种子,努力践行学校办学理念"播种兴趣、遇见未来、奠基幸福"。我校已经过一轮校本课程的开发,教师具有一定的课程开发的能力,所开发的课程也受到学生的欢迎。在进一步深化新优质学校创建和市教委"快乐30分"活动的推进实施的大背景下,需要更多校本课程资源。我校的英语教学也在近年内快速地发展,英语节的举办、英语小报的创办、英语角的设立为学生创设了良好的英语学习氛围。学校英语教研组对于提高学生英语表达兴趣与能力进行了专题研究,认为除了在课堂上研究以外,我们需要给学生创设更多的实践机会,多形式的教学模式下探索对于学生英语表达兴趣与能力的培养。

3. 比赛发展趋势

随着社会发展,精神文明的发展与提高和社会各界对于文化建设的重视,促使人们不断提高自身的文化与艺术修养,越来越渴望对于这一方面的追求,在区级层面几乎每年都会进行英语小品或是课本剧等比赛活动。作为英语教师,希望我校的孩子能积极地参与此类活动,在比赛中锻炼自己、展现风采。

4. 学科育人需求

随着科学技术的迅速发展与社会的进步,英语作为一门国际化的沟通交流语言在当今时代扮演着越来越重要的角色。小学英语新课程标准指出:"英语课程的学习,既是学生通过英语学习和实践活动,逐步掌握英语知识和技能,提高语言实际运用能力的过程;又是他们磨砺意志、陶冶情操、拓展视野、丰富生活经历、开发思维能力、发展个性和提高人文素养的过程。"因此,学生需要更多的英语学习和实践的机会。戏剧教育不仅可以改变传统课堂教学上较呆板的教学环境,还可以激发学生对英语的学习兴趣,并逐渐形成持久的学习动机、有效的学习策略,为每个学生提供自主选择和自我发展的机会,为他们以后的发展奠定基础,真正体现了任务型教学的精髓——learning by doing(在做中学)。

(二)科目的育人价值

1. 课本剧艺术是集文学、表演、音乐、美术、舞蹈、舞台美术为一体的综合性的艺术门类。学生在多样化的艺术实践与创造活动中,通过直观、形象的戏剧学习与表现方式,丰富自己的情感世界,激发参与表达情感的愿望,并逐步学会运用戏剧的形式表达自己的情感体验,达到身心的和谐与愉悦。

2. 通过英语课本剧这一载体，拓宽学生国际视野，丰富异国文化知识，对学生进行跨文化交际意识和能力的培养，帮助他们从小树立正确的人生观、价值观和世界观。

3. 通过活动，使学生养成良好的行为习惯和学习习惯，培养自信的意志，使学生在合作活动中逐渐养成团队意识，并能借助团队来提高发现问题、收集和处理信息、尝试解决问题等探究能力。

二、科目目标：

1. 能够掌握简单英语戏剧的表演形式，提高英语口语表达能力。

2. 能够更好地萌发学习英语的兴趣，建立学习的成就感和自信心，在学习过程中发展综合语言运用能力。

3. 能够增强实践能力，培养创新精神，激发想象力和兴趣，启迪智慧和发散思维的能力。

4. 在学习、改编、表演英语课本剧的过程中增强学生对英语的兴趣和对英语国家文化的了解。培养学生跨文化交际能力。

三、科目内容：

（一）结构体系

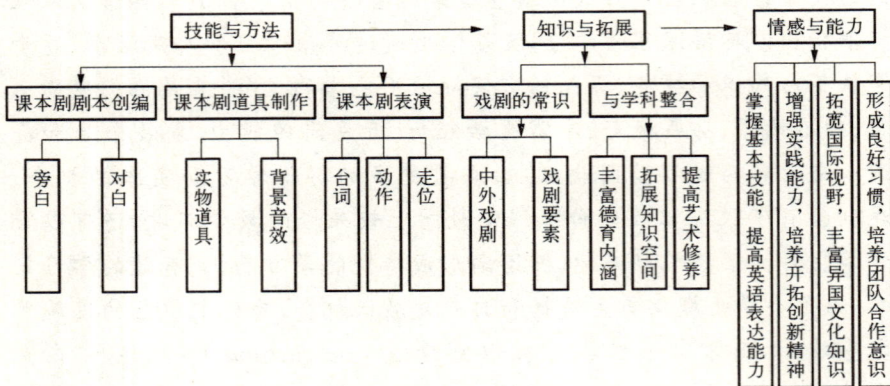

（二）框架及内容要点

知识与技能：通过对课本剧的综合学习，了解课本剧的特点，并综合运用所学的知识和技能，解决创作与表演课本剧中的问题。

方法与过程：通过观摩表演、小组交流、合作探究等方法，让学生掌握课本剧的创作过程，并进行彩排与汇报演出。

情感态度与价值观：感受课本剧中的思想内涵，培养学生合作意识,激发学生综合学习的兴趣。

基于以上思考,根据学生的身心发展和课本剧改编、表演的进程,确定四个主题单元,16课时的活动内容,分别为:

单元序列	单元题目	课序	课文题目	课时	内容要点和目标指向
第一单元	走进课本剧	1	戏剧小常识	1	单元内容:初步了解戏剧相关的小常识;观看课本剧的片段从而了解课本剧的基本要素与特点。 单元目标: 1.初步了解戏剧小常识,知道中外戏剧的不同。 2.知道我国一些较为经典的剧目,激发爱国情怀。 3.知道课本剧的基本要素与特点。 4.通过学习与课本剧的欣赏激发创作与表演课本剧的欲望。 教学重点:知道课本剧的特点,燃发编写与表演的欲望。 教学难点:课本剧的三要素的领悟,戏剧冲突的理解。
		2	课本剧要素与特点	1	
		3	课本剧赏析	1	
第二单元	剧本创作	4	剧本格式	1	单元内容: 通过课本剧实例分析,了解课本剧剧本编写的格式,尝试进行课本剧的编写。 单元目标: 1.知道课本剧编写的基本格式。 2.阅读英文故事进行分场景英文剧本创作,提高英文阅读、表达、写作的能力。 3.学会设计台词,对白编写能突出故事中人物间的冲突与矛盾,凸显课本剧特点,而且语句无语法错误。 4.树立团队合作意识,培养勇于创新的精神。 教学重点:基本掌握课本剧剧本编写的格式,进行分场景英语剧本创作,编写的剧本富有戏剧性,对白凸显课本剧特点与要素,语言丰富元语法错误。 教学难点:课本剧的格式与对白凸显特点;用英文进行剧本创作,用词丰富无语法错误。
		5	场景创作	1	
		6	旁白编写	1	
		7	台词编写	1	

第三章 "启梦"之花

单元序列	单元题目	课序	课文题目	课时	内容要点和目标指向
第三单元	道具制作	8	背景制作(道具、音效)	1	单元内容：根据编写的剧本进行道具制作,根据场景设计相应的背景道具和根据角色进行头饰制作。 单元目标： 1.根据剧本设计的场景进行背景道具设计。 2.能运用身边的废旧材料进行道具的制作,体现道具的美感。 3.增强实践能力,培养创新精神和合作意识,激发想象力和兴趣,提升发散思维的能力。 教学重点：制作符合意境的背景道具和体现人物特色的头饰道具。 教学难点：利用废旧材料进行场景和头饰道具的设计与制作;学会同伴间的协调互助。
		9	头饰制作	1	
第四单元	课本剧表演	10	角色分配	1	单元内容：根据剧本和学生自身特点进行角色分配;进行台词训练和肢体训练;进行各场景走台训练,配以合适的音乐背景进行排演;汇演并进行品评。 单元目标： 1.根据自身特点进行角色分配。 2.能用正确的语音语调进行台词演绎,在排练过程中再次完善台词,使台词更具表现力。 3.能自信、富有创造力地根据角色对白设计生动的肢体表演。 4.在排练与汇演中,增强团队合作意识,学会欣赏他人,肯定自我,提升艺术修养。 教学重点：课本剧的排练与汇演。 教学难点："以演促写,以演促评",提升综合运用英语的能力。
		11	台词训练	3	
		12	表演训练	2	
		13	汇演品评	1	

四、科目实施：

(一) 选修条件

1. 本科目的教材适合小学阶段使用。

2. 教材编写时的主要目标对象为上述学校的高年级学生,对于戏剧表演有着较为浓厚的兴趣,善于模仿。

3.教材主要供学校的拓展型课程中的兴趣活动课时使用,或是学校以社团活动名义开展的兴趣活动使用。

(二) 设备需求

1.生活中随意可见的废旧物品与常见物品都能用作本教材制作表演道具的材料,剪刀(从安全角度出发,建议使用圆头剪刀)、双面胶、订书机、卡纸、颜料、细绳、木棍等制作工具。

2.用于活动的教室需配套多媒体等相关设备。

(三) 活动形式

以学校兴趣班或是社团形式由学生自主报名,班级人数控制在 25 人左右,每周活动 1 课时。授课中小组活动和个人活动相结合,教师从中点拨。

1.小组活动。鼓励学生以小组合作的形式,开展创作、表演活动。小组的构成由学生自主组合,8 人一组,教师做好适当的指导工作。

2.个人活动。即个别学生对某一内容有特别的兴趣,并且对该内容已有一定程度的了解,能在教师的指导下独立完成的活动。

(四) 实施原则

1.交际性原则。通过英语交流活动培养学生运用英语的能力和互相合作探究的能力。

2.趣味性原则。活动内容与形式要符合学生年龄特点,以实例观赏和音像设备的运用增加活动的趣味性,激发学习的兴趣。

3.实践性原则。活动要给予学生更多的实践机会,采取理论结合实际的策略,丰富学生实践经验与学习体验。

4.创造性原则。活动设计要能激发学生的创作欲望,培养学生勇于创新的精神和善于创造的能力。

5.互动性原则。通过师生互动、生生互动,培养学生的团队合作意识与探究精神。

(五) 配套资源

1.戏剧相关小常识的 PPT。

2.英语课本剧片段赏析的视频资料。

3.学生英语课本复印件。

（六）相关说明

1. 活动设计的要求

（1）活动准备环节：在活动前鼓励学生事先进行网络资料查找，了解相关信息。

（2）情境引入环节：创设相关情境，提供背景资料，使学生进入学习情境，激发活动兴趣。

（3）表达和交流环节：用自己喜欢的方式表达自己的想法和真实体会。

（4）总结发展环节：对活动过程进行反思评价，发现不足，总结积累成功经验并加以推广。

（5）课后拓展环节：鼓励学生深入思考，课后通过网络进行搜索，丰富课的内涵，接触更多戏剧的知识与信息。

2. 德育要求

在教学过程中对学生进行民族精神教育，鼓励学生在创作合作过程中互相帮助，掌握基本技能，形成良好的习惯，并逐步培养学生实践能力。在表演的过程中加强对学生的团队教育，确立正确的世界观、人生观、价值观。

五、科目评价：

（一）评价原则

1. 全员性原则。学生是学习的主体，评价又是学习的有机组成部分，因此学生全员参加评价。

2. 过程性原则。评价贯穿于活动的全过程。

3. 激励性原则。以肯定性的评价激发学生勇于创新的热情。

4. 多元化原则。针对不同的评价内容采用与之相适应的评价方式。

5. 校本化原则。结合学校积点评价体系，根据表现发放积点。

（二）评价内容

评价的内容是多元的，一是学生的态度，二是学生的体验、方法和能力，三是学生的创新精神和实践能力的发展。

（三）评价方式

1. 社团活动评价——个人档案评定。个人档案评定就是根据学生出席与参加活动时的情况进行评价记录。

2. 学生个人评价——协商评价。主要通过学生自评、小组互评和教师评价三种评价方法，最终由指导老师根据学生自评与小组互评的结果，给予积点奖励。

（1）学生自评主要根据自己在活动中所承担任务的完成情况，按教师或集体商议后所给出的几项指标对自己做出中肯的评价。

（2）同学互评。参加小组互评的同学真实客观地对小组中其他的同学给予评价。

（3）教师评价。教师按照有关的要求与项目，结合学生自评与小组互评的结果，给学生做出一个客观、公正的评价，评价要以激励评价为主。

附：活动评价单

活动日期：_____ 活动主题：_____ 学生姓名：_____

评价内容	评 价 标 准	评价主体	评价结果
课堂参与度	四星：能认真聆听老师与伙伴的发言，积极举手表达自己的观点。 三星：能比较认真聆听老师与伙伴的发言，积极举手表达自己的观点。 二星：需要提醒才能认真聆听老师与伙伴的发言，发言不够积极。 一星：需要多次提醒才能聆听老师与伙伴的发言，自己无发言。	学生自评	★ ★ ★ ★
任务完成度	四星：能按时间节点准时完成老师布置的课内外活动任务，任务完成质量高。 三星：能按时间节点准时完成老师布置的课内外活动任务，任务完成质量较高。 二星：不能按时间节点完成老师布置的课内外活动任务，任务完成质量一般。 一星：不能完成老师布置的课内外活动任务。	教师评价	★ ★ ★ ★
团队合作度	四星：善于与他人合作，能听取他人意见，服从团队安排，为团队任务出谋划策。 三星：比较善于与他人合作，能听取他人意见，服从团队安排。 二星：不善于与他人合作，较能听取他人意见，基本能服从团队安排。 一星：不能与他人合作，不服从团队安排。	同学互评	★ ★ ★ ★

第三章 "启梦"之花

评价内容	评 价 标 准	评价主体	评价结果
思维创新度	四星：敢于创新,善于探究,能大胆提出自己不同观点,在活动中有较多创新的举动。 三星：敢于创新,善于探究,能大胆提出自己的不同观点,在活动中有创新的举动。 二星：有一定创新意识,能大胆提出自己的不同观点。 一星：没有创新意识,没有自己独到的观点,在活动中没有创新的举动。	教师评价	★★★

注：本次评价总评星数为16颗：
　　14—16颗为优秀,兑换5个积点；
　　11—13颗为良好,兑换3个积点；
　　12颗及以下为合格,兑换1个积点。

附教案：

课 本 剧 赏 析

活动目标：

1. 通过观看课本剧,进一步了解课本剧的要素与特点。

2. 通过课本剧的欣赏,激发创作与表演课本剧的欲望。

教学重点：

进一步了解课本剧的要素与特点,激发创作与表演欲望。

教学难点：

理解剧中凸显人物矛盾冲突和语言特色的文字要素及音乐、美术、舞蹈等要素。

活动准备：

教师方面：板书、多媒体课件、多媒体设备

活动过程：

一、活动一：观看视频,简要描述故事

1. 学生观看英语课本剧视频,理解故事内容。

2. 小组合作：尝试用英语描述故事的主要内容。

3. 小组展示：各小组推选一位同学进行展示。

4. 互动点评。

二、活动二：再次观看视频,再识特点

1. 学生观看视频,思考问题。该剧人物冲突体现在哪里？ 共有几个场景？音乐、美术、舞蹈要素有哪些体现？

2. 小组讨论。

3. 互动交流。

三、活动三：谈谈对于人物语言与表演的想法

1. 选选我心目中最佳表演。

2. 谈谈选择的理由。

3. 思考：有没有使这个课本剧更加精彩的办法？

4. 互动交流。

四、活动四：交流评价，总结本次活动

1. 谁来说说这节课你有什么收获？或者想提醒大家的地方。

2. 学生交流。

教师小结：今天我们观看了英语课本剧视频，大家在观看的过程中充满了兴趣，精彩的片段让我们爆发出阵阵欢笑声，观看后我们分析讨论了课本剧的特点与要素，相信大家一定是更加清楚了。大家想不想自己来尝试改编一个课本剧并进行表演呢？下一节课我们就来学习课本剧的编写格式。

（朱国燕）

课例 16

"英语童谣 fun，fun，fun"科目设计纲要

一、科目开发背景

（一）背景分析

兴趣是英语学习的先导，而英语童谣则是兴趣的灵魂附着物。把枯燥的英语词句学习变成愉快的童谣学习，旋律使人愉悦，歌词使词汇量得以补充，能让人愉快地学习英语、轻松地学到英语。对孩子来说，它主要是一种由听觉感知的听觉艺术，是活跃在孩子们口头的英语文学。进行英语童谣教学，能让孩子通过聆听、唱诵童谣的形式，兴趣盎然地学习英语，同时，通过综合运用活动性、直观性、讲授性的教学方法达到其独有的学习效果。

低年级的孩子主要是以具体形象性思维为主，但大多数还是保留了直觉行动性思维的特点。这一特点决定了他们对英语童谣动作性的要求。在英语童谣作品中，富有动感的语言能有效地唤起学生的注意，增强他们对内容的理解。

正因为英语童谣具有其他英语文学形式所不能比拟的独特特点,因此通过英语童谣的学习,可以激发学生学习英语的兴趣,陶冶孩子的性情,开启他们的心智,从而促进学生英语听说能力的发展及对异国文化的认识。

(二) 科目的育人价值

1. 英语童谣一般都比较短小,语句多重复,学生很容易模仿跟读,锻炼了口舌肌肉的发展,对学生的语言发展是有促进作用的。在听的过程中,学生不知不觉就学会元音/辅音发音,熟悉了英语的语音、语调和节奏。

2. 除了促进语言发展外,英语童谣对认知发展也大有好处。比如通过英语童谣的说唱,记忆力得到了提高。

3. 通过英语童谣了解异国文化,构建平等和谐的心态,从小树立正确的人生观、价值观和世界观。

4. 通过边学边演绎英语童谣的过程,培养团队合作意识。

二、科目目标

1. 为本校开展的拓展型英语童谣活动课程提供适合于低年级学生使用的教材。

2. 在扩大英语词汇量的同时,培养英语语感。英语童谣一般情节简单、朗朗上口、句尾押韵,不仅符合简单直观的认知需求,又能培养英语语感。

3. 英语童谣故事性比较强,通常从孩子的视角出发,讲述人与人或人与大自然之间的关系,激发探索大自然的兴趣,以及对生命的尊重。

三、科目内容

(一) 结构体系

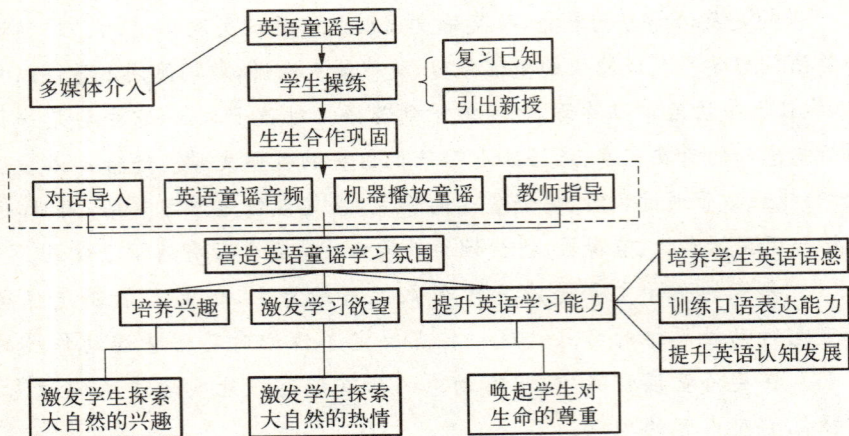

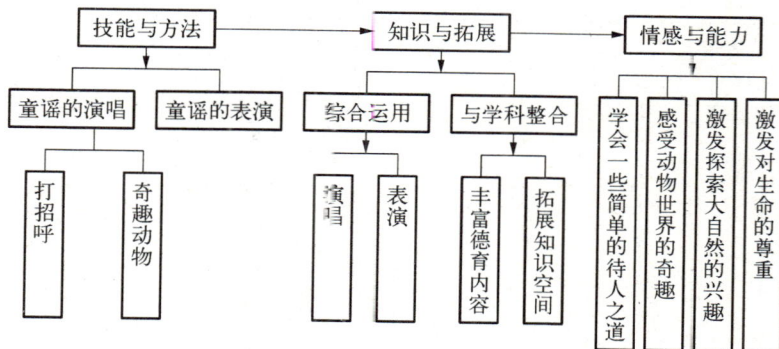

（二）框架及内容要点

单元序列	单元题目	课序	课文题目	课时	内容要点和目标指向
第一单元	打招呼	1	《Hello, how are you?》	2	单元内容： 会唱英语童谣：《Hello，how are you?》《Goodbye》《Good night》《How do you do?》 单元目标： 教学重点： 1. 在相互认识、打招呼、告别中学会英语礼貌用语。 2. 在快乐活动中学会用英语和同伴交朋友。 3. 会唱英语童谣，理解童谣意思，学会用英语问好、告别等。 4. 在学会英语童谣的基础上，学会做与英语用语相应的动作。 教学难点： 1. 学生在有限的时间和没有英语单词的基础下，跟唱英语童谣。 2. 感受礼貌用语带来的快乐氛围，培养使用礼貌用语的好习惯。 3. 在获取他人信息的过程中，形成乐于交友的良好品格，并学会一些简单的待人之道。
		2	《Goodbye》	2	
		3	《Good night》	2	
		4	《How do you do?》	2	

第三章——"启梦"之花

单元序列	单元题目	课序	课文题目	课时	内容要点和目标指向
第二单元	奇趣动物世界	5	《Animals' sound song》	2	**单元内容：** 会唱英语童谣《Animals' sound song》《Bingo》《Old MacDonald's farm》《Baa，baa，black sheep，have you any wool?》 **单元目标：** **教学重点：** 1. 学会跟唱英语童谣，学会各种动物的英语名称与叫声。 2. 在英语童谣中快乐认知各种动物，感受农场小动物的表达方式和不同的叫声，并能模仿。 3. 通过童谣认知的同时，体验动物是人们的朋友，需要大家的关爱。 4. 知道英语动物叫声与汉语动物象声词的不同，感受文化差异。 **教学难点：** 1. 学生利用有限的词汇量来形容小动物们，学会关于动物的英语童谣并演一演。 2. 用英语模仿动物的叫声，感受异国文化。 3. 感受动物世界的奇趣。
		6	《Bingo》	2	
		7	《Old MacDonald had a farm》	2	
		8	《Baa，baa，black sheep，have you any wool?》	2	

四、科目实施

（一）选修条件

1. 本科目的教材适合小学阶段使用。

2. 教材编写时的主要目标对象为上述学校的低年级学生。如果用作高年级使用，则需要教师在指导学生活动的过程中对教材内容做适当增加难度的选择和处理。

3. 教材主要供上述学校的拓展型课程中的兴趣活动课时使用，也可以供这些学校以社团活动名义开展的兴趣活动使用。

（二）设备需求

1. 英语童谣的收集。

2. 用于活动的教室需配套多媒体等相关设备。

（三）活动形式

以校级兴趣班的形式授课。以学生自主报名的形式，每周活动 1

课时。授课中教师指导,小组活动和个人活动相结合。

1.小组活动。鼓励学生以小组合作的形式,开展自主活动。小组的构成由学生自由组合,6人一组,组内进行小组合作表演等,教师做好适当的指导工作。

2.个人活动。即个别学生对某一童谣有特别的兴趣,并且对该童谣已有一定程度的了解,能在教师的指导下进行表演并在班级中做展示。

(四)实施原则

1.活动性原则。通过交往活动培养学生的英语会话能力。

2.全体性原则。动员全班学生,营造快乐学习氛围。

3.兴趣性原则。培养学生对英语的兴趣,从而养成良好的学习习惯。

4.发展性原则。以学生发展为本,设计出适合学生发展的各项活动。

5.互动性原则。通过师生互动、生生互动,培养学生的团队合作意识与探究精神。

(五)配套资源

教材

hello hello hello hello hello hello how are you
hello hello hello hello hello hello how are you
  Thank you thank you I'm fine
   And I hope you are too
hello hello hello hello hello hello how are you
hello hello hello hello hello hello how are you
  Thank you thank you I'm fine
   And I hope you are too
hello hello hello hello hello hello how are you
hello hello hello hello hello hello how are you
  Thank you thank you I'm fine
   And I hope you are too
hello hello hello hello hello hello how are you
hello hello hello hello hello hello how are you
  Thank you thank you I'm fine
   And I hope you are too

Good night 儿童英语童谣

Good night , baby .Good night , baby .
Good night , baby .It's time to go to bed.
Merrily we roll along,roll along,roll along.
Merrily we roll along,roll along,roll along.
As off to bed we go.
Good night , Sally .Good night , Sally
Good night , Sally .It's time to go to bed
Merrily we roll along,roll along,roll along

Merrily we roll along,roll along,roll along.

As off to bed we go.

Animals' sound song 儿童英语童谣

The dog goes woof,woof,woof,woof.

The cow goes moo,moo,moo,moo.

The duck goes quack, quack, quack.

And the owl says to whit to whoooo.

The cat goes meow,meow,meow

The pig goes oink,oink,oink.

And the little mouse says squeak, squeak, squeak.

Squeak, squeak, squeak. g

These are the sound the animals make, the animals make.

Bingo - 儿童歌曲

There was a farmer had a dog and bingo was his name OH!

B-I-N-G-O! B-I-N-G-O! B-I-N-G-O!

And bingo was his name Oh!

There was a farmer had a dog and bingo was his name OH!

I-N-G-O! I-N-G-O! I-N-G-O!

And bingo was his name Oh!

There was a farmer had a dog and bingo was his name OH!

N-G-O! N-G-O! N-G-O!

And bingo was his name Oh!

There was a farmer had a dog and bingo was his name OH!

G-O! G-O! G-O!

And bingo was his name Oh!

old macdonald had a farm - 儿童歌曲

Old Macdonald had a farm, E-I-E-I-O

And on his farm he had a cow, E-I-E-I-O

with a chick-chick here and a chick-chick there

here a chick there a chick

everywhere a chick-chick

Old Macdonald had a farm, E-I-E-I-O

Old Macdonald had a farm, E-I-E-I-O

And on his farm he had a cow, E-I-E-I-O

With a "moo-moo" here and a "moo-moo" there

Here a "moo" there a "moo"

Everywhere a "moo-moo"

Old Macdonald had a farm, E-I-E-I-O

Old Macdonald had a farm, E-I-E-I-O

And on his farm he had a duck, E-I-E-I-O

With a "quack, quack" here and a "quack, quack" there

Here a "quack" there a "quack"

Everywhere a "quack, quack"

Old Macdonald had a farm, E-I-E-I-O

Old Macdonald had a farm, E-I-E-I-O

五、科目评价:

以第一单元第一首英语童谣《Hello，how are you?》为例:

名 称	评 价 内 容	自我评价	伙伴评价	家长评价	教师评价
Let's listen	1. 能听懂英语童谣《Hello，how are you?》。 2. 能听懂核心单词。 3. 能听懂核心句型。	★ ★ ★ ☆	★ ★ ★ ★	★ ★ ★ ★	★ ★ ★ ★
Let's sing	能正确歌唱英语童谣《Hello，how are you?》，做到发音标准。	★ ★ ★ ☆	★ ★ ★ ★	★ ★ ★ ★	★ ★ ★ ★
Let's act	学会英语童谣《Hello，how are you?》的基础上，学会做相应的动作。	★ ★ ★ ☆	★ ★ ★ ★	★ ★ ★ ☆	★ ★ ★ ★
Let's show	富有感情地表演英语童谣《Hello，how are you?》。	★ ★ ★ ☆	★ ★ ★ ☆	★ ★ ★ ☆	★ ★ ★ ☆

附教案:

《Hello，how are you?》(第一课时)

活动目标:

1. 在遇到新老师、新同学以及学校新生活的语境中，能在不同场合用英语正确、礼貌地向他人问好和打招呼。

2. 能用 Hello，how are you? — Fine，thanks./ I'm fine too.在不同场合正确地向他人打招呼与问好。

3. 能唱童谣《Hello，how are you?》。

4. 懂得文明礼貌的重要性。

活动重点:

1. 能用 — How are you? — Fine，thanks./ I'm fine too.的问答与他人礼貌问好。

2. 能唱童谣《Hello，how are you?》。

活动难点:

1. 能用 — How are you? — Fine，thanks./ I'm fine too.的问答与他人礼貌问好。

2. 能正确地吟唱童谣《Hello, how are you?》。

活动准备：

板书、多媒体课件、视频

活动过程：

一、活动一：视频展示，欣赏童谣

1. 复习已学过的英语问候语 Good morning; Good afternoon; Good evening.等。生生用已经学过的问候语鼓掌问候，以此活跃课堂气氛。

2. 观看视频初步感知童谣《Hello, how are you?》。

3. 带着问题再次观看童谣视频，童谣里有哪些人物，在干什么？

4. 回答问题，并且进行讨论。

5. 随着节奏，一起哼唱童谣节奏。

二、活动二：学习句型，跟唱歌曲

1. 学习句型—— How are you? —— Fine, thank you./ I'm fine too.

2. 做游戏，Simon Says，巩固所学句型。

3. 歌曲跟唱（前半首），在教师指导下，逐句跟唱。

三、活动三：分工合作，吟唱童谣

1. 小组比赛唱。

2. 小组表演，评议。

四、活动四：交流评价，总结本次活动

1. 教师提问：谁来说说这节课你有什么收获？

2. 生生交流，师生交流。

3. 学生提问，教师答疑。

4. 小结：今天我们一起来学习了一首童谣，大家都非常地投入，能认真地聆听与积极地模仿，收获很大。下节课我们在本节课的基础上，再来表演这首童谣。

（金晓岚）

课例 17

"好习惯　好人生"科目设计纲要

本科目属于学校拓展型课程，所属类别为德育类。教材的适用对象是小学五年级学生。教材包括4个单元共计16个学习主题,每个主题分4课时,教学时长为一个学期。

对执教教师的要求:小学毕业班的班主任老师。

一、科目开发背景:

"播种行为,收获习惯;播种习惯,收获性格;播种性格,收获命运。"这是英国作家萨克雷的名句。好习惯就像是我们生命的枝上盛开的一朵美丽的小花,学生能否养成良好的学习习惯,对他们的成功与否至关重要。良好的习惯将伴随着每个人的一生,小学阶段是养成良好习惯的关键时期。杰出的思想家培根说:"习惯是人生的主宰,人们应当努力求得好习惯。"教育家叶圣陶说过:"好习惯养成了,一辈子受用;坏习惯养成了,一辈子吃它的亏。"有良好的学习习惯是学生获得成功的重要因素。

(一)良好的习惯是学生一生的财富,对他们的未来起着决定性作用。培养学生良好的习惯应是学校和教育工作者的工作重点。从某种意义上讲,培养良好习惯比传授知识更重要。知识如果有不足,还有时间再进行学习和弥补,而人的习惯一旦形成,将难以改变,所谓"积习难改"说的就是这个意思。

(二)由于文化素质、家教观念等方面存在不足,许多家长不重视也不懂得对孩子进行行为习惯的养成教育,孩子身上存在着不少陋习,习惯养成教育亟须加强。

二、科目目标:

(一)知识与技能的目标:

1.了解相关的中华传统文化知识以及良好的行为规范要求。

2.知道身为学生、小家人、小公民的责任。

(二)过程与方法的目标:

1.能够以日常生活学习为出发点,进行良好行为习惯的培养。

2.能够自主发现自己或他人身上的行为问题,反思自己行为,有效改进,进而养成良好的行为习惯。

3.通过同伴间的互助,养成互相监督、互相提醒、一起进步的良好习惯。

(三)情感态度与价值观的目标:

1.在各类综合实践活动中学会尊重、懂得感恩、自律自育。

2.善于倾听别人的意见、勇于发表自己的想法,感受进步、成功的乐趣。

3.在实践体验过程中初步形成求知创造的欲望,拥有团结协作、勇于攀登的精神。

三、科目内容:

单元序列	单元题目	课序	课文题目	课时	内容要点和目标指向
第一单元	行为习惯	1	卫生习惯	1	单元内容: 1.课间文明休息,看到纸屑主动拾起来。 2.养成个人卫生习惯,保持校园、教室干净整洁。 3.友爱同学,不欺负弱小。 4.认真做好广播操和眼保健操。 5.大声唱国歌。 6.敬队礼规范。 单元目标: 通过本单元的训练,学生能养成一定的好行为习惯,在此基础上还能主动帮助、劝阻别人不正确的行为。人人争做文明小天使。
		2	课间习惯	1	
		3	做操习惯	1	
		4	升旗习惯	1	
第二单元	学习习惯	5	上课习惯	1	单元内容: 1.多看课外书,多听广播,开阔眼界,增长知识。 2.按时完成作业,书写工整,认真做好预复习。 3.认真上课,积极发言,学会合作学习,活跃课堂气氛,发奋学习,得学习章。 4.主动学习,能与同学分享自己学习心得。 5.认真倾听老师、同学的发言,积极发表自己的观点。 单元目标: 通过训练,能养成主动、自主的学习好习惯。
		6	作业习惯	1	
		7	阅读习惯	1	
		8	倾听习惯	1	

单元序列	单元题目	课序	课文题目	课时	内容要点和目标指向
第三单元	礼仪习惯	9	用餐礼仪	1	单元内容： 1. 学习中餐餐桌礼仪。 2. 了解西餐餐桌礼仪。 3. 给别人提意见要当面说，注意方法。
		10	与同学相处礼仪	1	4. 同学之间和睦相处、互相谦让，懂得使用文明礼貌用语。 5. 进老师办公室后不能随意翻动老师的任何物品。
		11	进出办公室礼仪	1	6. 有事请其他老师帮忙或转达要有礼貌，说"谢谢、请"等礼貌用语。 7. 能为老师做力所能及的事。 8. 爱护学校公共设施，及时制止不文明行为。 9. 主动关心班级、学校，看到浪费现象能及时指出。
		12	使用学校公共设施礼仪	1	10. 针对浪费现象，能提出合理化意见或建议。 单元目标： 养成良好的礼仪习惯，做一个有礼貌、守规矩的学生。
第四单元	行规助力	13	走进身心	1	单元内容： 1. 了解小学高年级学生身心发展特点。 2. 探讨培养孩子良好学习习惯的有效方法。
		14	培养习惯	1	3. 明确培养孩子自尊心和自信心对孩子成才的作用和重要性。 4. 教给家长培养孩子自尊心和自信心的策略。 5. 改变对话方式，有效沟通。 6. 提高孩子解决问题的心智。
		15	巧妙沟通	1	单元目标： 1. 通过学习，使家长知道孩子的问题大都是家长的原因，家长的主导方式是孩子未来智商。

第三章——"启梦"之花

续 表

单元序列	单元题目	课序	课文题目	课时	内容要点和目标指向
第四单元	行规助力	16	培养自信	1	情商发展最核心的影响力。所以，要想教出好孩子，必须有个好家长。 2.通过学习，使家长明白：怎样的家长才是好家长？怎样的方法才是最适合自己孩子的？

四、科目安排说明：

（一）德育校本课程来源于学生的需求、思想实际等。但这些因素并非一成不变，加之每个学生个体各不相同，内容设置上有着既定性与生成性相结合的特点。同时，内容中还留有一定的余地，供师生在实施过程中，共同协商萌发新的学习内容或载体，同时教师可以根据实践的效果不断加以补充和调整。

（二）校本课程将各类德育抓手纳入其中，涵盖面广，其目标、内容等是相辅相成的。每个科目的活动设计，在形式及方法上各有侧重，具体环节的操作上也应有技法侧重，以避免单一的方法造成学生的兴趣减退。

（三）校本课程中"行规助力"是针对家长设置的，虽然家长是实施主体与对象，但不能忽视学生的作用。在内容安排及操作形式上都应将学生纳入其中，共同参与，提高实效。

五、科目实施：

（一）选修条件

1.本科目的教材适合小学五年级学生使用。

2.教材编写的主要目标对象为五年级学生。如果有的学校用作低年级使用，则需要教师在指导学生活动的过程中对教材内容做适当降低难度的选择和处理。

3.教材主要供学校的拓展型课程中使用，也可以供教师在午会上开展学生教育使用。

（二）设备需求

1.平时在生活中积累一些生活素材。（学生行为习惯、学习习惯、礼仪习惯等方面的内容，以便活动时使用。）

2.用于活动的教室需配套多媒体等相关设备。

（三）活动形式

以班级为单位，采用小组、集体等形式进行活动。可以以辩论、讨论、小品演绎等形式开展活动。

1. 小组活动。鼓励学生以小组合作的形式，开展自主活动。小组的构成由学生自由组合，6人一组，教师做好适当的指导工作。

2. 集体活动。整个班级学生在老师的组织下一起参与活动。

（四）实施原则

1. 与需要相结合

注重课程实施与学生需求相结合，在各项活动中，学生是主体，课程虽有既定或生成的内容，但仍要及时了解学生的需求、想法，并做适当调整。同时，根据五年级学生年龄特点，在课堂、活动设计过程中遵循生活性、兴趣性、探究性原则，通过自主体验、交流、讨论、头脑风暴等形式落实目标。

2. 与生活相结合

从实际出发，注重课程实施与学生生活相结合，尊重学生个体，在了解其生活环境、生活内容、兴趣爱好等基础上，使课程实施生活化、儿童化、趣味性、多样性、可选择性，贴近学生、吸引学生，使学生在温馨的环境中活动、感悟、成长。

3. 与学科相结合

注重课程实施与学科教学相结合，根据各学科教材内容、教法特点的共性与个性，挖掘内涵，找准结合点，使课堂教学与校内外活动有机结合，使学生在掌握知识、技能的基础上，更自信地参加活动，并在活动中运用知识技能动脑思考、动手体验、收获感悟，进一步提高教育效果。

4. 与阵地相结合

注重课程实施与教育阵地相结合。校内外的教育阵地林林总总，有些看似缺少充裕的时间（午会、红领巾广播等），有些又似乎无声无力（宣传栏、板报等），但是，环境影响的力量、持之以恒的效果是不容忽视的。因此，课程实施应充分利用各类阵地，借助生动活泼的形式把学生在活动中的内心体验和收获充分展现出来，让不同个性、不同特长和不同思维方式的学生均得到充分发展，以达到课内外、校内外的融合。

六、课程评价的设想：

（一）评价的依据

1. 激励性原则：

注重对学生在过程中获得的点滴进步、积累的经历进行肯定，通过

评价去强化学生积极的情感,激发其学习热情,因此在评价时遵循"激励原则",可以让学生不断获得成功的体验与快乐。

2. 多元化原则:

评价的内容是多元的,注重评价学生在整个活动中的态度(参与度、积极投入的程度),也关注他们活动后在原有水平上的收获与体验。如此调动积极性,促使学生更大热情地投入。

3. 互动性的原则:

在课程中,学生不仅仅是被评价的对象,也是评价活动的参与者。学生围绕课程的目标,主要从设想、作品、进步等体现显性评价,而教师的评价则可做到多角度,多侧面,如:进步过程、努力程度、发展水平等,给予学生客观的总结性评价。

(二)评价的形式

1. 争章活动:根据学校育人目标,借鉴少先队争章活动,开展行规之星、礼仪之星、学习之星、服务之星、感恩之星的评比,引起学生兴趣。

2. 展示与交流评价:学生与教师在同一平台进行交互学习,既能锻炼自我表达能力又能帮助同伴,培养学生综合能力。

3. 成长记录册评价:促进学生发展,体现学生的发展和成长。

附教案:

课 间 习 惯

教学目的:

1. 知道课间安全的重要性,了解课间活动的注意事项。

2. 通过观察平时的课间活动,知道课间如何文明休息。

3. 树立正确的价值观,增强自我保护意识和能力,学会过一个安全、文明、快乐的课间十分钟。

4. 学习几个有益身心的课间小游戏。

教学重点:

重视课间安全,做到文明休息。

教学难点:

树立正确的价值观,增强小学生的自我保护意识和能力。

教学过程:

一、环节一:(课前导入)

同学们,我们都喜欢课间十分钟。因为,在这十分钟里,我们可以放松一下紧张的心情,我们可以走出教室活动,开始属于我们的课间十分钟。但是,你们有没有想过,我们应该如何度过这短短的十分钟呢?请看视频。

二、环节二:

同学们,刚才我们看了一段视频,课间短短十分钟,可以发生很多事。刚才视频里的同学在课间做了一些不该做的事情,很容易导致伤害事故的发生。课间十分钟他们怎么度过的?

(学生讨论、交流)

那同学们,你们的课间十分钟都在干什么呢?(板书)

三、环节三:

黑板上罗列的这些活动,哪些是正确的?哪些是不正确的?(小组讨论)交流。(老师逐一板书)

四、环节四:

下面老师向大家推荐适合课间开展的几项活动。(观看课间活动图片。)

同学们再想想在课间我们还可以开展什么活动才是有益身心的呢?

五、环节五:选择学生喜欢的游戏之一,模拟课间十分钟。

六、环节六:讨论整理

课间活动注意事项:

1. 不远离教室,以免耽误下节课。

2. 不剧烈活动,保证上课精力足。

3. 不奔跑、不追逐,打闹嬉戏隐患大。

4. 不抢先、不拥挤,靠右慢走讲秩序。

5. 上下楼梯要牢记,不跑不跳稳步走。

6. 教室里要做到,轻声细语氛围静。

七、环节七:课堂小结

在我们模拟课间十分钟之后,我们的这堂课也接近尾声了。在真正的课间铃声响起之前,我们来总结一下这节课学到了些什么。我们学习探讨了课间活动的注意事项(回顾),重新审视了我们之前的课间活动,对于不恰当的活动我们要禁止,可以开展一些文明安全的活动;在课堂的最后我们还学习了几款小游戏,供大家课间休闲选用。希望大家人人做到课间文明休息。

(曹福娣)

课例 18

"争做习惯小标兵"科目设计纲要

本科目属于学校拓展型课程,所属类别为德育类。教材的适用对象是小学一年级学生。教材包括四个单元共计 16 个学习主题,视学生的学习情况每主题分 4 课时。

对执教教师的要求:了解一年级学生心理以及行规要求。

一、科目开发背景:

小学生良好习惯是指在反复练习或耳濡目染中形成并巩固下来,对小学生的学习和生活起积极作用,并对以后的工作和生活产生积极影响的行为方式。因此它既能适应小学生的正常需要,又能对其产生正向的价值导向。著名教育家叶圣陶先生说:"什么是教育,简单一句话,就是要培养良好的习惯。"足见培养小学生良好行为习惯的重要性。从小养成的良好习惯、优良素质,犹如天性一样坚不可摧。习惯的力量是巨大的,如果形成一个好习惯,将会终身受益,而好习惯更适宜在早期养成。

我校地处城市郊区,近几年来由于各方面原因,本地学生大多转入市区小学,在读的大部分学生是外来民工子女。这些学生家长文化层次不高,生活环境不佳,学习环境变化频繁,行为习惯特别是学习习惯的塑造与矫正相对较薄弱。不少学生存在着许多不良的习惯,如不做作业、课间打闹、不注意个人卫生等。这些不良的习惯很大程度上影响了学生思维的发展,同时导致课堂教学效率低,老师教学工作被动。

"良好的开端,成功的一半。"小学生一年级是义务教育的最基础阶段,是一个人形成良好习惯的最关键时期,也是一个人成长的奠基时期。学习习惯在小学阶段就形成了,以后如果不给予特别的教育,形成的习惯也很难有多大的改进。故此,在小学阶段尤其要重视良好学习习惯的培养。根据一年级儿童可塑性强的特点,采取有效措施,有意识地进行训练和培养是十分重要和必要的,是势在必行的。为了提高学生学习效率和我校的教学质量,进一步规范学生的行为习惯,特制定"一年级习惯养成教育"课程。

二、科目目标:

(一)通过学习本课题,初步养成良好的习惯,并在此基础上探索新路,为我校成功培养学生科学人文素养打下坚实的基础。

（二）通过学习本课题,对立学习自信心(促进学生学业自我概念的良性形成与发展),养成独立钻研、分析问题、解决问题的习惯,提高学生的学习能力。

（三）通过对学生良好学习习惯的培养,充分提高课堂教学有效性。学生只有养成良好的学习习惯,才能在课堂上充分发挥自己的能力展现自己,有效地获得知识。

（四）在实验研究过程中,体现素质教育,推进新课程改革,在对学生的关注中提高自身教学素质,适应新课程改革。

三、科目内容：

单元序列	单元题目	课序	课文题目	课时	内容要点和目标指向
第一单元	行为习惯	1	我是小学生了	1	单元内容： 1.学会自我介绍：自己的姓名、家庭住址及爱好。讲讲自己想当怎样一个小学生的愿望。认识学校名称。 2.下课时准备好学习用品。先去小便,再去玩耍。遵守秩序,不在走廊、楼梯上奔跑、打闹。
		2	快乐的十分钟	1	3.按顺序排队、不插队、不占座、爱惜粮食、保持桌面整洁、就餐后将餐具送到指定位置。 4.为大家做值日生应该感到高兴,要认真做值日生。做值日生要分好工,先洒水,后扫地;擦黑板,抹桌椅;对齐桌椅,倒垃圾;清洁工具放整齐。关好门窗,排队回家。
		3	文明就餐我做主	1	单元目标： 1.初步认识学校,适应并喜欢学校生活。学会大胆介绍自己。 2.懂得课间十分钟,要准备好下一节课的学习用品,先去小便,再去玩耍,初步养成遵守课间秩序的习惯。 3.知道有礼、有序、节约是文明用餐的要求。
		4	今天我是值日生	1	4.知道为大家做值日生是件很愉快的事,初步学会有步骤地做值日生,初步养成认真做值日生的好习惯。

第三章——"启梦"之花

单元序列	单元题目	课序	课文题目	课时	内容要点和目标指向
第二单元	学习习惯	5	爱惜书本和学习用品	1	单元内容： 1. 学习爱护书本,不乱涂乱画,不弄破弄脏,不翘角。学习爱护学习用品,正确使用橡皮,不弄碎橡皮,不在垫板上涂画。 2. 上课学会专注,要仔细听老师的讲课和同学的发言,边听边想,不懂要问,双手不搞小动作。 3. 知道保护视力需要正确的读写姿势。学习正确的读写姿势。 4. 检查爱护本子的情况。课堂上传递本子时,不讲话,不起立,按老师规定操作。 单元目标： 1. 知道书本、学习用品是学习知识的好朋友,我们要爱惜;初步学会爱护书本和学习用品的方法,养成爱护书本、学习用品的好习惯。 2. 知道上课用眼、用耳、用脑的重要,初步学会专心听讲的方法。懂得上课发言要先举手,后发言,初步养成发言声音响亮的习惯。 3. 知道保护视力需要正确的读写姿势,初步学会正确的读写姿势,初步养成良好的读写习惯。 4. 懂得爱护本子,懂得上课迅速传递本子能节省时间,保证课堂学习顺利进行。学会在座位上传递本子。
		6	上课专心听讲	1	
		7	读写姿势要正确	1	
		8	学会传递本子	1	
第三单元	礼仪习惯	9	在升国旗仪式上	1	单元内容： 1. 尊敬国旗是热爱祖国的表现。知道学校每星期一早晨要举行升旗仪式。升国旗时,态度要严肃认真,姿势要正确。 2. 排队一条线,动作静齐快。走路时思想集中,一个跟着一个走,不东张西望。 3. 按时起床,按时到校。上学时、放学后应当主动运用礼貌用语。 4. 知道怎样向别人借东西,借了东西要及时归还。学会使用礼貌用语"请、好吗、谢谢、没关系"。
		10	集队快静齐	1	

单元序列	单元题目	课序	课文题目	课时	内容要点和目标指向
第三单元	礼仪习惯	11	文明进出校	1	单元目标： 1. 知道小学生要热爱祖国，尊敬国旗是热爱祖国的具体表现。初步养成在升国旗时严肃认真的态度和比较正确的姿势。 2. 懂得集队快静齐是遵守纪律的表现，初步做到集队静齐快。知道排队走路思想要集中，初步学会排队走路。 3. 初步学会怎样才能做到按时上学和按时回家。初步养成上学和放学时对老师、家长、同学说礼貌用语。 4. 知道怎样向别人借东西，初步养成借了东西要及时归还的良好习惯；初步学会礼貌用语"请、好吗、谢谢、没关系、不用谢"。
		12	爱说礼貌用语	1	
第四单元	行规助力	13	请让我来帮助你	1	单元内容： 1. 同学学习时有困难我该怎么做。 2. 帮助学生认清任性的坏处。找出克服任性的方法。 3. 讲述家庭生活中的亲情故事，进一步感受家庭生活的温馨。了解家人的职业、兴趣、爱好和习惯。 4. 学会体察家人，为家人的生活增添欢乐。能做的主动去做，不能做的学着做。 单元目标： 1. 知道和同学、小伙伴要友爱互助、友好相处，初步培养当别人有困难的时候主动帮助别人的好品质。 2. 认清任性的坏处，改掉任性的坏毛病。 3. 知道家庭的含义和结构，家庭成员之间的关系、称呼。了解家人的工作、爱好、习惯，对家人产生敬爱之情。 4. 知道自己是家庭的一员，有责任分担家务，养成良好的生活习惯。能够以自己的方式表达对父母、长辈的爱，乐意为父母长辈做自己力所能及的事情。
		14	不当"小皇帝"	1	
		15	我的一家人	1	
		16	我为家庭添快乐	1	

四、科目实施：

（一）选修条件

1. 本科目的教材适合小学一年级阶段使用。

2. 教材编写时的主要目标对象为小学一年级学生。

3.教材主要供上述学校的拓展型课程中的兴趣活动课使用,也可以供这些学校以社团活动名义开展的兴趣活动使用。

(二)设备需求

用于活动的教室需配套多媒体等相关设备。

(三)活动形式

以校级兴趣班的形式授课。兴趣班以学生自主报名的形式组成,各班教师根据教材并结合自身教学特点进行教学设计,每周一在指定活动室活动1课时。

(四)实施原则

1.活动性原则。积极开展多种形式的竞赛活动,让学生在活动中体会良好习惯的用处。

2.全体性原则。动员全班学生,营造快乐学习氛围。

3.兴趣性原则。以学生喜闻乐见的儿歌、顺口溜形式呈现,让学生熟记于心,有据可依,及时对照。

4.发展性原则。以学生发展为本,设计出适合学生的活动。

5.互动性原则。加强家校合作,争取家庭的积极配合。一方面,要积极向家长宣传培养学生良好学习习惯的重要意义和具体要求,动员广大家长一起来做好这项工作。另一方面,要通过家访、家校联谊活动等多种途径,加强与家庭的联系,加强对家庭教育的指导。让家庭和学校形成合力,让孩子在家中也能及时巩固学校学到的习惯,从而真正养成良好的学习习惯。

(五)配套资源

以第三单元第一篇课文《在升国旗仪式上》为例。

(六)相关说明

1.加强个体指导,帮助孩子克服学习障碍,矫正不良习惯。由于个性心理、家庭环境等因素的影响,儿童在学习情感、学习方式上也会存在很多差异。因此,在面向全体学生的同时,必须加强对学生的个别指导,及时帮助一些学生矫正不良学习行为,防止形成不良习惯。

2.实行师生监督、生生监督,树立典型。

3.营造良好的校园文化氛围,充分发挥环境和氛围对孩子学习生活的促进作用。在班级环境布置等方面,要呈现出一种浓厚的爱学习的气氛,并引入竞争机制,激发小朋友竞争意识。如在班级里设立"红花我最多""成长的足迹"等园地,遵循习惯养成的规律,从点滴做起,从学习过程的每一个细节入手,及时强化,使其最终形成习惯。

五、科目评价:

(一)评价原则

1.激励性原则。以肯定性的评价激发学生积极参与的热情,形成良好的活动氛围。

2.过程性原则。本课程目标的重点在于培养学生的习惯,所以评价时,应特别关注学生改变不良习惯的过程。

3.开放性原则。本课程具有开放性的特点,评价也应该具有开放性。在学生自我评价的基础上,应尽可能采用集体交流的形式,将个人和小组的经验及成果展示出来。

(二)评价内容

评价的内容是多元的,一是学生参与活动的态度,二是学生的体验,三是学生活动能力的发展。

(三)评价方式

1.社团活动评价。个人档案评定,就是收集学生从学习开始到结束这段时间内的作品,以这些作品作为对学生的学习表现进行评价的依据之一。

2.学生个人评价。主要通过学生自评、小组互评和教师评价三种评价方法,最终由指导老师根据学生自评与小组互评的结果,给出每个学生的评价等级。

(1)学生自评主要根据自己在活动中所承担任务的完成情况,按教师或集体商议后所给出的几项指标对自己做出中肯的评价。

(2)小组互评。参加小组互评的同学真实客观地对小组中其他的同学给予评价。

(3)教师评价。教师按照有关的要求与项目,结合学生自评与小组互评的结果,给学生做出一个客观、公正的评价,评价要以激励评价为主。

附教案:

在升国旗仪式上

教学目标:

1.从小要热爱祖国,知道尊敬国旗是热爱祖国的具体表现。

2.知道学校在每星期一早晨以及重大的节日、纪念日要举行升旗

仪式。

3.初步认知在升国旗时应保持严肃认真的神态和做出比较正确的姿势。

教学重点：

1.知道从小要热爱祖国,尊敬国旗是热爱祖国的具体表现。

2.知道学校在每星期一早晨以及重大的节日、纪念日要举行升旗仪式。

教学难点：

初步认知在升国旗时应保持严肃认真的神态和做出比较正确的姿势。

教学过程：

一、启发导入

1.教师出示国旗。

问:小朋友,这是什么?

五星红旗是我们中华人民共和国的国旗,是我们国家的标志。为了表达对祖国妈妈的尊敬和爱戴,每个星期一的早晨以及重大节日、纪念节等,如十月一日国庆节、五月一日劳动节等,学校都要举行升国旗仪式。在升旗仪式上,我们小朋友应该怎么做呢?

2.观察演示

出示:在升国旗仪式上

(1)让我们来看看整个升旗仪式。

要求学生观察升国旗时同学们的态度怎样?他们的眼睛看着什么?站的姿势:头、胸、手、脚怎么样?教师放录像或投影片。边放边介绍:升旗手、护旗手以及同学们的态度、眼睛、站的姿势。

(2)讨论明确态度和姿势。

讨论后小结:升国旗时,态度要严肃认真,这是表示我们小朋友对国旗的尊敬。姿势要正确。(从头、肩、胸、手、脚分解姿势)眼睛要看着国旗往上升。

(3)学习儿歌:

升国旗,要肃立,头要正,胸要挺,小手小脚放端正。小眼睛看国旗,一点一点往上升。爱祖国,敬国旗,人人争当好学生。

二、行为训练

1.集体训练。

学生念儿歌,按儿歌的要求训练态度与姿势。

模拟升旗仪式。出旗：升旗手和护旗手走向幕布前。要求学生姿势正确，态度严肃。升旗：奏国歌乐曲，移动投影片，学生行注目礼。

教师小结模拟升旗训练情况，表扬优点，提出注意事项。

2. 小组及个别训练。

分组进行训练，学生互评，表扬做得好的进行个别演示。

3. 小结：小朋友，我们今天学会了用严肃认真的态度和正确的姿势来升国旗。老师相信，今后在升旗仪式上，小朋友也能向大哥哥大姐姐那样，表达自己对国旗、对祖国的热爱。

三、教育与训练的巩固和延伸

教师在每次升国旗仪式前要提醒学生，在升旗仪式后要及时小结，表扬认真参加升旗仪式的小朋友和典型事例。

（沈　芸）

课例 19

"小小图书管理员"科目设计纲要

本科目属于学校拓展型课程。教材的适用对象是小学中高年级对图书馆工作有兴趣的学生。教材包括 2 个单元共计 16 个学习主题。视学生的学习情况每主题分 1—4 课时，教学时长为两个学期。

对执教教师的要求：有一定的图书馆工作经验。

一、科目开发背景：

（一）背景分析

小学图书馆是学校教育资源建设中不可或缺的部分，是新一轮基础教育课程改革必要的条件之一。它所拥有的馆藏文献极大满足学校师生的学习需求，是师生们进行学习的好场所。它不仅广泛服务于教师的教育教学，而且培养了学生们收集处理信息、获取新知、分析和解决问题的能力以及提高学生的语言文字表达能力，促进了学生德、智、体的全面发展，真正把图书馆办成名副其实的第二课堂。因此，我们确立了此项拓展型课程。

目前，我校图书馆的设施较先进，藏书量大，随之而来的是图书馆的业务量加大，书刊的流通率高。本校地处上海市郊边界，现有 30 个

教学班，1 100多名学生，均是农家子弟。他们渴求知识，喜欢阅读，但因为学生不了解图书的摆放规律以及有些同学养成了不好的行为习惯，在借书的时候随手乱放。班级图书角的管理工作也不完善。例如：班级图书还没有登记造册，也没有制作借书卡，没有明确的借阅制度。为了满足广大师生的图书借阅需求，图书馆从中高年级的学生中选拔一批优秀的学生充当小图书管理员，协助搞好图书管理工作。通过对学校、教师以及学生的调查，构建了课程的基本结构，最终完成了《我是小小图书管理员》的拓展活动的设计。

（二）科目的育人价值

1. 与图书馆交朋友是一门综合性课程，对于学生的综合素质的提高有着重要作用，能将各课程的知识与技能进行整合，从而提高学生的动手动口动脑能力。

2. 通过图书馆这一载体，可以锻炼小朋友的管理能力、沟通能力、语言表达能力、思维能力，初具与他人分享的情怀。帮助他们从小树立正确的人生观、价值观和世界观。

3. 通过活动，使学生养成良好的行为习惯和学习习惯，并使学生在合作活动中逐渐养成团队意识，并能借助团队来发现问题、收集和处理信息、尝试解决问题等探究能力。

二、科目目标：

（一）通过活动学生了解图书馆的布局与功能，让小图书管理员学习一些图书馆工作的理论知识，熟悉图书管理的基本业务，帮助图书管理员搞好图书管理工作。

（二）通过活动学生养成良好的借阅图书的习惯，懂得珍惜图书；具有主动参与课外阅读的兴趣，让图书真正成为学生的良师益友。

（三）通过这次实践活动，完善班级图书管理的工作，使班级图书角更加充实、完善，真正成为同学们课外阅读的乐园。

（四）通过共享图书资源，体验图书分类带来的便利和读书的乐趣。

（五）在图书的合作管理中学生们相互影响，提高合作能力及任务意识。

（六）学生能提高读书的兴趣，开阔眼界，丰富积累，提高语文素养，同时能享受到读书的乐趣，形成高雅的兴趣爱好，为终身学习打下基础。

（七）懂得尊重别人，善于与人沟通，从小懂得正确的人生行为方式。通过图书管理员角色的锻炼，从角色体验中获得与人沟通的锻炼，培养管理能力。

三、科目内容：

（一）主要内容及要点

单元序列	单元题目	课序	课文题目	课时	内容要点和目标指向
第一单元	走进图书馆	1	走进图书馆	1	单元内容： 1.了解图书馆的基本知识。 2.了解图书馆的规章制度，熟悉图书借还的操作过程。 3.掌握藏书的分类与排架规律。 4.初步学习图书分类的方法。 单元目标： 1.通过走进图书馆，了解图书馆的布局与功能，学习一些图书馆工作的理论知识，熟悉图书管理的基本业务，帮助图书管理员搞好图书管理工作。 2.通过活动，学生具有良好的借阅图书的习惯，懂得珍惜图书；具有主动参与课外阅读的兴趣，让图书真正成为学生的良师益友。
		2	做个文明的小读者	2	
		3	认识书籍	1	
		4	图书的分类	2	
		5	送图书回家	2	
第二单元	畅游图书馆	6	我是读报小达人	1	单元内容： 1.管理好班级图书角。 2.推荐一本好书，写一篇读后感。 3.做小小图书管理员。 单元目标： 1.通过管理班级图书角，学生能具有合作精神和策划、组织管理的能力。 2.通过好书推荐，共享图书资源，体验读书的乐趣。 3.通过学做图书管理员，学生学会倾听，学会发现，学会提问，初具深入探究问题的能力。
		7	管理图书角	1	
		8	和好书交朋友	4	
		9	学做图书管理员	2	

（二）科目编写体例

本教材使用"一课一主题"的编写方式，采用了一个课题占两页的呈现方式，便于教师在较短时间内理清教学内容，开展教学指导活动，也有利于学生的学习和创造。

教材的每一课题里都大致包含以下四个方面的内容：

1."问题引入"。我们在这栏目中通过问题的方式切入主题，引出今天课程内容。

2."你知道吗"。教材采用了以解答问题来呈现重点难点的方式，教师可根据本教材所提供的范例及学生的实际情况分解进行教学，目的是立足于让学生通过实践操作掌握一些基本的知识技能。

3."动手操作"。通过自己动手操作设计提高学生的动手能力。

4."学习单"。这一部分主要是本课题的学习内容的延伸与拓展。在这里，教材呈现了一些富于变化的、与本课题学习内容有关的学生作业，也留下体现学生创作个性的空间。目的是为学生搭建展示自我的舞台，拓展学生的制作视野，激发学生的创作灵感，促进学生自主选择学习能力的形成和提高。

四、科目实施：

（一）选修条件

1.本科目的教材适合小学中高年级使用。

2.教材主要供学校的拓展型课程中的兴趣活动课时使用，也可以供学校以社团活动名义开展的兴趣活动使用。

（二）设备需求

用于活动的图书馆、教室以及配套的多媒体等相关设备。

（三）活动形式

校级"快乐活动日"社团兴趣班的形式授课。

兴趣班以学生自主报名的形式，每周活动1课时。授课中小组活动和个人活动相结合，教师从中讲解、点拨。

1.小组活动。鼓励学生以小组合作的形式，开展自主活动。小组的构成由学生自由组合，6人一组，教师做好适当的指导工作。

2.个人活动。即个别学生对某一问题有特别的兴趣，并且对该问题已有一定程度的了解，能在教师的指导下独立完成的活动。

（四）实施原则

1.活动性原则。通过活动培养学生的合作探究能力。

2.全体性原则。动员全班学生，营造快乐学习氛围。

3.兴趣性原则。培养学生对图书管理的兴趣，从而奠定良好的学习习惯。

4.发展性原则。以学生发展为本，设计出适合学生发展的各项活动。

5.互动性原则。通过师生互动、生生互动，培养学生的团队合作意识与探究精神。

（五）配套资源

图书馆配套软件、中图法分类法（第五版）

五、科目评价：

（一）评价原则

1.全员性原则。学生是活动的主体，评价又是活动的有机组成部分，因此学生全员参加评价。

2.过程性原则。评价贯穿于活动的全过程。

3.激励性原则。以肯定性的评价激发学生勇于创新的热情。

4.多元化原则。针对不同的评价内容采用与之相适应的评价方式。

（二）评价内容

评价的内容是多元的，一是学生的态度，二是学生的体验、方法和能力，三是学生的创新精神和实践能力的发展。

1.对课堂执教教师的评价。

科学人文素养课堂学习评价表

学习内容					
班　　级			指导老师		评估者
评价项目		权重	评　价　标　准	学习小组互评	评估教师评价
科学的基础知识与技能	基础知识素养	10分	1.达成与学习主题有关的重点知识目标。 2.知道与学习主题有关的背景知识。		
	基本技能素养	15分	1.能运用所学，积极参与活动。 2.面对活动中的问题，能尝试不同的方法进行排解。		
科学的学习基本过程与方法	基本学习过程	15分	1.知道活动的一般步骤，并尝试体验。 2.活动中有充分的自学、讨论、交流等体验时间。		
	基本学习方法	15分	1.在活动过程中明白自己所用的策略。 2.自主合作中能运用科学的学习方法完成课堂中新的学习任务。		

续 表

评价项目		权重	评 价 标 准	学习小组互评	评估教师评价
科学的情感、态度与价值观	学习兴趣	15分	1. 在活动中能始终积极投入,参与面广。 2. 有自己感兴趣的问题,并进行适当地质疑、追问。		
	学习习惯	15分	1. 活动中能主动改善或创新,有新意、有效果。 2. 在活动过程中有发现问题、搜集信息、科学处理问题的善学行为。		
	学会感恩	15分	活动中能表现出求真知、求善学、求美行的自觉行为。		
总 评					

2. 综合实践活动学生评价表。

综合实践活动学生评价表

评价项目	具 体 内 容	评 价 等 级			我对自己的评价:
		优秀	良好	一般	
情感态度	① 积极参与活动				
	② 主动提出设想、建议				
	③ 不怕困难和辛苦				
合作交流	① 主动和同学配合				
	② 乐于帮助同学				
	③ 认真倾听同学的观点和意见				小伙伴们对我的评价:
	④ 对班级和小组的学习作出贡献				
学习技能	① 活动方案构思新颖				
	② 会用多种方法搜集、处理信息				
	③ 实践方法、方式多样				爸爸妈妈对我的评价:
实践活动	① 积极动脑、动口、动手参与				
	② 会与别人交往				
	③ 活动有新意				
	④ 关注社会、关注环境的意识				

评价项目	具　体　内　容	评价等级			老师对我的评价：
		优秀	良好	一般	
成果展示	① 实验论文、调查报告等				
	② 表演、竞赛、汇报等				
	③ 成果有新意				
回头看看,我的感想：					

（三）评价方式

1.社团活动评价——个人档案评定。个人档案评定就是收集学生从某项任务开始到任务结束这段时间内的学习表现进行评价。

2.学生个人评价——协育评价。主要通过学生自评、小组互评和教师评价三种评价方法,最终由指导老师根据学生自评与小组互评的结果,给出每个学生等级,记录于《雏鹰争章手册》中。

（1）学生自评主要根据自己在活动中所承担任务的完成情况,按教师或集体商议后所给出的几项指标对自己做出中肯的评价。

（2）小组互评。参加小组互评的同学真实客观地对小组中其他的同学给予评价。

（3）教师评价。教师按照有关的要求与项目,结合学生自评与小组互评的结果,给学生做出一个客观、公正的评价,评价要以激励评价为主。

附教案：

送　图　书　回　家

教学目标：

1.了解有关图书馆排架的方法,学习查找书目的方法,能在图书馆中借阅图书。

2.通过引导,学生初具搜集、整理信息的能力。

3.激发学生的阅读兴趣,利用一些简单的读书方法阅读书籍。

4.学生养成爱读书,乐于走进图书馆的习惯。

教学重点：

学生了解如何在图书馆借阅图书,培养学生搜集、处理信息的能力。

教学难点：

图书馆排架的方法,学习查找书目的方法,能在图书馆中借阅图书。

教学课时： 1 课时

教学过程：

一、导入

图书馆,是藏书的场所,是学习的天地。那里,高高的书架上林立着密密的书册。那么这些书是按什么规律摆放的? 走进图书馆,怎么用最短的时间寻找、选择我们所要查阅的资料? 怎样整理、利用查阅的资料? 这就是我们今天所要解决的主要问题。

二、你到图书馆是怎样借书的?

1. 小组讨论。

2. 各小组交流。

生：随便到架子上拿一本好了。

生：书太多了,不知道从哪里找起。

生：有时记不清书名,只记得作者,结果找不到。

生：还有的时候是忘记了作者,只记得书名,还是很难找到。

3. 教师小结：

是的,同学们讲得都不错。这样借书没有目的,也浪费时间,借不到好书。

那么,怎样才能借到自己心仪的图书呢? 我们就要知道图书排架的规律。

三、学习图书馆图书排架规则

1. 学生分组,进入书库,寻找图书排架的规则。

2. 讨论交流。

3. 教师小结图书摆放规则：每本图书书脊上有标签,标签上有两组号码,图书摆放的顺序是先按照图书的分类号,再按照书次号进行排列。这两组号码构成了索书号。索书号是一本书排架的依据。分类号代表文献内容所属性质,书次号代表同类文献的区分号,它决定同类书排列的先后顺序。在图书馆内的书架上还贴有图书摆放的指引牌,通过指引牌的指引我们就能快速找到所需的图书的大致位置。

四、探索园

1. 如果有四本书,分类号分别是I247、I14、I28、I712,你怎么排序?

2. 老师拿出几本书,请大家以小组为单位排序。

B848 E92 Q915 H125.4 I287.5 J228 K811

五、学生实践借书活动

每个小组的小组长,根据刚才学会的借书的流程实际借书一次。小组长确定先借一本自己喜欢的书。工作人员带学生凭借书证去借书查阅目录,选定自己所需的书籍;例如:你想借《钢铁是怎样炼成的》就要先确立此书属什么类——文学类,代号为I,然后确立作品属哪一种文学作品,属小说类,代号为4。再找国籍、书目、作者姓名是否与你要找的书相符。整个过程教师和图书管理员在旁边观察,必要时给予及时的指导。小组长借书成功后,由小组长带领本组内的学生进行借书,整个过程学生之间互相帮助学习,以最终每一位同学都成功借到自己喜欢的书为目标。此时教师和图书管理员要帮助小组长一同指导帮助学生,让每一位学生都学会如何在图书馆内借阅书籍。

六、送图书回家

教师工作台上有一堆很乱的书,要求管理员们把这些书送回它们的家。

1. 以小组为单位,分四组比赛,以相同书目的书,看哪组先找到家。

2. 以个人为单位计时赛。

3. 教师总结、表扬、颁奖。

七、交流角

进入了学校图书馆,你有哪些新的发现?对图书馆的哪些设施有了新的认识?还有哪些问题和困惑?把你的收获和问题汇总一下,和伙伴们作一次交流吧!

八、积分卡

积 分 标 准	自评	互评	教师评
1. 能快速准确地找到自己要借的书。(4分)			
2. 能快速准确地帮图书找到自己的家。(4分)			
3. 在操作过程中能认真观察、积极思考与质疑。(2分)			
我的表现			

(王晓红)

第三章　"启梦"之花

第三节　"野百合"课程

"野百合"课程就是我们学校的活动课程,旨在通过校园各类主题活动,给农村孩子搭建展示自我的舞台,让农村孩子也能像野百合一样绚丽开放,迎来属于自己的春天。

目前,学校每月有主题活动节:科技节、感恩节、艺术节、彩灯节、童话节、数学节、英语节、体育节;每个年级有主题成长礼:一年级入团仪式,二年级入队仪式,三年级十岁生日,四年级大手牵小手活动,五年级毕业典礼。这系列主题活动已经成为我校的固定课程,促使学生在活动过程中展示自己的风采,感受活动的快乐,体验成功的喜悦,更是增强了学生的自信心。

主题节方案 1

科技助力成长　创新引领未来
—— 罗店中心校科技节活动方案

一、指导思想:

为普及科学知识,弘扬科学精神,为了让同学们更全面地去接触科技、了解科技,激发每位同学对科技的热情,倡导学生主动进行研究性学习,主动探索研究身边的科学问题,并带动父母参与其中,弘扬科学精神,提高全体学生的科学素养,培养新时代的"小创客"。

二、活动目的:

(一)发掘学生的原始创新意识,鼓励学生去主动发现、自主研究、自主创新。

(二)增强学生学科学的兴趣,培养学生观察生活的良好习惯,提高学生用科学的能力,激发学生创新思维的潜能。

(三)让学生在科技实践中提高动手能力,让学生在科学的海洋中找到金钥匙,让学生在竞赛中相互提高。

（四）促进学生科学素养的提高，进一步推动我校科技创新活动深入开展。

（五）鼓励学生和家长共同合作，树立生态意识，养成低碳生活的好习惯。

三、活动口号：

科技创新　快乐体验　健康成长

四、活动时间：

2018 年 11 月 1 日—2018 年 12 月 1 日

五、参加对象：

学校全体学生、老师和部分学生家长

六、活动内容：

类　别	内　　　容	负责老师
讲座类	邀请上海市科技发明指导专家来校讲座	王伟龙
参观类	一年级学生参观学校创新屋	申惠兴
	教师参观"河口科技馆"	王伟龙
竞技类	鸡蛋碰石头比赛（亲子活动）	申惠兴
	穿越飞行（低年级）	孙雨辰
	纸绳拖重（高年级）	林潇斌
艺术类	科幻画比赛	刘贤芳
	科技小报比赛	王伟龙
创意类	学生节能金点子征集	王伟龙

● 徐丹丹老师负责做好活动期间的摄影工作。

七、作品上交时间节点：

项　　目	上交（比赛）时间	上交（比赛）地点
鸡蛋碰石头比赛（亲子活动）	12 月 1 日	教学楼
穿越飞行（低年级）	11 月 19 日第三节课	体育馆
纸绳拖重（高年级）	11 月 26 日第三节课	体育馆
科幻画比赛	11 月 30 日	科技室

第三章　"启梦"之花

续　表

项　　　目	上交(比赛)时间	上交(比赛)地点
科技小报比赛	11 月 30 日	科技室
学生节能金点子征集	11 月 30 日	科技室

八、准备

（一）后勤准备：宣传版面制作、环靶的制作准备、杠铃片的准备。

（二）项目负责老师准备：熟悉活动规则、项目作品的收集、成绩的汇总。

（王伟龙）

主题节方案 2

放飞理想翅膀　展现你我风采
——罗店中心校艺术节活动方案

一、活动目的

为了激发更多的队员敢于走上舞台充分展示自己的特长，增强他们的自信心、表现力，在成功与失败的体验中成长，同时展示当代少先队员阳光健康、多才多艺的形象，丰富队员校园文化生活，营造快乐的节日氛围，并结合学校"快乐半日"活动才艺展示，学校特组织第五届校园达人秀活动。

二、活动主题

17 加油　一起精彩

三、活动对象

全体少先队员和儿童团员

四、活动类别

1. 器乐专场：包括钢琴、电子琴、二胡、葫芦丝、古筝、笛子等。

2. 歌舞专场：包括独舞、独唱、集体舞、小组唱、街舞、民族舞等。

3. 朗诵专场：集体、个人都可以。

4. 技艺专场：包括武术、魔术、剪纸、插花、溜溜球、轮滑等。

五、活动要求

1. 不限年龄、不限才艺，只要你有绝活，够勇敢，能表现。

2.节目时间长为3分钟左右,形式不限,组合和个人均可报名,每人限报一项。

3.节目注重编排质量,技能技巧、整齐度、动作的表现力、音效配合。

4.才艺展示所需要的服装、道具、音乐等均提前自行准备好。

5.所有才艺都于学校现场展示。

6.最终将评出校园第六批"金罗阳光小达人",小达人将在六一期间进行表彰和展演。

六、活动程序

第一阶段:宣传阶段——5月初,大队部利用广播等形式进行动员、宣传。

第二阶段:报名阶段——5月8日至5月12日队员报名、中队统筹筛选、中队上交报名表(5月12日)。

第三阶段:比赛阶段——5月第三周,具体时间另行通知。

七、活动说明

1.大赛本着"公正、公开、公正"的原则,评分力求严肃,公平,公正。

2.学校将邀请有经验的老师组成评委组,负责大赛的评委工作。

3.评委应严格按照评分标准进行评分。

4.本次达人秀主要以注重编排,展示质量,技能技巧、动作的表现力,参赛服装的搭配为主要评价标准。

5.评奖方法:

(1)单项奖:在初赛中评出单项奖若干名。

(如:"二胡"小达人奖,"舞蹈"小达人奖,"演唱"小达人奖等。)

(2)综合奖:在决赛中评出全校的最高奖项"金罗阳光小达人"奖。

(苑文丽)

主题节方案3

感恩从心开始 让爱温暖彼此
——罗店中心校感恩节活动方案

"感恩的心,感谢有你,伴我一生,让我有勇气做我自己;感恩的心,

感谢命运,花开花落,我一样会珍惜……"当这熟悉的旋律回响在耳旁,你是否可以感受到心灵深处的某种触动?

一、活动缘起

如今的孩子,个个都是独生子女,都是在父母亲百般呵护,悉心照料下,无忧无虑地成长。他们接受了太多的爱,渐渐的,连他们自己也把这一切视为理所当然。他们习惯了索取,习惯了"说一不二",即使父母亲再苦再累也必须满足他们自己的要求,而他们却从不懂得去为父母亲做些什么,分担些什么,稍有些不如意,便大发脾气,甚至以死相逼。面对这并不是"个别现象"的现实,我们这些为人师者不得不开始思考:今天的孩子怎么了?我们的教育条件日新月异,我们的物质生活日益丰富,为什么我们的孩子却越来越不懂事?面对一点点挫折,就那么轻易那么草率地结束自己如花的生命?这究竟是为什么?

我想原因很多,但有两个字却不得不提:感恩。现在的许多孩子没有一颗感恩的心,面对他人的帮助,甚至连一声"谢谢"也不会说,这不能不说是社会文明的一种悲哀。作为教育工作者,我们有必要提醒他们,引导他们,继而唤起那已被一层层习惯与世故压在灵魂最深处的善良本性与感恩之心。借着西方"感恩节"的机会,我校继续开展一年一度的感恩节系列活动——"感恩从心开始 让爱温暖彼此"。

二、活动目的

通过为期两周的活动,让孩子自己用眼睛去看,用耳朵去听,用心灵去感受,从而在自己的心中培植一种感恩的情感,无论对待父母或者老师,朋友或者对手,快乐或者悲伤,都能以一颗感恩的心去面对。让他们明白,生活是一面镜子,你哭她也哭,你笑她也笑。当你心存感恩,生活也将赐予你灿烂的阳光。

三、活动时间

2017 年 12 月 18 日—12 月 31 日

四、活动地点

校内外

五、活动过程

在 12 月份的第三个升旗仪式上,进行"感恩从心开始 让爱温暖彼此"的开幕仪式,同时也是对全校师生进行活动的宣传发动,正式拉开了第七届校园感恩节系列活动的序幕。

（一）感恩心语征集活动

回顾2017年，相信每个人的记忆深处都会有许多想要感恩的人，想要感谢的事……值此岁末之际，回忆即将过去的岁月，对自己的长辈、师长、伙伴，对一些曾经给予过我们帮助的人，写下自己心中的感谢，并大声地说出来。《感恩心语》征集活动，人人参与，学校将精心挑选出一部分质量较高的感恩卡，布置在学校大门口的四棵感恩树上，让每一个走进校园的领导、老师、家长都能感受到孩子们的感恩之心。

（二）感恩校园活动

1. 一、二年级开展一次感恩校园环保行动，净化校园一片绿意，让学校更洁静，让天空更晴朗，让家园更美丽。

2. 三、四、五年级开展一次感恩主题午会课展示。以班级为单位，围绕感恩主题，以伙伴情、师生情、校园情等为切入点，采取多种形式表达自己的观点与认识，表达对同学、老师、学校的感激之情。

（三）班主任主题日活动

有这样一首歌，它赞颂着这样一群老师——

她，是最小的主任，管着一群长不大的孩子；

她，是最棒的园丁，画着我们成长的年轮。

她，是最大的官，管着未来的部长、将军……

她，是世界上最好的人，就像我们的父母双亲。

粉笔白白，黑板黑黑，她一笔一画，教我们是与非；

教鞭长长，讲桌方方，她一言一行，给我们谆谆教诲。

她给了我们真、善、美，她把我们的理想放飞！

她，就是可亲可敬的班主任！班主任像孩子们的父母双亲！

1. 一、二年级小朋友用自己手中的画笔，画一画可亲可敬的班主任老师；

2. 三、四、五年级的队员，以书信的形式给班主任写一封信，说说自己的心里话；

3. "笑醉班主任——创意无限，我让班主任露笑脸"活动。

12月29日活动日当天，开展"笑醉班主任——创意无限，我让班主任露笑脸"活动。这一天，全校学生需要为班主任做一件力所能及的小事情，让班主任在这寒冷的冬日里感受到浓浓的暖意，让班主任露出灿烂的笑脸，让班主任们体会到孩子们长大了、懂事了！

（四）感恩之星评比表彰活动

9月，学校组织开展了感恩师长主题活动；10月开展了感恩祖国主题活动；11月开展了感恩科技主题活动；12月开展了感恩伙伴主题活动。在本届感恩节中，各班根据队员们每月感恩活动及感恩统一行动日的参与情况，从尊师之星、服务之星、科技之星、友爱之星四个类型中选择，并推荐出两名感恩之星队员，学校将在感恩节闭幕式上进行表彰！

学校开展的感恩节活动并不多，力求少而精，力求与学校的整体发展和感恩活动的后续推进紧密结合，希望每一位同学都能积极配合，在短时间内、高效率地参与并完成各项活动内容。学校也将根据各班的活动参与情况及感恩心语的质量，班主任绘画、书信的质量，笑醉班主任的创意，评选出"优秀组织奖"。期待各年级，各班级积极踊跃地投入到第七届校园感恩节活动中来！

（杨海燕）

主题节方案4

欢庆十九大　彩灯亮校园
——罗店中心校彩灯节活动方案

一、活动目的

（一）展现罗店文化元素，让更多的学生、家长了解优秀传统文化。了解罗店彩灯制作的艺术形式、发展历史，增强对罗店的热爱，对家乡的热爱；

（二）访非遗传人，感受罗店彩灯制作背后的文化内涵，增强队员对传统文化的敬畏与自豪感；

（三）学生亲手制作罗店彩灯，传承非物质文化遗产，争做非遗传人。

二、活动主题

欢庆十九大　彩灯亮校园

三、活动时间

第14、15周

四、参与对象

一到五年级全体学生及家长。

五、具体措施

（一）走近彩灯

1. 寻访非遗传人讲述罗店彩灯故事。

队员走进上海市非物质文化遗产传承人、著名的彩灯传人——朱玲宝老师家中，感受彩灯制作背后的文化内涵。

2. 红领巾广播介绍"我眼中的罗店彩灯"。

3. 11 月 24 日午会课时间召开"欢庆十九大 彩灯亮校园"主题队会。

介绍罗店彩灯发展历史，了解彩灯文化，布置彩灯节活动方案——制作 PPT、拍照片两张（有主题、有学生，如有彩灯实物更好）。

（二）创意彩灯

1. 童心绘彩灯

结合十九大的胜利召开，队员通过绘画彩灯表达喜悦与祝福，将传统与现代完美融合。

2. 童谣传唱彩灯

队员创编彩灯童谣——每个中队将创编的童谣两篇以 word 形式发给苑文丽。

（三）点亮彩灯

1. 全体队员与家长一起创意彩灯制作，材料不限、色彩鲜艳、鼓励创意——每个中队在学生作品中精选上交，一、二年级每班交 5 个作品，三、四、五年级每班交 10 个作品，如果有特别精美的可以多交。

2. 彩灯上附上精美的灯谜。

3. 喜迎十九大 彩灯点亮校园——第一届彩灯节开幕。

（苑文丽）

主题节方案 5

沐浴书香　飞扬快乐
——罗店口心校童话节活动方案

一、活动目的

童话是启迪少年儿童智慧的摇篮曲，童话人物是少年儿童成长过

程中的好伙伴。本届童话节将遵循"全员参与，形式多样"的原则，以"读童话、讲童话、画童话、写童话、演童话"为活动主线，引导孩子们走进童话世界，让童话伴随孩子们健康、快乐地成长。

二、活动主题

童话润泽心灵　书香溢满校园

三、活动时间

2018 年 3 月 12 日—3 月 30 日

四、活动内容

（一）宣传板块

1. 横幅制作：制作宣传画和活动口号横幅，在校园内张贴（挂）。

2. 班级环境布置：出一期以童话为主题的黑板报，征集学生儿童画等装饰教室。

3. 童话人物晨迎：每天早上由童话人物在校门口迎接全校师生，以生动活泼的形象带给师生一天的快乐。

4. 国旗下的讲话：要求人人佩戴事先制作的喜爱的童话人物胸贴。

（二）阅读板块

阅读童话，是引领孩子阅读书籍，创建书香校园的一把金钥匙。为了有效落实阅读童话，保证阅读时间，特地安排两个阅读时间：午间阅读和家庭阅读。

1. 推荐书目：将推荐的童话书目发至语文 QQ 群，供老师借鉴。

2. 创建看书吧：各班级创建童话阅读书角，可在原看书吧中增加童话类图书。

3. 师生共读。

（1）一年级：教师讲绘本故事书。二—五年级：师生共同阅读。老师：做相关的阅读指导。学生：完成读书记录卡（见附件 1）（略）。

（2）阅读时间：每天 12:20—12:40。要求：听到铃声组织学生静心阅读。

（3）每天检查人员安排：各年级备课组长。

4. 亲子共读。

（1）家长每天和孩子共同阅读 15—30 分钟。通过"大手牵小手"

"小手拉大手"的形式，倡导家长、孩子一起读书，营造良好的书香家庭氛围。

（2）家长或学生每天完成阅读记录表，老师定期检查。

（3）制作书香家庭电子小报。（展览时间：3月23日）

① 必须有一张反映家庭共读的照片；一篇家长或学生撰写的亲子阅读感受。

② 在人人制作的基础上每班挑选2—3份优秀作品参加展览，每个年级负责两块展板，排版力求美观。负责老师如下：

一年级：罗婷　二年级：何涛　三年级：韦婧　四年级：龚慧　五年级：杨柳

备注：在童话节期间至少阅读1—2本童话书；了解1—2个感兴趣的童话作家。

（三）活动板块

1.动听童话我来赏。

童话歌曲生动活泼，具有极大趣味性，是广大少年儿童喜欢的一种艺术形式。利用午餐时间定时播放童话歌曲，让学生放松心情的同时，感受音乐的魅力，童话的美好。

2.多彩童话我来讲。"☆"

利用晨会、午会、班会等时间，引导学生通过口头描述、肢体语言等讲述一个自己最喜爱的童话故事，展现学生的语言表达能力。

（1）童话内容：《小青蛙报》上的故事、自编自创的故事

（2）活动规则：1—2年级学生人人参与，在班级选拔的基础上每班推荐两名学生参加学校比赛，在学校比赛中，获前六名授予"故事小能手"的称号。

（3）活动要求：脱稿；普通话标准，吐字清晰，表达流畅，声音响亮；精神饱满，动作恰当，生动，有趣；可以适当使用道具、音乐等辅助。时间控制在5分钟以内。

（4）比赛时间：3月27日　12:10开始　地点：多功能教室

3.生动童话我来编。"☆"

引导学生充分阅读古今中外经典童话故事的基础上，为学生搭建平台——创作童话，以此提高学生写作水平和创作热情。要求立意明确、构思巧妙、内容健康、符合情理、具有创造性。

（1）比赛规则：3—5 年级学生人人参与，语文老师自行监考，结束后第一时间挑选 5 篇习作交给出卷人员，参加学校的编故事比赛，不允许指导与修改。

（2）比赛时间：3 月 26 日　12:20—13:00

（3）出卷、评比人员安排：

三年级：毛菲菲　四年级：曹福娣　五年级：黄钰

4. 经典童话我来演。

给孩子一个幸福的童年，一个展现的舞台，提高孩子的交往合作能力和自信心，展示我校素质教育成果。

（1）以积极向上的经典童话剧和创编童话剧为主，体现童真、童趣，符合小学生的心理特点。形式新颖多样，有良好的舞台效果，鼓励创新，并具有一定艺术水准。

（2）各年级负责编排一个童话故事。表演时间控制在 10 分钟左右。

（3）比赛时间：3 月 30 日

（4）负责老师：一年级：沈芸　二年级：杨瑜　三年级：夏玲燕

四年级：颜晓慧　五年级：曹福娣

5. 精彩童话我推荐。

童话是孩子心灵的依托，精神的乐园。在充分阅读的基础上，人人动手制作一份童话分享单，向老师和同学介绍自己最喜欢的一本童话书或一个童话故事。

活动要求：

（1）一年级：画一幅你最喜欢的童话人物、童话场景，也可以采用连环画形式。

（2）二—五年级：制作一份童话分享单。要求：作者的介绍、人物特点的介绍、故事的简介、精彩片段的摘录等，适当地加上美化，插图最好是相应童话故事里的人物。

（3）每个年级负责两块展板。（展览时间：3 月 23 日）

负责老师：一年级：陈雨虹　二年级：陈皆钦　三年级：潘晓倩

四年级：崔晓曙　五年级：胡品贤

（4）纸张要求：铅画纸，大小不统一，力求有个性化。

五、评比方式

（一）学生层面：每参与一次活动或比赛，按照学校活动类的指标颁发相应的积点。活动结束，根据学生的参与情况和获奖情况，每个班级评选出5位"阅读小达人"，授予奖状。

（二）班级层面：每个年级设"童话节优秀团体奖"。（按照学生每个单项的得分累计评选，一等奖10分，二等奖7分，三等奖4分以及"师生共读"：20分、读书记录卡：20分）

（三）教师层面：打"☆"将作为本学期的学科竞赛。按照学校奖惩条例给予相应的奖励。

六、活动要求

（一）每位教师要高度重视，以指导阅读与个性阅读相结合，校园阅读与家庭阅读相结合，当好学生阅读的表率，引导他们正确选书、读书、品书。

（二）各班要认真开展童话节各项活动的评比选拔工作，要确保学生活动的参与面，确保童话节各项活动既轰轰烈烈又扎实有效，把童话节与教育学生爱读书紧密结合起来，与引导学生做人立志紧密结合起来，使学生收获知识，陶冶情操，启迪智慧。

（王建芳）

主题节方案6

快 乐 765
——罗店中心校数学节活动方案

一、活动目的：

以"促进每一个学生健康快乐成长"为宗旨，以数学活动为载体，为全体学生提供展示聪明智慧的平台，激发学生学习数学的兴趣，启迪数学思维，获得情感体验，提高数学素养。此外，通过一系列数学活动，我们也希望能让学生们在参与活动的过程中得到锻炼，使学生们进一步感受数学与生活的密切联系，体会数学的独特魅力，让每一个学生真正走进数学，感受数学，喜欢数学，在数学中得到快乐，同时，加强学校数学文化建设。

二、活动主题：

快乐 765

"765"是学校的门牌号码。"快乐 765"寓意着：快乐的校园,快乐的数学。

三、活动口号：

数学与快乐同行,智慧伴你我成长。

四、活动时间：

十月第 2 周、第 3 周

五、活动形式：

（一）每位学生有一张"争做数学之星"活动卡,每参与一个活动或比赛,就能在"争做数学之星"活动卡上获取相应活动的盖章。

☆
☆☆　　　**"快乐 765"**　　　☆☆
☆☆☆☆　　——**争做数学之星**　　☆☆☆
☆☆☆

数学名言 我来记	数学讲坛 我主持	百题速算 我最棒		数字朋友 我来画		几何幻想 画中游		年月日知 识小报		精彩大数 我来写		数学小报 我作主		特色 项目
参与一次 敲一个章	参与一次 敲一个章	参与	胜出	参与	优秀	参与	优秀	参与	优秀	参与	优秀	参与	优秀	参与

班级＿＿＿ 姓名＿＿＿

（二）数学节的最后一天进行闭幕式,凡参与闭幕式表演的学生,就能在"争做数学之星"活动卡"特色项目"一栏获取相应的盖章。

（三）所有活动和比赛结束后,以盖章的个数、比赛获奖情况、特色项目为参考,每个班级评选出 5 位"数学之星",授予校"数学之星"的奖状。

（四）与学校积点奖励机制相结合：

1.凡参与一项活动或一个比赛,得 2 个积点。

2. 在比赛中荣获一等奖,另外再得 3 个积点;二等奖,得 2 个积点;三等奖,得 1 个积点。作品被评选出优秀,展示在展板上的学生,另外再获得 2 个积点。

3. 凡在闭幕式参与表演的学生,得 2 个积点。

六、活动内容:

(一)数学名言我来记

1. 具体要求:

(1)全体学生参与,在每个班级的班级特色黑板报上贴上"数学名言"的海报,每位学生利用下课休息时间读一读、记一记,各班数学老师提醒学生前往。也可以学生自行找到数学名言,添加上去。

(2)利用每节数学课前 2 分钟,说说自己记住的数学名言和数学家,参与一次盖一个章。

2. 材料准备:

"数学名言"的海报

3. 活动目的:

通过收集数学名言的过程,学生不仅认识了一些数学家,而且从数学家的名言中懂得了探索数学的科学性和数学家们钻研的精神,能提高学生的情感态度价值观。

(二)数学讲坛我主持

1. 具体要求:

(1)全体学生参与,每天中午 12:25 开始进行,每个班级学生利用中午 15 分钟时间讲述有关数学家的故事、优秀数学少年的介绍、数学生活趣味故事或趣味数学题等,每人控制在 3 分钟。

(2)学生参与一次盖一个章,各个班级利用好 15 分钟时间,不做数学作业不讲数学题目,专人专项检查。

2. 材料准备:

自行收集素材

3. 活动目的:

通过讲述有关数学家的故事、优秀数学少年的介绍、数学生活趣味故事或趣味数学题等,让学生充分走进数学世界,体验生活中处处有数学,对数学感兴趣。

（三）百题速算我最棒

1. 具体要求：

（1）全体学生参与，在规定的时间里完成100题口算，按答对题数、时间排名。如果时间相同就看谁做对的多；如果时间和做对的题目都相同就看字迹，字迹好的就胜出。

（2）每班在班级初赛的基础上，选出前三名，进行年级决赛，评出前六名。

2. 材料准备：

计算练习纸

3. 活动目的：

通过这样的口算比赛，既能检测学生是否正确熟练地掌握口算基础知识，又对提高学生的计算能力起着促进作用，同时使学生获得成功的快乐，增加学生自信心，激发学生学习数学的兴趣。

（四）数字朋友我来画

1. 具体要求：

（1）一年级学生参加，通过学习的数字，进行联想，将数字画入日常生活事物中，每人制作一幅创意画。

（2）每个班级数学老师于十月第三周周一把班中优秀的创意作品，布置于走廊展板上，供全校师生欣赏。

（3）展板布置时，贴上活动名称和班级。拍照片，包括展示出来的每一张作品的照片和一张完整的展板布置照片，以"一（1）班数学朋友我来画"为文件名，通过QQ发送给各课组长。

2. 材料准备：

8K纸张、展板

3. 活动目的：

一年级学生刚刚进入校园，学习生活刚刚开始。为了使数学更富有趣味性，将数学和绘画结合在一起，比一比哪些小朋友数学学得好，哪些小朋友富有想象力，同时也让大哥哥大姐姐们欣赏我们一年级小朋友的本领，激发一年级学生的学习兴趣和学习动力。

（五）几何幻想画中游

1. 具体要求：

（1）二年级学生参加，要求能用几何图形，如三角形、长方形、正方形、圆形等图形,设计出一张套主题的创意画,并标出主题名称、涂上颜色、写上班级和姓名。

(2)每个班级的数学老师于十月第三周周一把班中优秀的创意作品,布置于走廊展板上,供全校师生欣赏。

(3)展板布置时,贴上活动名称和班级。拍照片,包括展示出来的每一张作品的照片和一张完整的展板布置照片,以"二(1)班几何幻想画中游"为文件名,通过 QQ 发送给备课组长。

2.材料准备:

8K 纸张、展板

3.活动目的:

运用学生熟知的数学元素和其他元素,去创作自己喜欢的主题画,既能把学到的数学知识和其他元素进行有机地整合,又能激起学生的创新意识,培养学生的动手能力,同时能引导学生从中发现数学的美,让学生得到艺术的熏陶。

(六)年月日知识小报

1.具体要求:

(1)三年级学生参加,可独立或合作完成制作年月日知识小报。

(2)主题鲜明,版面设计规范、整洁、美观,做出个性。

(3)内容有关年月日的知识。(例如:年月日的来历,平年和闰年的相关知识等)

(4)形式可以为手抄报或电子报。

(5)每个班级的数学老师于十月第三周周一把班中优秀的创意作品,布置于走廊展板上,供全校师生欣赏。

(6)展板布置时,贴上活动名称和班级。拍照片,包括展示出来的每一张作品的照片和一张完整的展板布置照片,以"三(1)班年月日知识小报"为文件名,通过 QQ 发送给备课组长。

2.材料准备:

8K 纸张、展板

3.活动目的:

通过搜集有关的年月日知识(比如,年月日的来历,平年和闰年的由来及判断方法,大月、小月的记忆方法等)进行数学报的制作。让学生在制作小报的同时,掌握相关的年月日知识。扩宽学生的知识面,感

受数学与实际生活的紧密联系,体会学习数学的乐趣。

（七）精彩大数我来写

1. 具体要求：

（1）四年级学生参加,从 10 000 开始,按顺序往下写大数。

（2）比一比谁写出的大数多。

（3）字迹端正,没有错误。

（4）各班选出优秀作品,用展板形式进行全校展示。

（5）每个班级的数学老师于十月第三周周一把班中优秀的创意作品,布置于走廊展板上,供全校师生欣赏。

（6）展板布置时,贴上活动名称和班级,拍照片,包括展示出来的每一张作品的照片和一张完整的展板布置照片,以"四（1）班精彩大数我来写"为文件名,通过 QQ 发送给备课组长。

2. 材料准备：

A4 纸、展板

3. 活动目的：

生活中大数广泛存在,对大数的认识既是对万以内数的认识的巩固和发展,也是学生必须掌握的最基础的数学知识之一。通过"精彩大数我来写"的活动,让学生在写的过程中,加深对于大数的数位认识,巩固大数的读和写,同时在写的过程中培养学生认真仔细的数学品质以及持之以恒的精神。

（八）数学小报我做主

1. 具体要求：

（1）五年级学生参加,学生可独立或合作完成制作数学手抄报,以"弘扬数学文化 感受数学魅力"为主题,要求规范、整洁、美观,做出个性。各班评选出的优秀作品参加全校展览。手抄报内容可包括：数学家的故事、数学名人名句、数学名题、数学趣题、脑筋急转弯、数学日记等。

（2）每个班级的数学老师于十月第三周周一把班中优秀的创意作品,布置于走廊展板上,供全校师生欣赏。

（3）展板布置时,贴上活动名称和班级,拍照片,包括展示出来的每一张作品的照片和一张完整的展板布置照片,以"五（1）班数学小报我做作主"为文件名,通过 QQ 发送给备课组长。

2. 材料准备：

8K 纸张、展板

3. 活动目的：

通过此次活动培养学生对学习数学的兴趣，让学生感受到生活中处处有数学，学会用数学的眼光去关心环境，关心社会，去获取和发现新的知识，促进学生自主地展示数学才能，体验数学价值。

七、活动要求：

（一）活动中全体数学老师积极动员所有学生参与，要充分发挥学生的积极性、主动性。

（二）活动过程中，教师要对参与学生进行精心指导和管理，组织好学生活动，培养学生数学素养的养成，及时记录好学生的"争做数学之星"活动卡，以"一切为孩子服务"为宗旨。

八、氛围营造：

（一）宣传横幅

（二）宣传海报

（三）开幕式动员

（四）优秀作品宣传

九、闭幕式汇演：

（一）十月第三周周五12:00—12:45进行，由小主持主持（主持稿由张虹负责，包括舞台布置）。每个年级安排一个节目：

一年级：数学家的故事（仝海燕总负责、车凤珊协助）

二年级：数学歌谣（申惠芳总负责、张梦婷协助）

三年级：数学趣味故事（徐萍总负责、林潇斌协助）

四年级：数学小品（龚秀娟总负责、徐丹丹协助）

五年级：数学小品（朱燕雯总负责、张虹协助）

（二）每个节目中间穿插24点、数学名言问答、智力题等。

（三）节目结束后进行"数学之星"颁奖。

（四）每个班级挑选10个学生在多功能厅观看，徐丹丹负责录像和拍照，申惠芳负责催场和"数学之星"学生的排队，施瑜静负责点PPT，其余数学老师负责好本班学生的纪律，保持安静。

（五）每个年级的节目十月第三周周一开始排练，周二上交PPT，周三中午彩排。

（张　虹）

主题节方案7

Getting to know Australia 了解澳大利亚
——罗店中心校英语节活动方案

一、活动目的

为了进一步推进素质教育,深化新课程改革,促进英语教师专业发展,激发学生对英语学习的兴趣,提高学生英语的听、说、读、写能力,我校特举办第六届"英语节"系列活动。借此活动的契机,营造浓厚的英语学习氛围,培养学生乐于探索的精神,学会运用多种途径学习、了解异国文化,感受异国风情。让每个孩子找到自己身上英语学习的潜力,增强自信心,提高英语表达的能力,努力培养学生的创新精神和实践能力。

二、活动宗旨

人人参与、积极探索、体验快乐、锻炼能力。

三、活动主题

Getting to know Australia 了解澳大利亚

四、活动口号

Happy English,Happy life!

五、活动时间

10 月 15 日—10 月 29 日

六、活动内容

(一)氛围创设

1. 利用电子屏、活动宣传板进行英语节活动介绍。

2. 利用每天午餐时间播放澳大利亚的英文歌曲。

3. 利用两周红领巾广播时间,开辟相应栏目,介绍澳大利亚的风土人情。

4. 各班在板报上布置英语角,英语教师提供相关内容,由班主任布置。

5. 每班制作一张英语节有关的电子小报,张贴于教室外墙面上科学人文板块内。

(二)展示与比赛活动

1. Make a newspaper

各年级根据年级特点组织学生进行澳大利亚相关风土人情的小报

制作,小报形式不限,可以手抄、电子稿、剪贴等多种形式,主题自定。每个班级挑选优秀作品制作一块版面,张贴于科技长廊内,版面上设计好班级名。此项活动由各班教师负责。

具体要求:

(1)板面内容健康,积极向上。

(2)板面内容涉及澳大利亚地理位置、自然风光、饮食习惯、文化艺术等多方面。

(3)板面体现主题,设计好班级名称。

(4)板面设计合理,版面整洁,有新意。

2. Make a speech

结合英语组有关"提高学生英语表达能力与兴趣策略研究"的科研课题,以"Australia in my eyes"为演讲主题,先在小组内进行比赛与推选。在英语节两周时间里面,利用每节课课前两分钟的时间,安排推选出的学生进行演讲展示。教师事先做好适当的辅导,让学生能自信、大胆、流利地进行演讲,为全班学生做好示范,过程中教师进行拍照作为资料。活动结束,教师推选两名最优秀的学生,把他们的演讲稿电子版上交备课组长。

具体要求:

(1)坚持全班参与的原则。

(2)演讲内容符合主题,语言简练,无语法错误。

(3)演讲可以配以 PPT,增加演讲效果。

(4)演讲时做到语音语调优美,能配以肢体动作,表情到位。

(5)演讲后教师适时点评,加强演讲指导,提高班级学生英语表达能力。

3. Do a survey

每一个学生参与一次课外小调查,让学生通过报纸、杂志与网络等媒体去收集、了解一些有关澳大利亚的历史、文化、风土人情等信息并制成简报,简报制作单由学校统一印刷下发。每个学生在班级中进行交流,每班选出最佳的 10 份简报张贴于科技长廊。

具体要求:

(1)坚持人人参与的原则。

(2)根据学生年段特点完成简报,低年段学生以绘画或剪贴画的

形式为主,中高年级以绘画、剪贴画加文字的方式呈现。

（3）简报版面整洁,能进行适当装饰增加美感。

4. Play a game

为了丰富学生的词汇量,在中高年级开展"A word train"的游戏活动,以年级组为单位,一个年级一列小火车,小火车上每个车厢均写有一个种类的名称,如:Food(食物)。各班级根据所分配到的种类进行单词积累,组织全班学生把该种类的相关单词写于便利贴上,并贴到火车版面上。根据单词的正确率与数量,每个年级评选出一个优胜班级。

具体要求:

（1）坚持全班参与的原则,在班级展示交流的基础上完成版面任务。

（2）人人进行词汇归类,鼓励运用词典、电脑等工具进行词汇的查找、整理。

（3）便利贴上单词的书写要认真,最好配以相应的图片或中文词义。

（4）各年级火车版面布置完成后,组织学生参观、浏览,丰富词汇量。

5. Copy a poem

基于学生书写习惯与态度的重要性,引导学生进行认真书写。在三年级的同学中间开展抄写英文小诗的活动,鼓励学生自己寻找与澳大利亚相关的小诗进行抄写。每班挑选优秀作品制作一块展示版面张贴于科技长廊,其余作品张贴于教室板报。

具体要求:

（1）书写用纸不做统一要求,鼓励学生自己准备,纸张可以进行适当美化。

（2）根据年级要求,统一用铅笔进行书写。

（3）注意诗歌的书写格式,注意大小写与标点符号。

（4）各班版面布置后组织学生参观、浏览,进行品评,相互学习。

6. Have a match

各年级根据年级特点开展一次比赛。比赛内容由同年级任课老师共同商量后确定,先组织发动学生在班级比赛,在此基础上在年级中进行比赛。各年级教师要认真做好前期组织、比赛评比、奖状颁发等工作,力求做到比赛的过程与结果公开、公正,充分激发学生学习与展示的欲望。

具体要求:

(1)比赛内容与形式要根据学生年龄特点制定,力求生动、活泼、富有童趣。

(2)在全班开展比赛的基础上推优参加年级组比赛。

(3)比赛之前制定好评分标准并告知学生。

(4)比赛评委工作可以是教师与学生共同参与,发挥学生的主动性,锻炼其能力。

(5)比赛后及时统计比赛结果,打印好奖状。

七、奖项设置与评委安排

1.每参与一项内容可得英语节奖章一枚,表现优秀者可以多得一枚奖章。

2.各年级的比赛由任课老师当评委,评出前六名并颁发奖状和相应的积点。

3.每班推选5名英语小达人(根据英语节获奖章情况推选),可以获得相应积点。

八、活动推进

(一)筹备阶段

英语节宣传发动、利用双休日准备英语节参赛项目。

(二)活动阶段

1.英语节开幕式

2.各项展示与比赛活动

(三)第三阶段

表彰与总结

九、活动具体安排

(一)开幕式:第八周周一(10月15日)

(二)氛围创设

1.利用电子屏、活动宣传板进行英语节活动介绍。(10月15日)

2.利用每天午餐时间播放英文歌曲(英语节活动期间)。

3.利用两周红领巾广播时间,介绍澳大利亚风土人情(第8、9周周四)。

第三章 "启梦"之花

4. 各班在板报上开辟英语角,内容由英语教师提供,由班主任布置。(10 月 15—17 日)

(三)活动开展

1. Make a newspaper	第 9 周周一之前
2. Make a speech	课前两分钟
3. Do a survey	第 9 周周一之前
4. Play a game	第 8 周周一
5. Copy a poem	第 9 周周一之前
6. Have a match	第 9 周周三截止

(四)闭幕式

时间:第十周周一

内容:小结、颁奖

(朱国燕)

主题节方案 8

活力校园展风采　阳光体育伴成长
——罗店中心校体育节活动方案

一、指导思想

坚持面向全体学生,人人参与的宗旨,有效利用学校体育资源,通过体育文化节活动促进学校体育工作的发展,丰富学校体育文化内涵,树立健康第一的思想以及终身锻炼的意识和习惯,激发学生参与体育活动的兴趣,培养学生合作、自信、果断、公平竞争及团队精神等良好品质,促进学生在身体、心理及社会适应能力等方面健康和谐的发展,增强创新意识和创造能力,加强校园精神文明建设,推动我校体育运动向更高水平发展。

二、活动目的

丰富学生的课余生活,锻炼学生身体,增强体质。激发体育兴趣,培养热爱体育运动、积极参与的情怀,形成团结向上的集体主义精神。

三、活动主题

本次体育文化节以"活力校园展风采　阳光体育伴成长"为主题,

大力推广实施"阳光体育"、"快乐体育"、"课间体育"等体育比赛和体育游戏活动。以班级为单位,鼓励人人参与体育运动,个个全面发展,切实增强学生体质,充分享受运动的乐趣,并邀请部分家长参与亲子运动会,促进学校与家庭的沟通,增强家校合力。

四、活动时间

2018.4.2—2018.4.30

五、活动安排

活动时间	内容	参加对象	负责部门	负责人
第七周升旗仪式	开幕式	全体学生	校长室	校长
第七周	组织和宣传	全体学生	德育室	杨海燕　班主任
第七周—第十一周	"活力校园"体育摄影赛	全体学生	体育组、美术组	朱晓敏　刘贤芳
第八周	"阳光体育伴我行"黑板报评比	全体学生	少先队	苑文丽　张梦婷
第九周	亲子运动会	一年级学生	教导处	高文芳　金国华
第八周—第十周	趣味游戏团体赛	一、二年级学生	体育组	朱晓敏
第八周—第十周	小小篮球赛	三年级	体育组	陈志婷
第八周—第十周	小小排球赛	四年级	体育组	朱晓敏
第八周—第十周	小小足球赛	五年级	体育组	陈林
第十一周	校园运动会	全体学生	体育组	金国华

六、活动实施及奖励方法

活动一:"活力校园"体育摄影赛

一、指导思想

坚持"健康第一,全面育人"的指导思想,倡导学生积极参与罗小体育文化活动,营造良好的校园体育文化氛围,促进学生身心健康成长。结合学生校园实践活动,鼓励学生以独特的视角,用镜头来捕捉阳光体育激动人心、奋力拼搏、妙趣横生、活泼生动的精彩瞬间,拍摄阳光体育的花絮片段,让更多的学生参与到体育节活动中,展现罗小少年良好的精神风貌和运动风采。

二、稿件征集

（一）题材内容和组别

1. 作品主题：我眼中的阳光体育。以展体育风采，扬精神风貌为主要内容，能反映学生身边开展的丰富多彩的阳光体育运动。摄影作品遵循真实性、纪实性的原则，要有一定的艺术性，并在主题挖掘或拍摄技法上有所创新，反映时代气息，把握时代脉搏，焕发时代精神。

2. 组别：以年级组为单位

（二）作品要求

1. 作品必须为电子稿件。可单幅、可组照（每组不超过 4 幅），彩色、黑白均可（所有应征作品除对影调、色彩进行适度调整及构图剪裁外，不得对原始图像进行任何足以影响其真实性、准确性的改动）。

2. 电子稿要求为 JPG 格式，单幅照片文件不小于 1.5 MB，摄影作品每班推荐 5 幅（组），每张摄影作品的文件名称为："年级 班级 作者姓名 作品名称 指导教师"，并以班级为单位打包文件夹发送至刘贤芳老师。截止日期：2018.4.30

（三）奖励方法

每个年级设立一等奖 1 名，二等奖 2 名，三等奖若干，分别得 3、2、1 分计入团体总分。

活动二："阳光体育伴我行"黑板报评比

一、活动目的

为了丰富校园体育文化，激发学生参与活动的兴趣，展现学生的艺术才能，发挥黑板报在本次体育节中的宣传作用，提高师生合作，增强团队荣誉感。

二、评比要求

1. 以"阳光体育伴我行"为主题，选择适合的内容。

2. 布局合理，整体美观。

3. 图文并茂，力求创新。

三、奖励方法

各年级设立一等奖 1 名，二等奖 2 名，三等奖若干，分别得 5、3、2 分计入团体总分。

活动三：亲子趣味运动会

一、活动目的

为了进一步加强家校互动,丰富孩子的体育文化生活,增进亲情,增进家长及孩子间的感情,提高孩子的综合能力,帮助家长促进与孩子间的交流、交往,从而营造孩子健康成长的氛围。使每一位家长发现孩子的优点,注意各种才能的挖掘和培养,结合一年级多元化评价开展本次亲子活动。

二、活动主题

娱乐身心、欢乐童年、加强交流、展现自我。

三、活动项目及规则

1. 三人四足:六个家庭为一组,学生和家长并肩站着,用绑带将家长的脚踝和孩子的脚踝绑住,听口令后开始,用时最短获胜。

2. 过小河:家长与孩子利用三块纸板,以最快的速度过小河,家长与孩子的脚不能接触地面。三个家庭为一组,先过小河的获胜。

活动四:"千校万班"足、篮、排球小达人技能竞赛

一、指导思想

为响应上级部门号召,进一步丰富学生校园体育文化生活,提高学生参与体育锻炼的积极性,形成校园和班级体育文化氛围。现结合我校第四届体育节,开展"千校万班"足、篮、排球小达人技能竞赛,让更多的学生参与到活动中,体验足球、篮球、排球带来的乐趣和魅力。

二、活动对象

三至五年级学生

三、活动规则

1. 三年级:运球变距折返跑

采用团体接力方式,比赛计时,10 人(7 男 3 女)。

方法:测试在标准篮球场地(28×15 米)进行。各参赛队派 10 名运动员参加,运动员站在端线外,听信号出发。运球绕过 1 号标志物后运球回到端线,再运球绕过 2 号标志物后运球回到端线,再运球绕过 3 号标志物

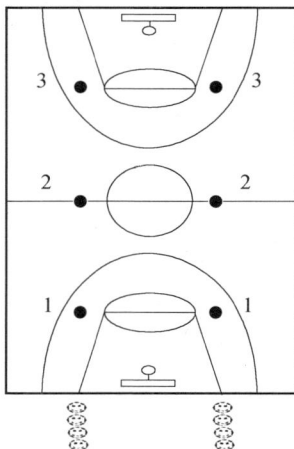

第三章　"启梦"之花

回到 1 号标志物处的传球线把球传给同伴,以此类推。最后一名运动员完成上述练习后把球运过端线,计 10 名运动员测试总用时,用时少的参赛队名次列前。

要求:(1)运球必须绕过标志物,折返时脚必须踩到端线,如出现跨过标志物或未踩到端线就折返情况,每次加 2 秒。(2)传球时,脚必须踩到或超过传球线。

2.三、四年级:60 秒自抢篮板投篮

采用团体计分方式,10 人(7 男 3 女)。

运动员听到信号后任意地点开始投篮,自己抢篮板球,然后继续投篮。60 秒时间内,计投中次数。10 人投中次数相加分数高者为胜。

3.三—五年级:足球射门

采用团体计分方式,10 人(至少 3 名女学生)。

运动员听到信号后开始按队伍顺序(各支队伍自行排序)使用脚的任意部位射门。球门使用锥形标志桶摆放,两标志桶内侧间距为 1.5 米,运动员距球门 8 米,每人完成一次射门。每射中球门得 1 分,未射中则得 0 分;球被踢出后触及标志桶内侧同样计 1 分,触及标志桶正面及外侧均计 0 分。10 人依次完成一次为一轮,共 3 轮。全队 10 人分数相加即为该团队分数。

四、奖励方法

每个项目取前三名,分别按 5、3、2 分计入团体总分。

活动五:校园运动会

一、罗店中心校第四届体育节暨运动会入场式方案

(一)活动目的

1.检阅学校各班级、年级学生风采,展现良好的校风、班风和文化特色,体现我校师生积极向上的良好精神风貌。

2.通过丰富多彩、生动活泼的形式对学生进行爱校教育,激发学生参与阳光体育的兴趣和热情。营造良好的学校体育文化氛围,推动学校精神文明建设。

3.通过活动,培养班级团队精神、增强凝聚力和荣誉感、建设良好的班集体,同时也给学生提供一个展示风采的舞台。

(二)活动主题

活力校园展风采,阳光体育伴成长。

（三）运动会入场活动内容

运动员入场表演形式及评比办法

（1）要求

各班要精心设计，创意独特，主题鲜明。各班运动员方阵入场，尽力做到有特色、有新意，利用标语、道具，如气球、纸花、小红旗等，自制服装更好，形式不限。各班口号要有创意、激情，喊得又响亮，又有气势！与观众互动，向主席台致敬！能够充分展示学校办学理念，体现班级文化内涵、班级特色、班级凝聚力！

（2）评比内容及评比标准（10分）

（入场式表演）每个年级评选出3名最佳方阵奖。

队伍整齐（2分）：队伍整齐、步伐一致。

口号（1分）：口号要有创意、激情，喊得又响亮、又有气势。

服装道具（2分）：整洁、美观、大方，有特色，自制道具可适当加分。

精神风貌（2分）：全员参与、精神饱满、充满活力、个性张扬。

特色展示（3分）：各班方阵经过主席台时原则上不停留，确实需要展示的班级时间不超过2分钟。各班要精心设计、创意独特、充分展示学校办学理念和班级文化内涵。

二、罗店中心校第四届体育节暨运动会入场式议程

（一）入场式时间：2018.4.30

1. 集合时间：8时10分，各班级在指定的位置集合完毕（篮球场地，具体见示意图）。

2. 集合队形：各班级按4路纵队站立，等候大会入场通知。各管理责任教师，须同时到达指定区域进行组织管理。

（二）入场式参与对象：一至五年级学生及家长志愿者方阵

（三）入场顺序

1. 入场队形

校旗队伍——家长彩旗方阵——学校鼓号队方阵——裁判员队伍——一年级——二年级——三年级——四年级——五年级

各班级入场时，按"班级引导员——班主任——班级运动队"的顺序进行，严格听从入场指挥，精神饱满，展现班级风采。

2. 入场要求

（1）形式：各中队在走过主席台时，可通过口号、动作、标语、横幅、

小彩旗等形式展示班级特色,可以做行进间表演,但不能停顿,时间在1分钟左右。音乐统一使用《运动员进行曲》。

（2）要求：遵守纪律,听从指挥;服装整齐,精神面貌好;可自选口号,要求健康向上、朝气勃勃、富有时代感。

（3）队伍从南弯道进入中场时,听从工作人员指挥,由四路纵队变为两路纵队。进入指定集合地点时,听从工作人员指挥,由两路纵队变为一路纵队。

（4）入场式为运动会"体育道德风尚奖"评选条件之一。

(四) 开幕式主要议程

1. 宣布罗店中心校第四届体育节暨运动会入场式开始;

2. 仪仗队、裁判员、各代表队运动员入场;

3. 介绍参加开幕式的领导;

4. 升国旗、奏（唱）国歌;

5. 校领导致开幕词;

6. 裁判员代表宣誓;

7. 运动员代表宣誓;

8. 校长宣布罗店中心校第四届体育节暨运动会开幕;

9. 仪仗队、裁判员、运动员退场。

三、参赛项目

一、二年级：50米、立定跳远、1分钟快速跳绳。

三、四、五年级：径赛：60米、200米、400米、800米;田赛：立定跳远、跳远、跳高、实心球前抛;集体项目：车轮滚滚、旱龙舟、阳光伙伴、50米×8。

四、计分方法

1. 所有单项取前五名,按6、4、3、2、1分计入班级团体总分。

2. 集体项目取前三名,按8、6、4分计入班级团体总分。

五、总结与表彰

1. 根据本届体育节活动项目的组织和参与情况,以及班级团体总分排名情况,各年级段评选出优秀组织奖1名、组织奖2名、参与奖若干,结合学校奖惩条例给予奖励。

2. 积极参与本届体育节活动的学生,根据学校积点奖励制度,下发相应的积点,在各项比赛中获奖的学生获得奖状和相应的积点。

（金国华）

成长礼方案 1

罗店中心校小红星儿童团入团活动方案

一、活动目的

小红星儿童团是中国少年先锋队的预备队。通过精心安排的团前教育、隆重而快乐的入团仪式、难忘的合影留念、欢乐的才艺联欢等活动,进一步明确儿童团员肩负的责任,努力学习实践,培养"五爱"精神,树立远大志向,增强光荣感,提高自信心,为早日加入光荣的中国少年先锋队做好准备。

二、活动主题

我把五爱记心间　我是祖国好苗苗

三、活动时间

12 月

四、活动地点

风雨操场

五、活动对象

全体一年级学生、一年级各中队辅导员、一年级各班任课教师、四年级大队委员以及全体一年级学生家长。

六、活动工作人员安排表

序　号	内　　　容	责　任　人
1	总负责	金志刚
2	总协调	朱金华　徐琳
3	入队仪式训练、学生代表训练	张梦婷
4	主持人训练	苑文丽
5	旗手训练	张梦婷
6	场地引导、仪式秩序维护	杨海燕　滕晶晓
7	节目催场	张梦婷
8	音控、后勤保障	王伟龙
9	摄影摄像	徐丹丹

七、入团前准备

由四年级大队委员配合一年级各中队辅导员进行"五知""四会"教育与训练。

(一)"五知"

知道儿童团的名称：小红星儿童团。

知道儿童团的领导：中国少年先锋队。

知道儿童团的目标：爱红星、爱学习、爱师长、爱同学、爱劳动。

知道儿童团的旗帜：苗苗向着五角星的红旗。苗苗是儿童，五角星代表党，红色象征先烈的鲜血。

知道儿童团的标志：绿领巾。

(二)"四会"

会敬儿童团的团礼：右手五指并拢，敬于太阳穴。

会呼儿童团的呼号：(领)时刻记住五个爱。(齐)准备参加少先队。

会唱儿童团团歌。

会戴绿领巾。

八、入团仪式流程

1. 仪式开始(主持人：二年级儿童团员)。

2. 儿童委员宣布批准入团决定。

3. 授绿领巾(一年级中队辅导员、一年级各班任课老师和四年级大队委员向新团员授绿领巾，新团员双手接绿领巾)。

4. 苗苗齐说心里话。

5. 新儿童团员佩戴绿领巾。

6. 出儿童团团旗。

7. 唱《共产儿童团团歌》。

8. 儿童团长带领新团员宣誓。

9. 苗苗小心愿(新团员代表发言)。

10. 四年级大队委员代表致贺词。

11. 大队辅导员带领呼号。

12. 家长代表发言。

13. 各中队节目表演。

14. 领导讲话。

15. 退旗。

16.仪式结束退场、合影留念。

九、活动场地安排图

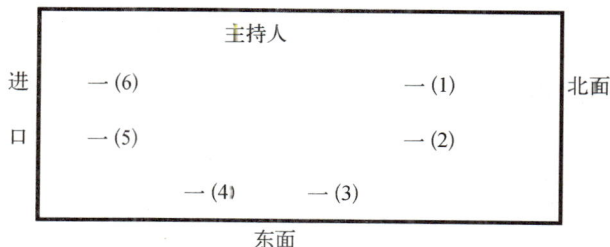

```
┌─────────────────────────────────────┐
│              主持人                  │
│  一(6)              一(1)           │
│  一(5)              一(2)           │
│       一(4)    一(3)                │
└─────────────────────────────────────┘
```

进
口

北面

东面

十、一年级各中队辅导员、任课老师及四年级大队委员安排表

班　级	中队辅导员	任课教师	协助四年级大队委员
一(1)	各	各	四(1)
一(2)	中	班	四(2)
一(3)	队	任	四(3)
一(4)	辅	课	四(4)
一(5)	导	教	四(5)
一(6)	员	师	四(6)

（张梦婷）

成长礼方案 2

罗店中心校少先队入队仪式活动方案

一、活动目的

学习贯彻习近平总书记系列重要讲话精神,牢牢把握少先队组织的根本任务,坚持儿童路线,把孩子放在心中最高位置,尊重教育规律。通过精心安排的队前教育、庄严隆重的入队仪式、欢乐的才艺联欢、难忘的合影留念等活动,在二年级小朋友的心田播下"先锋"的种子,树立红领巾的远大志向,进一步加深对少先队组织的认识,树立规范意识,增强作为一名少先队员的光荣感和责任感,体会到

加入少先队组织的欢乐，培养新队员对队组织和队活动的热爱和向往。

二、活动主题

领巾心向党　快乐共成长

三、活动时间

5月

四、活动地点

风雨操场

五、活动主题

全体二年级学生、二年级各中队辅导员、二年级各班任课教师、四年级大队委员以及全体二年级学生家长。

六、活动工作人员安排表

序　号	内　　　容	责　任　人
1	总负责	金志刚
2	总协调	朱金华　徐琳
3	入队仪式训练、学生代表训练	张梦婷
4	主持人训练	苑文丽
5	旗手训练	张梦婷
6	场地引导、仪式秩序维护	杨海燕　滕晶晓
7	节目催场	张梦婷
8	音控、后勤保障	王伟龙
9	摄影摄像	徐丹丹

七、入队前准备

由四年级大队委员配合二年级各中队辅导员进行"五知""四会"教育与训练。

（一）"五知"

知道少先队的名称：中国少年先锋队。

知道少先队的领导：党委托中国共产主义青年团直接领导我们队。

知道少先队的作风：诚实、勇敢、活泼、团结。

知道少先队的旗帜、队徽：五角星加火炬的红旗是我们的队旗。五角星代表中国共产党的领导，火炬象征光明，红旗象征革命胜利。五角星加火炬和写有"中国少先队"的红色绶带组成我们的队徽。

知道儿童团的标志：红领巾。

(二)"四会"

会敬少先队队礼：右手五指并拢，高举头上。

会呼少先队的呼号：(领)准备着：为共产主义事业而奋斗！(齐)时刻准备着！

会唱中国少年先锋队队歌。

会戴红领巾。

八、入队仪式流程

1. 仪式开始(主持人：三年级少先队员)。

2. 出儿童团旗。

3. 唱《共产儿童团团歌》。

4. 儿童团员摘下绿领巾。

5. 授新任中队辅导员聘书。

6. 授红领巾(二年级各中队辅导员、二年级各班任课老师和四年级大队委员向新团员授红领巾，新团员双手接红领巾)。

7. 新队员佩戴红领巾。

8. 出少先队队旗。

9. 唱《中国少年先锋队队歌》。

10. 大队长带领新团员宣誓。

11. 新队员代表发言。

12. 四年级大队委员代表致贺词。

13. 大队辅导员带领呼号。

14. 家长代表发言。

15. 各中队节目表演。

16. 领导讲话。

17. 退旗。

18. 仪式结束退场、合影留念。

九、活动场地安排图

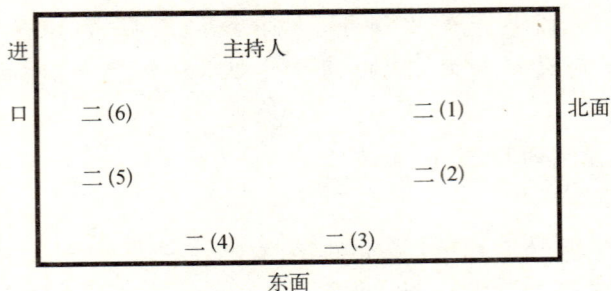

```
进  口    主持人          北面
        二(6)        二(1)
        二(5)        二(2)
            二(4)  二(3)
              东面
```

十、二年级各中队辅导员、任课老师及四年级大队委员安排表

中 队	中队辅导员	任课教师	协助四年级大队委员
二(1)	各	各	四(1)
二(2)	中	班	四(2)
二(3)	队	任	四(3)
二(4)	辅	课	四(4)
二(5)	导	教	四(5)
二(6)	员	师	四(6)

（张梦婷）

成长礼方案3

罗店中心校十岁集体生日礼活动方案

一、活动目标

1. 规范举行少先队仪式，运用庄严而神圣的仪式活动让孩子们感悟到十岁的责任与担当，从小胸怀理想梦、科学梦、创造梦、报国梦。

2. 引导队员以中、小队为单位开展活动策划与组织，自制礼物、自我展示，体验"自主当家，自搞活动"的喜悦。

二、活动主题

今天我长大了

三、活动时间

2017 年 4 月 14 日(周五)12:20

四、活动地点

三年级各中队教室

五、活动准备

1. 中队准备——主持人、节目、学生的感恩信、家长的信、PPT、队歌音乐、出旗曲、退旗曲。

2. 学校准备——宣传板、蛋糕、家长通知单、学生引导、电子屏。

六、活动流程

我长大了
——罗店中心校三年级十岁集体生日礼主持稿

【开头】

男:全体立正,下面举行三年级十岁生日礼。

出旗(播放出旗曲)! 敬礼! 礼毕!

唱中国少年先锋队队歌(播放队歌),请坐!

男:敬爱的老师、尊敬的家长,

女:亲爱的同学们,

合:大家上午好!

男:春天的阳光洒落在我们的身上,

女:温柔的清风拂过我们的脸庞,

男:欢乐的笑声回荡在我们的耳旁,

女:敬爱的老师、家长围坐在我们的身旁。

男:今天,我们无比激动;

女:今天,我们无比幸福。

男:因为今天,

女:我们要大声地宣告:

合:我们十岁啦! 我们长大了!

男:在这欢乐的节日里,

女:让我们共同祝愿全班同学,

合:十岁生日快乐!

男：踏着彩虹铺展的前程，我们将去迎接新世纪的太阳。

女：下面我宣布，

合：罗店中心校三（×）×××中队"我长大了"——十岁集体生日礼

现在开始。

第一板块：追忆童年

男：歌声、笑声奏响了生日的序曲，此刻的我们沉浸在幸福的海

洋里。

女：十岁的生日累积了无数童年的快乐，美好的时光又把我们带

回了幼年的记忆。

男：同学们，让我们一起回忆儿时的趣事，共同分享小时候的那份

美好！

游戏：猜猜我是谁！（演示学生儿时的照片，猜猜照片中的人物）

女：在我们成长的路上，父母为我们倾注了无尽的爱，下面请学生

代表讲述我们的成长故事。

（两名学生讲述自己的成长故事）

男：十年前，父母给了我们生命。

女：十年来，我们经历了托儿所、幼儿园，如今成了罗店中心校三

年级的小学生。

男：在罗小，我们三（ ）中队的（ ）个小伙伴彼此关爱，共同成长，

组成了一个快乐的大家庭。

女：伴随着父母的期望，我们渐渐长大。

男：在罗小美丽的校园里，我们快乐地成长。

女：我们学到的本领也越来越多。

男：我们的生活多么幸福，我们的未来充满希望！

女：下面请欣赏（   ）给我们带来的节目《   》，掌声有请！

第二板块：感恩父母

男：我们是小树，

女：在祖国母亲的怀抱中，苗壮成长！

男：我们是花朵，

女：在阳光雨露的滋润下，灿烂开放！

合：感谢罗小、感谢老师、感谢所有爱我们的亲人，是您给了我们

金色的童年。

男：十岁生日是一个值得庆祝的日子,庆祝我们的诞生,

女：庆祝我们的成长。

男：我们的成长牵动着父母的心,

女：我们的点滴进步牵动着老师的心。

男：我们骄傲:数学节上,样样参与。

女：我们自豪:英语节中,硕果累累。

男：我们按捺不住激动的心情,要大声宣布:

合：我们是罗小好少年,我们一定最最棒!

女：今天,就让我们对父母说出自己的心里话吧。

(请四五名学生上台说出心里话,拿出事先写好的感恩卡。)

男：在罗小这个大家庭中,我们不仅学到了知识,更学会了感恩!

女：下面请欣赏(　　　　　)给我们带来的节目《　　　》,掌声有请!

第三板块:生日祝福

(一)父母的祝福

男：今天,爸爸妈妈们在百忙之中赶来了。

女：在这欢乐的日子里,让爸爸妈妈和我们同乐吧!

男：在我们的生日之际,父母有许多话要对我们说。

女：他们早已经为我们写好了生日祝贺信。想不想听一听爸爸妈妈想要对你说些什么?

男：下面有请×××的爸爸(或妈妈)上台为×××送上生日的祝福!掌声欢迎!

(请两三名家长上台为孩子读信送祝福)

女：其实我们也有话对亲爱的爸爸妈妈说,那就拿出感恩卡,抱着你的爸爸或妈妈,把心里话讲给他们听,再听听他们对我们的祝福吧。

(我们的悄悄话:学生读感恩卡,家长读祝贺信)(背景音乐)

男：感谢父母对我们的祝福,我们必将不负众望,努力做最好的自己。

女：下面请欣赏(　　　　　)给我们带来的节目《　　　》,掌声有请!

(二)老师的祝福

男：我们的成长离不开老师的帮助。

女：我们的进步离不开老师的教导。

男：就在今天，我们长大了！

女：是的，我们长大了！让我们一起对老师说一句。

合：谢谢您，老师！您辛苦了！

男：在今天这个特别的日子里，亲爱的老师也给我们带来了生日的祝福！

女：下面请欣赏老师和我们合作的诗朗诵《今天，我们十岁啦！》（播放配乐）

生：今天，我们十岁啦！

师：十岁了，不再动不动哭鼻子。

生：因为我们学会了坚强。

师：十岁了，不再为小事斤斤计较。

生：因为我们学会了宽容。

师：十岁了，不再事事依靠大人。

生：因为我们学会了独立。

师：十岁了，不再什么都占为己有。

生：因为我们学会了分享。

师：十岁了，不再只沉浸在自己的世界。

生：因为我们学会了关注。

师：十岁了，不再做事虎头蛇尾。

生：因为我们学会了负责。

生：今天，我们虽然是青涩的。

全体男：因为有了大地母亲温暖的怀抱。

全体女：因为有了阳光雨露的滋润。

全体男：也因为有了狂风暴雨的考验。

生：明天，我们必将成为枝繁叶茂的大树。

【结尾】

女：谢谢老师的祝福。下面请学生代表×××和他的爸爸（或妈妈）为我们点亮生日的蜡烛。

男：让我们一齐点燃手中的生日之烛、梦想之火，唱起生日之歌。

（播放《生日歌》，学生、家长代表一同点燃蛋糕上的生日蜡烛）

女：看！生日蜡烛已经点燃！

男：让我们也一起点燃心灵上的烛光。（台下同学点蜡烛）

女：烛光拥抱你，

男：烛光拥抱我。

女：这烛光是灿烂的生活之光，

男：这烛光是前进的理想之光。

女：在这美好的时刻，我们许下美好的心愿。

男：祝愿亲爱的爸爸妈妈健康、快乐！

女：祝愿亲爱的老师们工作顺利！

男：祝愿亲爱的罗小和谐、向上！

女：祝愿亲爱的祖国繁荣、昌盛！

合：愿自己心想事成！愿大家美梦成真！

（全体同学许愿、吹灭蜡烛）

男：下面我宣布罗店中心校三（ ）××中队

合："我长大了"——十岁集体生日礼到此结束！

男：全体立正！退旗（播放退旗曲）！敬礼！礼毕！

（分发生日蛋糕、品尝蛋糕）

（苑文丽）

成长礼方案 4

罗店中心校大手牵小手活动方案

一、活动目的

为深入贯彻习总书记对广大儿童的期望，弘扬红军长征精神，让少年儿童在感知中了解红色精神，在追寻中传承长征精神，倍感珍惜现在的幸福生活，增强加入少先队组织的光荣感和责任感，用社会主义核心价值观教育引导少年儿童好好学习、天天向上，成为讲道理、有知识、有作为的建设者和接班人。

二、活动主题

大手牵小手　入团跟我走

三、活动对象

一年级全体学生和四年级部分少先队员

四、活动时间

以一年级学生入团时间为准

五、活动地点

一年级各班教室、入团仪式场地

六、活动准备

团前教育 PPT、绿领巾、小红星手册。

七、活动内容

(一)"小红星儿童团"团前教育我来教

以两名四年级队员为单位,制作 PPT,分发小红星手册,利用班会课时间进入一年级班级,承担小老师角色,对一年级学生开展团前教育,使一年级学生知道小红星儿童团的名称、领导、目标、旗帜、标志。

(二)入团四会我来帮

以四名四年级队员为单位,小组教学,亲自指导一年级学生呼号、敬团礼、唱团歌、戴绿领巾。

(三)团前准备我来测

采取问答方式检测一年级学生"五知"情况,并通过面对面实际操作形式检测一年级学生"四会"掌握情况。如发现有个别学生掌握不佳,四年级队员将利用午会课时间对一年级学生进行一对一辅导。

(四)传递红色正能量

1. 协助一年级辅导员在中队中积极开展"童心向党"主题活动,以丰富多元充满乐趣的校园文化活动为载体,运用童谣、歌曲、故事、小报等形式引导新团员感知长征精神,鼓励新团员一心向党,跟党走,今天做好苗苗,明天争做好少年。

2. 积极带领一年级新团员开展"我为绿领巾添光彩——感恩实践活动",引导他们从身边小事做起,学会感恩,学会用实际行动感恩他人,从小事做起,成为彼此榜样,传递正能量。

我为绿领巾增光彩——感恩实践活动

实践者:_____　　所在中队:_____

活动时间　感恩对象　感恩小足迹(照片或文字记录)　证明人

感恩随想：

_____

爸爸妈妈，我想对你说：

_____

老师为你点_____赞（满分十个赞）

罗店中心校

（滕晶晓）

成长礼方案5

罗店中心校毕业典礼活动方案

一、活动目标

1. 在毕业前夕，通过隆重而有意义的毕业典礼来展示五年来的成长点滴，表达了毕业生对母校、对老师的感恩之情。

2. 教育队员们立足今天，脚踏实地，朝着自己的理想奋进，争当向上、向善好少年。

二、活动主题

感恩罗小　放飞梦想

三、活动时间

6 月 29 日上午 9:00

四、活动地点

多功能教室

五、活动对象

五年级全体任课教师、学生和家长

六、活动过程

(一) 宣布典礼开始

(上场音乐)主持人走上台。

甲：尊敬的学校领导，敬爱的老师

乙：亲爱的爸爸妈妈，亲爱的同学们，

合：大家上午好。

甲：今天是一个难忘的日子，她将在我们罗小五年级学生心中留下永久的芬芳。

乙：今天是一个特别的日子，她将为我们的小学生活画上一个圆满的句号。

甲：今天我们相聚在美丽的罗小，

乙：再次重温五年美好的时光。

甲：下面，我宣布罗店中心校 2017 届学生毕业典礼——"感恩罗小　放飞梦想"

合：现在开始。

乙：今天来参加我们毕业典礼的学校领导有金校长、副校长朱金华老师、工会主席徐琳老师，还有教导主任高文芳老师，所有的五年级任课老师，以及我们的爸爸妈妈。让我们用热烈的掌声欢迎他们。

（二）校长致辞

甲：今天，坐在罗小熟悉的多功能厅，相信大家的心情一定是百感交集。五年前，我们还带着稚嫩，携着童真，对一切充满了好奇，可是今天，我们已经成长为小小少年。

乙：七岁到十一岁，无数个日子匆匆而过，从懵懂无知到今天的成熟智慧，学校领导时时刻刻都在关注着我们健康快乐地成长。

甲：下面有请我们敬爱的金校长为毕业典礼致辞，大家掌声欢迎！
（上场音乐）

（校长讲话）

乙：金校长意味深长、热情洋溢的话语，鼓励着我们走向更好更高的目标。我相信，不久的将来，罗小会因为拥有我们而骄傲。

（三）美好回忆（背景音乐：雨夜花）

甲：岁月如梭，光阴似箭，五年的小学生涯弹指一挥间。

乙：在罗小这所美丽而清新的校园里，熟悉的教学楼，熟悉的连廊，熟悉的操场，熟悉的梦工场，熟悉的老师，熟悉的伙伴，曾留下我们多少回忆。

甲：在课堂，有我们埋首作业的身影和积极讨论的声音，

乙：在课间，有我们结伴游戏的欢乐和静静阅读的满足，

甲：舞台上，留下了我们磨炼翅膀的印迹，

乙：校长室里，弥漫着我们共度下午茶的温馨，

甲：艺术节，我们用灵性诠释美的内涵，

乙：童话节，我们纵情放飞七彩的梦想。

甲：乡村少年宫里，我们兴趣的种子在萌发，

乙：罗小梦工场里，我们追梦的脚步愈加坚定。

甲：我们的每一个进步，都镌刻在罗小的一千八百多个日日夜夜。

乙：下面请看校园生活回顾《我们在罗小成长》。

（播放五年校园生活回顾《我们在罗小成长》，配音）

（四）毕业生代表讲话

甲：五年的校园生活，留下我们银铃般的欢笑，那笑声仿佛还在校园的四周回荡。

乙：五年的校园生活，留下我们磨炼翅膀的背影，那背影是如此深刻地印在我们脑海。

甲：五年的校园生活，留下了我们不断成长的足迹，也涌现了一批优秀的毕业生。

乙：下面有请朱校长宣布优秀毕业生名单。（颁奖音乐）

甲：请优秀毕业生代表上台领奖。请朱校长给优秀毕业生颁发奖状，请教导主任高文芳老师给优秀毕业生颁发奖品。

乙：下面请优秀毕业生代表——汪致远同学发言，大家掌声鼓励。

（毕业生代表发言）

（五）献花聆听

甲：星辰的五年，没有老师的含辛茹苦，呕心沥血，

乙：我们的成长也许就会多一些曲折，多一些弯路。

甲：或许，你还记得，老师语重心长的促膝交谈使你茅塞顿开。

乙：或许，你还记得，老师为了我们的学习，嗓子喊哑了，身体累垮了，仍坚持工作。

甲：正是因为老师不辞辛劳的付出，才使我们健康地成长。

乙：正是因为老师无微不至的关怀，我们的童年才会如此缤纷烂漫！

甲：今天，我们192份真挚的情感在这里汇聚。

乙：让我们献上一片真情，表达我们真诚的敬意和感谢吧！

（背景音乐：每当我走过老师窗前）

甲：请毕业班全体任课老师上台。

乙：请同学代表给老师献上礼物。

甲：此时，我还有个提议：让我们一起给任课老师献上一个崇高的队礼。全体起立！敬礼！礼毕！请坐！

乙：在这即将离别的时刻，让我们再次聆听老师们的谆谆教诲。大家掌声欢迎！

甲：短短的话语，浓浓的情意，谢谢老师们，我们记住了你们深深的关爱和殷殷的叮嘱。

（六）表演节目向母校和老师告别

乙：学校少年宫，一个培养兴趣的地方，同学们利用双休日在这里跳舞、唱歌、绘画、练书法、打太极……不亦乐乎。五（2）中队的龚桐萱、何玉心同学在兴趣班里学习吹黑管，爱上吹黑管，今天他们要为大家吹奏一首《菊花台》，掌声欢迎。

（黑管双重奏：《菊花台》）

甲：学校少年宫的沪剧是我们学校的特色，我们五年级的同学们的沪剧为学校得过很多奖，曾经还登上了上海市的表演舞台。现在请听他们表演的沪剧《办喜事》。

乙：（现代舞前奏）接下来，我们学校一位出色的舞蹈小达人就要出场了，他就是五（1）中队的陈志伟。让我们一睹他动人的舞姿。

（现代舞表演）

甲：想出一个主意并不难，但要实现这个主意就不是那么容易了。在学习和生活上，我们常常会遇到各种各样的问题。当我们想办法解决问题时，一定要结合实际情况，想出一个好办法，然后按照这个办法行动起来，解决问题。下面请看五（5）中队的7位同学给大家带来的小品《老鼠开会》，掌声欢迎。

（小品：老鼠开会）

乙：又一位舞蹈小达人要出场了，她就是五（4）班的朱奕雯，请看她的拉丁舞。

（拉丁舞表演）

甲：你们知道吗？我们五年级有一位故事大王，他曾在第五届星光闪闪亮全国少儿电视才艺大赛中获得金奖，他是五（3）中队的李冰聪同学，今天他给大家带来的故事是《猜谜的老爷》。

（故事：《猜谜的老爷》）

甲：岁月匆匆，花开花落；回忆往事，历历在目。在这样一个告别的季节，五(2)班的王逸颖同学在2017年宝山区中小学生"阳光校园，我们是好伙伴"征文比赛中获一等奖，演讲比赛一等奖。她还代表宝山区参加了上海市的演讲比赛，她道出了自己心中对母校的留恋、不舍与感激之情。下面就让我们一起欣赏王逸颖的演讲吧。

（演讲：《校园为我的童年生活染上了金色》）

（七）颁发证书

乙：欣赏完了精彩的节目，我们的典礼也接近了尾声。五年的小学生活今天也要结束了，这既是一个句号，也是我们人生旅途上的一个逗号。

甲：我们会以此为起点，走向更高，更远的地方。下面让我们以热烈的掌声欢迎朱校长宣布2017届毕业学生的名单！（颁奖音乐）

（宣读毕业学生名单）

乙：请全体毕业生依次上台领证书，请金校长为他们颁发毕业证书。

（背景音乐：星星火炬更灿烂）

（八）典礼结束

甲：同学们，毕业不是休止符，而是美妙的乐段。

乙：毕业是对明天的呼唤，是充满希望和奋斗的新起点。

甲：今天我们以罗小为荣，明天罗小以我们为荣。

乙：祝愿我们的母校（合：越办越好！）

甲：祝愿老师们（合：工作顺利！身体健康！）

乙：祝愿同学们（合：早日成才！）（背景音乐：我们是阳光下的好少年）

合：罗店中心校2017届学生毕业典礼——"感恩罗小 放飞梦想"到此结束。

（苑文丽）

第四节 积点评价

  积点评价是我们学校实施《启梦》课程后自主创设的评价机制,评价内容涉及学科类、活动类、行规类、称号类、参与类五个方面。孩子在校内外的每一次参与、每一分努力、每一个进步,学校都会通过赠予积点的方式给予相应的肯定,深受学生的喜爱。

  学校根据学生的需求,从物质奖励、荣誉奖励、活动奖励等方面分别制订了相应的兑换方案。当学生累积到一点数量的积点后,可以到"梦工场"——积点兑换屋换取心仪的奖品。琳琅满目的奖品、各种各样的活动、令人羡慕的荣誉都能成为孩子们兑换的内容。我们还设计了一本《积点评价记录本》,让每个孩子能记录下自己每一天的积点收获,有的获取原因是因为一份认真完成的作业,有的是因为一个文明有礼的举止,有的是因为一次积极参与的活动。通过几年的实施,我们深刻感受到积点评价活动既激发了学生参与学校各类《启梦》课程的积极性,又在改进学生和家长与学校和教师之间关系中探索出了一种新的路径。

积点,让"梦想"成真
——罗店中心校科学人文素养核心课程积点评价活动方案

一、活动背景

  为创建宝山区新优质学校,我校于 2014 年第一学期起,集全校教师之力共同开发并实施了《启梦》拓展型校本课程,包括了"蒲公英"课程、"七色花"课程和"野百合"课程。在课程推进的过程中,一系列评价方式也应运而生。学校"新优质团队"在大量的意见征询、问卷调查、集体讨论后,确定了以积点评价活动作为《启梦》课程的评价方式。评价方式确定后,对评价的内容我们也展开了充分的讨论,将学校各条线的工作、学生日常活动的方方面面都整合到整个评价体系中。

二、活动内容

  我们学校推行了积点评价方案,从学科类、活动类、行规类、参与类四个方面制定了相应的评价指标和兑换方案。

（一）学科类积点评价内容及指标

1. 一周坚持按时按量完成各项课堂作业,得 1 个积点。

2. 一周坚持较有质量地完成各项课堂作业,得 2 个积点。

3. 一周坚持有质量地完成各项课堂作业,得 3 个积点。

4. 一周坚持按量完成各项回家作业,家长评价一般,得 1 个积点。

5. 一周坚持较有质量地完成各项回家作业,家长评价良好,得 2 个积点。

6. 一周坚持有质量地完成各项回家作业,家长评价优秀,得 3 个积点。

7. 一周漏做或不做一次作业,扣除 1 个积点。

8. 一周漏做或不做两次作业,扣除 2 个积点。

9. 一周漏做或不做三次作业,扣除 3 个积点。

10. 一周坚持能专心听讲,到专用教室上课来去排队遵守纪律,得 1 个积点。

11. 一周坚持能积极举手发言,得 1 个积点。

12. 一周坚持能参与小组合作探究活动,得 1 个积点。

13. 上课不专心听讲,开小差,扣除 1 个积点。

14. 上课随意插话,扰乱课堂纪律,扣除 2 个积点。

15. 期中期末评价获得优秀者,得 5 个积点。

16. 期中期末评价获得良好者,得 3 个积点。

17. 期中期末评价获得合格者(不与前两项重复),得 2 个积点。

18. 期中期末评价取得较大进步者(每班语数英学科各 5 名),得 2 个积点。

19. 获得校级金星奖、五星奖、四星奖、三星奖、二星奖、一星奖,依次得 60 个积点,50 个积点,40 个积点,30 个积点,20 个积点,10 个积点。

20. 一周经常主动做到不懂就问者,得 2 个积点。

21. 一周偶尔主动做到不懂就问者,得 1 个积点。

22. 帮助同学的小老师,得 2 个积点。

23. 协助老师的小助手,得 2 个积点。

（二）活动类积点评价内容及指标

1. 参与校级比赛 1 次,得 2 个积点。

2. 参与区域比赛 1 次,得 5 个积点。

3. 参与区级比赛 1 次,得 8 个积点。

4. 参与市级比赛 1 次,得 15 个积点。

5. 参与全国比赛 1 次,得 20 个积点。

6. 校级比赛中荣获一等奖,得 3 个积点。

7. 校级比赛中荣获二等奖,得 2 个积点。

8. 校级比赛中荣获三等奖,得 1 个积点。

9. 区域比赛中荣获一等奖,得 5 个积点。

10. 区域比赛中荣获二等奖,得 4 个积点。

11. 区域比赛中荣获三等奖,得 3 个积点。

12. 区级比赛中荣获一等奖,得 6 个积点。

13. 区级比赛中荣获二等奖,得 5 个积点。

14. 区级比赛中荣获三等奖,得 4 个积点。

15. 市级比赛中荣获一等奖,得 8 个积点。

16. 市级比赛中荣获二等奖,得 7 个积点。

17. 市级比赛中荣获三等奖,得 6 个积点。

18. 全国比赛中荣获一等奖,得 10 个积点。

19. 全国比赛中荣获二等奖,得 9 个积点。

20. 全国比赛中荣获三等奖,得 8 个积点。

21. 被评为校优秀队员,得 10 个积点。

22. 被评为校优秀中队,中队每个队员各得 5 个积点。

23. 被评为校优秀小队,小队每个队员各得 2 个积点。

24. 荣获区优秀队员,得 20 个积点。

25. 荣获区优秀中队,中队每个队员各得 10 个积点。

26. 荣获区优秀小队,小队每个队员各得 5 个积点。

27. 被评为校升旗手,得 10 个积点。

28. 被评为校"寒暑假活动积极分子",得 5 个积点。

29. 被评为校"科技智多星",得 10 个积点。

30. 被评为校"感恩之星",得 10 个积点。

31. 被授予校"拾金不昧好少年"称号,得 20 个积点。

32. 参与各个红领巾小岗位服务,并能坚持认真工作的,得 10 个积点。

33. 参与学校社团等并能长期坚持参加训练,不无故缺席的,得 20

个积点。

（三）行规类积点评价内容及指标

1. 荣获"罗小进步之星"，得 5 个积点。

2. 荣获"罗小进步之最"，得 5 个积点。

3. 荣获"行规示范班"称号的班级，每个学生得 1 个积点。

4. 荣获"广播操流动红旗"的班级，每个学生得 1 个积点。

5. 荣获五星级示范班的班级，每个学生得 3 个积点。

6. 荣获四星级示范班的班级，每个学生得 2 个积点。

7. 荣获三星级示范班的班级，每个学生得 1 个积点。

8. 荣获学校行规单项奖，得 8 个积点。

9. "我爱我家"系列活动中被命名的班级，每个学生得 2 个积点。

10. 在班级文化建设——"保护环境"方面有突出表现的学生，得 2 个积点。

11. 在班级文化建设——"文明礼仪"方面有突出表现的学生，得 2 个积点。

12. 在班级文化建设——"拾金不昧"方面有突出表现的学生，得 2 个积点。

13. 在班级文化建设——"诚实守信"方面有突出表现的学生，得 2 个积点。

14. 在班级文化建设——"互帮互助"方面有突出表现的学生，得 2 个积点。

15. 在班级文化建设——"劳动服务"方面有突出表现的学生，得 2 个积点。

16. 在班级文化建设——"节约资源"方面有突出表现的学生，得 2 个积点。

三、活动过程

1. 积点发放

积点评价活动发放主要分为定期发放和申请发放两种形式。学科类积点主要采用定期发放的形式，由副校长按照每个教师的任课学科和课时数每月定期发放，再由任课教师根据学生的表现每周一次发放给学生。活动类和行规类积点主要采用申请发放的形式，由条线负责人在开展活动结束后按照学生实际获奖数提出书面申请，

由副书记审核通过后发放，条线负责人领取积点后再发放给班主任或学生。

积点卡申领单

申领人		申领日期	
申领原因			
申领内容			
申领额度	1点（　　）张；2点（　　）张； 5点（　　）张；10点（　　）张； 20点（　　）张；		
总计	（　　）点		
分管领导签名			

2. 积点管理

学生获得积点后在学校下发的《积点，让梦想成真！》记录册上进行记录，平时自我保管，使用或被扣除后都要进行相应的记录。每学期初制订自己的目标，活动中记录最真实的感言，留下最美好的足迹。

积点，让
梦想成真！

班级 _____

姓名 _____

学号 _____

上海市宝山区罗店中心校

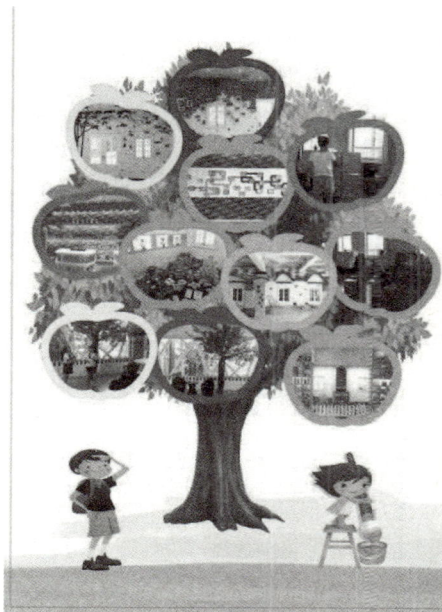

卷首语

亲爱的同学们：

当你疲惫的双手拿到这本充满神秘色彩的积点评价记录册叶，你就已经获得了一把通往童话世界的钥匙。但怎样才能找到这个童话世界的大门呢？这就需要你在积点的世界里努力加油！在这里，你每一天的成长都将被记录。你会因为一份认真完成的作业，一个文明有礼的举止，一次积极参与的活动而获得相应的积点。同样，你也会因为一次扰乱课堂纪律，一次温度作业或受到小小的惩罚（扣除相应的积点）。你们可以用自己努力积攒的积点去换取童话世界里自己喜爱的奖励。童话世界里有许多精美的"礼物"，如水彩艺、卡通台灯、毛绒玩具、书架。这里还有很多你们的聚会和活动，可以为一次开故事，可以与成长共进午餐，可以到亲爱的老师家里做客……在这里，我们还可以用自己的积点去帮助其他小朋友实现他们的梦想。只有这样，这个童话世界才会更加美好。

祝愿你们在这个充满希望的积点世界里，美梦成真！

我的目标

我的自励

积点记录表

第二章 "启梦"之花

3. 积点使用

积点兑换活动之初，由学校德育室在全体学生中开展"你们最想用积点兑换什么"的调查，并通过数据的汇总形成兑换单，从物质奖励、荣誉奖励、活动奖励等方面分别制订了相应的兑换方案。

积点兑换方案
（B套）

当一天组长	30点	和喜欢的老师拥抱一次	50点
做一次领操员	30点	免做一次作业	80点
放学举班牌带队伍	30点	和老师开展比赛活动	100点
当一回主持人	50点	当学校比赛评委	100点
和老师玩游戏	50点	和校长一起看电影	100点
当一次梦工场导购员	50点	和校长喝下午茶	100点
当一天班长	50点	和喜欢的老师共进午餐	100点
请老师给父母发表扬短信	50点	按意愿换一天同桌	100点
现场观看"罗小好声音"	50点	当一回升旗手	100点
现场观看"罗小达人秀"	50点	邀请老师到家里做客	100点
现场观看童话节等活动	50点	和老师合影	100点
观看一场电影	50点	和校长共进午餐	200点
		参加社团优先选择权	200点
		带家人参观校园	200点
		到喜欢的老师家里玩	300点
		采摘品尝校园果树上的果实	300点
		达成一个心愿	500点
		免费参加夏令营活动	1500点

"梦工场"是学生们兑换积点的场所，每周由党、团员教师利用周一至周五的午休时间为一至五年级学生积点兑换，每次一个年级学生兑换积点，高年级志愿者协助管理、组织，学生有序兑换各自心仪的"奖品"。

四、活动预期效果

1. 调动学生参与热情

积点评价内容倡导一种理念"付出努力就会得到收获"，只要你参与了，努力了，就能得到奖励。积点兑换的奖励是精神与物质并存，在塑造孩子的价值观的同时，让孩子自主选择，拥有更多的快乐，更使他们得到了特别的尊重、关注与自由。积点评价活动内容和丰富多彩的兑换形式将激励学生自主、自律，激发学生上进的热情。积点评价用责任感、集体荣誉感、成就感来驱动孩子，帮助孩子建立正确的内在驱动力和价值观。

2. 助推学校感恩教育

感恩教育是我校德育教育的品牌项目，在积点评价活动开展的同时积极弘扬感恩文化。鼓励学生在母亲节、父亲节、教师节、班主任节前夕，用积点兑换奖品作为礼物送给自己想要感谢的人，即使这些奖品并不是很完美，但都是学生努力的成果，比任何精美的礼物更值得珍

惜;动员学生兑换学习用品送给身边需要帮助的家庭困难学生……每一个收获礼物的人,收获的其实是一颗感恩的心。

相信在科学人文素养核心课程积点评价活动的助力下,我校的办学水平会上一个新高!

(王双琳 杨海燕)

教师体会 1

孩子们最期待的"星期五"

星期五成为了我班学生最期待的日子。因为是周末的原因? 因为有特殊的活动? 都不是。原来星期五是我在班中内定的"积点发放日",孩子们只要通过一周的努力,都可以得到相应的点数。

你瞧,我早上一踏进教室,浩浩就跑来问我:"老师,你什么时候发积点? 今天中午同学们又可以去兑换奖品啦!"说起浩浩,他算得上是我班的"名人",上课迷迷糊糊,下课却十分活跃,趁老师不在总是捣蛋惹事,学习成绩也总排在班级末尾。最令我头疼的是作业总是要盯着做,一点没有自觉性。积点评价刚开始实施时,第一个星期五发放积点后,我发现虽然他表现出一副满不在乎的态度,但从眼神中可以看出一丝渴望。我趁课间休息时,特意找他闲聊:"浩浩,你开学时抽到几个积点?"他蛮自豪地说:"5个!""哟,你抽奖的手气很不错呀!"我朝他笑笑说,"那第一个星期,你通过自己努力拿到了几个积点?"他有点不好意思,尴尬地说:"只有4个,班级得到了行规示范班,全班每个同学2个积点。还有一个是我美术课上课遵守纪律,老师奖给我的。"我故意避开他在语文学科中没有得到一个积点的话题,夸奖道:"班级得到示范班,是全班同学齐心协力得到的,应该有你的一份。美术课你上课专心听讲,值得表扬! 相信你通过自己的努力会获得更多的积点。""嗯!"他向我点了点头。就这样,一次简短的谈话随着上课铃声的响起而结束了。

第二个星期,我发现他上课不但打起了精神,也能积极动脑举手发言了,这样的改变真是出乎我的意料。随着星期五的到来,我在奖励积点时,不失时机地表扬道:"这个星期,浩浩的进步很大。除了应得的3个积点外,老师要给他颁发进步奖,再奖励他2个积点。大家同不同意?""同意!"大家一致赞成。浩浩激动地从我手中接过了 5 个积点。我也了解到,浩浩第二个星期获得的积点总数达到了 16 点。就这样,浩浩慢慢变了:课堂作业基本能按时完成,很少有放学后留校的现象了;回家作业不再漏做了,字迹也努力写端正了;班级的事情总是帮着做,不再惹是生非了……我时常看到他在一旁爱不释手地数着厚厚的积点。每到星期五,他总是会跑来提醒我该发积点了。他还悄悄地告诉我,他最喜欢踢足球,准备积满 1 700 个点去换个足球。我也衷心地祝愿他的愿望能实现。

以前,我采用的奖励方式无非是给学生打个五角星,敲个奖章,这可能对低年级学生效果比较好,但时间一长学生便兴趣索然。如何有效地奖励评价学生,这个问题一直困扰着我。学校实施的积点评价,改变了过去的"分数评价",更关注的是学生的学习兴趣、学习习惯、持之以恒的学习意志、争取进步的积极态度等。学生平时一个好的习惯,一个小小的创新,一次责任的履行,都会得到关注,得到认可,获得"奖励",充分让学生在评价中体验学习的快乐。特别是这份奖励还会"固化"下来,积累为长久的成长自信。

我在实践中也渐渐体会到评价不是甄别和选拔学生,而是促进学生的发展,促进学生潜能、个性、创造性的发挥,使每一个学生具有自信心和持续发展的潜力。学校实施的积点评价方式,重视对过程的评价,重视学生在学习过程中的自我评价和自我改进,使评价成为学生学会实践、学会反思,发现自我、欣赏别人的过程;同时强调评价的激励性,鼓励学生发挥自己的个性特长,施展自己的才能。"人人都能得奖励",让学生在学校生活中,不断地感受成功,不断地体验成功·让这种美好的精神状态伴随他们,使他们成长为具有积极进取的个性品质和个性特长的未来新人。

（高文芳）

教师体会 2

积点评价与言进生的最近发展区结合

近几年,学校的赏识教育开展的可谓如火如荼,无论是学科教学还

是德育、行规教育，我们都在努力探索最有效的方法、措施，都期望赏识教育能发挥出最大的作用。赏识教育的倡导者周弘先生反复强调：赏识导致成功，抱怨导致失败；赏识能让好孩子越来越好，而抱怨使差孩子越来越差。心理学研究也表明：人在受到赏识的时候，工作或学习效果最好。是的，每一个孩子都拥有巨大的潜能，所以作为教育者的我们应当去激励他们，呵护他们的自尊，增强他们的自信，激发他们的上进，让每个孩子都能朝气蓬勃，健康成长。本学期，学校的赏识活动又深入了一个层次：开展了积点评价活动，设置了待遇奖励和物质奖励的多类奖项，以最大限度地激发学生的潜能。

如何发挥出这些积点的最大作用，激发孩子的内在动力，我们每位教师都在思考、实践，并不断完善着。实施过程中，我也在不断调整与改变着。下面，就积点评价内容与后进生的潜能激发谈一些做法与感悟。

一、问题的发现：这么一群孩子意味着几乎不可能得到积点

记得第一次申请积点时，站在学科角度考虑，第一个想到的是各类测试奖励，尤其是期中考试和期末考试。我使用的方法是：每次考试进入前六名的，按名次依次发 6—1 个积点；和上次考试比较有进步的奖励两个积点；考卷上不扣清洁分的奖一个积点。积点集满相应的点数，就可以去兑换奖品或待遇。这些奖励方法我都事先告知学生，所以较大地提高了他们的积极性。评价方案实施后，我感觉效果最大的是孩子在考试中字迹有了明显的进步。但是这样做，对于中等或中下等成绩的学生，尤其是字写不好的学生来说，意味着几乎不可能得到积点。每次发积点时，从他们的眼神中，我看到的是一种消极甚至是无所谓。是呀，无论他们怎样努力、怎样奋斗，要想超过成绩好的同学是不可能的。反正得不到积点，又何苦去努力呢？这对他们的学习愿望和热情、自信心的培养是极为不利的。所以这样的奖励方法只是鼓励了小部分同学。回头想想，学校争积点活动的开展，需要面对的是全体同学，那么，我们就应该多角度、多方位地思考，从细微处入手，发现每个孩子的最近发展区，拓宽积点激励面，期望每个孩子的点滴进步与成功。

二、评价的设置：积点评价与后进生的最近发展区结合

鉴于以上不足，我对积点的奖励，重新思考调整，积极寻找后进生的优势，后进生并非一无是处，他们有的学习成绩差，有的自我约束能

力差,但如果仔细观察,他们身上的闪光点真的也不少。及时发现他们的优势,给他们创造展示自我的机会。针对在活动中的突出表现,合理评价、奖励积点,并要求其他学生向他们学习。他们会因赢得了老师的表扬、同学的羡慕而增加自信,会因他们的进步和特长得到了认可,会因个性得到了张扬而激动、惊喜。例如我们班这两个特殊的学生:小婷,学习成绩比较差,教她的老师提起她,总觉得这孩子接受能力差。从我的角度看,也确实如此。但是我发现她挺努力的,尤其是订正作业时,老师一次次退下,她会不厌其烦一次又一次拿上来给老师批,直到过关为止。这一点可能是其他学生做不到的。我觉得她的成绩差,主要是方法不合理和自信心的不足,如果平时多给予指点和积点鼓励,她一定会以百倍的信心和努力投入。小煜,顽皮好动,听课时常常注意力分散严重,还总影响别人,上课总会被点名。但是他却酷爱画画,总以自己的画曾经得过奖而津津乐道,引以为荣。所以我鼓励他参与学校、乡村少年宫及外面的绘画活动,用积点奖励的办法,能最大限度地发挥他的特长,并期待能带动他在其他方面的逐步改变。针对我班的这些特殊情况,我把奖励的范围扩展到了学生学习、生活的方方面面。

(一)学习方面:主要看他们的进步表现,课上能举手发言的,即使回答有错,也肯定他们的乐于动脑,奖励积点 2 个;能大胆发表自己观点的,肯定他们的勇敢、自信,奖励 2 个积点;作业不再拖拉,字迹比原来端正了,质量有提高的,我及时打上五角星,发放本子时,当场奖励 2 个积点;另外测试成绩有点滴进步的,口头大加表扬,再奖励 5 个积点。这样学习后进生和优秀生一样,同样可以拿靠自己努力争得的积点。

(二)活动方面:凡是能积极参与学校各类活动的,在活动中能为班集体争光的;能主动热情为班级、老师、同学服务的,能为班集体出谋出力的,都能获得积点。我都在事先告知大家,而且积点奖励度也比较大。例如能主动报名参加学校运动会中的 400 米、800 米比赛的,先奖励 10 个积点,比赛获奖后按名次的获得,再奖励 5—15 个不等。这种积点奖励的方法,极大地鼓励了学生参与活动的积极性。

三、故事在演绎

她,超平均了

小婷,之前提到的我们班那个学习比较差的女孩。在积点奖励活动中,她的学习热情被逐步激发起来了。平时的她,听讲认真,勇于举

手回答,不懂的地方也乐于请教同学。经常听到她边上的同学夸奖她:小婷好像变了个人似的。最让我欣慰的是,期中考试前的她,复习特别刻苦,作业始终认认真真。期中考试语文居然得到85分,超过了班级平均分2分。那次报成绩时,我在同学面前夸张地表扬了她,并奖励了她10个积点。同学们也对她刮目相看,并且一致评她为这一周的罗小进步之星。再看小婷,她的眼里,我看到更多的是喜悦和自信。

他,也想出板报了

班级要布置第二期黑板报了,需要大家围绕主题提供布置作品,其中小队报的制作是很费精力的,文字、绘画、美化……大部分同学不够积极,但是我发现有一个学生挺积极——小煜。他把手举得高高的,表示愿意出一张小队报。我马上对他的参与热情给予鼓励——奖励5个积点。我也由此受到启发,能为班级提供小队报的同学,先每人5个积点,质量好被选用布置到黑板报上的,再奖励10个积点。这一招真不错,交上来的小队报质量明显提升,小煜的小报也是其中之一。观察小煜,常不时扭头欣赏一下板报上自己的作品,那份自豪感溢于言表。这期板报,因为那一张张有质量的小队报,再加上精心布置,我们在评比活动中荣获了一等奖。这一次的积点奖励评价作用真是发挥出了理想的效果。

四、后续的跟进

现在,积点的使用,已融入到了我工作的方方面面:有错敢于承认的;勇于指出别人不足的;竞赛中顽强拼搏的;值日工作认真细致的;热情为班级服务的;罗小天天演中,大胆表演的;各类征文活动中,主动要求参加的……无论谁,都可以争到积点,积点真正做到了面对的是所有学生。

不过,我还在设想:如果奖励积点能类似奖惩制度的形式规范制定(有奖励,也有小惩戒),更完善,更细致,让每个学生了然于心,这样学生更能明确努力方向,付诸行动,同时又能自觉控制不良行为。

这学期,积点奖励的评价活动开了一个好头,我们也看到了所产生的效果是良好的。尤其是后进生,他们在活动中的点滴进步,都给予我们不少启示。

(张敏花)

快乐积点，健康成长

一个学期以来，我们五(4)班师生配合学校推进的积点活动积极落实了各项工作，如今回顾半年的积点之路，感慨颇多。现就自己工作实践汇报如下：

一、积极开展宣传解释活动

开学伊始，校领导以发红包的形式给每个孩子发了数量不等的积点，并附上规则说明。因为对孩子们来说，这是一个新的事物，他们又新奇又迷惑，我利用班会时间给他们逐条解释获取积点的目标、标准、用处和兑换方法，使他们对积点活动有一个完整明晰的认识和了解。

二、结合本班实际，走具有班级特色的积点之路

1.在积点的派发方面，学校制定了比较细致的标准，但在本班实施的过程中，我发现了一些问题，所以我及时进行了调整与补充。活动开展两周以后，我对同学们手里的积点进行了统计并对同学们的表现进行了对比，发现我们老师的工作中出现了"穿新鞋，走老路"的现象：与以往一样，积点最多的，最在乎积点的还是那些优秀的同学，对那些后进生并没有起到太大的激励作用。针对这一现象，我立即与班级任课老师协商，适当降低获取积点的标准，制定一定的倾斜政策，缩小"贫富差距"。

2.灵活多样的积点发放形式。在实际的操作过程中，如果发放的方式和时间不当，也会起副作用。如果老师随时随地地发，也会给孩子和老师管理积点带来麻烦，所以我会根据实际情况灵活发放积点。比如班级整体得到荣誉时，我在班会上先说明这积点的来历，并表扬大家的表现，然后提出下一步的努力方向，最后隆重下发每人一个积点。如果是个人得到了校级和区级以上荣誉，我也是集体宣传后再发下去。在这种场合下，孩子们的积极性和荣誉感能够得到最大程度的激发。但在平常的日子里，孩子们好的表现我会在他们书上一个固定的地方打上星作为一种记账的方式，每周二可以凭书上的星兑换积点。这样能够节省老师和孩子管理积点的麻烦，但并不影响孩子们争积点的积极性。

3. 营造爱积点争积点的氛围,无限延长积点在孩子们心中的保鲜度。积点活动开展一段时间后,尤其是开始兑换积点卡后,我发现孩子们对积点的新奇感在减退,班里随时看到不珍惜积点的现象。在仔细分析原因以后,我利用班会时间采取多种方式重新激起孩子们对积点的兴趣,比如让孩子们清点自己的积点数,看看在班级里的位置是第几,比上次进步了多少名次;自己这周又多得到了几个积点,并说说是怎么得到的。在积点兑换活动中,我与任课老师商量,给孩子们宽裕的时间让他们去耐心等待。让学生充分享受兑换过程的快乐,并对下次的兑换才能充满期待,才能有更大的获取积点的动力。我觉得在这个上面花些时间是值得的,因为磨刀不误砍柴工。

三、积点评价活动是成功的活动。

1. 这个活动的开展给学生的前进提供了正确的方向,使学生有了奋斗目标,让他们在争积点和积点兑换中体验到了成功的快乐,从而增强了前进的动力。记得以前班级做两操是最让人头疼的事,总会有人说话或做小动作,因而影响到每周行规示范班的当选。无论我怎么苦口婆心的教育,总是不能彻底解决问题。但有了积点评价后,这个难题一下就得到了解决,因为他们知道,只要认真坚持几分钟,班里每人就可能拿到一个积点。要不然,可能还会被班主任老师罚一个积点并且遭到全班同学的一致谴责。

2. 积点活动减轻了老师的工作负担,让学生体验到了成功的快乐。以前我总是为给学生买奖品发愁,因为孩子对学校发的铅笔、橡皮、本子等早已失去了兴趣,无法调动孩子的各种积极性。自从开展积点活动以来,孩子们除了在学习方面更努力外,也积极踊跃报名参加班级和学校的各项活动,使我的各项工作得以顺利完成。有部分孩子用积点兑换了"去自己喜欢的老师家里"待遇,孩子们带着兴奋与激动来到了我的家,我们一起说呀,唱呀,一起做游戏。看着他们那样的快乐,我忘却了劳累与辛苦,心里是满满的幸福。对一位老师来说,还有什么比得到学生的认可更幸福呢?感谢积点活动,是它让我们师生有了一次这样别开生面的相处机会。

总之,任何一件新事物都会经历一个不断完善的过程。我坚信我们的积点评价活动经过师生的努力和实践会更加完美,因为它是符合学生身心与健康的活动,它是为了孩子快乐成长的活动,更是一个科学的以人为本的活动。为了孩子幸福地成长,让我们每一位老师行动起来,尽自己的力量来共同推进这一活动的顺利展开,早日把积点的甘露洒向每一个祖国的花朵。

（石雪夷）

教师体会 4

老师,我想问一下

新学期开始了。开学第一天罗小校门口是那么的热闹,孩子们从"村长""美羊羊"和"喜羊羊"的手中接过一个个新年红包,充满着惊奇与喜悦,也揭开了罗小科学人文素养核心课程评价活动的序幕。

校园里一下热闹了起来。不论教师还是学生都在讨论着积点。教师更多地关注如何规范去分发积点,孩子们则是兴奋地数着手里的积点,筹划着过多久可以去兑换自己心仪的礼物。在实施科学人文素养核心课程评价过程中,最让我感到印象深刻的是校长提到为了激发学生质疑精神,特意加入了"一星期中主动提问就能得到相应的积点"。这一条的加入大大激发了学生上课的积极性和善于发现问题。

记得一次上课,我正在讲着PPT上的练习,突然有一个学生举手,我立即请他回答。只见他站起来后很羞涩地问:"老师,我可以问一下吗?"

"可以呀,老师最希望你们能发表自己不同的看法。"我用鼓励的眼神看着他。

"老师,刚才有一道题好像有问题,This pair of shoes is for my sister.老师,这里shoes不是复数吗? 怎么be动词用的却是is呢? 我感觉有问题。"

听他说完,我知道并不是题目有问题,而是他没有掌握好这个知识点。在这个句子中是看pair而不是shoes,但是看到平时这么胆小的一个男生居然能有勇气站起来提出自己的疑问,我觉得他的这一举动是非常值得表扬的。因此,我没有先去纠正他的说法,而是向他竖起了大拇指。"老师真的要表扬你,能够大胆地把自己心中的疑惑说出来,你很勇敢。"我停顿了一下接着说道,"其实这个题目没有错,但是你让老

师看到了还有同学没有理解这个题目,老师可以再来讲一下,这样你们下次再遇到类似的题目就不会犯错了。"为了鼓励更多的学生能够善于质疑,我就说道:"大家都应该知道,本学期学校开展科学人文素养核心课程评价活动,其中就是为了让大家都来质疑才特意设立了每周主动提问能够得到相应积点的兑换标准,所以,刚才那位同学本周很有希望在这个项目上拿到积点。"

我话音刚落,孩子们都用羡慕的眼光看着刚才的那位同学,个个脸上露出了不服输的神情,眼睛立刻紧紧地盯着屏幕。我暗自窃喜:没想到这还能让学生上课思想集中起来,听课的质量明显地提高。

接下来的几天里,不断地有学生在课堂上或是下课后提出自己的疑问,有时确实是有问题,有时提出的问题可能不一定正确,但是我都以鼓励的语言与眼神去肯定他们。越是受到鼓励的学生越是起劲。看到孩子们的表现,我心想:原来科学人文素养核心课程评价活动使我们的教学和课堂发生了改变。当然,我们也看到还有部分学生因为胆小而不敢提出自己的问题,有时会看到他们欲言又止的神情。我想不急,我们科学人文素养核心课程评价活动才开展一个学期就有这样的成效已经很不错了,相信只要不断地坚持下去,一定能改变孩子们的学习习惯,真正做到要我学变成我要学。我们的孩子一定会更加自信,更加充满智慧!

(朱国燕)

教师体会 5

梦起于积,爱源于点

上学期,在校长的大力号召和全体老师的积极配合下,我校轰轰烈烈地开展了积点赢取、兑换活动。转眼一个学期过去了,发现这小小的积点并不只是一张薄薄的纸,更凝聚着孩子们的梦想,承载着学校对他们的爱以及他们对老师的爱。

积点,让孩子更勇敢!

我班有一位名叫小凡的孩子,他从小没有母亲,父亲忙碌,鲜有陪伴。内向的他不仅不喜欢与人交流,而且在课上也很少看到他举起小手。起初,我试着和他慢慢沟通,可是他对积点的获取总缺少一股动力。渐渐的,我发现每当有同学拿到积点后,他总会露出羡慕的神情。于是,我调转船头,改变策略,我告诉他,只要他在课上举一次手,我就给他一个积点;如果不仅举了手,还答对了问题,我将奖励他2个积点!这个方法真是有效,内向的他因着对积点的渴望,正一步步地迈出羞涩和胆怯,走向积极和勇敢。现在,他成了一位积极举手的勇敢者!

积点,让孩子更努力!

积点,往往更容易成为优秀孩子的囊中之物,也是学困生为之向往的一份荣誉。每个孩子都对其视若珍宝,他也不例外。我班有一名叫丰丰的男孩,学期初,他的成绩令人担忧,字迹不端正,上课也不认真。可是他告诉我:"我会努力,我想拿到更多的积点。"说出这样的真心话后,我发现他确实不一样了。语文书上,总有认真预习的痕迹,因为认真预习可得1个积点;课上,总有一双专注的眼神,因为坚持一周认真听讲可以有10个积点;课后,总有一双端正书写的小手,即使慢一点也要写好,即使慢一点也要把错处擦干净,因为字迹整洁可以得到1个积点。回到家中,我总能接到他用妈妈的手机打给我的电话,告诉我他有多么努力……

积点,让孩子更诚实!

现在,只要走在罗店中心校,你就会发现:每位孩子都把积点当成了宝贝!每当得到了积点,总是兴高采烈地把它捧在手心里,小心翼翼地放入红包。可也总有一些孩子淖落积点,每天都有人不小心丢失,每天也有人无意中捡到。有一次,我偶然听到有的孩子在班级里偷积点。是啊,积点的诱惑太大了,既可以兑换心爱的礼品,也可以兑换喜欢的待遇。这也让我敲响了警钟,我们班的孩子会不会也有呢?出乎意料的是,一天中午,韦雨乐急匆匆地跑进办公室,像发现新大陆似的对我说:"颜老师!我捡到一包积点!!"他用稚嫩的声音坚定地告诉我:"不是我的东西,我不能要。我自己会努力的!"随后,我在班级对韦雨乐的诚实进行了表扬之后,孩子们纷纷效仿,哪怕捡到一个积点都诚实地上交。我知道,我的内心照进了一道名叫欣慰的光芒。

积点,让孩子更自律!

调皮大王向来是每个老师头痛的一根刺,也是每个班级随时爆发的不安分子。诚然如他,长得玢雕玉琢、细皮嫩肉,丹凤眼内转动着一

双乌黑灵活的大眼珠，爱插嘴、爱幻想、爱乱动、爱奔跑、爱打架。以前的我，苦于跟不上他做坏事的节奏，因为他不在乎老师的批评，也习惯了家长的责罚。可是，积点的出现，犹如一根定海神针，给调皮的他按上了一个紧箍。每当看到他坐不住又乱动了，我就故意拿出一张非常吸睛的积点来，在孩子们面前一晃，大声道："你们看，某某某同学坐得真棒，笔挺得犹如一棵小松树，老师奖励他一积点！"听完，他马上也跟着坐得笔挺，上身紧绷，五指并拢，期待地看着我，那样子认真极了，竟然坐得比刚才那位同学还要端正！令我叹为观止，更深刻明白了：积点，就是他自律的动力！循序渐进中，他的插嘴越来越少了，坐姿也越来越标准了。

积点，让孩子更快乐！

不得不承认，积点给了孩子更多的机会，也给了老师更多的爱。每当有孩子拿着积点兑换来的贴纸送给我，看到他们爱不释手，甚至不舍得剥下来，正在犹豫的样子。面对老师，他们却忍痛割爱，把心爱的贴纸送给了更爱的老师们。有人问我："这小朋友的贴纸贴在手上，不觉得幼稚吗？"不，因为那是一个爱的记号。

每当有孩子拿着积点，兑换了和老师共进午餐的机会，我总是更能体会到这个职业的幸福。每当收到一张张期待的邀请，我的内心总感觉满满的。我爱周五和他们共进午餐，这样我可以把水果和他们分享，可以朝他们的饭盒里夹几个饺子。他们总是大口大口地吃着老师夹来的菜，感觉是特别的香。我深知道，要多努力，才可以攒到 50 个积点，得到只有一瞬，累计却需多时。因此，每当有孩子告诉我要和我共进午餐时，面对这样的来之不易，我都会提前买一些小零食，作为和他们共进午餐的"纪念品"。因为爱，是相互的；因为爱，是快乐的。

下学期，我将继续和孩子们在积点中进步，在积点中成长，在积点中收获，在积点中幸福。积点，让梦想照亮生活；积点，让梦想变为现实；积点，让梦想为你转身！

（颜晓慧）

第三章
——「启梦」之果

"播下兴趣的种子，奠基孩子的未来——让每一个学生健康快乐地成长"，是我校的办学理念。如何在办学中遵循这一理念？如何实现学校的可持续发展？塑造学校独特的价值文化是根本。学校独特的价值文化如何落地，课程就是核心，课程就是关键。为此学校提出了以培育学生"科学人文素养"为目标的课程体系，其内容涵盖了国家课程、地方课程和校本课程，其中校本课程的开发是一项重要内容。学校校本课程强调的是，在具体实施国家和地方课程的前提下，满足学生成长过程中的兴趣和需求，尊重学生的个性差异，体现学生的主体性，培养学生的创新意识、创新能力，让不同兴趣、不同水平的孩子能根据自己的实际，选择自己喜欢的课程。这是校本课程开发最根本的关注点，是校本课程的出发点，也是校本课程的归宿。基于这个新需求，在校领导的顶层设计引领下，几年来，学校先后多次聘请了区校本课程开发专家来校进行了校本课程开发的培训和指导，让老师们深刻认识到学校谋发展，课程开发势在必行的新理念。同时也让教师对校本课程开发的框架和基本模式有了更为清晰的理解和掌握，在此基础上每位老师都积极参与。为了让孩子真正健康快乐地成长，大家放弃了假期休息时间，根据自己特长，发挥潜能，开发了八十几门校本课程供学生选择。通过系列校本选修课程，发展学生的优势智能，强化其附加价值作用，全面提高学生的科学素养与人文修养，促进学生健康快乐地成长。学校逐渐形成了独特的可持续发展之路，现已成为一所社会闻名、家长称赞、学生向往的地区名校，一所具有全新发展理念的区级示范学校。学校先后获得了全国特色学校、全国乡村学校少年宫、全国科学教育优秀实验基地、全国青少年棒球发展定点培训学校、全国创造发明示范基地、全国"心系女童"家长学校、全国青少年网络安全教育工程示范学校、全国中小学中华优秀文化艺术传承学校、全国头脑奥林匹克OM比赛第一名、华东师范大学普教研究基地、市科技特色学校、市行为规范示范校、市知识产权试点学校、市科技创新培育基地、市安全文明校园、市教育系统巾帼文明岗、市教育系统五好关工委、市红旗大队、市少先队示范学

第三章——"启梦"之果

校、市示范性学校少年宫、首批市德育教导跟岗基地、市优秀传统文化经典诵读特色学校、市非遗进校园优秀传习基地、市家庭教育指导实验基地、市未成年人思想道德建设先进单位、市中小学中华优秀传统文化特色学校、市教育系统精神文明创建特色项目、上海国际艺术节艺术教育合作学校、区文明单位、区素质教育示范校、区教师专业发展示范校、区学校师训工作示范单位、区德育先进学校、区五星级行为规范示范校、区科技特色学校、区绿色学校、区优秀家长学校、区青保工作先进单位、区教育收费示范单位、区先进教工之家、区"妇女之家"示范点、区随班就读工作优秀单位、区卫生先进单位、区健康校园、区关工工作先进单位、区教育系统行风建设优秀学校、区文体工程先进单位、区信息工作先进单位、区廉洁文化进校园示范学校、区艺术特色学校、区艺术特色项目学校、区非遗进校园试点学校、区沪剧传承基地、区戏曲进校园试点学校、区体育先进学校、区体育传统项目学校、区语文学科基地、区教育系统巾帼文明岗、区全民健身活动先进单位、区五星图书馆、区五星级文明班组、区 STEM＋教育发展试点学校、区心理健康合格校等荣誉。

一、课程建设促进教师专业发展

在学校课程建设整体推进过程中,大家的创造激情被调动,创造智慧得以充分显现。课程锻炼了一支高素质的教师队伍,在课程开发的过程中,提高了教师队伍素质,促进了教研之风、学习之风的形成。教师们坐在办公室讨论是家常便饭,吃午饭时的交流更是情绪激昂,有时为了弄明白某项知识会讨论到晚上九、十点钟,有时为了完成某项方案双休日会到校义务加班。教师精良的文化素质、高尚的道德素质、健康的身心素质正在不断提升。随着课程开发的不断深入,教师的观念在不断转变,课堂教学水平在不断提高。通过几年的实践探索,广大教师深深认识到,校本课程的开发也能提高教师的参与意识和创编能力,增强教师的课程意识和课程开发的能力,许多教师主动投入到课程研发及学校各项工作中来。如有位老师写道:"通过课程开发,使自己的思维模式发生了变化,心态也随之改变。"还有一位老师说道:"五年磨一剑,浓浓的书香滋润着孩子们的心田,也拓展了我的视野,引领我走向新的征程。"

为使教师获得专业化的发展,学校多次聘请了区教育学院专家到校作"课程开发科目纲要的编制和撰写"的讲座。学校请这些专家,是为了让教师们将来也能成为"专家"。只有经过"日积月累""日思月悟",才能从一名普通的老师走向学者型、专业型的名师。至今,这一系列课程已经开展5年,为建设一支高素质教师队伍奠定了基础。

二、课程建设促进学生个性发展

学校是育人的场所,课程是育人的平台,课程设计要适合孩子当下的生活,放眼孩子的终身学习。如何走进孩子的心灵世界,培养孩子积极健康的生活方式,张扬每一个孩子的个性风采,学校找到了自己的途径。根据孩子需求,开发了孩子们喜欢的课程,设计了孩子们喜欢的活动,关注了每一个学生的不同需求,给学生一个自由发展的空间。具体体现在课程内容的多样性、可选择性和丰富性上。传统的课程强调学科知识,忽略了学生作为一个活生生的人的真实体验。我校开发的课程注重学生的生活体验和学习经验,关注每一个学生发展的差异性,让每一个学生都成为与众不同的主体。满足每一个学生不同的发展需要,从学生经验出发,提供差异性课程,体现了差异性教育的原则,做到了因材施教的作用。如一位家长在文中说道:"国学正慢慢改变儿子,引导他走向更广阔的天地。"还有一位家长通过孩子学习车模后说道:"孩子懂得了成功是靠辛勤努力的付出,千锤百炼得来的。"车模队员须华感受到:通过比赛,不仅让我克服了胆怯,提高了自我,还让我明白了一个道理:做任何事情,只要有明确的目标并为之努力,不轻易放弃,就一定会有回报的。诸如此类的感想,通过家长、学生和教师的话语让我们深深地感受到,学校课程的开发体现了以学生为中心的原则,是从学生的需要出发的,是为了学生的发展而存在的。只有选对了学生终身学习必备的基础知识与技能,才能真正实现促进学生个性发展。

三、课程建设促进学校可持续发展

近年来,我校课程建设产生了积极影响,获得了社会各界的支持与

赞誉。获奖数量在不断增加,获奖层次和等级在不断提高,社会声誉不断扩大,无论是学校、教师还是学生个人所获得的荣誉都是大家给予我们的鼓励与肯定。

中国教育电视台、上海电视台、宝山电视台以及《光明日报》《解放日报》《文汇报》《新民晚报》《东方教育时报》《青年报》《宝山教育学刊》《宝山教师直通车》等媒体都对我校的课程建设进程十分关注,相继报道了我校的办学特色及办学经验。

在学校办学理念的引领下,我校正不断探索,结合地域优势,发挥课程核心价值,努力朝着新优质学校的目标迈进,为学校的可持续发展进一步奠定了良好的基础。同时,我们的老师、我们的学生和我们的家长都感到获益匪浅,我们看到了孩子们快乐的笑脸,家长们赞许的目光;看到了老师的辛勤汗水和不断创新的步伐;看到了孩子们幸福的童年,预见了他们美好的未来,也看到了学校未来的可持续发展。

(朱金华)

第一节　课程助推教师成长

奔向未来　活力成长
——课程助推我成长

一转眼，我们罗店中心校搬入新址已经五年光阴了。在这短短的五年中，我们学校正以迅雷不及掩耳之势成长着、进步着、前进着。本着一切为了孩子着想，一切以孩子发展为重的目的，在创办新优质学校的教育理念统领下，学校传承创新，总结提炼特色教育活动，研发特色课程体系，构建特色课堂，引领学生多元发展、个性发展和全面健康可持续发展。在一系列课程研发过程中，学校着力打造一支开拓创新、业务精良的绿色教师团队，为提升新优质特色教育品牌做好了组织保障。此项工作在学校的大力支持和各位老师认真努力的实践下，已经开展了一个学期了。我和几位班主任在校德育主任的带领下，进行了"德育——好习惯伴终身"的行规课程开发。

众所周知，小学生日常行为规范是学校德育工作的基础和核心。行为规范养成教育是关乎孩子一辈子的教育。叶圣陶先生曾强调："启蒙教育是人格陶冶最重要时期。"培养少年儿童良好的行为习惯，是保证其健康发展、可持续发展和终身发展的基础，是在为未来奠基。时代迅猛发展，德育教育已提升到学校教育的核心地位。作为德育教育最基础的内容——学生日常行为习惯养成教育越来越受到重视。抓好日常生活与行为规范养成教育，是落实素质教育精神的时代要求，是重中之重。

从教小学至今，我一直担任低年级班主任工作。从走上工作岗位的那一刻起，我就思考着怎样才能做一个好教师、怎样才能当一个让学校和学生满意的班主任，怎样才能用自己的绵薄之力成就更多品学兼优的好学生。然而，很多时候却常常事与愿违。作为一名低年级的班主任，面对一群刚刚从幼儿园上来的小娃娃，一群经常还会尿裤子的孩

童,如何帮助他们养成良好的行规不但是重中之重,还是难中之难。一切都必须从头来,什么都需要抓到位……有时候,行规教育经常让我衍生出一种有力无处使的状态。面对行规教育,自己也没有对其进行梳理归纳、总结。然而通过这次的"德育——好习惯伴终身"的行规课程开发,让我静下心来有目的、有方法、有意识地对近几年来的行规教育进行一个总结、提炼。帮助自己回顾以往班主任工作得失的同时,去其糟粕取其精华。结合现在所教的二年级的学生的学龄特点,我从"学习习惯""文明礼仪""行为习惯""爱护公共环境"四大板块进行了行规教育的课程开发和设计。通过"情景演示、故事导入、谈话启发""提问、探讨、小品表演、行为改正和训练""总结交流"三个环节带领孩子进行行规好习惯的学习和养成。由于有了一个系统、自主的学习,一个学期下来发现这一届孩子们的行规相比往年几届都更有成效,更是经常能将行规示范班、文明之家、礼仪之家、流动红旗等荣誉收入囊中,从中让我看到了"德育——好习惯伴终身"的行规课程开发的重要性和必要性。

罗丹曾经说过:生活中不是缺少美,而是缺少发现美的眼睛。教育过程中同样不缺少美,而是缺少发现美的教育方法。

这次的课程开发与实施,不但促进了我们教师专业发展,更是让学校教师队伍在课程建设中展现智慧、历练成长。让每位教师研发课程的能力及专业素养得到提升,自主发展、自觉研究意识明显增强。相信这些凝聚着我们自己心血的课程可以承载我们的教育理想,走近学生的心田,滋养学生的心灵;课程可以焕发生命,助推学生和教师的共同成长。当我们营造了一种绿色、和谐、尊重孩子、以人为本的教育生态的时候,当我们的孩子每一个都焕发自我潜能,发挥自我价值,成为最好的自我的时候,我们的教育就真的赢了!

（杨　瑜）

教师体会 2

逼出一个崭新的自我
——课程助推我成长

原本的我处于消极状态,凡事感到心有余而力不足,经常处于逃避退缩的状态。听说学校让每个人都要参与校本课程的开发，我牢骚满腹，埋怨校长提出这不切实际的大难题，只想着如何找借口逃避，一拖再拖，观望着迟迟不行动，直到被逼无奈时，随便应付交个差。学校多次请来了专家进行讲座指导，可是我无法静心聆听，几次讲座好像在听天书，仍然丈二和尚摸不着头脑，毫无思绪。当校长下达具体上交材料的时间节点，又提供了模板，我只能硬着头皮依样画葫芦构建框架，着手编写。

无法逃避，没有退路，只能前进！此时我灵光闪现：我最喜欢的OH卡游戏可以编成课程，教授给孩子们，在一起玩乐中学习么！这样既发挥了我的特长，又编出了有特色的课程，这真是一举两得啊！因此终于逼出来一门课程——OH卡游戏。然后在具体的实践过程中，对OH卡游戏读懂心灵就越来越深入，越来越熟练，不断地激发自己的创新思维和创造能力。

为了让教师开阔眼界，学校鼓励大家参观上海市教育博览会。我在那次的博览会上偶遇了沪江cctalk，尝试了网络教学的平台，因此也在工作人员安妮的引荐下，了解了互加心理网校，走进了沪江首席教育执行官吴虹老师主持的课堂。从此我与互联网教学结下了不解之缘，也走进了心理学的学习和研究的新天地——韦志中心理学网校。在学校的支持下，资源教室购买了一套心理学工具箱。我想一个学期，每次都用OH卡牌来学习，学生会失去新鲜感，何不借用工具箱中的物品让学生在体验活动中，结合OH卡游戏，激发兴趣。如果能编排小品演一演，那么他们就有机会走上学校的舞台，展示学习的成果，因此变得更加自信阳光。

在这个课程的开发和实施过程中，我自己的思维模式发生了变化，心态也随之改变。我切实感受到，学校校本课程的建设推动着我的成长，鼓励我去迎接新的挑战，不断地开发自己的潜能，慢慢地成了一种习惯。这次学校年终庆典上，要求各个工会小组出一个集体表演的节目，我想这也是学校促进教师科学人文素养的提高，对于团队建设也是一种很好的形式。一个人的积极性一旦被激发出来了，精神面貌就完全不同了。当工会组长在群里征求大家的意见时，我想如果躲一躲，也没有我的事，因为我不应声，也没人想到我。组里年轻人多得是，个个才华横溢，怎么也轮不上我这个临近退休的人，

第三章 "启梦"之果

一个性格内向上不了台的人。但是我问自己：你愿意去挑战一下吗？如果成功了，为工会小组出力，更是借机展示下自己的才能，并且能宣传普及心理学知识，让全体老师看到我学习心理学以后的变化，用事实证明心理强大的人可以不断地超越自我。这是一个多么难得的机会！我只要编好剧本准备好方案，由工会组长召集组员，一起排练中修改补充，分工合作。我抱着玩一玩的娱乐心态，自告奋勇，逼自己一把，就能上一个台阶。

从被逼无奈中体验到成功的乐趣，到自己逼自己一把，不断地超越自我，这是我惊喜的成长历程。从编写剧本，导演排练，道具准备，我承担了主要的工作，当然也体会到了团队合作的力量，年轻人的大力协助——音乐、服装、背景布置……最终表演时，我成了台上的主角，展示着自己的一份自信和智慧，给大家带来了快乐和启示。这个剧本，其实就是自己从消极派到积极派的内心转变过程。

（陆惠芳）

教师体会 3

播下兴趣的种子

《上海市中小学语文课程标准》明确指出课程内容适度强化文言诗文的学习，目的是促使学生加深对中华民族优秀传统文化的了解，充实文化底蕴，提升文化品位，形成正确的价值观，并在学习文言诗文的过程中，吸收语言精华，提高书面语表达能力。我国是诗的国度，古诗文是我国传统文化的精髓，源远流长。其中，唐诗是中国文学史上的明珠，唐代历来被称为诗的时代，名家辈出，唐诗数量多达五万多首，学习唐诗是学生了解中国古典文化，感受人文魅力，提高自身素养的良好途径。唐诗不仅内涵丰富，意境深远，具有很高的审美价值和很强的艺术感染力，而且短小精悍，词句优美，韵律和谐，节奏性强，易读易记，特别适合小学生诵读。学习唐诗犹如在花的世界中徜徉，染其色、闻其香、尝其味，不断地提高自己的文化修养、净化自己的灵魂。基于此，我设计开发了《走进唐诗》这门唐诗鉴赏课程。

在开发过程中,我是有困惑的。对于小学阶段的孩子来说,能够诵读古诗并大致了解一些意思就很不错了,如果要鉴赏,肯定是有难度的,那我设计这样的课程不就是拔高了对他们的要求了吗?对他们来说本就有些枯燥的课程,再增加难度,谁还会有兴趣呢?但是,为了区别于低年段的古诗诵读课程,高年段肯定要增加一些思维含量,适当教一些鉴赏方法,也未尝不可。但在实际操作中,一定不能因为比较难,所以就采取老师讲、学生听的方式,这样的课堂一定是无趣的,也会是无效的。在这样的一番思考后,我决定在课堂上采取讲解+视频+游戏的方式,再加上我们学校的积点奖励,这样一来,学生的积极性一定会被调动起来。

在后来的课堂上,果然如我所料,对这门课程感兴趣的学生很少,只有寥寥数人,大多数学生还是喜欢酸奶工坊、篮球、棒球这类的课程。但不管有多少学生,即使只有一个,我都要认认真真地把我准备的知识分享给他,让他感受到中国唐诗的魅力。

我在网上找了一些有趣的视频,正好与我课上所要讲的内容有关。视频中,把学生比较难理解的知识点用轻松幽默的语言和动画表现出来,学生看了不时发出阵阵笑声,这时,我觉得我的目的达到了,让学生在轻松欢乐的氛围中学好知识。我还会给他们播放《诗书中华》的节目视频,看着节目中一个个比他们还小的小朋友都能把古诗词背得滚瓜烂熟,他们不由得啧啧称赞。节目中看到的家庭皆仪表堂堂,气质儒雅。"腹有诗书气自华",看着每组家庭身上散发着诗歌带给他们的"礼义""修养",孩子们也感受到了中国古典文化的魅力。

一次,在我自己班语文课上教一首古诗,当我问到这是一首什么题材的诗时,一个男孩子自信地举起了手,面带喜悦地告诉我:"这是一首边塞诗。"他,就是《走进唐诗》中的一名学生。这时,我之前的困惑、顾虑已经完全解开了。开设这门课程的意义并不在于一定要学生学会多少多少知识,掌握多少多少技巧。哪怕他只学会了一点点,但只要他对唐诗,对中国古典文化有了兴趣,在他们心中播下了一颗喜爱传统文化的种子,那就够了。

诗情、诗意、诗心潜藏在每一个人的心中。我们教学的目标不是要培养多少诗人,但应该让他们爱诗、读诗,我们的课堂里应该赋予他们

文化的气息,让我们的教学蒙上一层文化的色彩和诗性的光辉。

(胡品贤)

教师体会 4

坚持,总会有成果的
——课程助推我成长

　　一年一度的罗小蒲公英乡村少年宫艺术展即将拉开帷幕。乡村少年宫的学生和老师们如火如荼地准备着,都期待自己精心准备的作品,能在展会上惊艳的亮相。我们书法班的孩子们也不甘落后,聚在一起出谋划策:构思、指导、创作……到后来的装裱、布展,我们每一个人都沉浸在忙碌的喜悦中……

　　展会期间,学生、家长、专家以及喜爱艺术的社会人士如约而至,大家穿梭期间,时而小声交谈,时而凝神注视,时而拍照留念……学生们羡慕的目光,家长们欣慰的笑容,专家们肯定的眼神……让我们如释重负,我端详着学生的作品:有的刚劲雄健,有的飘逸潇洒,有的端庄秀丽……一幅幅琳琅满目的作品,让我内心百感交集,几年来和孩子们朝夕相处的一幕幕,犹如蝴蝶的双翼翩翩而来。

　　回想五年前,暑假前夕,艺术总辅导员张老师郑重地对我说:"老沈,这次乡村少年宫书法班就拜托你了!""不行,不行!我这样的水平是要误人子弟的!"我摆着手拒绝道。张老师诚恳地说:"乡村少年宫是一个新事物,就像一个婴儿,需要我们这些志愿者用爱心去呵护它……再说你是老'安师'有一定的基础,别推托了,跟你说定了,提早跟你打招呼,可以趁假期里先练起来,教学相长吗!"想想二十多年前,我们不也是在老师一笔一画的指导下,引我们走进书法殿堂的吗?作为一名书法爱好者,传承书法艺术的重任当仁不让呀!"那我就试试,等找到更合适的人选,我马上让位!""别谦虚,你怎么会不行!"张老师认真地说。一份承诺,一分责任,暑假里我开始着手准备,上图书馆查找资料;逛书店买书;请教有经验的老师;每天几小时的书法练习……

　　记得开学第一次上课,不同年龄、不同基础的孩子汇聚一堂,一张张稚气的小脸上充满期盼的目光,我感到了一份沉甸甸的责任。握笔的姿势,运笔的方法,我一边巡视,一边细心地指导,反反复复、不厌其烦。课堂上总会有不和谐的声音发出:墨汁倒了,手弄脏了……必须第一时间处理好,既做老师,又做保姆。一天,两天……一个月……孩子们渐入佳境,俗话说——拳不离手曲不离口。再好的悟性也需要每天坚持,练习书法是很枯燥乏味的,怎样吸引他们让我绞尽脑汁。积点评价方法的运用,让我找到了另一条吸引孩子的路径。孩子们努力学,老师卖力教,浓浓的墨香在校园里飘荡……随着时间的推移,在教学中我发现孩子们的成长,让我这个老师倍感压力。特别是那些"天才"式的孩子我有些力不从心。闭门造车,墨守成规,怎么能行呢?正当我迷茫、彷徨时,上海美术学院罗店分院的落成,犹如一缕春风,吹散了我心中的雾霾。我如饥似渴地学习,在吴南山等大师的细心指导下,我不仅开阔了眼界,而且纠正了多年来笔法的错误,使我的书法水平有了长足的进步……

无论做什么事,当我们遇到困难时,就要像大师钱学森说的——不要失去信心,只要坚持,总会有成果的。宝剑锋自磨砺出,梅花香自苦寒来。五年磨一剑,浓浓的书香滋润着孩子们的心田,也拓展了我的视野,引领我走向新的征程。真如张老师当时那句随意的话——教学相长。此时此刻给了我更深的启迪。

(沈伟峰)

教师体会 5

我的课程开发经历

"播种兴趣、成就未来、奠基幸福"这是我校开发科学人文素养核心课程的理念。根据这个理念,我与每个罗小教师一样,为激发学生的兴趣,为学生的个性发展,为提升学生的综合素质,去开发学生喜欢、家长需求、社会需要的课程。为学生健康快乐成长,为学生幸福生活,为学生未来人生描绘光鲜亮丽的底色。

课程开发促使我发奋学习,提升自身职业素养,促进我的专业成长,让我有了获得感与满足感。但是,回顾这二十多年来的课程开发,

第三章 "启梦"之果

其艰辛过程历历在目。那是 1996 年,我校为了争创上海市科技特色学校。在评选标准中,有一项指标规定,要有科技教育的校本课程。当时,教科研在普通中小学刚起步,绝大部分教师都聚集在电视机前进行教科研 240 培训,课程开发是听都没听过的新鲜事。认为课程开发是专家、学者干的事。我作为科技教师,这是无法推卸的责任。在校领导鼓励支持下,我和当时的总科技辅导员藤锡高老师,一边学习教育教学理论,一边根据学校多年来在科技教育积累的经验,编写出了《生活中的发明》科技校本教材,在四年级三个班进行班级授课。因争创市科技特色学校与我工作岗位的关系,在罗小我是最早接触到课程开发的人员之一。

八九十年代的第二课堂(活动课、兴趣小组),我被拉进课程开发的大门。在开发了《小发明》《生物百项》科技活动课程之后,我参与编写了《生活中的发明》校本教材。同年,我又与少科站刘国璋等老师编写出了《绿叶生辉》,供全市中小学学生作为开展生物科技活动的指导用书。本书中介绍了我校多年来在叶子制作中积累的优秀作品如"龟兔赛跑叶贴连环画""大象踩球""金鱼戏水""青蛙""蝴蝶"等栩栩如生的动物造型叶贴画,塑封叶脉书签、塑封叶子贺卡等。这是我的第一本由上海教育出版社出版的指导科技活动学生用书。接着又与少科站蒋兴等老师编写了《生活·发明》,也由上海教育出版社出版,并以编委会成员出现在书的扉页。本书介绍了我校多个小发明作品,如"油面筋嵌肉机""方便升旗扣""拆卸镊子"……

经过第一轮课程开发,我的专业得到了初步成长。我知道了如何开发科技活动课程,如何编写科技活动方案及校本教材,也明白了科技校本教材在学校科技教育中的重要性。同时,我也认识到科技校本教材在评选市科技特色学校中的分量。如果没有校本教材,只凭活动方案、活动总结这些过程性资料,与参评的其他学校一样,就不能在评选中脱颖而出。第一轮课程开发,我由小学一级教师成长为小学高级教师,我的教育职业生涯有了提升。

如果说第一轮课程开发,我是被拉进门,只是跟随专家一起开发,那么接下来的课程开发,我又怎么被推进课程开发大门的呢?

进入 2000 年,上海市科技特色学校进入复评(重新评估)之时。这时课程开发已进入常态,各类学校的校本课程已层出不穷,有些学校的课程光灿夺目。我校的科技校本教材还是原样,学校计划中,领导已几次安排修改的计划,怛是没人主动执笔修改。我是一个普通教师,平日有繁重的教学工作,也有众多的科技比赛任务。再说,其他学科教师们也没编写过教材,到了相应的教龄,照样能评上高级教师职称,因此在我心里课程开发的发动机已经熄火。其间我与朱金华、王伟龙老师三人分工合作,根据学校科技教育的实际情况,从创造发明、生物科技、头脑OM三个方面,分三部分修改了《生活中的发明》校本教材,以《雏鹰展翅》为书名,将我校科技教育的内容进行了增补与扩充。但是依据当时课程开发的成熟度,这本校本教材仅仅是应付之举。

2004年9月1日起,上海小学起始年级开启了二期课改试验。课程开发又到了白热化阶段。学校邀请了宝山区少科站的吴强站长,宝山教育政策研究室博一袁智慧老师来校商议我校科技教育新一轮的课程开发。针对当前科技教育发展的新趋势,回顾学校多年来科技教育课程开发的积淀和学校所处的罗店农村这个特定地域,所以决定了再开发《三农科技》校本课程。这一次课程开发,我便主动要求并执教。

我虽然生在农村,长在农村,学生时期也参加过农业劳动,对农村、农业、农民这三农有所了解。但要开发课程,组织学生搞活动,给学生授课,说实话还是没有底气的。我查阅了大量国家出台的"三农"文件,调查、访问了罗店地区许多机构,如农业公司、副业公司、植保站、菌种站、畜牧场、园艺场等。我向公司老总、站长、场长、专家和技术人员求教,向村里的老农学习,掌握了第一手资料后,才有了一些底气。接着开始设计课程方案,编写课程纲要与内容目录以及课程评价标准,最后才开始执教《三农课程》。

2007、2008年,继罗店龙船被列入上海市与国家非遗后,"罗店彩灯"也申报了市、国家两项非遗。2008年上半年,罗店镇政府为了让"罗店彩灯"非物质文化遗产能传承下去,特地举办了罗店镇中小幼学科技、劳技教师彩灯制作培训班。周校长又安排我参加培训班学习彩灯制作。我学习了两个多月,培训班结束了。我也学成回校。暑假过后,我校又在五年级三个班开设了《罗店彩灯》校本课程。经过一个学期的教学,学生制作的彩灯在年底参加了"罗店镇中小幼彩灯展览",并有两

个彩灯作品获奖。

这一阶段的课程开发,我的课程意识大大增强,课程执行力更有提升,课程开发能力显著提高。

回首校本课程开发之路,真是"路漫漫其修远兮,吾将上下而求索"。

时间一晃,又将十年。为了创新优质学校,2014年暑假,2015年寒假及2017年暑假,学校又号召全校教师开发科学人文素养核心课程的校本课程。此时此刻,我对课程开发虽已轻车熟路,但还是用心至极,精益求精,高质量地开发了第二板块(科学类)的《头脑风暴OM》(4课时)、《激情赛车》(4课时)、《车模乐园》(32课时)三门课程,共40课时。我开发的三门课程都入选学校课程计划授课,在学校每次开发课程进行评选时都被评为优秀校本课程。

校本课程开发不仅增加了学生学习兴趣,也提高了学校办学质量;不仅提升学生的学习能力,也提高了教师的自身素质;不仅增加了学生自我完善的机遇,也培养了学生创新精神和实践能力。为实现"学校有特色,教师有发展,学生有成就"的办学目标,我做出了有效的尝试和探索。

这真可谓课程开发助推我成长!

(申惠兴)

教师体会6

参与课程开发,助推个人成长

一直以来,教师被大家称为"教书匠",只管按照专家编写的课程和现成的参考用书进行教学。近年来,随着课程改革的深入推进,提出了教师得进行课程开发这一问题,即教师不仅是课程的实施者,还是课程的开发者。这么高大上的任务,我们普通的教师怎么担当得起? 因此,一开始听到这一消息,我们大家七嘴八舌地:"教师就是教书的,怎么有那本事?""我要有那本事,早就不教书了!"……话是这么说,可在新的教育形势下,教师学习开发课程是大势所趋。

尽管对自己的能力心存疑虑,2014年的暑假,我还是和同事们在学校领导的策划和帮助下投入了校本课程的开发工作中。我负责开发"走进罗店"这一板块，介绍罗店的由来和历史。接到具体任务，我仅存的一点自信都荡然无存了。说来惭愧，作为土生土长的罗店人，在罗店生活了这么些年，竟然对家乡的了解少之又少。"巧妇难为无米之炊。"没有具体的资料，怎么编写课程？没办法，只好借助网络了。通过多次上网查询，向老一辈罗店人讨教访问等途径，我搜集到了相关的资料并对这些资料进行了筛选、整理和编写。这次课程开发，不仅加深了我对家乡罗店的认识，增进了对罗店的感情，还提高了开发课程的信心。有了第一次，接下来对于课程开发就不再那么惧怕了。这年的寒假，我又完成了低年级绘本阅读课程的开发。2017年暑假，我根据自己的业余兴趣爱好开发了棒针编织的课程。在一次次课程开发的活动中，我也不断加深了对自己的认识，找回了自信。哇！开发课程对于我们教师而言并非遥不可及，原来我也能这么做。

参与课程开发，不仅使我提高了信心，还让我"编写课程"的能力不断得到提升。相对来说，教师参与课程开发工作对于个人专业能力的提升是显而易见的。因为职务之便，教师不仅有机会对自己开发的课程进行实践，同时还有对课程进行反思、改进和完善的机会。就以我开发的棒针编织课程来说吧。在对自己编写的棒针课程实施教学的过程中，我发现原本自己认为没有多大难度的起针对于一部分学生尤其是年龄较小的孩子显得比较困难。针对这一问题，我放慢了教学进度，改进了教学方法，还把学生从单人座改为以四人为单位分成一个小组，每组安排一到两个学得较快的高年级学生，充分发挥了陶行知先生所倡导的"小先生"的作用，大家共同学习，共同进步。这样一来，学生的合作互助能力得到了培养，学习的自信和热情也找到了。当然，从中得益的还有我。我相信，通过一次次的教学实践，经常性的教学反思，在不断改进教学方式方法的过程中，我所编的课程会日趋完善，我的个人专业能力会进一步提高。

总之，教师参与开发课程工作可以学前所未学，做前所未做，知前所未知，得前所未得，助推了教师的个人成长。

（吴小琴）

课程提兴趣　习惯促成长

"老师，我以后一定要充分利用家里的废旧物品，把它们都变成有用的东西，养成环保的好习惯！"……下课以后，学生们兴冲冲地跑到讲台前围着我七嘴八舌地议论着。看着他们兴奋的笑脸，我不禁由衷地笑了。

从孩子们诚恳的话语中，我享受着成功的喜悦：《变废为宝》校本课程已收到了预期的成效，学生们确确实实是学有所得。以变废为宝为主线，通过变废为宝从而达到保护环境，心灵手巧则是对学生的总体评价。也许这门课程仍然存在着不可避免的瑕疵，但我的总体教学目标已经达成，成为他们日后进行环保行动的指路明灯。

"变废为宝"这一活动课程已经开展了一个学期，在活动过程中，学生表现积极，参与热情高涨。学生从废旧物对环境的影响、对废旧物的处理、对废旧物的利用三个方面进行深入的调查和研究，保护环境的意识有所提高。在"变废为宝"的活动过程中，学生、老师共同参与，学生在发挥想象、小组合作的过程中学会交往、学会合作，既学到了知识又培养了实践活动的能力，更重要的是，他们的环保意识逐步加深。整个活动让我们真正共同享受了劳动的快乐、体会了成功的喜悦，同时思想得到了升华。

开设《变废为宝》的校本课程，旨在希望能够培养学生的环保理念，激发学生的创造性思维，有助于学生动脑、动手等诸多能力的发展。当学生看到自己用废弃物品制作的精美作品时，能感受到废弃物品所能给他们带来的乐趣，同时既在潜移默化中增强了学生的环保意识，又培养了学生们的创造性思维。在情感上，学生们也感受到了变废为宝的妙处，利用这些作品来美化家园的这一理念也深深地渗入了学生的心田。

在教育教学上，首先，我注重课堂教学研究，探究校本课程教学方法。课堂是学生学习的主渠道，在课堂教学中把学生教好，让学生成功，是每位教师最大的心愿，最高的荣誉。作为一名校本课程教师，最紧迫的问题是具有新的教学理念，立足课堂，加强校本课程研究。其次，注重学习，严谨执教。对于课程改革环境下的教师，光有一桶水是不够的，应该不断补充，成为拥有"自来水"的新型教师。

在以后的教学工作中，我除了学习专业知识、教育教学技能之外，一定要努力地研究课堂教学，研究教材、准备切合实际的教案、备好课，特别是在备课时要能换位思考，站在学生的立场，考虑学生的年龄特点和知识能力水平等，提升自己的课堂教学水平。在教学过程中发挥小组的作用，培养学生的团结合作意识。综合实践活动课程是具有开放性、生成性的，而且课堂时间毕竟是有限的，一节课不可能把作品做得那么完美，但这没关系，关键是培养学生良好的环保意识。

我觉得应该以变废为美为教学重点来进行思考，可以落脚到某一种方式方法，以点带面，由易到难，通过色彩、形状、质感的联想拓展思路，深入研究。从材料广度进行拓展，可放手体验，自由发挥，使之精彩纷呈。

通过开设《变废为宝》的校本课程，让学生了解如何对废旧物进行联想，使学生从心灵深处感受到废旧物品变美的可能，调动其操作积极性；通过制作先后的美丑对比，让学生感受到艺术的美丽的同时，自觉地热爱生活，通过自己的能力变废为宝，美化环境，从心灵深处体会到"美"的震撼。

总之，我希望环保意识从此像种子一般在孩子们的心中生根、发芽、长叶、开花，并把这种意识传播到周围，对这个社会也能形成一定的良性影响，使我们的地球真正绿树成荫，水秀山清。

（顾静蔚）

教师体会 8

课程助推我成长
—— "菖与变"的趣味彩墨画

课程，即学生成长过程中的路径跑道。学校为学生设定了多样化的学习路径，将这些学习路径串联起来，达到合纵连横的学习效果，变狭义为广义，以达到课程设计的学习目标。当然，无论是对于学生还是教师，帮助都是不小的。学生能够从每门课程中得到对应的知识，教师

也能在设计一门课程时、教授一门课程中,反思这门课程后,得到相应的成长。

首先,谈自己在设计这门课程时的心得。当初决定课程题目为趣味彩墨画,主要原因是受到专业课的影响。毕竟想把自己已经掌握的相对透彻的知识交给学生。但是囿于小学生的认知能力,还是把课程的兴趣放在第一位,美术课是集绘画、制作于一身的艺术载体,能够提高孩子的色彩审美能力以及动手能力,故应把课程设置得更加结合时代又充满中国传统艺术的魅力。

其次,谈自己在教授这门课程中的心得。学生在从未接触的学习领域总是好奇兴奋的。在教授过程中,运用笔墨的变化,泼墨泼彩的艺术走向,让学生进一步思考构图,思考画面,并且能够通过研究探讨出不同形式感的画面效果,加以添画,这便是如同这门课的课题,亦是本课的初衷趣味所在了。

最后,谈自己对这门课程的反思。由于课程设置为16课时,必然有一个明显的提高过程,故设置为初学范围内的进阶课程,大致的过程仍由蔬果至花鸟至人物至山水。蔬果与花鸟,同学们在平日课程中稍有接触,易理解易上手。进阶至人物时,我并未考虑孩子对于人物的剖析能力。虽然在教授过程中对人物做了大致的分析概括,并且每节课都会复习一遍,但效果仍旧不佳。我没有考虑到学生的接受能力,三年级的学生相对慢,认为很难,五年级的学生却认为很简单,反差大。所以在课程设置和讲解的过程中,应该多一些单独讲解,并且发挥陶行知先生的"小先生制"的教学理念,让高年级的帮助低年级的,共同进步。而且在难度稍高的课程中,应该将课时延长,因为不可能一口吃成一个大胖子,所以理应将课程的复杂点拉长细化为各个小知识点,便于学生们理解、掌握。

我将这次课程助推我成长的主题定为常与变。在平常的教学中,我并未认识到我和学生的距离。其实,学生与课程的距离,甚至是课程与我的距离,都是存在问题的。不能说为了彻底消除,只能说为了打破、消解这样的距离,我必须坚持"变"这个字。时代在变,学生的能力在变强,教师若不变,这样的课程就没有生气了。所以我希望通过不断的反思,尽力缩小这些距离,改变为更好的课程、更优秀的自己。

(彭　越)

参与课程开发　感受家乡变化

几年来,学校以素质教育为导向,以科学人文素养为抓手,以课程开发与实施为行动,鼓励全校老师积极开发各种类型的课程,排入星期一下午的课表,为孩子们准备了各种类型的"活动大餐",孩子们表现的兴高采烈的同时,开发课程的老师以及任教的老师都在这场文化大餐中执行着,感受着,研究着,讨论着……个人人文素养不断提升,受益颇多。

我,作为一名教龄满 30 年的老师,也在课程开发和实施中不遗余力,紧紧跟随。2017 学年度担任了人文素养类课程的实施者,任教三年级感恩类课程中的与家乡——罗店有着密切联系的限定拓展课,每个星期一下午进入教室上这一节限拓课。课程是由前任老师开发的,由这样四个部分组成:"罗店的由来""昨天的罗店""艺术之乡""历史沧桑"。知道"罗店"这个地名是因为有个叫罗升的人在此开店而得名,了解罗店的地理位置和形成历史(由来),曾经是历史悠久的富饶之地,又是贤才辈出的艺术之家。罗店特色文化有龙舟、彩灯和沪剧,知道罗店龙舟和沪剧现已被列入国家级非物质文化遗产,罗店彩灯被列入上海市级非物质文化遗产。还使学生知道罗店在历史上历经 9 次战争,了解淞沪战争中罗店被称为"血肉磨坊"的缘由。

说实在话,对于我这个 50 多岁的老年教师,对于罗店的认识也是很肤浅的。为什么呢? 因为,我们小时候的学习就是应试读书和考试,根本没有本土文化的学习和熏陶,对于感恩文化几乎为零。对于罗店的印象也就是碎片式的零星状态,小时候偶尔听爷爷辈的老人提起过 1949 年前的罗店镇上的富裕人家以及抗日战争时期被杀害的老百姓,对于罗店的历史也是知之甚少。因此,拿到教材和教案后,我认真的研读,并且针对三年级的孩子的年龄特点以及新罗店的变化,进行适当的修改和补充。在上第二课《昨天的罗店》过程中,说道,罗店盛产棉花,是重要的产棉地区,生产的紫花布、斜纹布畅销全国,大小商铺六七百家,商业贸易十分发达。罗店镇上曾有许多豪华建筑,有"怀石山房""布长街清代建筑群"等富丽堂皇的高墙深院,有

"笛园""龙川小筑"等高雅精致的琼台楼阁,还有"孙家花园""杨家花园"……一边播放多媒体课件,一边讲述着内容,一边再补上自己对于家乡罗店的认识,孩子们听得津津有味,相当投入。同时我又联系当今罗店的变化,对于罗店的现在进行补充,特别提到罗店镇亭前街的改造工程,政府拿出巨资打造了一条古街,一幅幅画面出现在孩子们的面前时,孩子们纷纷指指点点。噢,我明白了,他们想交流。顺势我问道:"你在亭前街上买过什么呀? 做过什么?"孩子们争先恐后地交流起来。有的说,她跟妈妈在那儿买过外脆里嫩的萝卜丝饼。有的说,妈妈在街上的裁缝铺里为她做过新衣服,新裤子。还有的说,班主任曾经带他们去街上进行社会实践活动呢! ……这幅幅画面在孩子们的头脑中活跃开来。

在上第三课《艺术之乡》过程中,说道,"罗店龙船"是从明清开始就流传于上海宝山罗店镇的一种民间风俗活动,至今已有四百多年的历史。造型别具一格,船体小,船底平,吃水浅,出驶快,小巧玲珑,宜于在本地狭小河道中行驶……学生观看了端午节划龙船的视频后,我问大家:"现在龙船表演在哪里举行啊?"随后联系现在罗店北欧新镇——美兰湖,让孩子们说说你们眼中的美兰湖。

一节节课中,孩子们观看图片、视频,聆听故事,感受到罗店文化的丰富多彩,产生了对家乡罗店的热爱之情。爱国首先从爱家乡开始,人文课程的开启和实施,引领老师和孩子们懂得感恩家乡,为家乡的发展变化不断前行。

(苏林芳)

教师体会 10

趣味游戏　启发智力

我校校本课程的开发和实施是在素质教育和新课程改革的大背景下开展起来的。这学期学校利用教师暑期培训的三天时间,聘请区拓展性课程教研员给大家作了一个"拓展型课程的开发与实施"的讲座。原先我对于拓展型课程是一知半解的,仅仅停留在兴趣课或活动课层面上。听了教研员的讲授,使我对二期课改理念、新课程尤其是拓展型课程的开发与实施有了系统的、深入的了解。教研员那高瞻远瞩的理论知识、生动形象的实践案例使我豁然开朗。我明白了：拓展型课程作为新课程中重要的组成部分，其着眼于培养、激发和发展学生的兴趣爱好，开发学生的潜能、促进学生个性的发展和学校办学特色的形成，是一种体现不同基础要求的、具有一定开放性的课程。要开发出这样一门课程难度是可想而知的，但是作为学校的一分子，一名老师，自己有责任、有义务去尝试、去挑战。在这种信念的支撑下，我思考起了自己想要开发的这门课程的名称、内容和纲要等，绞尽脑汁，想了几天，还是毫无头绪。这时我突然想到两年前我上过的七巧板这门课程。实际上当时这门课程是学校里指定的，但是究竟怎么上？完全靠上课老师自己去设计安排，没有具体的教学目标，没有现成的教学内容和课件。你可以随心所欲地上，每节课到底要达到些什么目标，培养学生的什么能力等都没有好好地思考过。因此这门课程的功能值得进一步挖掘。

于是我想方设法地去收集查找有关七巧板的资料。在开发的过程中，我对这门课程的设计思路也慢慢地清晰起来，我确定开发这门课程的原因是：无论在现代或古代，七巧板都是用以启发幼儿智力的良好伙伴。它在开发少年儿童的智力，锻炼动手动脑能力，启迪创造意识等方面具有很强的优势。而且通过探索七巧板，还可以引导学生深刻感受祖国传统文化的功力，提高学生的分析鉴赏能力，同时七巧板也是小学数学实践活动内容，因此选择这门课程。同时明确了它的育人价值是：用七块板能拼出无限多的形象，这无疑是难度极高的图形挑战，当然也就是功效奇佳的智力训练。试验的事实也证明了这一点：一个伴随着七巧板游戏长大的孩子，其右半脑与左半脑的均衡发达程度与整体智能水平，都显著高于其他儿童。所以，开发研究七巧板课程主要是迎合少年儿童的身心发展需要，结合儿童喜欢动手操作的特点，在动手拼接中开发学生的智力，培养学生的创造精神。

虽然最终这门课程没有入选学校的 50 门课程中（说明我开发的这门课程没有很好地体现出拓展性课程的要求和特点），但是通过开发这门课程我收获了：

1. 课程观念要更新。

由于绝大多数老师原来所学的教育学是没有课程论的教育学，加上"校本课程"这一概念在我国正式形成和使用的时间并不长，因此，老

师对校本课程的认识难免存在一些偏差。另外,学校、教师和学生过分依赖统编的教科书,这种传统思想上的习惯势力与校本课程的现实需求之间存在着强大的反差和深刻矛盾,将对校本课程的开发带来观念、制度层面上的阻力。

2. 教师要进一步加强自身知识和技能的提高。

校本课程开发中系统的规划、理论指导和实践性研究十分缺乏,因此,校本课程的开发中如何不断强化教师的课程意识,提高教师的课程开发技术,使之有课程改革的正确意识,有课程改革的愿望和动力,有开发校本课程所必要的知识、技术和能力。

3. 教师在校本课程开发中得到培养、锻炼和提高。

从校本课程开发角度而言,为了有效地推进新一轮的基础教学课程改革,教师必须具备课程意识,形成相应的课程观念。教师在一定程度上可以开设学生感兴趣的课程,这样就为学校特色的形成,学生不同兴趣、个性和特长的发挥留下了空间。教师参与课程的目的是使学校课程更加适合学生的需要,促进学生最大程度的发展,同时在课程开发的实践过程中也促进了自身的专业发展。所以教师参与课程开发不仅是编制出一系列的课程文本,更重要的是大大增强了行动研究的意识和能力。

(徐　萍)

教师体会 11

着眼兴趣,挖掘潜能

我是一个普通的小学英语教师,一直以来我都认为自己可以凭着这个专业把教育生涯进行到底,认认真真备课,上课,批作业,辅导后进生,尽自己所能完成本职工作。除此之外,学生其他的一切学科学习和活动都与我无关。本以为是无愧于自己和学生。虽然我们学校的课程开发工作已经如火如荼的进行了三年之久,但我仍然无动于衷,隔岸观火,因为我并没有觉得学生学其他的东西与英语学科有什么关系。如果说有什么影响的话,我倒觉得这些开发的课程减少了学生学英语的时间,分散了他们的学习精力。

可如今的我在对待课程开发这件事上,教育理念不光被颠覆,而且也怀着极大的热情主动投入过去。说起来很有意思,我这个老师的转变是缘于一个学生的转变。小孙同学是我任教班级中英语成绩倒数的一个男孩子,所有后进生该有的缺点他一样都不少:不听课,不交作业,书写马虎,懒惰并且经常冲撞同学……班级有了他,没有一刻是太平的;作为老师对他应该做的工作,我一样也没少做:谈心,家访,单独辅导,批评……他一个人分散了我差不多一半的工作时间和精力。但结果是:家长和我都筋疲力尽,他依然我行我素,看到他期末的成绩,我终于绝望了,决定下学期任由他去。

在新学期伊始,我突然有一个惊喜地发现,小孙好像换了一个人似的:上课聚精会神,作业争分夺秒地完成,英语成绩直线上升;最可喜的是他开始变得懂礼貌了,与同学都能友好相处了。循着他生活学习的轨迹,我终于发现了这一巨大变化的原因,原来这一切变化都是从他加入了校足球队开始的。在足球场上,他发现了自己的踢球天赋,自信心得到了极大的提升;在足球场上,他的兴趣得到了发挥和尊重;在足球场上,他领悟到了学习的真谛:要想把球踢好,要认真观察和练习;在足球场上,他从队员那里学会了团结与配合;在足球场上,他的反应能力和注意力集中得到了很好的训练。在足球场上取得的成功和自信也激励着他来认真地学好文化课,因此他在英语学科上的进步也就不难理解了。

小孙的蜕变感动了我,促使我开始认真思索当今教育提倡的课程改革并积极地投身到课程开发中去。在这个过程中我发现:1. 学生在参加校本课程的各项活动中体质得到了锻炼,特长得到了发展,艺术素养、体育技能得到了培养,表达能力得到了训练,视野得到了开阔。各种活动有助于班级的凝聚力、师生之间的感情的建立,良好的师生关系换来教学质量的提高。学生还从课程中获得对人生的自信和勇气,为他们的终身发展打下良好基础。2. 老师在开发课程的过程中,反复地进行开发,实施,观察,反思,再开发,新的教学理念得到内化,思维品质得到优化,从中获得科学严谨的态度,更有合作精神。随着课程质量的提高,教师本身的科学素养也会无形中得到提高,个人的价值也得到确认。

如今我正和广大的教育工作者一起走在课程开发的路上。我开发的校本课程《我爱多肉》被评为优质课程,并在 2017 年的第一学期正式实施,自己还担任着这门学科的执教老师。一个学期下来,受到学生的

极大欢迎,我也体会到不一样的成功的喜悦。对我来说,开发课程的路才刚刚开始,前面还有很多困难要克服,有许多东西要学,但是心中有了坚定的信念,我相信这条路会越走越宽,越走越明亮。

(石雪夷)

教师体会 12

我与绘本阅读共成长

暑假期间,在金校长的鼓舞下,我们全体教师共同开展了课程开发工作。刚刚开启这项工作的时候,我感到困难重重,首先因为自己脑袋里面根本就没有任何思路,其次是觉得开发16课时的课程需要花费太多太多的心血,所以一直不敢跨出这一步。但是在校领导们的鼓舞下,我下定决心开始动手开发这16课时的课程,并且满怀信心一定能够把我的课程变成孩子们最喜爱的课程之一。

我校现有30个教学班,大约1 200名学生。由于我们是农村学校,大部分学生都来自农村,其中外来务工子女居多。他们跟随父母来到城市打拼、生活,在城市化的进程中,他们多数在边缘挣扎生存,因此造就学生的成长环境视野比较狭隘且缺乏自信。特别是在英语学习中,他们通常也缺乏父母在学习上的帮助和经济实力上的支撑。针对在这样的环境中生长但却爱好绘本阅读和表演的孩子,如何开拓他们的学习视野,培养他们的表达能力和创新精神,成为摆在我们面前的一个难题。近年来,学校在各项教育教学活动中都开展了相关的研究活动。各项研究课题都在我校办学理念的支持下扎扎实实地推进。为了能够让孩子们更好地学习英语,在上学期,我校还发行了英语报,取得了很大的成效,同学们都非常喜欢看。因此,我认为应该在英语会话的基础上开发《绘本故事表演》这门课程,以此提高学生学习的积极性,培养学生的学习兴趣。

那么一定会有家长提出疑问,到底什么是绘本阅读表演呢? 首先我先给大家解释一下什么是绘本阅读。绘本不仅是讲故事,学知识,还可以全面帮助孩子建构精神,培养多元智能(绘本和普通的图画书有区别)。绘本是发达国家家庭首选的儿童读物,国际公认"绘本是最适合幼儿阅读的图书"。对于低年级的孩子来说,培养英语学习的兴趣是至关重要的。枯燥的文字不仅会削减孩子们学习英语的兴趣,还会打击他们学习的积极性。绘本故事表演在激发孩子们表演潜质的同时,又能够增添学习的快乐,使他们爱上学习,爱上表演,爱上英语。绘本被视为艺术的一种,无论意义或实际运用,都给人更加精致细腻的艺术感受。其功能包括提供有意义的背景情境、建构基础能力、提供情感的抒发、提升学习兴趣、经验学习的媒介。我开发的课程《绘本故事表演》是一门融合了英文、科普、故事、音乐、美术、阅读、表演等多方面知识和技能的课程,能将表演与英语学习相结合,有效提高学生的动脑动嘴和创新表演能力。在上课的过程中,我会通过设计各种各样的活动,使学生养成良好的行为习惯和学习习惯,并使学生在合作活动中逐渐养成团队意识,并能借助团队来发现问题和解决问题并进行创新。我开发此项课程的目标只有一个,那就是:通过创设丰富的表演环境,激发学生阅读活动的兴趣和对书面语言的敏感性,帮助学生认识书中人物关系,掌握早期阅读方法,培养学生将早期阅读经验和表演经验迁移到其他活动的能力,养成良好习惯,提高学生语言、思维、观察、想象、质疑等综合能力,最终将孩子培养成自主阅读,具有创新精神且自信的人。

通过上一个学期的实践,我惊喜地发现孩子们不仅仅爱上了英文绘本阅读,而且还深深迷恋上了表演。在表演的过程中,他们声音响亮,不怯场、不退缩。每每看到这群一年级孩子身上所散发出的那种自信和勇敢,我就会感到非常欣慰,自己在暑假里花了那么多心血所开发出来的课程终于体现了它的价值。在下学期中,我仍然会砥砺前行,将这门课程以最完美的形式呈现在孩子面前,同时我也会秉承我们罗小的办学理念:播下兴趣的种子,奠基孩子的未来。让孩子们通过学习我的课程而在心中萌发出兴趣的种子,在未来的人生道路上生根发芽,发光发热!

（朱　艳）

教师体会 13

小小一枚针,钩出大天地

我们的学校位于一城九镇之一的"金罗店"。学校坚持以人的发展

为本，深化教育教学改革，凸显学校办学特色，目前，学校形成了"1＋4"的特色格局。"1"指的是学校整体的科技特色，它牢固地成为了学校发展的支柱品牌。"4"指的是四个小特色，即感恩教育、语文学科建设、乡村学校少年宫及环境文化建设。在学校里经常会组织形形色色的活动，让学生展示多方面的才华，我觉得最有特色、最有效的莫过于学校的课程开发。我们老师在课程开发的过程中享受了美育、德育，学生在课程学习的过程中陶冶了情操，净化了心灵，同时让自己的课余生活也变得更为精彩。

在课程开发中，我积极参与，结合自己的特长和兴趣爱好开发了课程——钩针，钩出美丽生活。之所以想开发这一课程，还源于生活中的一个小画面。那天我走过一家卖手工编织品的小铺子，一下子被那些色彩亮丽，款式新颖的编织品吸引了眼球，一双双小袜子小巧玲珑；一顶顶小帽子柔软舒适；一个个小杯垫轻巧可爱。更让我心生触动的是摊主是一位上了年纪的老人，戴着老花镜，手执钩针，正在飞针走线。从那双灵巧的手上根本看不出老人的迟钝，那副安详的神态中有着编织时才有的淡定和自信。多么和谐美妙的一幕啊！一问才知道，这铺子里所有的编织品都是老人利用家里的废弃毛线钩织而成并用来出售的。前来购买的顾客还不少呢，许多客人捧着心仪的小物件，似乎从中找回了儿时的记忆。听，他们的话语中有期待，有感慨，"好久都没看到钩针的编织了，现在的小孩呀，只想上网玩游戏，都没心思学这手艺。""我家的宝贝真调皮，要是能学学钩针，说不定还能修身养性，能改掉这猴子屁股坐不定的坏习惯呢。"这钩针的手艺要是能放到学校，放到课堂上，那是多么有意义！无意中的所见所闻触发了我的灵感，结合学校的课程开发，我当机立断，决定把钩针编织作为自己所开发的课程。

接下来的日子，我上网搜索了有关钩针的资料，自己也拿起了久违的钩针，跟着视频资料学习一些新式的编织方法。从课程的选定，到自己先学习编织技巧，再到教材教案的定稿，这个过程是艰辛的，但也是快乐的，因为我深感到把一些被人们淡忘的传统文化重新捡拾起来无异于造福学生。

开学后，我的这个心愿如愿以偿，我开发的这门课程被学校领导选中编入本学期所要执教的课程。当看到学生们每到这一节课早早地坐在课堂上，用期盼的眼神等着我的到来时，我幸福感是满满的。短短一学期下来，学生基本上已经掌握了钩针的一些基本针法，有的学生已经能拿出了几件简单的作品，如茶杯垫、小围巾、小笔袋等。更听到一些家长的评论："我家小孩每到星期一就很开心，说又可以上钩针课了！""我家小孩上了钩针课改掉了做事毛手毛脚的坏习惯。""我家小孩上了钩针课后，脾气性格也改好了，常把作品给我们展示，变得更有自信了。"听着家长们的话语，看着孩子们的作品，我想：钩针不仅让孩子钩出了作品，展示了才华，更重要的是传承了民族文化，让孩子们充满了对美好生活的憧憬和向往，编出了自己对未来的希望。

"知之者不如好之者，好之者不如乐之者。"看着孩子们每次兴趣课结束后的兴奋状态，我便想起这句话。当孩子们充满兴趣地开展活动时，他们心情愉快，精神放松，创造性也会得到高效发挥。兴趣是推动孩子进行求知和学习的重要心理因素。通过课程的开发，我感受到了孩子在学校里的开心愉快，它如同一把钥匙，打开了孩子们智力的潜能，开阔了孩子们的眼界，激励他们去探索，去想象，去动手，去创造。

教育的最高境界是"有心而无痕"。看着学生们在罗店中心校的这几年里所学的各种书本以外的知识，我深深地体会到了这句话蕴含的道理。学校通过兴趣课程走进孩子的心灵，寻找最佳的教育方法，帮助孩子们拥有活泼开朗的性格，让孩子们感受到无穷的乐趣，感知生命的活力，丰富他们的课余生活，在快乐愉悦轻松的氛围中不断成长。

（顾彩萍）

教师体会 14

平日行规　终身思量

人们常说"没有规矩不成方圆"。对小学生进行日常行为规范教育，作为教师要善于运用教材中丰富的内容、深邃的道理、优美的语言、动人的形象给学生以深刻的教育。

本学期，我们开设了德育课程《美育之路行规之旅》，通过四站式单元教学：生活行规、学习行规、礼仪行规、家庭心理辅导……让小学生在美育之路中领略行规之美，使小学生懂得如何做人，如何为人，养成良好的行为习惯，从而形成良好的人格的自我发展。

一、美育之路初成长

马卡连柯曾经说过:"遵守纪律的风气的培养,只有领导者本身在这方面以身作则才能收到成效。"一个班级良好的班风离不开班主任的谆谆教导和督促,更离不开一支强有力的班干部团队的带领。因此,在美育之路初期,我将全体班委干部集聚在一起,共同制定班级制度,以行为规范的内容和具体各项活动操作时的注意事项相匹配:十分钟队会、温馨教室、社会实践点、中队琐事……我们进行了一系列的讨论。

为了使全班学生形成良好的行为习惯,通过学习德育课程,结合学校的积点奖励机制,首先班级的值日进行了合理的分工:分双周、单周,每天四人,在规定时间里完成,每人奖两积点;其次早上早读5个从一年级开始的孩子不变,再每天增加一个,每天有人带着,每周日让一个孩子在QQ群里发一下名单,提醒一下。开学初的"温馨教室"布置、资料的搜集,让孩子主动报名负责此项工作。班级中的大队长须华主动报名了,我在群里也发好要求,四年级了,所有活动人人参与。可能家长会觉得太烦,我在家长面前及时表扬孩子参加活动的积极主动性,家长听见孩子的成长,都很高兴,再苦再累也会支持的。不过由于是第一次,我中途也会进行询问,从中进行指导。本次是孩子们自己张贴黑板报,由孩子们自己决定哪些人张贴,然后张贴时我一直陪同着,一是为了避免事故,二也可以从中进行指导,慢慢地培养。

我通过奖励的方式激励学生做好自己的本职工作,加强责任感意识,从而培养良好的行为习惯,其次培养学生的自律性。

二、行规之旅遇风波

班干部的德育工作看似在有条不紊地进行着,但半个学期下来,结果出乎我的意料,"行为规范示范班""广播操优胜班"一次都没被评到,这使我陷入深深地思考:怎么回事?(想想前两年,班级都是连着被评为学校"行为规范示范班"学校之最)我一边思考,一边寻找原因,发现扣分主要在眼保健操(眼保健操竟是"罪魁祸首"),眼保健操的扣分意味着学生的行规习惯存在问题。于是,我特意每节眼保健操都到班级中去,规范学生的眼保健操姿势,端正学生做眼保健操的态度、纪律……然而还是没被评到。这怎么回事?我又咨询了德育主任:是否今年的评分要求有所改变?回答是没有。

问清原因,再反过来观察班级情况,发现一些负能量的情况在慢慢滋生：个别学生的自控力很差，老师在时很规矩，老师一走，马上"活跃"起来……这可是一个不好的信号。

三、思量之余找对策

我细细观察着，想着对策。通过我召开班干部会议、找个别孩子谈心，发现孩子们对于学校的争做"罗小进步之星"仍然情有独钟：何不以此为契机，一边进行德育课程学习，一边规范学生的行为习惯呢！我适时做了调整。做法如下：1. 首先推选得力负责的小干部(称小小组长，这类小小组长专门是负责督促自己负责的几个组员各方面的行为表现)，老师对评选的小小组长进行负责把关。2. 一个小小组长负责2—3个组员，有4个特殊生如学习上非常懒惰的，有学习上有困难的，有不服同学约束的，由我班主任一个人负责。3. 制订一周要求，如班中做作业拖拉，回家作业漏做，有小小组长督促，邯组及时完成，有小小组长告诉班主任，班主任做好名次统计，坚持一周只不犯所列错误，分数累加起来最低为先。4. 每周四午会课总结，进行评选(小组组长和组员都有机会评选，组员表现好还可以晋升为小小组长)，再制定下周要求。结合德育课程中学习的内容，每周制定学习和行为各一条，班主任合理分配。(备注：班主任及时发现班中的问题，行规如：2分钟预备铃吵闹、课前准备工作不充分、课间滚地上、打闹、每天"三带"、个人卫生；学习如课后预习不完成、回家作业拖拉，用时长、误做，错做作业等。)

(特别备注：1. 每周行为要求累加，不是前周过了就不要求了。2. 明知故犯的，一票否决制；突发事件，能表现积极主动处理的，确认后加星。3. 捆绑式，一人犯错，整组扣积点。)

制定这样的规矩，目的只有一个：及时规范学生的行为。经过一个月后，问题变得显而易见：班主任负责的学生没有改变原有的坏习惯。原因：学生没有积极性，没有列入大部队中，老师不能每时每刻盯在这些学生身后，学生还是犯错误，导致个别不良行为影响班级荣誉。

推进做法：1. 在组员中推选一个月表现突出的，有组长能力的晋升为小小组长。几个小小组长中能力强、责任心强的负责老师"直接管理"的几个学生(称为"难啃的骨头")，一对一，啃下来就可以，只要当天的任务当天完成，他们可以不排名次，直接就可以竞选"罗小之星"。2. 每周行为要求，由学生发现班中不良情况，制定下周行为要求。3. 推选出来的组员或组长，先由同学们找找一周中是否有缺点，找不到缺点的同学就是

"罗小进步之星",再说优点,全体同学学习他身上的闪光点。

学生及时处理脏物,奖励积点;学生及时劝架,处理矛盾,奖励积点;能在学校保质保量完成一项作业,奖励积点;及时捡起废纸,奖励积点;主动教同学题目,解决难题,奖励积点。所有这些正能量的行为都是学生评"罗小进步之星"和进入班委干部的一条通道。

学生德育课程的学习,班主任教学路上的思量,对学生的关注角度的转变,学生自己行规的约束,班干部班级管理的培养……对于学生行为的养成,起着决定性的作用。学生的行为在慢慢改变,好习惯在慢慢养成。

为了培养出一群充满朝气的阳光少年,一支有着强大凝聚力的团队,一个奋发向上、团结友爱的集体而努力:路漫漫其修远兮,吾将上下而求索!

（黄　钰）

教师体会 15

融合地域特色的小学陶艺校本课程开发促我成长

四年前的冬天,天空中下着雨夹雪,我第一次来到罗店中心校投下我的工作简历。在回去的路上,出租车司机跟我聊起罗店古镇的过去,以及罗店七百年的商贸历史,让我听了肃然起敬。从这时候起,我想我学习的陶艺技能如果可以结合本地优厚的地域资源去开发校本课程,肯定可以做得很好。

在接下来的面试中,我将我的想法与金校长沟通,引起金校长极大的兴趣,通过多轮考试和试教及演讲过关,最后我顺利地进入了罗店中心校工作。当我正式进入罗店中心校工作后,我了解到我校是地处上海市最北端"一城九镇"之一的古镇"金罗店",是一所有着悠久建校历史的老校,在岁月的洗礼中积淀了丰厚的文化底蕴。学校在"播下兴趣的种子,奠基孩子的未来——让每一个学生健康快乐地成长"的指引下已形成了鲜明而有特色的办学理念。近年来,学校不断激活着新生命、焕发出新活力,正以积极的进取精神和有力的具体措施推进新优质学校的创建。

在新优质学校的创建过程中,学校吹响了《科学人文素养》校本课程开发与实践研究的号角,从培养孩子的兴趣出发,以满足学生需要和体现学校办学与特色为目的,已初步形成了具有学校特色的学校核心课程体系。

丰厚的校园文化为本校陶艺教学的蓬勃开展打下了坚实的基础,学校快乐活动日和国家级蒲公英乡村学校少年宫项目也为学校陶艺教学的蓬勃开展在教学时间上提供了保障。当陶艺项目活动在学校少年宫、快乐活动日、美术兴趣社团中开展后,吸引许多学生参加,美术课上的陶艺制作也成为了孩子的最爱。我开始指导学生在"玩中学,学中玩"的趣味中发挥自己的想象力,塑造了一件件具有"金罗店"特有的乡土气息的陶艺作品。学生也在陶艺体验学习中感受到无穷的快乐。

在此基础上,我开始尝试申请《小学生陶艺教学中融合地域特色的教学实践与策略研究》《小学生陶艺教学融合地域特色的教学与策略研究》宝山区一般课题,并幸运地获得成功。与此同时,我申请了上海市创新实验室《泥趣坊》项目,并获得20万经费的批复。学校利用此项经费,购买陶艺教学专业所需要的电窑、拉坯机、优质陶泥、瓷泥、擀泥杖、转盘、釉下彩和釉上彩颜料等设备、工具、材料,把普通的美术教室改造成了《泥趣坊》专业陶艺教室。

于是,我所学的陶艺专业知识有了用武之地。我通过融合罗店古镇地域特色资源,在周六的学校少年宫、学校快乐活动日、330陶艺社团等项目中指导学生围绕罗店古镇的特色建筑、龙船非遗文化、拱桥、各种地方美食、彩灯等制作出一件件既充满童趣,又具有地方特色的陶艺作品。

我在陶艺区级课题研究的基础上,编写了《陶艺》校本教材,既有适合小学生教学使用的陶艺教材,也有适合教师陶艺培训使用的陶艺教材,以及相关教学设计和课程资源包。其中我为适用教师使用开发的课程《陶艺》经专家评审,认定为宝山区"十三五"教师培训区级共享课程(第一轮)。在课程开发的同时,我也不断进行调整和完善,并把教学中的经验撰写成论文。在2016年上海市中小幼陶艺师生作品展示中,我的陶艺作品《少女》《古苑文艺》在上海刘海粟美术馆展出,并分别获2016年上海市中小幼师生陶艺教学成果展示三等奖和优秀奖;我指导学生制作的陶艺作品四件在此次活动中获得二等奖和优胜奖;我撰写的《泥趣金罗店 快乐学陶艺》教学论文也在此次活动中获得二等奖;我撰写的论文《泥趣金罗店 快乐学陶艺——上海市宝山区罗店中心校

"泥趣坊"陶艺创新试验室课程与教学实施过程与方法》在上海市中小学创新试验室建设论文评选中获三等奖。

更庆幸的是,我指导学生在玩泥中体验着快乐,师生感情更加融洽了,我的社团课程深受学生喜爱。学生在陶艺课上学习的陶艺技能在宝山区艺术单项比赛陶艺项目比赛中连续三年获得金、银、铜奖,学生被选拔参加上海市艺术单项比赛陶艺项目比赛,并在比赛中连续三年获得银奖和铜奖。2016年我指导学生融合地域特色制作的陶艺作品《罗店龙船》《罗店民居》《南翔小笼》参加全国"周庄杯"中小幼师生作品展示活动,获一等奖和两个二等奖。

融合地域特色进行陶艺课程开发,不仅让我收获了教学的快乐,感受到了科研的成功喜悦,更重要的是通过挖掘地域文化特色,找到特色陶艺课程持久的开发与研究的方向,并能持续渐进地指导本校学生在陶艺教学中向更加深远的方向发展。

(刘贤芳)

教师体会 16

唯进步,不止步

当时间的脚步爬过夏日的脊背,当校园里的紫藤开始和门前的大树一起疯长,罗小迎来了新校园的第三个暑假。过去的三年是全体罗小人凝心聚力造梦逐梦的三年,是我们于一片荒芜之中打造出一个空中花园的三年,也是我们在每一个冰天雪地的日子都不忘眺望春暖花开的三年。这个暑假,伴随着校园里的蝉鸣和虫啾,我们又开始新的启程。

全体动员,全员参与,全心投入,全力以赴——开发拓展型和研究型两类课程,这不是一出心血来潮的表演,而是一场精心策划、悉心打造的课程盛宴。我们希望以这样的方式去生动罗小每一个孩子的校园生活,去架构他们在基础课程之外的知识体系,去丰满他们在心智初开之时对于周遭世界的认知,去感受、体验生活中的美好的同时,也传播和传递这种美好。未来某天,当他们逐梦而去,关于罗小的一切都如清风拂过山冈般成为他们美好的记忆。

"一切为了孩子,为了一切孩子,为了孩子的一切。"

这句不曾被书写在罗小的任何一面墙上的话语,却被镌刻在每一个人的心里。

熟稔,深刻,时时处处践行而不自知。

每一桩对孩子有益的事情,我们都可以做到极致。

首先有这样的意愿,然后自然有了这样的能力。

我们乐意给每个学有余力的孩子撑起一片更高更远的天空,所以我们为他们打开舞台的聚光灯,组织"罗小天天演";同时我们用课堂构筑舞台,为孩子们也为每一个罗小人——孩子们用稚嫩的歌声为我们点亮希望,我们收获了最饱含敬意的感动,孩子们得到了自由自在的成长。

我们愿意用每个清晨的第一缕光线照亮孩子的脸庞,愿意用一朵花开的时间去倾听每一个孩子心底的渴望,所以我们打开"蒲公英乡村少年宫"的大门,看着表情明媚的孩子们如潮水般涌进来,以拥抱的姿态带领每一个孩子在艺术的伊甸园里翱翔……

奔波不息却乐此不疲。因为我们始终有这样的执念——在罗小的校园里,每一个梦想都值得被守护,每一声呼唤都值得被回应,每一个期待眼神都值得被认真对待,每一次起立都值得为其喝彩。

为了孩子,罗小人甘为人梯;

为了明天,罗小人沃土勤耕;

为了梦想,罗小人永不止步。

"狂心顿歇,歇即止步。"作为一线基础教育工作者,无论是身处繁华还是偏处一隅,无论是初生牛犊还是老骥伏枥,我们所挥洒的每一滴汗水都掷地有声,我们的每一个字句都饱含深意,我们每一次披星戴月都会被铭记,就如同给每一颗种子雨露和阳光,它们就有破土而出、仰望苍穹的力量。在前行的路上,我们已经盛装启程,通往未来的旅程我们唯进步,不止步。

(张莉娟)

教师体会 17

跟着小导游,游遍上海滩

暑假里,我们尝试自己开发课程,从选择课程、写大纲、编写教案、

查阅资料做课件、到上课，形成一门自己拓展的课程，对我们而言是一种挑战，同时也是一种机遇。挑战我们未曾达到的领域，遇见我们不曾激发的潜能！回忆起当时的点点滴滴，很庆幸自己战胜了自己，有了一门属于自己的拓展课程。

我选择的拓展课程是《跟着小导游，游遍上海》。为什么选一门这样的课程呢？是因为我非常喜欢旅游，所以想到了游玩；我也发现我们很多学生并没有好好地游玩一下他们所生活的这座城市，我想带他们去了解一下上海的历史文化、上海的城市面貌，希望他们能更热爱上海这座城市，所以就选择上海作为游玩的对象。同时在编写教案、收集资料的过程中，也让我重新认识一下自己所生活的地方。

这门课程除了想把上海文化介绍给孩子外，还希望孩子在课程中有更大的收获，想借此与平时学的课程接轨，来提高学生的表达与写作能力。因此我设计了以孩子做做小导游的方式来学习、了解上海的各个景区，并且还介绍了导游词的基本写法，让他们自己当当小导游将学到的知识进行运用。

想象很美好，可是实施起来并不容易。孩子比较能接受老师讲课或者观看视频等方式，轮到他们自己上台当小导游，一个个就支支吾吾的，都不肯上台，只有个别表现欲强的孩子敢于上台来给大家介绍景点，但是每次都只有这两三个孩子比较积极，其他孩子缺乏自信，总怕自己讲不好，造成了课堂上孩子的参与度低的局面。为此，我陷入了深深的思考，不知如何打破这样的课堂局面。之后，我尝试积极鼓励孩子上台，还以 10 个积点作为奖励，可还是达不到预期的效果。于是，我将课程的难度降低，配上图片让孩子以句子形式来介绍，果然效果好了很多。原来一篇完整的导游词对于三年级的孩子而言，难度太大。平时参加教学活动时，每次语文的教研员都会要求制定目标一定要适切，符合学生年段。经过自己的切实体验才明白，自拓这样的兴趣课，也同时要考虑这个准则。制定目标一定要适切，符合学生年龄段，这是我这学期上课以来对于教学目标这一块最大的感悟。

这学期的自拓课，我发现当孩子们看介绍上海视频的时候都是津津有味的，比我单纯地讲有意思多了，所以以后的课程我还要多寻找点多媒体资料，完善我的课程，丰富课程的精彩程度。善于运用多媒体技术，使课程更精彩，是我以后的教学内容上需要努力的方向。

上海文化博大精深,这学期我将各大景点介绍了一遍,还有上海的美食文化、上海名人、建筑等各个领域可以介绍,因此以后的课程内容可以更为丰富,以达到让学生了解上海、热爱上海的目标,并以小导游形式来传播上海文化,让更多的人了解这座城市,这才是这门课程的意义所在。

我与课程共成长。在拓展课程、完善课程中,我学会了很多,感悟了很多,同时也收获了很多!

(韦　婧)

教师体会 18

我是英语小达人

学校有怎样的课程,就会有怎样的教育模式;有怎样的教育模式,就会有怎样的教师成长模式。自我校新优质学校创建工作开展以来,回顾自己在课程开发、实施过程中的感受与体会,收获良多。

首先,新课程开发,学生成长是首要目的。无论哪种课程建设、教授模式,都一定是以学生快乐健康成长为其首要目的。结合小学英语课程自身特点,在满足基本教学要求的前提下,为调动学生积极性,增强学生读写能力,我设计开发了《我是英语小达人》这门课程,其中包含了"传统文化卡片拼图""我是小小交通员""家务小能手"等课程内容。

"传统文化卡片拼图",要求小朋友们团队合作,任意选择一种传统文化,找出其几项突出特点,制作中英文对照的卡片拼图。该课程内容涵盖传统文化知识、主动学习能力等,通过该课程增强了小朋友学习传统文化意识,激发其民族自豪感和使命感,实现国家文化的传承。

"我是小小交通员",要求小朋友绘制简单交通图,学习英文交通指示口令,并扮演警察、司机等角色。该课程将交通规则置于教学活动中,加强小朋友安全教育的同时,提高小朋友的英语表达水平。

"家务小能手",要求小朋友记录一次做家务的美好经历。该课程一面培养孩子们良好的劳动习惯,提高小朋友观察生活的能力,另一面,锻炼小朋友英文写作能力。

新课程的开发,大大地提高了学生们学习英语的兴趣。由于是选

修课程,所以没有平常上课那么呆板,课堂氛围轻松活泼。在教学中,我更注重对听、说能力的培养,特别注意授课内容和形式的多样性,始终让学生保持浓厚的学习兴趣。如上《传统文化卡片拼图》时,我先让学生们观看一段有关万圣节的影片,然后让学生们找到有关万圣节的一些风俗习惯,如南瓜灯(pumpkin lantern)、南瓜派(pumpkin pie)、糖果(sweet)等。学生们都能积极参与讨论,并在讨论中获得了交际所需的语言技能和相应的语言知识,也增强了学生学习英语的自信心和自觉性。

新课程的开发,不仅使孩子们的学习变得生动有趣,同时对老师也是一个积极的成长平台。我在参与课程开发时,首先要具有相应的课程理论知识,因此为了使自己的工作更具有成效性,我就不得不认真学习一些理论知识,阅读大量的资料以完善自己的知识结构,以使用科学的理论指导自己的工作实践。我通过网络搜索、图书馆文献等一切形式从中取材、整理出西方的风俗习惯、学校教育、文化与艺术、假日与旅游等4个专题,这些都展现了英语国家的习俗、风土人情和一般社会概况,可以帮助学生初步的感受西方文化。

新课程活动结合教师的专业个性,帮助我们青年教师逐步形成自己的教学风格,促进我们进入个性化教学阶段。新课程依托学校这个大的平台,老师们分享启迪智慧,在交流中启迪思想,在课程管理的系统创造中实现自我价值,展现个人魅力,享受职业创造的幸福。但最终目的还是为小朋友的学习创造一个新颖快乐的环境,提高学校整体教育水平。今后,在不断地总结与学习的基础上,我会更加积极主动地去创新,争取在教学上取得更大的进步。

(杨志芳)

教师体会 19

做教育水桶上那最长的一块木板

众所周知,教学活动的开展是由教师、学生和教材三方面所构成。在实施素质教育后,这三方的关系变得越来越紧密,也越来越注重教学活动中对"人"这一要素的关注。但是现阶段关注的重点还是放在学生身上，其实作为教学实施的主体之一——教师的作用也不可忽视。这是因为教师是沟通学生从教材中汲取知识养分的重要桥梁。

在以往的教学活动中，教师虽然表面上是教学活动开展的实施者和决策者，但实际上却是一个被动的执行者。因为在教学活动中，怎么教，教什么，都已经被上级部门所颁布的教材所事先固定好了。就像一辆高速的列车，虽有较高的速度，但只能沿着预设的铁轨前进，这其中缺少当前素质教育中最为提倡的多样化、个性化和自主化的学习要求。这不仅限制了对于学生创造性学习能力的培养，也限制了教师对于"教材"的二次理解和开发，造成了教师根本不用去反思教材中的得失，只要按照教材中所规定的内容去教就可以了。这种萧规曹随的做法和当前素质教育的理念是格格不入的，也使得教师失去了自主性和创新性。

其实任何一个人——不论他是否从事教育事业都具有先天的懒惰性和从众心理，不然也不会有那首著名的《明日歌》：明日复明日，明日何其多。我生待明日，万事成蹉跎。在面对拓展性和研究性的教学内容时，教什么，怎么教，成为了每一名教师当前最为迷茫的一件事。俗话说"临阵磨枪不快也光"，现在面对的是实实在在开展的教学活动，不论自己的"枪"是快还是光，都首先要做到的是要有一把属于自己的"枪"，这把"枪"就是自己能教什么。万物皆有优劣长短，任何事、任何人都有自己的不足之处，同样也有自己所擅长的一面，正所谓三百六十行，行行出状元，我们教育工作者更是如此。在面对眼前众多求知的学童时，我们每一位教师都想把自己所最擅长的一方面教给我们的学生。那么自己擅长什么？又怎么把自己一身的"武艺"传授给孩子们？在这个过程中往往我们更多该做的是反思自己，检查自己在所擅长的某项教学领域中，是否还有不足之处。对照起来就是"活到老，学到老"的又一次生动体现。在学海中，"教师"这个称号只代表了你学会了多少知识，而非你学习的终点。当教师开始学会审视自己的时候，既是对自己教学上不足的弥补，更要进一步提升自己教学上的长处。这是因为不论是研究性课程还是拓展性课程，它的立足点都是放在发挥学生最大的长处上。这个长处其实也是教师自身的长处，教师可以根据自己教学的特点和知识的掌握，来对教材进行合理的二次编排和梳理，这种操作是集合了教师自身的最大的优势。例如，对于同样一门体育教材，有的教师对球类运动比较擅长，他就可以根据自身的特点，来选择他所适

应的球类教材;有的教师擅长体操类教材,他就会在体操教材上进行精心选择和设计。即便在相同的球类教材上,每个教师所侧重的也有不同。以足球教材为例,在涉及足球战术教学时,有的教师喜欢控球型战术,有的教师喜欢反击型战术……但是不论哪种战术,都是这位教师所最为擅长的。在有限的教学资源中,要想让孩子们能够学有所成,学有所长,就是在于所传授知识的教师是否真正做到了对这项知识的熟练掌握和运用。也许这位教师在其他知识领域中处于弱势地位,但正所谓尺有所短、寸有所长,教育教学虽然要求的是培养广大的基础型人才,但在基础型人才上还是要立足于对于学生个性和专长的培养。要培养出兼具个性和专长的学生,就要求我们的教师能够做到集百家之长,合一家之言。把教师自身最强的一面展示给我们的学生,去吸引我们的学生,让他们在教师的言传身教下去,感知这项知识技能的乐趣,从而让学生能够充分发挥出自己的天性,挖掘出自己的潜能,在学习中感受知识的力量,成为未来社会中学以致用的实用型人才。

每一个教育工作者都知道著名的"木桶理论",即决定一个木桶盛水多少的决定性因素是木桶上那最短的一块木板,但我们换一种思维方式,把木桶倾斜一下,让水倾斜的停滞在木桶最长的那块木板处,木桶所盛放的水量远大于以往。这个故事其实就是告诉我们,任何一个教育工作者无论在教育界工作多久,都会像我们手中的手指一般各有长短。我们所要做的就是无限地扬长避短,用自己最为擅长的一面,去培养学生学习1—2项的专项知识并学以致用,让学生们感受到学习的快乐和知识的力量,这才是当前素质教育的核心理念,也是我们每一位教育工作者为之奋斗的目标。

(朱晓敏)

教师体会 20

播种习惯　奠基人生

伴随基础教育课程改革的深化推进,如何为每个孩子提供更丰富、更多元和更适切的教育,已经成为当前课改的核心方向。为了适应学生发展需求,让校园丰富多彩起来,从根本上实现减负增效,我们学校从去年暑假开始,着手拓展型课程的开发,在保证国家课程优质高效地实施的基础上,结合学校特点努力创造适合每一个学生发展的教育。当接到学校安排的任务时,我也痛苦了好长一段时间,挖空心思在毫无特长的自己身上找特长。还好,多年的班主任工作让我真切地感受学生身上的行为习惯存在着很大的差异,如何纠正学生不良的行为习惯是我值得思考的问题。于是,我开始收集资料,寻找开发学生行为规范养成方面的课程。英国作家萨克雷曾说过:"播种行为,收获习惯;播种习惯,收获性格;播种性格,收获命运。"好习惯就像是我们生命的枝上盛开的一朵美丽的小花,学生能否养成良好的学习习惯,对他们的成功与否至关重要。良好的习惯将伴随着每个人的一生,小学阶段是养成良好习惯的关键时期。杰出的思想家培根也说:"习惯是人生的主宰,人们应当努力求得好习惯。"教育家叶圣陶说:"好习惯养成了,一辈子受用;坏习惯养成了,一辈子吃它的亏。"可见,有良好的学习习惯是学生获得成功的重要因素。为此,我开发了《好习惯、好人生》这门课程,目的就是为了培养学生良好的行为习惯。本课程包括四个单元,共计16个学习主题,每主题分4课时,教学时长为一个学期。涉及行为、学习、礼仪、家长四个方面的内容,以班级为单位,采用小组、集体等形式进行活动。可以以辩论、讨论、小品演绎等形式开展活动。结合少先队开展的争章活动进行即时评价,引起学生兴趣。本课程在设计过程中充分考虑到学生的需求,因此在设计时注重以下几点原则:

1. 与需要相结合

注重课程实施与学生需求相结合,在各项活动中,学生是主体,课程虽有既定或生成的内容,但仍要及时了解学生的需求、想法,在教学中做适当调整。同时,根据三年级学生年龄特点,在课堂、活动设计过程中遵循生活性、兴趣性、探究性原则,通过自主体验、交流、讨论、头脑风暴等形式落实目标。

2. 与生活相结合

从实际出发,注重课程实施与学生生活相结合,尊重学生个体,在了解其生活环境、生活内容、兴趣爱好等基础上,使课程实施生活化、儿童化,趣味性、多样性、可选择性,贴近学生、吸引学生,使学生在温馨的环境中活动、感悟、成长。

3. 与学科相结合

注重课程实施与学科教学相结合，根据各学科教材内容、教法特点的共性与个性，挖掘内涵，找准结合点，使课堂教学与校内外活动有机结合，使学生在学习掌握知识、技能的基础上，更有自信地参加活动，并在活动中运用知识技能动脑思考、动手体验、收获感悟，进一步提高教育效果。

4. 与阵地相结合

注重课程实施与教育阵地相结合。校内外的教育阵地林林总总，有些看似缺少充裕的时间（晨会、红领巾广播等），有些又似乎无声无力（橱窗、板报等），但是，环境的影响力量、持之以恒的效果是不容忽视的。因此，课程实施应充分利用各类阵地，借助生动活泼的形式把学生在活动中的内心体验和收获充分展现出来，让不同个性、不同特长和不同思维方式的学生均得到充分发展，以达到课内外、校内外的有机融合。

通过一个学期的实施，在课程开展中，老师和学生都不断地成长与进步，结合本校实际，把品德与社会课程和校本课程相融合，初步实现了德育课程生活化的目标。

（曹福娣）

第二节 课程引领孩子成长(家长篇)

让孩子体验不一样的学习
——自然触碰课程的学习评价

在幼升小阶段,大部分家长都在讨论:小学是孩子课程压力最大的时候,学习提升慢,所以好多家长都报了业余学习班之类的。我家孩子还处在懵懵状态,在正式进入罗店中心校后,没感觉到学习的压力,基本处于顺其自然的状态,上课认真,专心听讲,学习反而轻轻松松,综合评价中处于上游。最令人庆幸的是,学校还开设了少年宫十几门免费课程,其中就有孩子最喜欢的自然触碰课程。截至这个学期,光自然触碰业余课,我家孩子就坚持了三年,每年都要争先恐后地去报。记得当学校网站开始选课时,竞争激烈程度堪比拍车牌,名额在短短几秒的时间内就被抢光了,可见孩子们对少年宫的课程是多么感兴趣!

在这三年自然触碰课学习过程中,我家孩子受益匪浅,不仅增长了生物知识,更提升了她积极向上的学习热情。孩子在进行绘制自然笔记、辨认自然生物等活动的过程中,的确被这有趣的课程给吸引住了。学校开设了自然触碰一角——现场试验田,供小朋友们动手、劳动、观察、协作等。校园"自然触碰角"的创建,让孩子们观察到大自然生物的多样性,了解了在课堂上所看不到、体验不到的内容。

孩子的自然老师孙老师也察觉到她对自然课程的热爱,平时也会给她讲解些有趣的自然小知识。我家孩子喜欢七星瓢虫、蜗牛、知了等昆虫。活动课上,孙老师带领孩子们感受室外大自然的万物丛生,尤其看到阳光明媚的上午,太阳沐浴着校园的一草一木,孩子们穿梭在草丛里,用放大镜观察蚂蚁、小虫子的动态;并排坐在大树下,用画笔描绘着瓶子里采摘的植物以及捕捉的蚂蚱等。看到孩子们开心活泼的样子,我切实感觉到学校生活有多么丰富多彩。

第三章 "启梦"之果

这次在孙老师的提示下,孩子在家还水培了两种豆科植物,利用假期观察、记录生长过程。孙老师还带领孩子们参加了上海教育委员会指导、科普教育发展基金会主办的第14届上海未来工程师大赛,参观优秀作品发表会,使孩子们从自然科研中获得启发。我家孩子平时做的自然触碰的观察日记及手绘植物,连美术老师看了也夸她美术基础提高了不少。这些得益于课程的丰富以及多彩,培养了孩子的兴趣点,培养了他们对于探索知识的主动性。去年我家孩子创作的一幅绘画作品,还获得了第七届全国少儿书画摄影金奖。这些点点滴滴的成绩其实都离不开她对学习的热爱、对大自然的向往,以及老师的循循善诱。

大自然孕育了生命,也用生命链接了生命。所有对大自然热爱的孩子,他的内心一定是丰盈的,因为他爱的不仅仅是自然,更是所有鲜活的生命。这就是"生命启发生命"最好的方式。没有孩子不爱自然,除了繁重的学业外,家长需要给予孩子更多的接触大自然机会,用大自然释放孩子的天性。

孩子在自然触碰课程上体验到不一样的学习,收获了快乐的童年。

(韩文序家长)

家长体会 2

苏幕遮·启梦罗小

金罗店,巴学园。
烟波画船,彩灯映流年。
学而思齐思而学。
沃土勤耕,课程两助力。

积点始,梦想启。
笙歌宛转,琴瑟总相宜。
丝竹八音各纷呈。
奠基广堤,学海更旖旎。

(杨牧恩家长)

乘国学之舟，品文化人生

孩子通过学习国学，从中感受到古典文化的魅力，受到了国学的熏陶。从刚开始的不懂事，到现在成为朋友见到人人称赞的懂事、懂礼貌好孩子，再到在"国学经典诵读"活动中表现良好，获得团体金奖的好成绩。

学校开设的国学经典课程，使孩子从圣人和智者的叮咛中品味人生的真谛，从一件小事，从一句话，从一个动作，从一个事物中，孩子学会为人处事的道理。

儿子在校学习了《三字经》《千字文》后，经常在我耳边念叨："子不学，非所宜，幼不学，老何为""玉不琢，不成器，人不学，不知义。"我假装不懂地问他："宝贝，这是什么意思？能告诉妈妈吗？"儿子摆出一副得意的样子，清清嗓子，说："趁着年少要好好学习，加强锻炼，将来才能有所作为。"他的样子俨然是一位小老师。我继续追问："那'三人行，必有我师'的意思呢？"儿子有模有样地说："一定要谦虚谨慎，身边处处都能获得知识。"我心里暗暗赞叹：国学正在慢慢改变儿子，引导他走向更广阔的天地。

自从儿子学了国学之后，还有一件令我印象深刻的事情。孩子他爸经常去外地出差，平常奶奶带他比较多。寒冬里的一个夜晚，北风呼呼地刮着，这天我正巧在公司加班，很晚才到家。我拖着疲惫的身躯洗洗弄弄后，爬到床上，看到床头柜上有一张便笺纸，上面用稚嫩的文字写着："妈妈，您辛苦了！被窝里有惊喜。"我顿时感受到儿子长大了，会体谅父母了。同时也纳闷儿子说的惊喜是什么。哈哈，原来是个热水袋！这个热水袋不仅温暖着我的脚，更温暖着我的心。第二天早上，儿子神秘兮兮地问我："妈妈，惊喜收到了吗？"我摸摸他的头说："收到了，好大的惊喜，这里、这里都暖暖的。"我指了一下自己的脚和心。儿子乐呵呵地说："《三字经》里说'香九龄，能温席'，我要做现代的黄香。"我想，国学的魅力大概就在于此吧！

国学是我们中国文化的精髓，它承载着中华五千多年的文化内涵。作为中国人，我们应该以此为傲，也非常支持学校继续推广国学课程，

使其在历史的舞台上熠熠生辉、永不衰竭！

（陈文博家长）

家长体会 4

丰富课程，五彩童年

不知不觉，孩子在罗小的第一个学期结束了。记得还没上学的时候，就听说这个学校是个非常有特色的学校，特别是学校举办的各种兴趣班和少年宫，孩子和我在那个时候就特别期待。

上学之后才知道，我们宝山罗店中心校给孩子提供了形式多样的课外兴趣班，这也正体现了我们学校教育资源的另一种配置方式。其所提供的辅导内容多是学校课程模式之外的延伸，就其内容而言，主要有学习类、文艺类、科技类、体育类等，开设了上百个兴趣班。

孩子按照自己的意愿选择过心仪的兴趣课——"大家跳起来""沪剧""软陶"。

每周一，孩子参加"大家跳起来"。老师通过有趣的游戏和比赛的形式，让喜欢蹦蹦跳跳的小孩学习唱歌和跳舞的技巧；在游戏和竞赛中，学生争强好胜，积极性高，成就动机更强烈；并能提高学习兴趣，增强克服困难的毅力和注重团队精神，也同时达到了强身健体的目的。

每周二，孩子参加学校特色的"沪剧"社团，这是罗小入选中华优秀文化艺术传承学校的项目之一。家里的老人都是土生土长的上海人，听着孩子回家用童声生涩地唱着经典沪剧老段子，也会情不自禁地一起哼起来。想着我们大上海的经典沪剧文化又有了小小接班人，想着上一代的经典文化可以顺利地传承到这一代的祖国小花朵身上，我心里倍感欣慰。

每周六，孩子参加"软陶"少年宫兴趣课。老师会手把手教孩子进行各种色彩搭配，怎样用陶土捏出各种各样的造型，既增长了知识，又锻炼了动手能力。每次上完课，孩子总能心满意足地拿着自己的作品，兴高采烈地回到家里，介绍自己是如何如何做的这个，做的时候有哪些难点，然后怎样克服困难成功完成作品，最后把自己的作品分发给每个家里人。看着她高兴的样子，我们也很满足。

兴趣是最好的老师。兴趣和学生的发展是相互促进的，有了兴趣孩子才能快乐地学习，成绩和技能都会得到提高，这样兴趣也会更加浓厚，由此形成了一个良性循环。

感谢罗小提供了这么多兴趣课，让孩子们自由选择，给他们多一些自由发展的机会，能在学校里选择自己喜欢的课程，充分发挥学生的积极性和创造性，让学生在活动中学得生动活泼，让孩子们的兴趣特长得以健康发展。

作为罗小的学生家长，我也觉得很幸福，至少不用像那些周末带着孩子上兴趣班如同赶场子的家长，省了很多时间和精力，也不会因为孩子兴趣班的学习而将一家人的时间切割得乱七八糟。我们可以有更多的时间陪伴孩子，与孩子进行交流、沟通。

最后更要感谢辛苦付出的兴趣课老师们。正是他们无私地奉献了自己的时间、精力，对孩子们倾囊相授自己的知识，我们的孩子才有那么多机会学到那么多感兴趣的知识，收获了更多的欢乐和成功的喜悦。

（赵蔚青家长）

家长体会 5

乡村少年宫引领孩子快乐成长

桃李不言，下自成蹊。罗店中心校是哺育了我家几代人的亲爱的母校。如今我的孩子王泽铭也正在这里健康快乐地成长。相较于我们，他更幸运地参加了学校的乡村少年宫课程，从而发展了更多的兴趣和爱好，培养了创新精神和实践能力，还拓展了视野和提升了心智。在快乐学习之余，少年宫引领着孩子增长知识、陶冶情操、提高能力、全面发展、快乐成长。

首先，少年宫发展培养了孩子的兴趣和陶冶了情操。从小他对手工制作感兴趣，在一年级时，他选择了软陶课程，每周六都会带着亲手制作的小作品回家，从惟妙惟肖的小萝卜到生动可爱的小鸡等，令我们惊喜连连。二年级时，他选择了武术课，小小年纪跟着老师有模有样地扎马步、练拳脚，发扬中国的传统文化。在六一儿童节集体武术表演

时，得到了老师们的肯定。通过这一年的武术锻炼，既强身健体，他也更加喜欢体育运动了。爱因斯坦说，兴趣是最好的老师。少年宫在孩子的心里培养了一颗颗兴趣的种子，通过丰富多彩的文娱体育活动，丰富了课余生活，在繁忙的学业之余放松紧张的心情，使孩子的情趣品位得到了提升，比看电视和动画片有意义得多，真正陶冶了情操，也促进他们更好的热爱学习，热爱生活。

其次，少年宫培养了孩子的创新精神和实践能力。三年级至现在四年级，他参加了车模课。车模课很有高科技含量，是少年宫的热门课程。在申老师的悉心指导、耐心讲解下，孩子的进步非常快。从一开始对车模一知半解，到现在他能组装简单的科技模型小车，熟练地操控高速越野车模，甚至可以独自修理一些车模的小故障，很好地锻炼了小孩的动手和实践的能力。通过橡皮筋小车、空气桨赛车、高速越野赛车等的拼装和比赛练习，孩子学到了不少的科技知识，也培养了创新精神。看着小孩操控着高速越野赛车在狭窄的桌椅凳腿间进退自如和随意转弯，我们大人真是自叹不如。

第三，少年宫开拓了孩子的视野和提升了心智。车模课在市区的学校都是少有的，作为郊区的学校开展车模活动就更是难得，学校也为此投入了大量的人力物力财力。学校和老师还费钱费心费力组织学生参观汽车博物馆，去东方绿舟等地参加区级市级的车模竞赛，个别优秀的学生甚至能到北京参加全国比赛。对于郊区的学生来说，这些都是难得的宝贵机会，极大地开拓了孩子的视野和眼界。和区里市里的高手过招，使孩子能够在更高更广的平台展现自己和锻炼自己，也让他明白了强中自有强中手，一山更比一山高。孩子通过竞赛获得了不少的奖项，个人单项奖和团体奖都有，每次获奖他都高兴地跳起来。特别是团体奖，更培养、增进了孩子的集体荣誉感。通过车模练习和比赛，孩子更深刻地体会到了成功与失败的意义，胜不骄败不馁，孩子的能力和心智也得到了很大的提升。孩子懂得了成功是靠辛勤努力的付出和千锤百炼的磨砺得来的。成功也增加了他的自信，不妄自菲薄。失败时，他也落下了难过的泪水，这促进他总结经验教训，有则改之，无则加勉。他逐步学习着更坦然地面对成功与失败，心智也更加的成熟。

在少年宫车模申老师的谆谆教导下，王泽铭同学通过一年半以来努力的学习和拼搏,挥洒着辛勤付出的汗水,交织着成功的喜悦,也品味过失败的泪水。他对车模越来越有兴趣,既动手又动脑,实践能力和心智都有了长足的提升,在课堂之外的学校里快乐、充实、卓有成效地成长,我们家长也很高兴。小小的车模要几百上千元,一开始我们做家长的也有点抵触情绪,但看到孩子开心的笑容和学有所成,我们也很欣慰。我们给他买了辆更好的三模,支持他更好地学习。

乡村少年宫的课程真是非常的有意义,寓教于乐,知行合一,既丰富了孩子们的课余生活,也有力地促进了他们德智体美劳的全面发展。学校不仅是课内教书育人的好地方,更是课外快乐成长的好地方,相信并期待少年宫会继续陪伴着孩子度过丰富多彩并且难忘的小学生活。

借此机会,衷心感谢学校少年宫车模课的平台,和各位默默付出的老师,让孩子能够在这里快乐地成长。孩子所取得的成绩背后都是学校和申老师的辛苦付出和无私帮助。每次竞赛时,我们看到申老师都忙前忙后,自己都顾不上吃饭,非常的认真负责,是一位循循善诱、朴实勤恳的好教师,真是令人敬佩,我们都非常感谢。

（王泽铭家长）

家长体会 6

足 球 女 将

我的孩子是一个害羞又有点胆小的女孩,但是她喜欢运动。当得知学校开设足球训练班时,她既好奇又兴奋地告诉我们她想要参加,我们全力支持,并且有幸被选入校队,成为罗小女足队员。

在陈老师和张教练的带领下,无论风吹雨打,每天早上七点到校训练一小时,流过汗也流过泪,白皙的脸庞渐渐变得黝黑通红。枯燥的基本功的练习让她退缩,在我们的劝说下,终于坚持下来,并有点滴进步。

我经常会在学校围墙外面偷偷看她们训练,有时颠球、有时停球、有时练习射门,还有时两两对踢的。当她们驰骋在绿茵场上,足球在她们脚下快乐地飞舞,此时我感受到的是青春的朝气和敢于拼搏的精神。

周末带着球到公园来一场"亲子足球赛",或者在家看球赛,讨论点

球、角球、越位等,成了我们的乐趣,足球成了我们生活的一部分。

经过一年的训练,终于在 2017 年暑假有机会迎来她人生中的第一场足球比赛,接受赛场的考验。

2017 年 7 月 1 日,太阳像个大火球高高的挂在天上,34 摄氏度的高温下,正如火如荼地举行的是罗店中心小学与第三中心小学的五人制女足比赛。孩子们尽管一个个汗流浃背,脸晒得通红,但一颗小小的足球把她们的心紧紧系在一起,小小的身影在球场上飞奔,与同伴密切配合,谁也不甘示弱。对方的主攻队员动作敏捷,轻快地避开我方队员的阻拦,到达球门前。在旁观战的家长心顿时悬到嗓子眼,为她们感到紧张。当守门员卢君如纵身抱住球时,我们不禁雀跃欢呼。看着她们在球场上挥汗如雨、从容自如、神采飞扬,此时此刻我们就是罗小女足的球迷,"巾帼不让须眉",无论输赢,都为她们感到骄傲。

足球是耐力的比拼、爆发力的抗衡、韧性的磨练,这些都将让孩子们在成长的道路上更加自信、从容。

足球给孩子带来的影响,我是切实感受到的。首先身体素质提高了,以前经常感冒发烧,练球后身体健康了,饭量也见长;其次,足球还磨练她的意志,从小怕苦怕累,还有小脾气,练球之后大有改观。有时训练结束回到家中就累得一头倒在床上,身上还有瘀青,却还在手舞足蹈地告诉我们今天又进球了,满满的成就感。在学习上遇到困难和失败时,不像以前那样轻言放弃,而是虚心请教、迎难而上,这股不服输的劲头,让我们感到欣慰。这一切的改变要感谢学校老师和教练对孩子的辛勤培育!

(徐曦家长)

家长体会 7

小蜗牛长大了

上帝给我一个任务,叫我牵一只蜗牛去散步。我不能走太快,蜗牛已经尽力爬,为何每次总是那么一点点? 我催它,我唬它,我责备它,蜗牛用抱歉的眼光看着我,仿佛说:"人家已经尽力了嘛!"……这是台湾作家张文亮写的《牵一只蜗牛去散步》,无意中看到,让我想起了我家的这只"小蜗牛"。

记得刚上一年级,我们家长心里是忐忑不安的,总会担心这担心那,原因只有一个,家里的这只小蜗牛做事实在太慢。怕她跟不上学校的节奏,怕她吃饭太慢,没等吃完就时间到了,怕她课堂作业没人催着来不及做……种种的担心,随着女儿的入学慢慢消失,原来我们的担忧是多虑了。

可以说,女儿进的罗店中心校是一所拥有许多课程建设的优质学校,一系列丰富多彩的课程充实着孩子们的生活,蒲公英社团丰富了孩子们的见识,主题节日下的各种活动更是展现了孩子们的优势特长。各类活动结合着积点的奖励,让孩子们充满了拼搏的勇气和自信,每每得到积点奖励脸上又会不由自主地露出自豪的笑容,这就是罗店中心校——一所乡村学校给予孩子成长道路上的财富。

现在,女儿已经四年级了,当初的担忧自然不存在了,"小蜗牛"也在慢慢长大。今年她参加了学校的330课程,学起了种植多肉植物,每周一放学回家都会向我普及一下多肉知识,从多肉的品种到多肉的养护,说得头头是道。我从她充满光芒的眼神中看到了她对多肉植物的喜爱,对多肉知识的渴望,对这个课程的满足。当然,我也支持她的课程,一抽空就会带她去花鸟市场挑几盆多肉回家养养,和她一起查查有关多肉的知识,我们家阳台的一角更是成了女儿的多肉小天地。看着女儿脸上洋溢出的满足感,此刻我也露出了欣慰的笑容,这个课程真好!

学校丰富的课程让我看到了女儿的成长与进步,作为家长我感到非常欣慰,孩子的成长离不开学校和老师的教育。学校开展的各类活动、各项课程,不单单培养了孩子的兴趣爱好,它更是孩子历练品格、提升道德、培养品德的摇篮。我想我们应推着摇篮,陪伴我们的孩子与学校课程共成长!

(顾昊瑶家长)

家长体会 8

与"车模"共成长

自我家孩子进入新学校就读一年级开始,就非常羡慕参加车模班

的同学们，心心念念的要参加。直到三年级才如愿以偿的成为车模班的一员，这可让孩子乐坏了！

刚进入车模班，其实作为家长还是有点担心的。投入了精力，购买了赛车和各种用品，别到时候三分钟热度啊！想学和真开始学那绝对是两码事，新鲜劲一过就打退堂鼓那可就麻烦了。可没想到在这件事情上，孩子还真的让我们父母刮目相看，愣是坚持下来了，从没有抱怨一下，倒是经常说好有意思，好刺激。

在孩子学习车模的两年时间内，首先作为家长要感谢车模的指导老师申老师，是他让孩子从一个什么都不懂的"菜鸟"，成长为现在的车模小能手，这其中的点点滴滴进步都离不开老师的谆谆教诲，无私付出，让孩子掌握到熟练的操控技巧。组合模型，识别型号，准确地画出车模的构造和各种车模知识，也才有了今天各项优异成绩。再感谢贵校也为孩子提供了各种比赛的机会，让孩子更好地发挥自己平时所学。在比赛中吸取更多的经验，取长补短，争取更大的进步。

记得去年暑假，学校为孩子报名去北京参加全国公开赛。比赛前进行了一段时间训练。暑假的天气是非常炎热的，孩子没有一天偷懒过，放弃过，申老师也像个父亲一样准时来接孩子去训练。在这次全国公开赛中，获得了全国第 14 名的排名，离进总决赛只差一步之遥。成绩虽然不是最好，但对于刚接触车模不久的孩子来说却是多么的难能可贵。在接下来的时间里，孩子继续努力，更刻苦地投入到导师安排的训练里。孩子没有让老师、家长失望。在随后的一次又一次比赛中，越赛越勇，获得了"校园联赛"一等奖、三等奖，上海市车辆模型竞赛第四名，中国青少年车模科技创业大赛优秀奖，全国车辆运动赛个人第四，单项团体第二……获奖证书、奖牌、奖杯也随着比赛接踵而来。看着这些荣誉，感觉孩子在慢慢地成长。懂得了坚持、责任和付出。给自己，给老师，给家长，给学校交上了一份漂亮的成绩单。

孩子在这两年的时间里增强了遇到困难不轻易放弃、刻苦训练、坚持到底的决心和信心。车模这个小小的课程给了孩子一个无限宽广的世界。在这个小世界里，孩子可以自由探索更多的未知，交到更多的良师益友。

（孙智俊家长）

课程引领孩子的成长

小学生正处于生长发育阶段，他们精力充沛，活泼好动，富于幻想，对周围的一切充满好奇。孩子自开学以来，我惊喜地发现，每周一下午的活动课时间，学校利用自身的教育资源开设了各项兴趣课程。"兴趣是最好的老师。"孩子有了兴趣，才会产生强烈的求知欲，主动地进行学习。根据自己的兴趣爱好，孩子选择报名了酸奶工坊的课程。

对于这项兴趣课程，开始我并不知情。后来发现每到周一下午放学回来，孩子总会抛出一些奇怪的问题给我，比如："你知道酸奶是怎样制作的吗？""你知道酸奶和牛奶哪一个营养价值高吗？""你知道去超市里选购酸奶的时候要注意它的成分构成吗？"有几次放学还带着自己亲手制作的酸奶杯，一定要让我品尝一下他的手艺。我才知道原来学校开设了孩子们感兴趣的各项课程。孩子还骄傲地告诉我：在课堂上我可是积极分子啊，经常举手回答老师提出的各种问题，并在学期结束时获得了"优秀学员"的称号。

"知之者不如好知者，好之者不如乐之者。"看着孩子每次兴趣课结束后的兴奋状态，我便想起这句话。当孩子们充满兴趣地开展活动时，他们心情愉快，精神放松，创造性也会得到高效发挥。兴趣是推动孩子进行求知和学习的重要心理因素。通过酸奶工坊的课程，我感受到了孩子在学校里的开心愉快，它如同一把钥匙，打开了孩子们智力的潜能，开阔了孩子们的眼界，激励他们去探索，去想象，去动手，去创造。

教育的最高境界是"有心而无痕"。孩子在罗店中心校的这几年里，我深深地体会到了这句话蕴含的道理。学校通过兴趣课程走进孩子的心灵，寻找最佳的教育方法，帮助孩子们拥有活泼开朗的性格，让孩子们感受到无穷的乐趣，感知生命的活力，丰富他们的课余生活，在快乐愉悦轻松的氛围中不断成长。

（李云翔家长）

家长体会 10

"姐妹花"放飞梦想
——孩子与课程共成长

2015年,因为家庭的变故,我们全家不得不从市区搬到了郊区,孩子也不得不从市内的学校转到离家近的学区上学。当时,为了安置孩子的学校,我们也久经周折,考虑过去私立,去双语,但最终我们还是被安排在了罗店中心校。记得我们是带着疑惑和不安的心,走进校长室的。与校长的交谈中,给我留下最深的印象,就是金校长那沉稳而坚定的一句话:"请你们家长放心,我们罗小也不比市里的学校差!"我当时十分佩服这位校长的自信满满,但同时心里也心存疑虑——真的是这样吗?

俗话说,耳听为虚,眼见为实。直到我们亲自接触到罗店中心校的"乡村少年宫"和"梦工场",并亲自感受到这两个罗小特色的活动带给我们女儿的益处和她们因此而获得的成长与改变,我的疑虑完全消除了。知行合一,由此我们更加敬重和感激罗小的校长和老师们。

我们做家长的都知道,小学时转校对孩子是很伤的,她们幼小的心灵刚刚适应一个集体生活,刚刚交了几个知心朋友,刚刚培养出一点点的师生情和同学情,却因为要转学校而被中断,情感上无疑是很大的打击。刚转校过来时,我的两个女儿也都是如此,我们家长心急如焚,却也束手无策。但渐渐地,我们发现,两个女儿不但没有情感受伤的表现,反而比以前更加快乐和积极。原因在哪里呢?原来就是这些特色的活动。首先,孩子的教育当从兴趣出发,两个姐妹花,一起来到一个陌生的学校,分到不同班级。但在乡村少年宫的合唱队里她们两个成为了新亮点,又是一对"姐妹花"。她们一起和老师学习练声和演唱技巧,一起演唱,一起登台演出。在合唱团郁老师的辛勤培养下,《梦想的地图》《乌鸦与狐狸》《小雨沙沙》等优美的歌曲,成为了她们爱不释口的曲目,还一起接待了新疆的小朋友,一起欢唱,载歌载舞。乡村少年宫丰富了孩子的业余生活,培养了孩子的兴趣,增加了她们学习上的自信。每次参与活动得到积点的奖励又可以让她们在梦工场里梦想成真。这样的良性循环,让我们两个孩子不但从转学的阴影中走了出来,而且更加让她们放飞自己"隐形的翅膀"。姐妹花在罗小校园中愉快地成长,含苞欲放。今年,姐姐在班中的英语成绩名列榜首,还首次获得了"罗小英语小达人"的荣誉称号。妹妹也对自己音乐上的成果自信满满,信誓旦旦地要挑战管弦乐队！作为家长,我们真心为她们的成长高兴。

　　然而,这一切的美好背后,是罗小的老师一次次的默默牺牲。为了能让乡村少年宫的活动更加丰富多彩,老师们牺牲自己的周末休息时间,甘心乐意地为孩子们上一节节生动活泼的课程。校长亲自掏钱给孩子买书,买毛笔字帖,充满爱心和温暖的围巾戴在每一个孩子的身上,却感动在我们家长的心里。这样的爱心和鼓励,怎能不让每一个生长在其中的祖国的花朵美丽绽放？是的,这是爱心混合着汗水而结出的硕果,相信我们的"姐妹花"在罗小可以更加自由地飞翔。

（董柔谦家长）

第三节　课程引领孩子成长(学生篇)

学生体会 1

车模——我的好伙伴

2014年9月,我背着小书包,蹦蹦跳跳地来到了罗小。刚到罗小我对长廊、操场、教室、多功能厅……都感到非常新奇。不过,对于我这个自幼喜欢遥控车的"车手"来说,最吸引我的还是罗小蒲公英少年宫的车模社团。

经过一年的漫长等待,二年级我如愿加入了车模社团。在申老师的精心指导下,我的超控技术突飞猛进,而且对规则的理解、团队的配合等方面都有了全新的认识。

记得2015年10月25日,天空中下着中雨,我们一行人在申老师的带领下,乘着大巴士去交通大学参加车模比赛。这是我加入车模队以来的第一次正式比赛,我的内心无比激动与兴奋。

我们早早地来到赛场,先把赛车彻底仔细地检查了一遍后,在一旁等候着比赛的开始。此时的我坐在椅子上,有些紧张,似乎都能听到我"怦怦"的心跳声。正当我坐立不安时,只听见裁判叫到我的号码:12号准备。我忐忑不安地走上了赛场,一时间不知怎么办才好。就在这时,只见在不远处的申老师向我投来了信任的目光,队友们在一边握紧小拳头给我打气,仿佛在说:"相信自己,你一定会成功的。"我深深吸了口气,缓和了一下自己的心情,鼓足勇气,打开遥控器,赛车在我的操纵下顺利出发。我的赛车在赛场上越开越快,风驰电掣般超越了一辆又一辆赛车,终于率先冲过了终点!

"耶!……噢!……"欢呼声不绝于耳,这是激动的号角,这是胜利的凯歌!

直至今日,每当想起这件事,我都会心潮澎湃:这次比赛,不仅让我克服了胆怯,提高了自我,还让我明白了一个道理:做任何事情,只要有明确的目标并为之努力,不轻易放弃,就一定会有回报的。

三年来，车模给我带来了无尽的快乐，给我的成长过程带来了巨大的帮助。车模——我成长道路上的好伙伴！

（学生：须　华）

我与车模共成长

四年级的时候我终于如愿以偿地加入了学校开办的车模兴趣班。低年级的时候总听校长在广播里表扬某某同学在车模比赛里获奖。从那时起，我就对车模产生了浓厚的学习兴趣，也让我暗下决心，到四年级的时候，我一定要争取到参加车模班的名额。直到现在，我已经从一个"菜鸟"成长为一个车模小能手。

两年多来，学习车模的点点滴滴永远留在我的记忆中。

申老师是我初识车模的第一位导师，在他严格又细心地教导下，我从什么都不懂到现在能熟练地掌控各种车辆模型。我要深深地感谢申老师，是他教会了我开车技巧，识别车辆的型号，准确画出车子的模样，更让我学到各种车模的小知识。无论遇到什么困难都不放弃，磨砺自己刻苦训练，坚持到底的决心和信心。其间一次又一次的比赛，让我迅速地成长起来，从各学校举办的小型比赛到全国青少年车辆模型的总决赛，获奖证书、奖牌、奖杯也随着比赛接踵而来。这些不正是见证了我在车模的道路上获得的点滴成长吗？这也是我对老师最好的报答。

和同学们一起训练时的欢笑和泪水是我小学生涯里最美好的一道风景线。车模的世界是无垠的，我必将在这广阔的世界里去尽情遨游，去探索更多的未知，与车模共成长！

（学生：孙智俊）

我与课程共成长

我的课余生活多姿多彩：我喜欢画画，因为洁白的画纸和五颜六

色的彩笔可以展现我多姿多彩的生活；我喜欢看书，因为它可以使我获得更多的知识；我更喜欢音乐，因为音乐可以使人心情愉快。为了实现音乐的梦想，我参加了学校的葫芦丝班。

第一次参加活动，我觉得蛮好玩的，周围都是婉转的优雅的葫芦丝声，听得我如痴如醉。

过了一段时间，老师对我说："进步不大，节奏跟不上，甚至影响了其他队员的发挥。"听了这句话，我不禁有些沮丧，就像泄了气的气球似的。参加训练的心情也没有当初那样高涨了，甚至想过退出葫芦丝班。

妈妈看到我情绪低落，便和我聊天，当她知道我的想法后，并没有批评我，而是和颜悦色地说："孩子，并不是任何事情都会一帆风顺的。在学习和成长的过程中，肯定少不了崎岖和坎坷的，只要你持之以恒，不半途而废，就一定能成功。"

听了妈妈的话，我特别有感触：是啊，老师也说过，一分耕耘，一分收获。如果我现在放弃，以后肯定会后悔，想到这里我的心情豁然开朗了。

从那以后，我便专心参加训练，从站的姿势，握的方法以及吹奏的技巧开始，并渐渐地找到了小窍门……

功夫不负有心人。在"六一"汇演时，我们葫芦丝班的同学上台表演了节目，获得同学、老师和家长的一致好评。那一刻，我的内心充满了自豪与快乐。

通过参加葫芦丝的培训，它不仅锻炼了我的毅力，还提高了我的自信心，培养了我与同伴合作的精神，使我养成了一丝不苟的学习态度。可以说我与葫芦丝课程同成长。

（学生：王佳杰）

学生体会 4

缤　纷　果

我们的校园里有一棵神奇的大树。周一到周五每天"日出而作，日落而息"，茂盛的树枝上长满令人垂涎欲滴的"果子"，好学的同学就能尝到它的味道。更神奇的是周一那天下午，一棵树上竟能结出各种各样的"果子"，琳琅满目，让我们应接不暇。我给它们起了个名，叫"缤纷果"。

"缤纷果"可不是你想摘哪个就能得到。爸爸妈妈要在开学后规定的时间里给孩子们到网上去"抢果票"，只有"抢"到对应"果票"的同学，周一那天下午才可以去摘你想要的"缤纷果"。

如果你有幸摘抢到的是"中国象棋入门"果，摘下后你就可以当回将军，一尝"点子如点兵"的滋味；如果你有幸抢到的是"创意乐高建筑"果，拿下后你就可以提早实现自己的建筑梦，一尝"高楼大厦拔地而起"的成就感；如果你有幸抢到的是"趣味折纸"果，剥开后你就变成魔法师，一张普通的纸两折，三折……就变成了小动物，小房子，惟妙惟肖。还有很多缤纷果……我有幸抢到的是"树叶贴画"果。

自从我"吃"到了"树叶贴画"果，收集树叶的热情就一发不可收了。看到落叶，不管它是完整的还是残缺的，也不管它是黄的、绿的、红的，只要它是叶子，就会被我收入囊中；如果见到一片特别的叶子，我会像捡到宝贝一样小心翼翼地把它藏好。我会把红色的叶子剪几下当鸡冠；绿色椭圆形的叶子粘好了，当公鸡的身体；那细细的柳叶刚好能当公鸡的脚……我还用树叶贴了熊猫、老鼠、猴子……尝到了"树叶贴画"果，我才知道原来树叶也可以画画。

这棵神奇树太高了，结的果也太多了，高枝上的缤纷果我们这些低年级的同学够都够不到，什么"彩泥"果、"变废为宝"果、"葫芦丝"果、"我爱多肉"果、"彩墨画"果……多到十个手指头都扳不过来。我要快快长大，神奇树上的"缤纷果"，你要等我哦！

（学生：邵科诺）

学生体会 5

围棋助我成长

小时候，我喜欢用铅笔画出许多的横线竖线，组成一个个小方格，我和妈妈用不同颜色的笔填充格子。妈妈说这个游戏像围棋。

围棋是什么？我不知道，可是又非常想知道……

去年九月，我来到了罗店中心校，成为了一名小学生。学校里开设了许多的兴趣课，其中就有我最喜欢、最想了解的围棋课。我很开心，请妈妈帮我报了名。

围棋是什么？我能学会吗？带着许多的小问号，我开始了第一堂围棋课。

老师说，围棋是我们祖先智慧的结晶，棋盘有 19 条横竖线，361 个交叉点，双方交替行棋，落棋不移——这是学习围棋的规矩，没有规矩不成方圆。

通过学习围棋课，我了解了更多关于围棋的历史和知识，开动了脑筋，变得更加快乐和自信。感谢我的老师，今后我会更加努力！

（学生：刘子潼）

学生体会 6

彩灯让梦想成真

每个周末做完作业，我都会看一会儿教育电视台的少儿节目。看着电视屏幕上小朋友们的精彩表演，我心中顿时萌发了一个梦想：要是哪一天自己也能上中央电视台，那该多好啊！

新学期开学，我们罗小的乡村少年宫课程也该开课了。这学期我一改往常的棋类课程，报上了我心仪已久的彩灯制作课程。说到彩灯，人们都知道罗店彩灯是最有名气的，已具有 400 多年的悠久历史，现被评为上海市的非物质文化遗产，这也是我为什么会喜欢这门课程的原因。

学校为我们请来的制作彩灯老师可不简单了，他就是这项"非遗"的传承人——朱玲宝爷爷。和蔼的朱爷爷已经 70 多岁了，可他那双手做起彩灯来非常灵巧熟练，真不愧是彩灯的传承人啊！朱爷爷耐心细致地为我们讲解了彩灯的制作过程：先从断料开始，也就是用老虎钳将细钢丝剪成段，折弯拼装成彩灯的框架，再糊裱，给彩灯穿上漂亮的"衣裳"。经过精心装饰后，一只完整的彩灯就制作好了。朱爷爷首先教我们从简单的四角轿子灯做起，再到后来的六角、八角亭台灯。由于我的进步比较快，朱爷爷改选我为彩灯制作班的班长，这一决定让我受到了极大的鼓舞。要知道我在班级里别说班长,就连组长都不是,在这个兴趣班我竟然当上了班长,这使我更加热爱这门课程了,也让我对学习成绩的提升充满了信心。在朱爷爷辛勤的教授下,我们制作出了许许多多精美的彩灯,正逢学校彩灯文化节开幕之际,这些彩灯挂满了整个校园,点亮了罗小美丽的夜空。

接下来又有一个振奋人心的消息降临我们学校,就是学校报送的"罗店彩灯"正式入选为中央教育电视台"传承的力量"《元宵篇》节目。这可是件大喜事啊,全国只有八所学校的节目入选,我校就是其中的一所。更让我们开心的是学校决定让我们三(4)班配合摄制组拍摄节目。在那个星期五的下午,其他班级的同学们早早地放学了,只留下我们班准备拍摄节目。一想到拍电视节目,同学们一个个脸上都洋溢着无比自豪的笑容,那激动无比的心情至今难忘。虽然当天傍晚的天气很冷,大家却毫不在乎,争先恐后地配合着摄制组拍完了一个个有趣的镜头,心里都暖洋洋的,快乐无比。期待着元宵节早点到来,能看到电视节目中的自己。

这就是彩灯带给我的快乐.让我在快乐中学习,在学习中成长,更让我能上电视台的梦想成真。我爱"彩灯"这门课程,更爱罗小这个大家庭!

(学生:汪宇飞)

学生体会7

致 乐 高

教室里传出阵阵欢笑,

乐高课程可真热闹。

拼出的小鸟在欢唱,

大象坐着吊车来陪我们玩闹。

一个个积木在指尖舞蹈。

金字塔里的秘密可真不少,

等我长大一定要进去瞧一瞧。

小小的世界,

大大的未来，

都由我们来创造！

（学生：张梓嫣）

学生体会 8

积点伴我成长

当我刚刚踏入一年级时，金校长亲手递给我们每人一本积点手册，并送上 20 个积点，告诉我们："你们要好好学习，好好表现，表现好的同学都会获得相应的积点，每周一还可以到'梦工场'里用积点兑换你们喜欢的礼品。"从金校长手里接过积点的那一刻，我暗暗下定决心，一点要好好学习，好好表现，争取得到更多的积点。

接着，老师还带我们参观了"梦工场"，那里摆满了琳琅满目的礼品，看得我眼花缭乱。在梦工场里，我看到了我一直想要的芭比娃娃，它那明亮的大眼睛看着我，好像在对我说："小主人，快把我带回家吧！"有了这个动力，我每天都会按时完成作业、主动做老师的小帮手、上课积极举手发言……老师都会给我发积点。每次学校里的活动我也会积极参与，老师说："参与就会有积点奖励。"每天回到家，我首先会把今天的积点整理好，记录好，看看什么时候可以兑换我心爱的芭比娃娃。

将近一个月的时间里，我终于攒够了兑换芭比娃娃的积点。星期天晚上，我早早地理好了积点，等待着明天去"梦工场"兑换。在我接过芭比娃娃的那一刻，心里别提有多开心了！

现在，我已经是一名三年级的学生了。我把积点整理好，准备在我五年级毕业时兑换"夏令营"活动，那多有意义啊！

（学生：姚佳妮）

学生体会 9

拍 手 歌

你拍一，我拍一，科技节上做游戏。

你拍二,我拍二,数学节上来比赛。

你拍三,我拍三,体育节上不怕难。

你拍四,我拍四,童话节上多识字。

你拍五,我拍五,艺术节上歌又舞。

你拍六,我拍六,英语节上争优秀。

你拍七,我拍七,彩灯节上笑嘻嘻。

你拍八,我拍八,我们罗小好娃娃。

你拍九,我拍九,感恩路上手拉手。

你拍十,我拍十,天天向上学知识。

(学生：杨牧恩)

学生体会 10

经典伴我成长

我们罗小开设了各种各样的课程,爱好众多的我参与过许多的课程,其中,我最喜欢的还是每周一下午的经典诵读,跟着王老师一起钻研品读语文,可真是回味无穷……

王老师常说,语文其实是一种工具,只要学好了语文,其他学科的基础也就有了:数学要靠语文的理解能力,英语要靠语言翻译水平,音乐要靠讲普通话……可见,生活中处处少不了它。自从跟着学校的经典诵读课程学习,我的语言水平突飞猛进,各科成绩都有所提高,可把我高兴坏了。妈妈还在疑惑:我怎么突然文绉绉起来?妈妈哪里知道,每周我都与世界各大名家会面切磋学习呢!

在我来罗小学习之前,我连"日记"这个字眼都没听过,就更别谈什么会写了;现在呢,有专业的老师来教我们,通知、请假条、作文,这些都不在话下,我什么都会写了。这可都要归功于学校开发的五花八门的课程呢!

学校形形色色的课程不断引我成长。我相信,我能在罗小收获自己的梦想!

(学生：李燕风铃)

第三章——"启梦"之果

学生体会 11

我与课程共成长

时间如白驹过隙，一晃，我已在合唱队社团成长了半学期。回想起这短短半学期的社团生活令我无比开心。

学校抢报课程，我是想进"羽球飞扬"小组的，可是，阴差阳错，我却进了合唱队。当时，我内心十分懊恼，为什么没有进我心爱的羽球飞扬，而是进了都是女孩子的合唱队？但是，这种懊恼在我进入这个团队的第一天就消除了。这个团队里不但有声音像百灵鸟的女孩子，还有嗓音浑厚的男孩子。一来二去的我们就成为了好朋友，我们一起研究歌唱的技巧，研究如何合作把和声唱得更加完美，我们的老师更是耐心细致地教我们，在这样一个团队里学习让我觉得无比快乐。

我愿意每天都像百灵鸟那样歌唱，把幸福传递给大家。

（学生：苏子轩）

第四节　活动陪伴孩子成长(家长篇)

小小的身体　大大的心

某一日,我正埋头玩手机,儿子拿着一张心形的纸跑到我面前,对我说:"妈妈,我有好几个字不会写,你教我写吧。"我随便应付道:"你不是学拼音了吗? 不会的字用拼音代替。"儿子说:"不行,这是我要写给老师的感恩卡,我要好好写。"我惊奇地看着儿子,问清事情的来龙去脉。哦! 原来是学校开展了"感恩节"活动,让孩子们写一张感恩卡,用一句话感谢他最想感谢的一个人。

认识到事情的重要性,我赶忙放下手机,和儿子一起想着如何用一句话表达对老师的谢意,如何让卡片看起来更漂亮些? 看着小家伙认真的样子,我的思绪又开始乱飞了,小小的身体里那颗小小的心,竟然知道感恩? 是我小瞧了他,还是他长大了呢? 感恩节? 是噱头吗?

在我们小的时候,没有人教我们要如何感恩,甚至连一句"妈妈,我爱你!"这样简单的话都羞于启齿,又怎么会给我要感谢的人特意写一张小小的感恩卡呢? 感恩不是要藏在心里的吗? 如今家家都一个宝贝,有这样一句老话"拿在手里怕掉了,含在嘴里怕化了",说的就是家长们对孩子的溺爱。正因为这种溺爱,孩子也觉得自己是家里的中心点,父母对我的爱是应该的,哪里还需要回报呢? 一张小小的卡片就真的能让他们懂得感恩了吗?

事情过去了几天。某一日我下班回家,他爷爷高兴地说:"我大孙子长大了,这学没白上,可比你们孝顺多了!"我奇怪地问:"是发生什么事情了吗?"他爷爷马上就兴致勃勃地给我讲起了今天发生的事。原来今天爷爷背儿子回家,儿子跟爷爷说:"爷爷,等你老了,我长大了,我来背你走。"爷爷说:"等你长大了,爷爷不止老了,可能就不在喽。"儿子说:"不会的,爷爷,我让妈妈给你买长生不老药!"爷爷说:"傻孩子,哪儿有卖长生不老药的呀?"儿子说:"有的,让妈妈在京东二给你买,今天下单明天就到,还包邮哦!"

儿子充满童趣的话语,初听很是搞笑,还有打广告的嫌疑,细想又觉得十分温暖。难怪爷爷如此高兴,我们果然不如一个孩子会表达爱,表达感恩的心。原本以为那一张小小的感恩卡只是一种形式化的教育,没想到那一次的感恩教育,像种子一样深深地埋进了他小小的心里,原来不是他不懂得感恩,而是我从未想过要先播下感恩的种子,才会收获到感恩的心。

感恩活动本身虽然只是一种形式,但是正是透过这种形式把这样一个感恩的理念教给了孩子,推动着孩子成长,让孩子们知道要拥有一颗感恩的心,更要善于表达内心的爱。也许是从这一张卡片开始让我重新认识了小家伙,让我知道这段日子他的成长有多快,也让我在他身上学到了很多。

我想对老师说:"教育,你们是专业的! 感恩,我也学会了! 感谢学校的教育,感谢老师的引导,有你们这样的付出,真好!"

(冯铮家长)

家长体会 2

经历是不可多得的财富

"爸爸,爸爸,我们学校要举办一个彩灯节,我们有任务,我要做一个漂亮的彩灯,你要帮帮我哟!"女儿回到家,有点上气不接下气地对我说。

看得出来,女儿对学校组织的活动很积极,这是为了团体的荣誉,也是为了更好地展现自我。我很爽快地答应了她。我希望她能延续这种参与活动的热情,我更希望她在活动中表现出色,在活动中有所收获。同时我也有点小私心——我想在这件事情上考察一下她。

女儿开始给我布置任务了,我们就这样成了她的得力助手。她把做彩灯要用的材料和工具列了一份清单,要求我在规定的时间给采办齐备。接着,她又开始安排起她妈妈的"工作"了,让她帮忙收集素材,收集彩灯的形式,彩灯装饰的各种插画等,最后由她进行挑选,设计。就这样,我们组建了一个彩灯制作小组,她成了我们的大领导。这些合理的安排布置让我感到惊讶,我惊讶她做事情的雷厉风行,惊讶她办事的计划周密,惊讶她善于利用人力资源,我很开心。

接下来是做彩灯了。做彩灯是个技术活,更是一个细致活,要将图片制作成实物可不是件简单的事,面对这些困难她可没有被吓倒。

她设计了一盏荷花彩灯,这需要用细铁丝制作一朵荷花的骨架。刚开始弯铁丝时,这细细地铁丝可没那么听话,总是不听使唤,东歪西扭,可她并没有气馁,一遍、两遍……反复地练习弯制,荷花的小花瓣越做越精致了。我看到花瓣的数量上差不多了,就跟她说:"花瓣数量够了,可以组装了。"她并没有停下来的意思:"这里有些还不达标,我要做出更好的。"我有些不以为然:"可以了,我觉得第一次做就这么好,很不错了。"她像一个大人样语重心长地对我说:"你知道爱因斯坦的七个小板凳的故事吗?我起码要做一个让自己满意的作品吧。"我选择了沉默。我看到了她面对困难的不屈不挠,我看到了她对自己的高标准、严要求,我心底为她点了无数的赞。

彩灯在她的精心制作和装裱下更完美了。在彩灯节那天,女儿很开心地跟我汇报了灯节盛况,我能看出孩子如痴如醉的幸福。

在这些活动的参与中,我看到孩子学到和运用了很多书本知识以外的东西。她的认真细致,她对自我的完美追求,她体现出的组织策划能力,她强调的团队协作,这就是成长,在活动中不知不觉地成长。

学校还有很多很多的兴趣课程、活动节日,如感恩节、艺术节、科技节、数学节等。这些节日不仅仅是学校的办学亮点,其实更是我们孩子吸收养分的沃土,是孩子们展现自我、锻炼自我、提升综合能力的大舞台。

人生是一种经历,经历是一生的财富,收获是在经历中不经意间增长,人格魅力是在经历中潜移默化的铸就提升。我想这就是新时代新优质教育的初衷吧!罗店中心校已经走在这种教育的前列,这么多的兴趣课程,这么多的校内外活动,等孩子们长大了,他们把自己参加的课程活动串联起来,这将是多么值得回味的一段学习经历啊!

（陈华苓家长）

家长体会 3

彩灯节让孩子成长

作为罗小的一分子,孩子在这里慢慢成长。我们的学校承载着许多家长与学生的梦想。从孩子踏进这所学校,不仅仅给家长带来了惊

喜,也让孩子深深地被这所学校的学习氛围、各种特色所吸引。

我想现代社会的竞争是激烈和残酷的。孩子们顶着巨大的学习压力,为每次的考试成绩拼命地努力。家长们都活在孩子的成绩和分数中,似乎家庭的快乐都建立在孩子的成绩上。这让孩子失去了快乐的童年,也让孩子失去了应有的童真。当孩子从踏进这所校门开始,脸上始终洋溢着快乐的笑容。学校为了丰富孩子们的课余生活,开设和开展了各种体验课程与活动。

前不久,学校举办了彩灯节。作为非物质文化遗产的罗店彩灯,有着悠久的历史。学校为了让孩子体验并传承这一文化,让每个孩子回家和家长动手做一盏属于自己的彩灯。这不单单让孩子欢呼雀跃,也让家长体验了一把动手的快乐。从选材到制作,孩子对每一步骤都认认真真,严格要求,力求自己做的彩灯是独一无二的。家长边做边谈论着彩灯的来历和小时候观看彩灯的经历。一个简单的小活动,让家长回忆过去,让孩子铭记历史。

我们有理由相信,今天的孩子,拥有比我们当年更广阔的视野,更丰富的生活体验和创作题材,也有更新更独特的创作思路。但好的历史文化还是需要孩子去体验和传承。学校给他们这样一个创作的舞台,让他们自由地发挥他们的才情与大胆。明月当头,彩灯缤纷,家长随着孩子们走进校园,那一盏盏的彩灯诉说着一个个制作背后的故事。看着那形态各异的彩灯,感叹着历史的传承何尝不需要与时俱进?如果原地踏步,也会被遗忘在历史的长河中。大手牵小手,步行在美丽的校园里,听孩子们讲述着校园生活的点滴,看着孩子们互相奔走,寻找自己的作品而露出自信满足的笑容,这才是孩子们所应该拥有的童年。

这只是学校开展的活动之一。学校为了丰富孩子们的课余生活,体验不同的人文,每年都会举办数学节、英语节、科技节、感恩节,还有"班班有歌声"、运动会、少代会等活动。学校还开办了学校少年宫,每个星期的330课外活动,让孩子们在和谐、轻松、快乐的环境下学他们想学的,唱他们想唱的,让孩子心中的梦想与现实拉近距离。

每个家长都希望自己的孩子健康快乐地成长。成绩固然重要,但是心灵的健康和孩子的兴趣比成绩来得更重要。孩子需要的,是真心的、适时的指导和鼓励。感谢学校为孩子们提供发挥才能和想象的舞台与资源,为孩子们所做的一切努力。感谢罗店中心校的每一位辛勤的园丁，相信孩子们在这里能学到更多的知识和本领。愿我们罗小培养出一代代优秀的学子，为祖国的明天添砖加瓦。

（金涵瑜家长）

家长体会 4

丰富的校园生活

宝贝，犹记得去年开学伊始，当你背着小书包去学校的那一刻；当你松开我的手掌，迈向学校校门口的那一刻；当我看到你挥动你的小手跟我告别的那一刻；当你满脸天真烂漫地冲向学堂的那一刻……我知道，我的宝贝，你真的开始长大了。仿佛这一切就发生在昨天，你的每一个表情和瞬间都深深地烙在我的脑海里。

记得那天接你放学回家的路上，我曾问你在学校一天的生活如何？你面带着微笑开心地和我说："学校的生活太棒了！比幼儿园生活要快乐好几倍呢！"我惊讶地问你为什么。你回答说："因为自由。老师虽然会管着我们，但是却不会像幼儿园的老师那样，连吃喝拉撒的问题都要管，而是让我们自己管理好自己，做自己的小主人、小管家。"哈哈！我听后，情不自禁地笑了，因为不管怎样，对于妈妈来说，只要你的学校生活是快乐的，这就足够了！

进入小学学习生活后，才发现小学里不但拥有大量的寓教于乐的校内教学课程，还有丰富多彩的校外体验课程！周一到周四的 330 课程和周六的学校课外社团活动更是每一个学生的最爱！

一年级时，我们选择了冷门的国学课，虽然"之乎者也"对于孩子来说，有点枯燥乏味，但是我认为学习国学可以慢慢从这些质朴的"之乎者也"中感受到语言的博大精深，体会到文字给我们带来的震撼和力量，也让你感受到古人在诵读《三字经》《弟子规》《百孝经》时是怎样的一种意境，从这些简单的字与句中，让你学会知礼谦逊的美德。当孩子在反复学习经典诵读的同时，不仅能大大增加识字量，更能够开发和增强她们的记忆力。记得王妍希小朋友每学完一课回来后，就能够很流利地把老师教的每一篇课文背得滚瓜烂熟。由此可见，孩子们的学习能力和记忆力是多么的惊人！在大量的诵读下，孩子们的阅读能力也

大大增强！因为儿童专家研究发现，阅读能力强的孩子，他的理解能力也很强，其次他的语言表达能力和语言组织能力也会随之而增强。

学习国学的最大收获是孩子在行为规范上的进步。在《弟子规》中，有三分之一是关于行为规范的，如孝敬父母、尊敬师长、尊老爱幼、勤俭节约、诚实守信等中华传统美德。这些虽然要靠家长和老师的正面引导，但我觉得在学习国学中潜移默化的熏陶和领悟效果更加出色。

进入二年级后，王妍希有幸又被选入了学校沪剧社团。沪剧作为上海地方戏曲，现如今因普通话的普及，导致会说上海方言的小朋友越来越少，已临近失传的边缘。学校能以沪剧作为社团活动，通过聘请专业老师来跟学生零距离交流，让孩子们慢慢开始了解上海的本土文化，了解沪剧，从而吸引更多的小朋友来爱上沪剧，让沪剧很好地传承下去。

王妍希原本是一个对于沪剧知识一无所知的孩子，也不会说上海方言，没想到几堂课下来，每星期六的沪剧课居然是她最期待的课程！因为老师除了对于语言的教学外，还有对形体、唱功，包括舞台的走步、圆场等进行教学。让她们明白了"台上一分钟，台下十年功"这十字真言。所有台上精彩的演出都需要在台下付出辛勤的汗水，才能获得成功。

就在这两天，我们罗小更被评为"中华优秀文化艺术传承学校"。能够获此荣誉，不仅仅是因为全校老师多年来不懈的努力和追求，更是因为每一位老师为了孩子在成长中增添人生底蕴，提高个人素养而无私的奉献和付出。

作为一位罗小学生的家长，我真的深深感谢每一位为我们孩子成长付出自己心血的老师。我想在这对老师说一声："老师，您辛苦了！"我的女儿能在罗小这样一个优秀的校园里学习是我们孩子的荣幸，相信她在这样的学习环境中一定能够茁壮成长！

（王妍希家长）

家长体会 5

罗店中心校——素质教育的摇篮

我家偌瑜今年在罗小上二年级了。从她一入学起，我们这些家长就一直为这个小家伙操心，担心她适应集体的能力不够，又担心她学习的状态不好，更怕的是在中国已经维系几十年的应试教育体系把她变成书呆子。这可能也是大多数家长的顾虑吧！经过一年半的时间，我完全消除了当初的顾虑，孩子在罗小不但很快适应了新的环境和集体的生活，还结交了很多好朋友。孩子的班主任杨老师对孩子们的管理真是面面俱到，不论是学习、生活还是课外活动，让我们家长很放心。最让我们欣喜的就是，孩子们在罗小一点都不累，完全没有枯燥学习的困扰，取而代之的是罗小各科校园活动和校园节日。

孩子刚刚入学，学校就举办了英语节，这让一些启蒙较早，有一定英语基础的小朋友有了施展才华和让老师同学了解他们的机会，我家的偌瑜就是其中一个，她也获得了当年的"英语小达人"称号，还获得英语讲故事比赛一年级组的第一名。英语节年年都有，它最大的好处就是让课堂上才说的英语走出课堂，让孩子们多了一些英语实际应用的环境，这对孩子未来喜欢上英语有非常大的帮助。之后孩子还参加了数学节、感恩节、科技节、童话节、体育节、彩灯节，以及蒲公英少年宫，我的孩子在每个活动里都表现积极，成为了学校的小名人，给了她极强的信心和成就感，锻炼了她的心理素质，还让她接触了很多领域的知识和技能。

罗小这一系列的活动，给予孩子们不同角度、不同维度的展示和锻炼的机会，对于孩子综合素质的提升有非常大的帮助。我们这些家长也是从小到大一路上学走过来的，当初的苦读书、死读书的情景，现在让我一想到，心中还有些不寒而栗。然而，看到我的孩子现在在学校的状态，却让我非常的羡慕。没想到，上学也会是这么有趣的事情。中国喊了几十年素质教育，终于让我在自己孩子的身上看到了，可以说罗小勇敢地向前迈了一大步。这正应验了当初我的计算机老师对我们说的一句话："我们不要成为应试教育的牺牲品，而要成为新时代素质教育的高能儿。"这句话是我在20年前听到的。20年后，通过我的孩子，我感受到了。这也让我看到了中国教育的希望。

罗小不断推出各种活动，加上罗小的积点评价、拓展课程、少年宫等内容，让罗小在教育多样性上已经走在了很多学校的前面。这大概也是罗小远近闻名的原因吧！作为家长，我们庆幸孩子能在这样的学校上学。我也很高兴能看到，学校的管理者不满足现状，对于学生的各

第三章 "启梦"之果

方面管理手段还在不断地推陈出新，这也是学校不断进步的原因。我们要感谢学校真正花心思在孩子们身上，把如何教好孩子当作学校的首要大事来做。和市区的名校学生相比，我的孩子一点都不比他们差，甚至比他们更优秀。很多人都来问我，你孩子在哪上小学，我们都会自豪地告诉他们答案——罗店中心校。他们会匪夷所思，一所宝山的乡村学校怎么会教出这么优秀的学生？我现在可以回答他们，因为罗店中心校是上海素质教育的摇篮。

（於偌瑜家长）

家长体会 6

爱心相伴　特色育人
——罗店中心校"新优质教育"让孩子快乐成长

　　每当我送孩子上学，看着她兴高采烈、欢蹦乱跳地进入校门，心中总会扬起一阵暖意和欣慰。上海宝山罗店中心校在学生家长中是有口皆碑的，在宝宝入校前，我就已经有所了解。现在一个学期结束了，我对中心校的了解更全面了，而且，在我心中更增添了一份对学校的感激。罗店中心校，是一个让孩子欢喜，让家长放心的好学校！

　　罗店中心校秉承"让每个孩子健康快乐地成长"的办学理念，坚持和贯彻对每一个在读孩子高度负责的精神。在这半年期间，我感受到了学校良好的教学氛围，班主任老师和家长之间的紧密互动，不仅拉近了学校和家庭的距离，更为家长们提供了一个系统学习的渠道，使家长切身地参与到孩子的教育体系中。

　　学校开展的每一次特色活动，都会成为家长们喜闻乐道的话题。今年的彩灯节活动，更是吸引来了中国教育电视台《传承的力量》录制组。宝山罗店的彩灯艺术源远流长，是中华民间艺术中的一颗明珠，是上海市非物质文化遗产。彩灯节也是罗店中心校的一大特色。今年的彩灯节，学校为了丰富孩子的课余生活、增进孩子和家长的关系，布置了任务给每个孩子，让孩子以创新的思维来亲手制作彩灯。细心的班主任还把任务要点都做了详细的说明，打印出来交给孩子带回家，让家长一同参与。这次的彩灯制作任务，确实有一定的难度，花费了很多家长一定的时间,有些家长为了赶上在最后一天完成任务,甚至在单位请了假。然而,在完成任务的过程中,每个家庭都享受到了无与伦比的快乐。在和孩子一起商量和制定方案、搜集和购买材料,以及后期亲自动手制作的过程中,都让我感受到学校老师的用心良苦。

看着孩子围绕在我们身边,一会递剪刀,一会粘胶布,前前后后忙得不亦乐乎,当起了称职的"小帮手",我体验着"陪伴也是一种爱"的教育理念。养育一个孩子,不是用钱而是用心。孩子稚嫩纯真的心灵感受不到物质的重要,他们渴求的是来自父母和老师的关心和鼓励,需要感知自己在他人眼里是多么的重要,在遇到困难和受挫时,会有老师和爸爸妈妈陪着她,给予她安慰和鼓励。

任务完成,看着孩子捧着由一家人齐心协力完成的作品,心满意足地跑去交作业,我感到由衷的快乐和幸福。那其乐融融、温馨热闹的场面至今仍在我心里温暖洋溢着。后来我们又收到来自学校的邀请,让家长们一起来学校参观孩子们的成果展示。我和孩子爸,还有爷爷奶奶欣然前往。在罗店中心校美丽的校园,我们欣赏到了很多五光十色、美轮美奂的彩灯作品,在灯光衬托下,这些彩灯构成了罗店中心校园美丽的夜景。我们在孩子欢呼雀跃地陪伴下,一边欣赏,一边学习和了解罗店彩灯的历史以及彩灯文化。这样的活动很有意义,不仅使孩子能感受到爸爸妈妈的温情和亲情,更使家长和学校之间产生了良好的互动,也让家长在繁忙的工作之余拥有了轻松、愉快、休闲的时刻。

毋庸置疑,罗店中心校的新优质教育是成功的。作为家长,我们愿意投身到学校组织的每一项活动中,积极参与、全程配合。我坚信,每一个孩子都会在学校里快乐和健康地成长!

(蔡奕彤家长)

家长体会 7

我与孩子共忆感恩情

有一次下班回到家,一进门,孩子看见我回来马上过来帮我拿拖鞋,这让我很意外。紧接着,孩子倒了一杯水放在我面前说:"妈妈,累了吧?喝点水吧。"我彻底呆住了。看着我迷惑不解的样子,孩子这才

说起感恩节的事,我才知道了学校的活动。在随后的这几天,孩子好像一下子变得懂事了,吃完饭主动收拾碗筷,还抢着帮忙洗碗,晚上也能主动自己洗袜子。我突然感觉孩子一下子长大了。我感觉孩子在学校里懂得了感恩父母的意义。

如今70后、80后也身为父母,要用感恩的心回报父母,也要用感恩的心来教育好自己的子女。所谓"上行下效",作为父母的我们,首先要自己学会感恩,才能潜移默化地影响子女,教育他们要时刻拥有一份爱心,懂得感激父母,懂得以诚待人,在享受拥有的同时,学会回报。父母对孩子每一次的爱心付出要给予肯定,大加赞赏,在逐步培养孩子乐善好施的品行外,同时要让孩子收获付出的喜悦。

让我更加惊喜的是孩子几乎每一个月都会和我们分享——这个月是感恩伙伴月,这个月是感恩师长月,这个月是感恩科技月,这个月是感恩班主任月……印象深刻的是有一次孩子兴致勃勃地一回家就告诉我,今天班会课上王老师带着他们一起和自己的小伙伴拥抱了,大家在一起说了很多小伙伴互相帮助的事情。让她特别得意的是有很多小朋友都夸了她早上领读特别棒。孩子兴奋地说,她还要用自己的零花钱和小工具,为自己的小伙伴送上一份神秘的礼物。

现在孩子一回家就很少下来和小伙伴玩耍,他们的童年和我们相比是缺少玩伴的。在学校的时间不仅仅是学习知识,更重要的是让孩子们互相团结友爱,掌握一定的社交能力。这次孩子从学校回来之后,很少会说班级里哪些孩子特别讨厌、老是调皮捣蛋了,更多的会告诉我们虽然很调皮但是他很热心,她今天又发现哪个小朋友特别勇敢诚实等等。

懂得感恩,要感谢恩师,梦开始的菁菁校园,老师答疑解惑,谆谆教诲,当没齿难忘;感谢恩师,成长的青春岁月,老师慷慨大方,言传身教,唯有把经验再历练得炉火纯青,方可回报恩师,报效社会。一个人拥有感恩的心是难能可贵的,一个懂得感恩的人,是一个真诚的人,是具有良好修养的人。生活对每一个人都有苦有甜,有人抱怨,有人坦然。心态决定着一切。常存一颗感恩的心,生活处处有乐趣;常常抱怨无异于荼毒生命。知足则是对生命的一种感恩。

看着孩子从懵懵懂懂到二年级时的逐渐懂事,我深深觉得我们大人有时也该从孩子身上找回当初那颗感恩的心。时光易逝,生命苦短!

学会感恩，用心去感受生活，生活才会精彩；用心去感受生活，才能获得快乐和幸福。感恩让世界充满爱，让生活充满阳光！

（李柏瑄家长）

家长体会 8

良好的品质从活动中养成

8年前当儿子第一声啼哭响起，向这个世界报到的一刹那，我的内心充满了喜悦和憧憬。这不仅是因为他是我们生命的延续，更重要的是孩子更新了我们的生活。同众多父母一样，我也有望子成龙之心，同时，我也深知孩子"成龙"与否，是由诸多因素决定的，其中，家庭教育在孩子的成长中起着举足轻重的作用。都说家长是孩子的第一任老师，所以从孩子出生的那一刻，我就懂得自己要承担的教育责任，对孩子悉心照顾和培养，学做一个合格的家长。我鼓励孩子参与各项业余活动，因为在活动中可以激发孩子的兴趣，在活动中对孩子进行教育，效果更加明显。

尤其是学校开展的八大主题活动，我都会支持孩子去积极参与，在参与活动的过程中，注重培养专注、耐心、自信等良好品质。通过这一系列活动，我的孩子明显有了很大的成长。

罗店彩灯远近闻名。为了弘扬传统文化，学校举办了首届彩灯节。在彩灯节活动中，要求孩子们亲手制作彩灯，材料、样子都不限。回到家，儿子兴致勃勃地向我讲述着彩灯节将开展的活动，从他闪烁的眼神中，我感受到他的喜悦与期待。我们先在网上观看了彩灯制作的教程，并打印了制作示意图，再找来折纸、剪刀、胶水和蜡烛，让他动手做一个属于自己的彩灯。儿子拿着材料，一副跃跃欲试的样子，显得十分好奇与兴奋。起先，他拿起折纸认真地剪起来，然后用胶水把剪过的折纸粘贴起来，可能是剪得不够规范，最终还是和成品相差甚远。儿子变得急躁起来，甚至动了想放弃的念头。我走过去先安抚儿子静下心来，同时照着示意图手把手地教他一步步怎么操作，慢慢地，他掌握到了技巧，最后终于把小灯笼给做好了，在里面放上蜡烛，小彩灯大功告成了。完成的那一刻，儿子笑得特别灿烂，骄傲地说自己又学会了一样新本领。

与儿子一同分享成功喜悦的同时，我也不忘抓住契机，告诉儿子做事情一定要有耐心，碰到困难不能退缩，更不能轻易放弃，要勇敢面对并努力解决问题。

学校把学生制作的优秀彩灯挂在了科技长廊，与罗店彩灯传人——朱玲宝制作的彩灯一同展览，并开放给罗店地区人民一同观赏。绚丽多彩的各式彩灯不仅开阔了孩子的眼界，同时也让孩子了解了中国丰富多彩的艺术文化，孩子沉浸在灯光的海洋里，玩得很开心。通过猜灯谜等一系列小活动，让孩子更深入地了解到每一个彩灯背后的故事。

良好的习惯，使孩子终身受益。都说"性格决定命运"，良好的性格取决于习惯。让孩子从小养成良好的生活和学习习惯，对孩子的将来会产生积极的影响。好习惯的形成都是从平时一些大小活动中慢慢促成的，多让孩子参与一些活动，能够较快地培养孩子独立解决问题的能力，也能培养孩子和他人的团队协作的能力。在孩子参与活动的同时，作为家长的我们，也应该积极地参与进来，在关键时刻给予孩子一些引导、一些鼓励。在活动中我们也能发现孩子的长处和短处，通过教育与激励，让孩子取长补短，全面均衡地健康成长。

最后，感谢学校丰富多彩的活动，让我的孩子越来越棒！

（徐文博家长）

家长体会 9

让阅读变为悦读

我的孩子就读于罗店中心校。这所学校不同于我印象中的那种只会让孩子坐在教室里不停地与题海做斗争的学校，它有着各种各样的特色课程与活动，有艺术类的，有体育类的，还有开发智力类的，孩子们可以根据自己的喜好自由选择。每个学期还开展有特色的主题活动，如彩灯节、感恩节、童话节等。也许有些家长想，人家学校的孩子，老师都给他们布置各种各样的作业，可我们的孩子却都在学校里玩，会不会输在起跑线上？我不这么认为。因为当今社会不需要光会读书的人，而是需要德智体美劳全面发展的人。我就列举一个童话节主题活动对我孩子的影响的例子吧。

我的孩子从小不大喜欢看课外书，除非强迫他看，他才把一本书走马观花似的看完。问他讲了什么，他支支吾吾也说不出个所以然来，因此阅读对他来说只是一个任务，并没有多大的帮助。这让我有点手足无措，于是病急乱投医，让他把书里的好词好句强背出来。可每当写作文的时候，早把这些好词好句抛到九霄云外去了，根本不会运用进去，写出来的文章枯燥乏味。长此以往，他也对阅读产生了排斥感，我也对他失去了信心。

　　可是有一天放学回来，儿子突然对我说："妈妈，明天我要拿两本课外书去学校看。"我以为我听错了，愣了一会才问道："你说你要拿两本书去学校看？"他两眼放光地说："对啊，明天我们学校开始举行童话节，老师让每个同学从家里拿几本最好看的书去学校与同学交流。"第二天，儿子回来，我问他童话节怎么样，他说："太开心了，老师给我们放音乐，我们一边听着音乐，一边看书，我看得连下课铃声都没听到。我们还跟其他班的同学交换了书看，互相交流书里的内容，聊得可起劲了。妈妈，你给我买的《安徒生童话》放哪里了，我现在要看，明天老师要给我们讲童话故事，我要做一个我喜欢的童话人物头像戴在头上。"望着孩子兴奋的眼神，我终于明白了，所谓"阅读"不光是"阅读"，还要"悦读"。只有培养了孩子的阅读兴趣，才能提高阅读的质量。

　　试想大人看书，都要在一个良好的环境下，比如一个安逸的下午，泡一杯清茶，坐在沙发里，捧着一本好书，才能品味出书里的人生。何况是一个自我控制力还不是特别好的孩子，如果你一味强迫他看书，即使他看了，他也没有用心看。古语有云：读书有三到，心到、眼到、口到。只有给他创造良好的环境，激发了他对看书的渴望，才能让他感受到读书的愉悦。学校教会了孩子悦读，也教会了我怎样让孩子阅读。

　　"阅读"——用心读，读好书。

　　"悦读"——快乐读，读心情。

　　"阅读"与"悦读"，一字之差别有洞天。

　　罗店中心校教会了孩子阅读，让他们感受到阅读不再是"学习任务"，而是一种享受和感悟，是从"阅读"到"悦读"的升华。希望学校继续发扬他们的特色，让罗店中心校走出来的孩子一个个都是朝气蓬勃、充满自信的孩子。

（徐君毅家长）

家长体会 10

英语节推我的孩子成长

金秋十月，罗店中心校又一次举办了英语节，本次的主题是"了解美国"。英语是适应未来社会发展所必备的一项基本技能，几乎所有的家长都十分关注孩子的英语学习。为了培养学生学习英语的积极性和在日常生活中运用英语的能力，学校开展了一系列丰富多彩的英语学习活动。如制作英语小报、演讲、做一个调查、做一个游戏、举行一场比赛等。别具特色的学习活动不仅让孩子们在快乐中成长，而且在不知不觉中感受到了英语文化。每当"英语节"到来，学校就成了孩子们展示英语才能的舞台。

随着我们国家的地位在国际舞台上不断提升，新时代全球化的步伐越来越快，英语作为通用工具对于孩子未来发展显得越来越必不可少。罗店中心校采取了"快乐教学"的模式，本着分层教学、有效管理的原则，对传统的英语教学进行改革，充分运用多媒体技术以提高学生对英语课堂的兴趣，促进学生英语学习能力的提升，通过举办"校园英语节"给孩子们一个施展才华的舞台，更让家长感受到快乐英语的好处，实在难能可贵。

"英语节"激发和培养每一名学生学习英语的兴趣，使学生树立自信心，勇于展示自己的英语才华，养成良好的学习习惯和采取有效的学习策略，发展自主学习的能力和合作精神；使学生掌握一定的英语基础知识，提高听、说、读、写等技能，具有一定的综合运用英语的能力；培养学生的观察、记忆、思维、想象能力和创新精神；帮助学生了解世界和中西方文化的差异，拓展视野，培养爱国主义精神，形成健康的人生观。

丰富多彩的活动，紧扣英语文化节活动主题，注重活动的文化性、思想性、教育性，体现出了素质教育的内容，既热烈、隆重，又新颖、别致。作为家长，通过这次活动，也增长了自己的知识面。

学校是孩子成长教育极其重要的平台，老师是孩子成长的教育者和培育者，父母是孩子成长的启蒙者和引导者，社会是孩子的大后盾，对于孩子的成长都起着至关重要的作用。只有将家庭、学校、社会三者融为一体，才能更好地培养孩子，促其全面发展，成为有用之才。今天我们捧出一缕阳光，明天我们收获一片灿烂，今天我们播种一种习惯，明天我们收获的不仅仅是成长，更有辉煌和每个人脸上的笑容。加油吧，孩子们，在这样快乐、爱你们的学校里努力吧，尽情地成长吧！随着能力的增长，知识的扎实积累，作为家长，相信你们在这些负责的老师及校长的培育下一定会长成大树！

（唐婧怡家长）

第五节　活动陪伴孩子成长（学生篇）

学生体会 1

罗小的"节日"

宝山罗店中心校，主题活动真不少，
每逢节日快来到，全校师生齐欢笑。
感恩节上恩情表，感谢老师的教导，
封封书信来相告，张张卡片祝福道。
艺术节上真热闹，学生才艺来过招，
朗诵歌唱加舞蹈，精彩表现都赞好。
体育节上跳踢跑，赛出风格最重要，
大喊口号士气高，争取名次列前茅。
科技节上创意好，发明点子科学报，
模型设计很独到，未来之星在闪耀。
数学节上需用脑，竞赛试题见分晓，
数字图画学习报，数学知识很深奥。
童话节上来约稿，原创童话和童谣，
故事大赛来比较，童话世界真美妙。
英语节上彩旗摇，国际友人来相邀。
异域风情英语报，文化交流有必要。
彩灯节上不得了，民间大师来指导，
巧手把灯来制造，传承民俗技艺高。
八大节日真是好，主题鲜明不俗套，
学生老师为之傲，祝愿罗小会更好！

（学生：朱陶蕊）

丰富多彩在罗小

今年,是我在罗店中心校的第二年。上学前,爸爸妈妈就告诉我,学习是件严肃的事情,不但要认真,而且不能太放松。然而入学后,令我没想到的是,上学竟然是这么好玩的一件事,因为每个月我都能参加丰富多彩的校园活动,有感恩节、艺术节、体育节、科技节、数学节、童话节、英语节、彩灯节等。主题节日活动给了我学习、竞争、显露、模仿的机会,让我更加自信,也让我增长了许多课外知识。

入团和入队典礼让我知道我的责任。"330"活动给了我良好的课外拓展资源,不但培养了我的品德,而且还训练了我的口才,锻炼了我的身体,并且提高了我的专注力。

彩灯节时,我们每个人都做了一盏漂亮的灯,学校把它们挂在了科技长廊里。每天放学后,科技长廊在彩灯的照耀下格外美丽。《传承的力量》节目组带我们到罗店古镇,听罗店彩灯的传承人讲彩灯的故事。这是多么有意义的事情啊!

在学校的每一天,我都很开心,既能学习知识,又能参加很多活动,并通过活动锻炼自我,结交朋友、享受荣誉。希望学校能举办更多的活动,让所有的小朋友心底那兴趣的种子都能慢慢地成长为参天大树!

(学生:於偌瑜)

活 动 中 成 长

我是罗店中心校二年级的学生。我的学校非常漂亮,开展了很多丰富多彩的活动,这些活动我都特别喜欢,比如感恩节、科技节、彩灯节……

记得母亲节的时候,学校要求我们为妈妈做一件力所能及的事情。我给妈妈做了一张漂亮的立体卡片,感谢妈妈对我的呵护和关爱。通

过这个活动，我学会了关心父母，永怀一颗感恩的心。妈妈收到卡片之后非常开心，并把它放在办公桌台板的下面。妈妈说以后熬夜加班时，看看我送给她的卡片就更加有工作的动力了。

彩灯节的时候，我做了一个圣诞树形状的灯笼，里面有个闪闪发光的黄色小灯，有幸被选中挂在了科技长廊上，我兴奋得连做梦都在笑呢！晚上，爸爸妈妈带着我来到学校，看到学校里挂满了许许多多色彩艳丽的彩灯。夜晚的学校被彩灯装点得漂亮极了，我和同学们开心地在科技长廊欣赏着罗店彩灯，为身为罗店人而感到自豪，大家欢呼着，雀跃着……

这些活动真有趣，让我受益匪浅。在形式多样的活动中，不仅增长了我的见识，还让我懂得感恩，更加热爱学校。感谢学校给我们创办如此丰富的活动，使我们的成长过程变得更加精彩。我也会努力学习，学好本领，成为对社会有用的人。

（学生：尹　然）

学生体会 4

精彩活动伴我行

罗小开展的活动总是多式多样，别有特色。科技节、达人秀、十岁生日礼、英语节、彩灯节等活动，数不胜数。在这些丰富多彩的活动中，我感受到了无限的乐趣，同时，也获得了无限的知识。

科技节中，我们画科技创意画、创意科技小报……感受科技的魅力。罗小达人秀中，我们准备充分，唱出了动听的歌声，弹出了悠扬的乐曲，跳出了优美的舞姿。快板、故事、插花、小品，节目精彩纷呈，小观众们也看得津津有味，十分投入。三年级举行的十岁生日礼更是快乐无比。在全体辅导员的精心组织下，老师、同学、家长欢聚一堂，共同度过了幸福而难忘的十岁生日。英语节中，我们猜英语谜语、创英语小报、快乐写单词，了解美国知识……我们在英语节中，获得了无数的知识。最令我感兴趣的就数彩灯节了。2017 年 12 月，我们举行了第一届彩灯节活动，队员及家长全员参与，我们绘制心中的彩灯，红领巾广播介绍罗店彩灯，讲述彩灯故事，召开主题队会，传唱彩灯童谣……一时间,罗小的校园张灯结彩,挂满了我们精心创作的彩灯,颇具节日气氛。彩灯点亮了我们罗小的校园。

在罗小开展的活动中,我们感受着无限的魅力。我们也组织了丰富多彩的校外活动。在车模社团中,我校的队员们多次在赛场上脱颖而出,获得的奖项不计其数。2017年9月,三至五年级的队员参加了第二届"桂冠少年"古诗词大会。我们不断提升,我校还获得了优秀组织奖。借着国庆休假的机会,罗小师生带着国旗去旅行。师生们一同领略祖国的壮丽山河,一同探寻祖国的历史遗迹,一同感受祖国的飞速发展。在国庆节中,我们用别样的方式为祖国献礼!

我们罗小开展的活动不计其数,各具特色,队员们不仅在活动中快乐地成长着,也无限地收获着。

希望我们罗小开展的活动更丰富,更有趣,更精彩,会带给同学乐趣,会带给同学们知识与力量,让我们成长得更结实,成功得更绚烂!

(学生:陶泽一)

学生体会 5

彩灯满校园　绽放璀璨夜
——记罗店中心校第一届彩灯节

绿草茵茵,大树苍天,花红柳绿,各式的灯笼高高地挂在罗小校园的大门口、走廊里、操场上,校园真是美翻了!

同学们通过自己的双手和充满想象力的大脑,制作出一盏盏赏心悦目、令人心醉的彩灯。这里是灯的海洋,在灯光的映衬下,绽放罗小的校园。

学校的彩灯节让罗店的非物质文化遗产深入我们的校园生活,为我们了解历史文化打开了一扇窗,让我们近距离去感受历史文化遗产的无穷魅力。

> 五彩的彩灯,
> 灵巧的双手,
> 绽放出璀璨的光芒。
> 罗小的校园,

传承着历史，

灯光辉煌，此景何处寻！

（学生：李泽安）

学生体会 6

感恩活动　伴我成长

2017 年 12 月学校开展了"感恩节"活动，让我认识到什么是感恩和感恩的意义。感恩就是别人帮助了你，你要回报别人。

到了晚上，我帮助爸爸妈妈做了许多事情，帮爸爸拿一拿拖鞋，帮妈妈扫一扫地、倒一倒垃圾。

我要感谢环卫工。以前我觉得扫马路的清洁工人工作很不好，可是我现在知道了，清洁工人能给我们一个很美丽、干净的生活环境。我知道了要养成良好的卫生习惯，不乱扔垃圾。

我要感谢交警叔叔。是他们天天坚守在十字路口指挥交通，保证了车流顺畅，行人安全。如果没有了他们，我们就容易发生交通混乱，造成许多交通事故。我知道了要好好地遵守交通规则。

老师是我最需要感谢的人。因为他们教给了我做人的道理和各种知识，我要在老师的教导下，认认真真地学习，长大了要做一个对社会有用的人。

我还要对爸爸妈妈说一声："谢谢！"是你们把我带到这个世界，我要好好学习，快乐成长，用最优异的成绩来回报你们！

（学生：张溢辰）

学生体会 7

小小科技节成就大梦想

这学期，在学校开展的科技主题活动中，让我对科技有了深刻的认识，也由此产生了浓厚的兴趣。我开始喜欢看科技方面的课外书，特别留意身边的事。对影视节目中有关科技的节目十分爱看。《加油向未来》中我知道了鲁伯特之泪是怎样产生的。它能承载二十吨液压机的压力,但又可以轻松担住它细细的尾巴轻易就爆裂了。科技的强大,让我在平日的生活中有了许多惊喜地发现。例如,看着天空中自由自在飞翔的小鸟,让我想到这是否就是我们现在飞机的由来呢?再来看看那一条条多姿多彩的鱼儿,在鱼缸里、池塘里、小河里、大海里尽情地畅游,这仿佛就像我们现在的潜水艇。

在书本里,我学到了鲁班发明锯子的故事。他在上山砍柴时,不小心被一种叶面边缘锯齿状的植物叶子划伤,由此想到把铁做成这个形状来锯木头肯定好用。在书本里,我见识到了广阔的宇宙、浩瀚的海洋,都在等着探索者去探秘。真是感慨这世界实在有太多看不见的秘密。

在生活中,爸爸也教会了我许多。让我大致了解了相对论是我们生活的指引,我们是如何用磁引力造就了磁悬浮列车的奇迹,又一次让我感受到了科技是多么有趣。我深刻地感受到了学科学、爱科学、用科学必将成为我们前进的明灯!呼啸而来的科技浪潮吹响了新时代的号角。愿我们争做智勇双全的水手,在科技创新的春天里再一次扬帆起航!科技的力量是改变世界的神奇之笔,是描绘未来的速成高手,是通向成功的必经之路。有了科技,世界成了闪烁光芒的五彩舞台!

在校园开展的一系列主题活动中,我收获良多,对此也特别喜爱。我们都要努力,世界的奥秘等着我们去揭开!

(学生:赵涵龚梓)

学生体会 8

彩 灯 节

你们学校有彩灯节吗?我们学校今年举办了一场别开生面的彩灯节,这场盛会办得可热闹,可隆重呢!彩灯节期间,我们学做彩灯、挂彩灯、赏彩灯、彩灯谜语竞猜……我们可喜欢了。接下来,就让我来给大家介绍一下这个节日中的一些难忘的事情吧!

记得那是一个周五,杨老师兴致勃勃地来到教室,向大家宣布学校将举办第一届彩灯节。同学们一听便炸开了锅,你一言我一语,都

憧憬着这场活动开展时的盛况，甭提有多高兴了。接着，更重要的任务来了，老师宣布这次的彩灯节需要大家踊跃参与——自己动手做彩灯。这一下，同学们更兴奋了，一个个摩拳擦掌，跃跃欲试，都想大展身手。

回到家，书包都没来得及放下，我就迫不及待地把这个消息报告给我家的"司令"——老爸，"军师"——老妈，他们一向都很支持我，二话没说就开始帮我筹备起来了。爸爸着手准备材料，妈妈负责给我找素材。

做个什么样的彩灯呢？为了这个，我们家开始了一场激烈的辩论，老爸主张做个六角花灯，妈妈提议做个绣球花灯，而我更倾向于做个荷花花灯。我的理由是荷花花灯会与大多数花灯不一样，上面再加上我原创的绘画，它将更别致，更显得与众不同。结果，我的提案直接脱颖而出，老爸老妈都赞同我的主张。

开始工作了。我先用铁丝弯成荷花花瓣的形状，椭圆形的花瓣，头部适当的弯出花瓣的尖角。接着，我拿出连接"神器"——胶布，将花瓣根据荷花盛开的模样排好，用胶布粘牢靠。花朵骨架制好后，我又制作了一个花盆，然后将花与花盆用同样的方法粘牢。接下来，我开始进行装裱了，我先将与荷花颜色相配的彩纸进行粘贴，风干后，就开始了我的彩绘创作，花盆我画了很多田园风格的风景画，花瓣进行了粉色渲染。最后，再加上谜语吊穗，装上 LED 灯串，一个美丽的荷花彩灯大功告成了。

带着这个彩灯来到学校，同学们羡慕的眼神不住地注视着它，他们无不赞叹我的彩灯有新意，美丽且与众不同，这让我无比开心。

彩灯节那天，学校里到处张灯结彩，喜气洋洋。走廊里，树梢上全都挂满了各式各样的彩灯。彩灯的大小上各有特色，有几米高的庞然大物，也有迷你型的拇指那么大的，常规尺寸的更是数不胜数；彩灯的颜色丰富得不得了，有红的、紫的、粉的、金色的、七彩的……五彩斑斓；彩灯的形状更是多种多样，有六角形的、八角形的、灯笼形的，有兔子形的、鸽子形的、荷花形的、兰花形的、牡丹花形的，应有尽有，让人看得流连忘返，应接不暇。这是一场隆重的盛会，电视台都过来进行了专访，还有很多外校的学生和老师来我们这儿参观学习，将这场盛会推向了高潮。

这次的彩灯节让我收获了很多。做彩灯不仅展现了我们的创意，同时还锻炼了我们克服困难、迎难而上的精神；做彩灯的过程中，爸爸妈妈对我的指导和帮助让我懂得了团队协作的重要性。我希望以后参加更多的活动，增进自己的实践，在活动中茁壮成长！

（学生：陈华苓）

学生体会 9

边玩边遨游知识的海洋

在罗店中心校，老师和校长齐心协力创造了一系列丰富多彩的活动。这些活动让我们在玩耍中学会了取之不尽的知识。请随我，一起看看我们学校活动中的三项活动吧！

第一项：英语节。英语节主要是让我们感受各国的文化素养，并且可以跟小伙伴们一起探讨和分享；让我们在很短的时间内学会了一首英语儿歌，感受了英语文化的魅力。大家都积极参与其中，我也在英语节中有了很多收获，不仅学到了不少英语知识，而且还赢得了"英语小达人"的称号。

第二项：彩灯节。彩灯是罗店本地文化中比较有特色的一项"非遗"文化，此次彩灯节是学校与罗店文化馆共同合作的第一届罗店中心校彩灯节。自己制作彩灯，参与其中，虽然没获奖，但是我还是觉得很开心。看着学校被五彩缤纷的彩灯装点得光彩照人，美不胜收，我们在彩灯中穿梭，感受美的同时也了解了彩灯文化的博大精深，彩灯制作手艺的高超。我想这么美的文化，我们一定会一直传承下去的。

第三项：十岁生日。三年级时，学校为我们全体三年级的学生举办了一场生日派对，见证了我们的成长，告诉我们已经十岁了。在生日派对上，我们载歌载舞，热闹非凡，我还和好朋友一起上台做了表演呢！真高兴和大家一起度过这个十岁生日，令人难忘的十岁生日。

以上只是其中的三项活动。我们学校还有很多有趣的活动，你想不想也来跟我们一起边玩耍、边遨游知识的海洋呢？

（学生：陆颖洁）

第三章 "启梦"之果

学生体会 10

彩灯节推我成长

学校举办的彩灯节活动至今令我记忆犹新,这是一个既可以让小朋友不忘记传统习俗,又可以开动脑筋,增长知识的活动。我们学校的同学老师都很喜欢这个活动,也为这个活动做足了准备,当然也包括我。

彩灯节这一天,你可以看到我们学校挂满了各式各样的彩灯,有龙的形状,花的形状,动物的形状等。它们用纸或者绢作为灯笼的外皮,然后在纸上写着谜题,用竹或者木条做出形状,中间放上蜡烛或者灯泡,傍晚或者晚上看上去五彩缤纷,真是漂亮极了!

伴着四点二十分的下课铃声,一年一度的猜灯谜大战就开始了。每一个有灯笼的地方就会有一个老师或者志愿者,只要你答对了谜题,就会有一颗糖果,最后谁的糖果最多,就会成为学校猜灯谜最厉害的小能手。

我当然不甘示弱了,快步走到一个没人的灯笼面前,猜了起来。"一口咬掉牛尾巴"打一个字,我突然有点犯难,但是我不放弃,脑筋一转,有了! 我贴着老师的耳朵说:"是告字。"老师露出赞许的目光,点了点头,给了我第一颗胜利的糖果。就这样,我越猜越勇,半个小时,我就拿到了十多颗糖果。然后,我就和一群小朋友分享自己的战果,算是一种炫耀吧,比比谁的奖品多。此时的学校充满了欢声笑语和智慧,有的因为答对而高兴,有的眉头紧锁在开动自己的脑筋,活动最后,我并不是那个最厉害的猜题小能手。山外有山,天外有天,我为小能手感到喜悦和自豪,这也会为我带来激励,我知道自己还有很多不足,需要靠知识去弥补。或许我的努力,会让我成为下一次猜灯谜的小能手。

当然了,在每次的彩灯节,我都能收获很多书本和书本以外的东西,例如友情、师生情。猜彩灯不仅能让我们得到小知识,还有永不言败、积极向上的精神。

活动推我成长,它使我在读书的压力中获得一片闲适,又在闲适中获取知识。我希望这种寄知识于游戏中,亦能放松亦能收获良多的活动,可以多多开展。这何尝不是一种不同的学习方式呢!

(学生:赵钦好)

彩灯节童谣

好苗苗,手儿巧,彩灯节,做彩灯。

荷花灯,小兔灯,金龙戏珠云里腾。

八角灯,挂长廊,元宝灯,挂树梢。

老师乐,学生笑,欢乐校园景致胜。

（学生：沈立尧）

第六节 积点激励孩子成长(家长篇)

第一笔财富

读幼儿园的时候,女儿就对罗店中心校开展的积点兑换活动有所耳闻。有一天,她兴奋地对我说:"妈妈,你知道吗? 姐姐说她可以用积点和校长喝一次下午茶! 小学生真开心,我好期待去上小学!"神奇的"积点"让女儿对小学生活无比向往。2017 年 9 月 1 日,当女儿踏进罗店中心校的那一刻,她的积点之旅就开始了……

一、收获,让她懂得了付出的可贵。

开学第一周,女儿被评为了"本周进步之星",为此她得到了第一个"5 积点"。拿着她的积点回到家时,她笑开了花,对那"5 积点"看了又看,掰着手指计算着离和校长喝下午茶还有多少积点。我问她:"宝贝,你觉得这 5 积点得来容易吗?"女儿凝望着积点,对我说:"妈妈,一点都不容易,要很多地方都做好了才能做进步之星呢。要坐姿端正,上课积极举手发言,老师的要求要听清楚,反正很多很多。"我继续问:"那你做到了,心里开心吗?"女儿举起她的积点说:"当然开心啦! 瞧! 我有积点了! 再过没多久,我就能和校长喝下午茶啦!"看着她兴奋的小脸,我也为她感到高兴。我轻轻地抚摸着她的 5 积点说:"宝贝,你知道吗? 这 5 积点是你付出努力以后的收获。不论以后在学习道路上遇到多少困难,请记住此刻这 5 积点的快乐,为了这一份快乐,千万不要放弃。"女儿似懂非懂地点了点头。这 5 积点的快乐让她懂得付出一定会有收获,我想这 5 积点的快乐一定能成为她学习道路上的引路灯。

二、失去,让她明白了犯错的代价。

一天,女儿回到家脸色似乎有些不太好看。在我再三询问之下,她才说出了原因:原来上课时她和同桌说了悄悄话,作为惩罚,老师罚了她 10 积点。说完以后她就哇的一声哭了起来。等她发泄完情绪以后,我非常严肃地问她:"你说说看,这 10 积点该罚吗?"女儿擦干眼泪说:

"应该罚,上课开小差是不对的。"我语重心长地对她说:"是啊,犯了错误就应该受到相应的惩罚,这就是规则。那你说说看,以后应该怎么做?"女儿紧握着她放积点的豪子说:"以后我一定要做一个遵守规则的小学生。妈妈,今天我被罚了10积点,以后我会通过努力争取更多积点的!"这10积点真是意义深刻啊!它让女儿第一次感受到了规则的公正性,知道了犯错是要付出代价的。

三、兑换,让她体验了分享的喜悦。

那天女儿非常神秘地说要给我一份礼物,我闭着眼睛有些小期待。她从身后拿出一支粉色的水笔,对我说:"妈妈,今天是你生日,我用积点换了支水笔送给你!"这真是我收到过的最棒的生日礼物了!我抱着女儿亲了又亲,等缓过神来时我问:"你怎么没兑换和校长喝下午茶啊?"女儿笑着说:"每一次只能兑换一样东西。我想妈妈生日快到了,就先帮你兑换礼物。妈妈你喜欢吗?"我拿着水笔看了又看,女儿在一旁自言自语:"我看到梦工场里有很多礼物,以后我要给爸爸、爷爷奶奶、外公外婆都去换一份礼物,他们一定会很高兴!"我忍不住把女儿抱在怀里说:"宝贝,妈妈为你感到骄傲!因为当有所收获时,你想到了和别人一起分享,告诉妈妈,你快乐吗?"女儿说:"当然快乐!这是真正的我送你们的礼物啊!"是啊,妈妈也很快乐,因为有你这样的女儿……

在这一学期中,女儿一共收获了236个积点。每天在家做完作业后,她就会拿出积点一分一分地数,我们都笑她是个小财迷,她会理直气壮地说:"这是我的'钱'啊!"是啊!这真的是女儿的第一笔财富,这笔财富带给她的不仅仅是数量与物质上的丰富,更多是精神世界的满足。感谢罗店中心毂全体教师,是你们让孩子的学习生活变得如此丰富多彩!

(孙乐维家长)

家长体会2

一 张 积 点 卡

"健健,你兜里装的是什么?"一天下午放学我在校门口接孩子,看

见他远远地走过来，手里不停地摆弄着一张彩色的纸片，看到我又立即塞进了口袋里。

我是一个80后的家长，虽然接受过高等教育，但是我们的童年物质并不富裕，父母辛勤劳作供我读完学业，有过许多梦想但条件所限，踏上社会深感竞争残酷，因此有了孩子以后总希望让他多学一点，别输在起跑线上。所以严格管教变成了我教育孩子的法宝，学习纪律和特长培养一样也不能少，孩子犯错误必究，究者必改。因此孩子从小就比较怕我，但我坚信从小的严格有利于孩子的成长。

听到我的询问，孩子惴惴不安地掏出了那张纸片递给我，"诺诺"地说："徐老师说我上课积极举手发言，发了我这张积点卡，还说等点数积得多了可以到校长那里换礼品。"我听到是学校发的，也就没有多说什么，带着他回了家。

不过事后我还是询问了好几个家长，才得知学校开展了一个"积点评价"的活动，老师对凡是在学校里表现优秀和取得进步的学生进行积点奖励，利用积点可以换取一定的奖品，当然越好的奖品需要的积点越多。

了解了缘由，我第二天晚上就把积点卡还给了孩子，但是我还是给他约法三章，上课的时候不准拿出来玩，回到家里先做完所有的功课才能摆弄这些卡片，并得到了孩子的保证。

从这以后我开始有意无意地关注着孩子，发现他时不时地会拿回来几张积点卡放进他的写字桌抽屉里。可是随着他拿回来的积点卡越多，我心里原来怕他学习被影响的担忧却越来越少，有好几次我打算摆着大人的姿态教育教育他，可又憋了回去，因为我想这不是表明他在学校里的表现越来越好吗？本来作为监督者和引导者的我反而好像失业了。有一次实在忍不住的我蹑手蹑脚地走到孩子的身边，赔着笑问道："健健，你的点数卡积了多少了？""不告诉你！"儿子故弄玄虚地护着他的抽屉。

没办法，监督者的角色做不下去了。为了了解孩子的学习情况，不甘心的我和他妈妈慢慢装成了他的小粉丝，每当看到他拿回积点卡，我和他妈妈就夸奖他几句顺便打听几句，他却总是若无其事地将积点卡塞进他的抽屉里。但是有时候他也会故意炫耀一下。有一次休业式回来一到家就从口袋里掏出一叠积点卡故作潇洒地摔在饭桌上。"哇，这么多啊!"我看到了故意大声叫起来,"还是大面额的啊!"他妈妈也故作惊讶地附和我。"这是我期终考查得的!"说完坐在课桌前背着我们"咯咯咯"地偷笑起来。

转眼间,孩子上五年级了。不知是不是由于我们角色的转换,孩子从一个胆小内敛的小孩变成了一个开朗活泼的小大人,做事非常有主见也喜欢和我分享他的想法。有一天他神秘兮兮地拉着我到他的写字桌旁,"爸爸你看……"他突然"刷"地拉开了抽屉。"我的天哪!"我大吃一惊,只见抽屉中按照不同面额垒成一沓沓的积点卡,用橡皮筋扎得整整齐齐的,塞满了大半个抽屉。"爸爸,'金罗店梦工场'里有一个很大的机器人模型,我看了好几个学期了,不过需要三千个积点才能兑换。这几年我积到现在一张都没用过,终于达到了两千八百多点,现在五年级了,在最后的学期里我努力一把,就一定可以把这个模型拿下了。"我看着孩子一副志在必得的神态,突然觉得眼前是一个攻城拔寨的将军即将摘取皇冠上的明珠,满脸的自信和憧憬。"真了不起,你一定可以!"我鼓励道。

重阳节的那天,我们说好一家人到我父母家吃晚饭,到了那里他们不在家,我就开始准备晚上的菜肴。一切准备妥当,可是左等右等直到晚上六点多爸妈才回到家。他们一人拿着锄头、农具,一人背着大布袋子,开门看见我们开心地笑了。爸妈的背一天天的越来越弯,布满皱纹的脸上沾着一层尘土,虽是十月的天气却是满头大汗,衣服早就湿透了。我们赶紧接过他们的农具和物品,"爷爷奶奶,你们到哪去了,我们等你们吃晚饭呢!""年纪这么大了还老往地里跑,种这么点菜不值什么钱,累坏了多不合算啊!"我们你一句我一句地抱怨道,父亲一边擦着脸一边笑着说:"习惯了! 干了一辈子农活,几天不下地心里总觉得少了些什么。往年的这个时候早就种上麦子啦,现在不种田了。""可是你们毕竟年龄大了,像上个月三十几度的高温,我妈差点中暑,幸亏同去的阿姨给挽回来的。"我继续动道。我知道农活对于这一辈的老人来说早就从生存方法变成了一种精神寄托,对于从那个年代走过来的人来说任何诸如手机、网络、大卖场这些新鲜事物都不属于他们的生活,唯有那片农地才是他们的命根。"没事的,我们下次注意点就好了。"母亲向我笑道。儿子在边上听得入神,若有所思。

第二天下午,孩子刚放学回到家就拉着我:"爸爸,快点! 我们到

第三章 "启梦"之果

爷爷奶奶那儿去。"我还没明白个所以然就在孩子地央求下来到了父母家。一进门孩子就从书包里急切地掏出两只盒子塞到爷爷奶奶手里。"这是便携式电风扇，是我送给你们的重阳节礼物，这种电风扇只需装干电池就可以了，以后你们到地里干活热了拿出来扇一扇就不怕中暑啦"。孩子的小嘴一边机关枪似的说个不停，一边示范着，父母笑得合不拢嘴，问道："乖孩子，哪里来的？""是我用学校积点换的，一只两百个积点。"在回家的路上，我开玩笑地问："健健，你还有点数换你的机器人模型吗？""没事，学校里还有一个小的，或者换点其他的也行。"听到孩子的回答一股热流不由涌上我的心头。孩子的话语虽然没有成人那种巧言令色的修饰，但是那种发自心底的真诚和善良却是让我刮目相看。

最近在网上看过一本书，名字好像叫《夸出好孩子》，书中的大意是倘若父母只知道抱怨批评孩子，而不善于发现孩子的优点，他的缺点将越来越多、越来越大，直至枯竭他的心灵，耗尽他的一生。所以父母在孩子成长的阶段，给孩子越多的掌声，他的人生将获得越大的成功，为他喝彩的人将越多。继而我想到了积点卡这个活动，它可能不值多少钱，但是孩子获得的"每一点"不都是他们往前迈出一小步的印证吗？"故不积跬步，无以至千里；不积小流，无以成江海"。孩子的成长不仅需要指路的明灯，更需要前进的动力。

这大概就是激励的力量，一张张小小的积点卡见证了孩子这几年的成长。

（吴行健家长）

家长体会 3

积点点亮成长
——积点伴我的孩子成长

走过春的嫩绿，行过夏的葱茏，风缓缓来到秋高气爽的九月。伴随着飒飒秋风，儿子成为一名小学生，成为罗店中心校的一员。进校那一刻，儿子兴奋地接过金校长递过来的信封。打开信封一瞧，里面放着一张蓝色的积点卡，泛着希望的数字 10，还有一本罗店中心校积点手册。一艘小船即将出海远航，一颗星星即将闪烁星空。

"妈妈！妈妈！你快来看！"我未见儿子身影，却远远地听见儿子从楼道传来的声音。当儿子走近身旁，我打量着已经二年级的他。他满脸的兴奋样，本是一双大眼，这下子成了弯弯眼，脸上的笑窝更加明显。虽然儿子在罗店中心校已经就读一年半，但是他每天还有说不完的学校新鲜事，还是保持着一股兴奋劲。还没等我询问他学校新鲜事，他便手舞足蹈地拿出五颜六色的积点卡。他指着蓝色的 10 积点说："这是我们语文杨老师奖励给我的，因为我今天上公开课发言积极，而且老师还表扬我思维活跃，阅读多。"转身间，他拿着黄色的 2 点："这是我们数学徐老师奖给我的，她夸奖我算得又快又准。""妈妈！妈妈！还有，还有。这个粉红色的 20 点是我们英语黄老师给的。她特别喜欢我，奖励积点真是大手笔。真是一个阔老师呀！"

看着眼前滔滔不绝的儿子，浮现起刚上小学的他。那时候的他，有一丝丝腼腆，有微微不自信，当然还有一点点男孩子的调皮莽撞。上课时，他会展示各种坐态；课间休息，他总爱和小伙伴穿梭在走廊；语文写字的时候，他重写的次数不算少。

可是，在老师们的教导下，在学校开展积点活动的激励下，他用自己小小的双手营造一个真正属于自己的小天地。

上课时，总能见到他举起的小手；课间休息，他不仅仅能够文明休息，还能监督班级同学讲文明；他不仅仅能够按时按量完成写字的任务，还能讲究字的笔锋。每每看到儿子一点点的进步，一点点的成长，很欣慰：儿子真的长大了！儿子真的懂事了！从此，我发现他旧的天地渐渐消失，新的天地越发呈现在面前，好宽广！

德国教育家第斯多惠说过："教学的艺术不在于传授本领，而在于激励、唤醒和鼓舞。"积点是一种鼓励的外化物，将传统的口头鼓励物质化、具体化，让孩子们能够更加直接地感受到良好学习习惯的重要性。这种奖励区别于传统的规章制度，将他律转化为自律，孩子们必定会在一种轻松愉悦的氛围中，全身心地投入到平时学习和学校活动中。其实每个孩子都渴望得到老师的重视和关爱，哪怕只是一个赞许的微笑，一个亲切的问候。

每个罗小的孩子在一年级开学初都会领到一本积点手册，积点手

册的积点途径涵盖广泛,孩子可以根据自己的活动参与、平时学习表现等获得积点。同时,孩子们用积点换取自己喜欢的东西或是实现自己的愿望。每周的规定日期,梦工场总是门庭若市,这间小屋的货架上物品琳琅满目,各式各样的文具,还有五花八门的玩具。当然还能换取自己的愿望,比如:做一天升旗手、和校长喝下午茶、参加夏令营等。具体地说,就是制定出一系列的约定,规定要求完成的事项和相应获取的积点的数量。

给每一个孩子以成才暗示和成才期待,一个个梦想就会在他们心中涌动,他们的成才之路会变得亮堂堂。用积点去点亮成才,孩子如苗壮的嫩叶,每天绿一点,每天多一点。

(周崇弋家长)

家长体会 4

积 点 激 励

一、日新月异新时代,改革创新弄潮儿。教育也须走新路,引人入胜成绩升。

时光变迁,一切都在变,在这诱惑满满的世界,不知是现在的孩子太聪明,还是家长被物质偏移,教育单靠老师的妙笔生花,已经不能够完全满足学子的需求。美好的学生时代,人被困在教室,心已飞出课堂,老师们倍感责任重大。各个学校的校长、老师都在苦思冥想,开拓好学之路,和学生展开了一场智的较量,征服拉开了帷幕!

二、春蚕到死丝方尽,蜡炬成灰泪始干,教育是统一战线,付出乃无怨无悔。

百花齐放,斗艳争奇,八仙过海各显神通的时刻,上海市宝山区罗店中心校,率先走出了一条积点新路。何为积点?就是制作出长十四厘米,宽七厘米的一张张彩色纸卡片。如果认为这是普通的纸片,那就是大错特错了。看正面主题是绿色的,左上角是罗店中心校校徽,有晶莹透亮的鲁冰花,右上角书写着[科学人文素养课程],中间心形图案里面有[积点卡]三个卡通字,左下角有阿拉伯数字一点、二点、五点和二十点标识,右下角是礼花和2015版。反面是积点卡使用说明如下:*

按点值兑换相应奖励＊可累计使用＊奖励可分为实物奖励、荣誉奖励和活动奖励＊积点卡不可转让赠送＊积点卡如有遗失，不可补领＊请妥善保管此卡。

三、新颖点子已伤神，执行还有后续保。出财出力不深究，剖析效果辩功绩。

对应积点利用，学校开设了一个"梦工场"，梦工场里有琳琅满目应接不暇的玩具，学习用品小到橡皮，大到书包……只要你有对应的积点点数，在这里就可以兑换到你想要的物品。用钱是没有办法买的，有些东西市场上是没有销售的。因此，你看上的某个物品，只有努力争取积点卡来兑换，这样就会产生一个现象，老师不逼你学习，积点卡来逼你上进，让你不得不德智体全面发展！梦工场之外，积点卡的作用也不容小视，用积点卡在一定的时间段，可以和敬爱的校长，喜爱的老师，共进午餐，开展活动，近距离接触沟通……

四、小小纸片轻飘飘，需要获得不容易。认真听讲勤发言，校里校外好孩子。

"小明字写的漂亮，奖励一积点，小东回答难题精准，奖励二十积点……"没得到积点的同学，对得到积点的同学，真是羡慕嫉妒呀！没办法，只有默默地下定决心，好好学超过他们，得到更多的积点卡。学习差的进步也有积点卡奖励，不愿学习的就有了学习的兴趣。淘气包对学习没有兴趣，对玩具有兴趣。除了梦工场开放时间的参观诱惑，每天上学放学，梦工场都是必经之路，淘气包的心思在他的玩具上。为了玩具去拼搏。结果玩具得到了，无意中把学习也搞上去了……

五、积点卡小威力大，作用更是有魔法。男女同学都喜爱，凝聚力量学比超。

积点卡辅助学生学习，虽然时间还不长，确实起到了非常好的作用，学生的学习、性格、品德得到改善的例子举不胜举。在这里为罗店中心校这一举措点赞、喝彩！不是唯利是图，而是辅助更能抓住学子之心，增加了一个意想不到的学习乐趣。老师开心，学子欢心，家长省心。校里校外心连心，不说积点卡是连接的桥梁，也是一条个别学子由不良转良的纽带！学子在这样的学校，得到的是全面发展，家长喜欢这样的学校理所当然，美好的方式传播未来发展深远！

真正体现了罗店中心校：用爱心承诺，用行动诠释的理念！

（刘一帆家长）

家长体会5

她和她的梦工场秘密

2016 年的 9 月 1 日，我的孩子正式成为了罗小的一名学生。当她为领到的各式各样的课本而兴奋不已，翻阅着各类她看得似懂非懂的书本时，一本积点手册同时映入了她的眼帘。孩子在沙发上默默地看着各种奖惩条目，看到她认为不可思议时还会哈哈大笑，这时的她对积点的概念还很模糊，作为家长的我同样不知道积点的具体内容。

开学后的几天，在与孩子的闲聊中无意间听到一句话："爸爸，你知道吗？我们学校里有一个梦工场，里面有好多好多我喜欢的礼物，在那里还可以完成我的很多小心愿。""梦工场！"忽然间让我注意到了这个词。也就是从这句话开始，引出了她与梦工场的种种故事。

开学一周后的某一天我去接她放学，出了校门小家伙兴奋地摇了摇手中的积点券，高兴地对我说："爸爸，20 个积点耶，这是我拿到最大的积点了！这是我被评为行为规范示范生，老师奖励我的。"这时的我才知道原来她已经得到了好几次积点，回家后看着书包中 1 点、2 点、5 点的积点卡，和当时唯一的一张大额 20 点的券，小家伙如数家珍地告诉我这一张张积点卡的由来：这个是我按体育老师要求完成动作得到的 1 点、这个是我上课回答问题正确得到的 2 点……积点的奖励下，她正迅速地从一个幼儿园小朋友转变成一名优秀的小学生。在一个星期一放学后的傍晚，我正在检查她的学习用品，突然发现了一张卡通贴纸，以为她不好好学习，就严肃地问她由来。"今天星期一，梦工场对一年级开放，这个是我兑换的礼物，好多同学都去兑换礼物了。"说完，拿着她的贴纸高兴地玩起来，还嚷嚷着要贴在哪里。我突然很佩服想出积点计划的这名老师，积点计划就如同公司的奖惩制度，却被巧妙地运用在了这群孩子身上。

积点就是平时表现好点，老师奖励然后换换小礼物？我的这个想法在几个月后被再次刷新。从刚刚开始的每周家里都会多出一样小礼物，到渐渐的好几个星期都没有，我好奇地问她："小宝，最近怎么也不看见你从梦工场兑换礼物回来了啊,是不是在学校表现不好,所以最近没积点了啊?""才不是呢!我一直都有奖励。看着同学们去兑换的礼物,其实我也很喜欢,我也超级想去兑换,但是我都忍住了,我要等着换个大奖。"童真的她急忙解释道。我顺着她的话,赶紧问她又在动什么小脑筋:"你要换什么大奖啊? 要换大奖平时可要努力哦。""不能告诉你,这个是我的秘密。梦工场是实现梦想的地方,知道啦?"伴随着她心中的这个秘密,我发现渐渐地,不知不觉间她又长大了好多。

为了实现这个心中的小秘密,她一直付出着自己的那份努力和坚持:英语节前的几天,放学后不玩她的玩具,也不看她喜欢的课外书,一个人静静地在写字台前反复地背着一张纸。刚想问她什么情况的我看到孩子的妈妈眨了眨眼,示意我不要打扰她,轻轻告诉我,学校就要举办英语节了,他们班同学要表演一个情景剧,班级同学被分成了若干个小组进行评选,她主动请缨了这个情景剧中最主要的 Narrator 一角,她感到了压力,正抓紧背台词呢。功夫不负有心人,在各方面她都表现得十分良好,也如愿的一次次得到了老师的积点奖励。

随着时间地推移,家中的积点从最初的用夹子夹到现在的用专门的袋子装,厚厚的一沓积点券,她也从一个初入小学让家长担忧的小女孩变成了不断成长的罗小种子。她一点一滴地成长,作为家长的我们就像是见证了一颗小种子的萌芽长大,而积点呢? 是不是可以比作小种子成长中的一抹阳光、一滴甘露,时刻滋润着她。至今我仍然不知道她要去梦工场换的大奖是什么,这仍是她的秘密。她和她的梦工场秘密应该能算她的初心,引用一下习大大的话做个结尾吧:不忘初心,继续前进!

(吴若涵家长)

家长体会 6

积点照亮梦想

还记得,开学那天,阳光明媚,校门口热闹非凡,学校鼓号队队列整齐,奏响了欢快的乐曲迎接一年级新生的到来。我和孩子伴着夏日的朝霞,心中按捺不住的小兴奋与小期待,终于步入了整修一新的新校园,开始了入学培训。

　　刚走到门口，我们可敬可爱的金校长就给每一个孩子递上了一个红包，里面有一封信，一本《积点评价手册》和10个积点，接着我们跟随老师参观了积点兑换屋——罗小梦工场，同学们被里面琳琅满目的各种小礼品惊呆了，孩子也是看得目不暇接，流连忘返。他扭头对我说："妈妈，以后我也要来这儿兑换礼品！"我笑着点了点头。

　　从那以后，孩子每次放学回家，总是迫不及待地从书包中翻出今天得到的积点，然后滔滔不绝地跟我讲述它们的由来。

　　"今天我坐得最端正，老师奖励我两个积点；还有，今天我举手回答问题了，语文老师奖励我五个积点；哦，对了，还有这个是我中饭吃得又快又好，班主任老师奖励我的两个积点……"

　　我一边听着，一边飞快地在评价手册上记录着。"宝贝啊，你慢点说，我都来不及写了。"

　　"妈妈，妈妈，我们应该给它们准备一个盒子装起来啊！"孩子兴奋地叫道。

　　"那你打算怎么做呢？"我问他。

　　"嗯……就用这个吧！"他不知从哪儿翻出了一个饼干盒，我们用剪刀"修理"了一下，饼干盒就摇身一变，变成了孩子的"藏宝盒"。他还写了一张纸条：好好加油。随后，他把积点卡片一张一张整整齐齐地摆放进小盒里，心满意足地收进了抽屉中。

　　从那一刻起，我仿佛从孩子的眼中看到了什么，领悟到了什么……

　　是的，那不就是我们小时候的样子吗？

　　还记得小时候，我们考试回来，兴奋地举着满分的考卷向爸爸妈妈讨要夸奖的时候，眼中闪烁着自豪的泪光。

　　是的，那不就是我们小时候的样子吗？

　　每当我们抢过爸爸妈妈手中正在忙碌的家务，那双稚嫩的小手接过小奖励的时候，即使是几毛钱我们也会珍藏许久。

　　是的，那不就是我们小时候的样子吗？

　　即使是从幼儿园带回来的一朵小红花，一颗小星星，也足够我们乐上好几天。因为我们忘不掉爸爸妈妈竖起大拇指那得意的样子。

　　是的，那就是小时候的我们啊！

　　如今，我们的孩子们都长大了，我才深切感受到被肯定，受鼓舞，被激励的重要性，那是一种无形的动力啊！这种力量无时无刻不在陪伴着我们长大！

稚气未脱的孩子长大了，上一年级了，他如今能不骄不躁，每天出色地完成学习任务，我觉得跟老师们的积点奖励是分不开的。那些被他视若珍宝的积点卡片与其说是一张普普通通的卡片，倒不如说是孩子们成长的见证，在我眼中，它们就是见证孩子们进步的良师益友，激励着他们前进，同时也督促着他们不断进步与检讨！

"妈妈，妈妈，今天我又得了不少积点呢，看！这个是我考试100分，数学老师奖励的，这个是我做操做得好，这个是我参加学校活动班主任奖励给我的……"

"妈妈，我好开心啊！"

"是啊，我也很替你高兴！"

看着孩子把积点一张一张放进"宝盒"中，我知道，每一张积点背后都是老师对孩子深深的爱与肯定，也是老师对孩子满满的期望。

如今，孩子每天都会收到积点奖励，它记录着孩子成长的点滴，孩子的进步是父母最大的欣慰与自豪。有时我会和孩子一起统计积点的总数，"哇，都有两百多了耶，你有什么打算了吗？"我问他。他说："我想像那些大哥哥大姐姐一样，用积点兑换些别的什么，比如……兑换一次跟校长喝下午茶的机会！"

我惊奇地叫道："可以啊，这个主意好！"

我翻看了手册，果不其然，书上罗列了好多可以兑换的荣誉活动。比如用150个积点兑换一次跟老师合影的机会，还可以兑换跟老师共进午餐的机会，还有200个积点兑换一次跟校长喝下午茶的机会……

我顿时觉得，学校的这个积点奖励活动真心不错，怪不得被其他兄弟学校争相效仿呢！

作为一个家长，我觉得孩子能在这种氛围下学习，能在这个充满创新思路的学校求学是一种荣幸，我们感到骄傲和自豪！

一张张小卡片，就像一把把散发着金色光芒的钥匙，照亮了孩子的梦想，激励孩子寻找成功的宝藏。

一张张小卡片，更像催人奋进的号角，时刻督促着孩子，警醒着孩子。

它们平凡无奇，却能给孩子们无尽学习的动力；

它们魔力无穷，用欣慰与感动回报老师们的无限希望与汗水；

它们独一无二,给我们的校园带来了无尽荣耀与光辉!

它们永无止境。它们无懈可击。

一切,都是从无到有的魔力!

一切,都是从无到有的绽放!

一切,都是从无到有的成就!

一切,都是为了孩子!

(陈俊杰家长)

家长体会 7

积点伴我的孩子成长

"妈妈,你猜猜我现在有多少个积点?"

我刚刚下班回到家,还没有缓过神来。昊昊用兴奋又欢快的声音问我。

"198 个?"

"不对。"

"200 个?"

"不对,再猜猜。"昊昊一手叉腰,一手摆摆,摇晃着身子说。

"218。最多 218 个,不可能再多了。"我坚信自己对他的估量。

"是 306 个哟,嘿嘿嘿……"他的小脚颠得异常得意。

"怎么会得 100 多个积点那么多啊?"我开始变得诧异万分。

"因为我把你买的一本数学练习册全部做完了呀,刘老师奖励我的哦。我现在是班级里面积点数排名第二的啦!"骄傲的口气让人无法形容。

"这么厉害啊! 不过不可以过度骄傲哦,要再接再厉。你如果不进步,别的小朋友都在进步,你就是退步了,知道吧?"这是我对于他每次得意忘形后必定会打压一下的口吻。

"知道啦!"他说。

寒假已经到了,回顾我的孩子半年的小学生活,积点的作用还真是不小呢!

积点培养了我的孩子学习的兴趣和认真的学习态度:因为有了积

点的奖励，昊昊在课堂上认真听取老师讲课，并积极发言，获得老师认可；回家作业及时独立完成，不懂的请教家长或次日向老师、同学请教；每天坚持读课外读物，并自己记录读的字数。

积点培养了孩子对于物体、色彩的感知力和对于艺术的鉴赏力：画画可以让一个人内心丰富，因为有了积点的奖励，昊昊更加积极的上好每一堂美术课。记得学校的一次家长开放日，有一堂就是美术课，老师教小朋友用彩泥做一个小蛋糕。昊昊认真地听取了老师制作的步骤，在自己捏彩泥的过程中，先定大的色彩基调——红色，然后将蛋糕上面用白色和黄色的"奶油"点缀，做得又快又好，得到了同学的认可和老师奖励的积点。通过美术课的学习，我的孩子对于艺术也有了自己的鉴赏力。

积点提升了孩子的表演欲：读书、看电视是一种文化输入，说话、表演是一种积累的输出，只有经常输出才能将输入的知识融会贯通，深刻理解。在自然课上，老师让小朋友表演小动物，昊昊由于平时就喜欢看小动物的书和电影，积极举手表演，并得到老师的积点奖励。也正是由于积点的奖励，他更愿意在家跳跳唱唱，把英语小诗歌配上肢体动作表演出来，把古诗读得抑扬顿挫，仿佛诗人行走在山水间，身临其境。

积点提升了孩子的观察力和积极动脑的好习惯：因为有了积点的奖励，课外活动课——小小实验员课上，小朋友们都认真仔细地观察老师演示的实验，把老师演示的每一步骤都记在小脑瓜中，然后回家请家长协助进行实验。在做实验的过程中，昊昊了解到了水温对于空气的作用，空气热胀冷缩的原理等，也懂得了只要肯动脑、多动脑，很多原理在日常生活中就能找出答案。

积点提升了孩子的团队意识：学校就像一个小型社会，进入学校便是作为一个社会人的开始。作为其中的一员，每一个小朋友必须有团队意识，才能维护班级的荣誉、小组的荣誉。所以有了积点的奖励，小朋友们知道需要互相督促遵守行为规范，互相配合做好劳动卫生。一个小朋友的疏忽可能使整个班级没有办法得到积点。

积点在日常学习生活中的积极作用，使我的孩子在德智体美劳全方位发展。希望我的孩子一如既往，热爱生活，热爱学习，尊老爱幼，尊师重道，友爱同学。也希望我的孩子因为积点的荣誉，在成长的道路上，多一份自信和笃定。

（汪昊家长）

第三章 "启梦"之果

家长体会 8

积点陪伴孩子成长

时光飞逝,孩子在罗店中心校已经有两个年头了,正是因为这两年时间的积累,才使得他的学习成绩有了很大的进步。什么是他前进的动力呢? 告诉你吧,就是学校特别为孩子们设计的"梦工场",这是专门给孩子用积点兑换自己心仪的礼品,也可以兑换参加活动的机会,更可以兑换一些荣誉,这一活动陪伴着孩子成长。

在学校里,老师手里都有一些"积点卡"。积点卡分有好几种面额:1 积点、2 积点、5 积点、10 积点、20 积点。在这里,孩子们每一天的成长都将被记录,一周内坚持按时按量完成各项课堂作业、坚持积极举手发言、期中期末进步较大者而获得相应的积点卡;同样,也会因为上课随意插话,开小差、一周漏做或不做完作业而受到小小的惩罚(扣去相应的积点卡)。

在我眼里这个积点卡的效果特别好。孩子学校回来会好好读书背书,在他心里想着认真完成作业可以去老师那里换积点,多存一点就可以去梦工场换各种各样自己喜欢的礼物,动力比较足。有一天,孩子放学回家,开心地对我说:"妈妈! 妈妈! 我今天用积点换了一本漂亮的小本子。"我开玩笑地对他说:"这个小本子送给妈妈吧?"孩子开心地递给我说道:"妈妈,这是我靠自己的努力得到的奖品哦!"在他脸上看出了满满的自豪感。一本小本子让他知道了,不管什么东西,都是要靠自己的付出,不能不劳而获。

在我认为,奖励,让孩子感受到"甜"的滋味;惩罚,也让孩子感受到了"痛"的滋味,奖惩才能触及孩子的内心,才能对孩子的发展有意义。有一天,晚上 8 点多了,儿子还坐在写字台前。我想,往常这个点早就应该完成作业了呀,今天咋回事啊? 靠近一看,儿子正对着语文课文一个字一个字点着念着,瞧着他那认真样,我轻轻地退出了他的房间。将近 9 点时,儿子出来了,没有跟我抢电视遥控器,也没有要求开电脑,我疑惑地问道:"小伙子,今天怎么啦? 告诉妈妈,妈妈可以帮助你哦!"儿子嘟着小嘴,"今天因为我昨天的作业马虎了,写错了两个很简单的字,老师批评了我,而且还扣了我的积点卡。"我抚摸着儿子的头问:"心疼了,对吧?"儿子点点头。瞧着儿子那模样,我心里却乐开了花,儿子正在失落中长大,懂得失去的"痛"。"小伙子,妈妈相信你,经过这次你一定会更加认真地对待学习,老师也会看到你的进步,给你更多的积点卡的。我们击掌鼓励怎么样?"儿子露出了往日的笑脸,与我击掌,同声大喊:"加油! 加油!"

称赞和鼓励,就像是糖果,孩子尝到甜头后心里会乐开花,带着甜蜜的喜悦,他们会更有信心,更有动力,去完成或坚持一件事。不管是学习,还是生活中的其他任何方面,只要孩子有一点进步,也要放大这一点,给孩子更多的鼓励。

关于积点卡的小故事还有很多,如用自己的积点卡和同学合并换学习用品,儿子大方地把礼品给了同学;爸爸带他去文具店买学习用品时,他会说:"爸爸少买点,我可以用我的积点卡去'梦工场'换。"短短两年的时间,儿子长大了,懂得了分享,懂得了努力。我相信学校推广的"梦工场"积点卡活动仅仅只是一种外部强化的教育手段,它的目的是培养孩子在没有奖惩的情况下仍然能自觉地去做他该做的事,让孩子从活动本身带来的成功和快乐中得到强化,从自律中得到满足,健康成长。

(苏心宇家长)

家长体会 9

积点卡见证孩子的成长

记不清是什么时候了,在一次家委会上,罗店中心校的金志刚校长在会上宣布了将在学生中采用积点卡的管理模式。这是一种以激励为目的的全新的教育模式,学生只要在德智体各方面取得了成绩,都可以获得一定分值的积点卡。积点卡分值有 1、2、5、10、20 分五种,做成了不同颜色的卡通卡片,色彩斑斓,甚是好看。积点可以在梦工场兑换各种奖品,奖品有学习用品、书籍,还可以用来满足自己的一个小小的心愿。

记得第一次得到积点的情况和感觉。孩子那天特别兴奋,放学一到家就把积点卡拿出来给我看。那是参加升旗仪式,得到了 5 个积点。

在这种庄严的时刻是第一次,也是唯一的一次,可能她们那天站的特别整齐,也可能是第一次发积点吧,总要选个有特别有意义的事情。以后每逢得奖、成绩取得进步,甚至字写得工整、做了好人好事都可以得到不同分值的积点。孩子的钢笔字写得好,经常得到班主任曹老师的表扬,这里面是不是和积分的激励有关呢。

有一次获得的积点是她最难忘的。孩子参加了学校童话节编童话比赛,她编的《动物王国的魔法》获四年级组第五名,是她班里唯一一个获奖者,获得了 5 个积点,至今道来,还很得意呢!

在我的印象里有一次积点含金量最高的。那是四年级下半学期期末,她获得了"罗小进步之星"的称号,美滋滋地拿回来一张奖状和一张5 个积点的积分卡。有时家长也可以赚积点的。每学期开始,孩子都会带回来一张家长《微课》征询意见表,有意向的家长可结合自己的专业或特长利用中午休息的时间义务给孩子们上微课,孩子们可以选择自己感兴趣的微课。我有幸参加了这样的一节微课,给孩子们讲了与医学有关的科普知识,听课的同学每人得到一个积点,我则得到了 20 个积点!我的孩子乖巧地在台下给我捧场,这 20∶1 的悬殊比例,让其他的同学投来了美慕的眼光,我的孩子也睁大了眼睛。我抓住机会对她说:"台上一分钟,台下十年功。"爸爸的知识也是靠平时点点滴滴积累起来的,九层之台起于垒土,千里之行始于足下。她听了以后,若有所思地点了点头。

积点如何使用,倒成了孩子揪心的问题。因为来之不易,常常舍不得花出去,小小的积点卡,凝聚了孩子的心血和汗水。有限的几次是到学校的梦工场兑换了诸如橡皮、包书壳之类的学习用品。最大的一次是花了 100 个积点实现了自己的一个心愿——与几位有勇气的孩子一起和校长喝下午茶。一校之长是学校的权威,是孩子们心中膜拜的偶像,能够和校长对话,拉近了孩子们和师长之间的距离,消除了神秘感,对孩子的成长是极为有利的。

积点卡伴随着孩子一路走来,见证了她的成长。经过了集体 10 周岁生日的洗礼,经过了小队长、中队长、大队长的历练,从低年级到高年级,一直到即将毕业,那厚厚的一沓五光十色的积点卡,早已超出了它本身的价值,每一张卡片都打上了她不同时期茁壮成长的烙印,值得珍藏。

(赵嘉怡家长)

小小的积点　大大的梦想

随着 2018 年一场大雪的降临,孩子结束了一年级第一学期的课程,为本学期画上了一个圆满的句号。在这一个学期里,我目睹了孩子一天天懂事、成长,作为家长衷从内心里感谢学校和老师。孩子在罗小的教育下长大,在罗小的学习中提升,受益匪浅,感受颇多。下面我就以学校的积点评价说说身为家长的感受。

9 月 1 日开学当天,我的孩子在学校乐队的奏乐下,新奇而又快乐地跨进罗小大门,并从金校长手里接过第一份积点开始,他就已经喜欢上了这所新学校、新老师。放学回到家后开心地对我说:"爸爸,今天校长给了我一个红包,里面有 10 个积点……"并且还说这个积点有很大的用处,积累到一定数量,可以换取相应的奖品。最为兴奋的是还可以跟校长喝下午茶聊聊天,校长说已经有学生跟他喝过下午茶了,他说他也要跟校长喝下午茶。他开心地笑了,笑容那么灿烂,那么纯真。

孩子让我给他准备一个盒子,要将所得到的积点收藏起来,想要积很多很多的积点。我很惊喜,陌生的同学、陌生的老师、陌生的新学校没有带给他很多的压力,反而给了他很多惊喜和动力。有了目标,就有了动力,有了前进的方向,学习起来就事半功倍。

我的孩子一直认为这是荣誉的象征,是自己努力付出的所得,也是老师对他的认可,这给予了他很多的自信,也是他今后努力的方向。只有满怀自信的人,才能在任何地方都满怀自信,沉浸在学习、生活中,并坚定自己的意志。小小的 1 积点、2 积点、5 积点、10 积点……不管奖励多少个积点,都是对一天所学成果的最大鼓励。

积点评价——对每位学生点滴进步的评价。我个人觉得这是赏识教育的一种,教育理念很先进。家长说得再多不如老师的一个小小表扬,小朋友们都能做得更好。学校发现并且赏识孩子的进步,不仅影响到孩子学习和做事的效果,而且还会影响到孩子对学习和做事的态度。如果学校老师对孩子的进步不肯定、不赞扬,孩子的学习态度与学习积极性肯定会受到打击,学习成绩必然下降。

当你能飞的时候就不要放弃飞;当你有梦的时候就不要放弃梦。

我觉得目前孩子在一年级的时候没有太多理想化的梦想,每天表现得好,能得到老师奖励若干个积点就是他们目前的梦,他们为之而不断努力。

古人云:"一分耕耘一分收获。"我深切感受罗小的精神文化、注重实效、注重多向发展,这也是跟金校长的办学管理理念不可分割的,跟全体老师的细心教导授课是不可分割的。感谢罗小,感谢金校长及全体罗小老师,是你们给了孩子们一个好的学习环境,营造了一个好的学习氛围,使孩子在罗小接受知识的同时也学会了做人的道理,跨出了人生重要的一步,憧憬着美好的未来。

(高尚楠家长)

家长体会 11

积点的魅力

时光飞逝,岁月如梭,不知不觉中孩子就读于罗店中心校已两年多了。在这两年多里,梦工场的积点评价让我印象非常深刻,也让孩子非常开心。

孩子获得的积点可以兑换贴纸、校徽、书包、铅笔、文具盒、喜欢的活动甚至和校长喝下午茶……获得的积点数越多,兑换的奖励就越广泛,一次性使用积点越多,相应兑换的奖励级别就越来越高。奖励分为实物奖励、荣誉奖励和活动奖励。在《积点让梦想成真手册》里,记录了孩子们每学期开学时,就写下的自己小小梦想,每次或每周获得的积点数,通过积点积累,扣除使用兑换的积点数后,最终的积点数,就知道自己的小梦想是否能实现了。

每次孩子获得了积点,回到家里都很开心,而且能够说出因为什么原因获得了积点,获得了多少枚,是哪门功课哪位老师奖励的积点,有哪几位同学同时获得了当天的很多老师的积点的奖励,哪位同学当天获得积点最多,甚至考试评价也能从孩子获得积点奖励来判断一二。老师们通过这种独特的奖励方式来鼓励孩子们努力学习,孩子们通过自己的努力,获得一定数量的积点就能实现自己心中小小的梦想,这种互动的方式对孩子们来说是非常棒的鼓励!

一张积点卡,印有不同的积点数、五彩缤纷的星星、大大的爱心和学校的校徽,以及五颜六色的其他美丽的图案。犹如童话般的设计,孩子既喜欢又便于收藏起来,累计使用。老师奖励积点的时候,不仅可以奖励孩子们学习成绩,还可以奖励孩子们的学习态度、在校或回家作业完成情况、写字的速度、各种成绩的进步、参加班级或学校及区级市级全国的各种各样的活动、上课的积极性、听课的认真程度、班级的荣誉、美术画的创意……老师根据以上孩子们的表现,发放不同的积点数,鼓励孩子们认真积极地学。孩子们通过获得积点也提高了自己的积极性,甚至可能也会对以前不感兴趣的东西慢慢感兴趣了。

　　一枚小小的积点奖励让老师们与学生们教与学更加亲近,也是一种非常好的创举！能够让孩子们从小的时候,慢慢培养自己如何定下小目标,又如何通过自己的努力实现自己小小的梦想,为长大以后步入社会,提前培养了自己做事定下计划与目标的好习惯;也告诉孩子们只有通过自己不断地努力,不断地积累,才能获得相应的收获。正如维荻乌斯所说"滴水穿石不是靠力,而是因为不舍昼夜"的坚持不懈;又告诉孩子们凡事从一点一滴做起,犹如老子所言"合抱之木,生于毫末;九层之台,起于累土;千里之行,始于足下",日积月累,方能有所成就。

　　虽是一枚小小的积点,但其魅力却不凡,意义更深远！为积点点赞！为梦工场点赞！

（胡浩宇家长）

第七节 积点激励孩子成长（学生篇）

学生体会 1

小 卡 片

小卡片,真好玩。
举个手,拿一张。
帮个忙,取两张。
领个奖,获十张。

小卡片,真有趣。
二十点,换皮筋。
五十点,换橡皮。
两千点,换足球。

小卡片,真神奇。
小懒虫,变勤快。
小捣蛋,变乖巧。
困难生,成先进。

小小一张积点卡,
改变你我还有他。

（学生：周盛元）

学生体会 2

积点伴我成长

光阴似箭,岁月如梭,眨眼间,我已经是一名四年级的小学生啦! 我手中的积点已经有两千多个了,它是从二年级来一直陪伴我的好朋友。

积点是我们学校专门印制的一张卡片,卡面价值不等:有1积点、2积点、5积点、10积点和20积点。记得是在二年级开学的那一天,每位罗店中心校的学生都收到了一个红包,里面有来自金校长的一封信和1张5积点卡。金校长通过这封信告诉我们,学校开启的积点活动让我们的每一次努力都能得到肯定,每一个进步都能得到认可!果然,在我们的学习过程中,老师只要发现表现良好、作业质量高、考试成绩优异等方面的学生都给予了相应的奖励。更让人开心的是,学校同时又设立了梦幻如画的"梦工场"。"梦工场"是专门给我们用积点兑换奖励的地方,里面的商品各式各样、品种繁多。我们可以用积点兑换自己心仪的奖品,也可以兑换参加活动的机会,更可以兑换一些荣誉……这些真是让我欣喜万分。

渐渐的,积点转化成了我的学习动力之一。课堂上同学们回答问题时争先恐后,每个人都开动脑筋,纷纷踊跃举手发言;平时作业都认真努力完成,原来字迹潦草的同学现在美观整齐多了;各科考试也格外细心了……当然,我也不例外,原本功课还不错的我也变得更加积极了,看着一个个精美的礼品就在梦工场等待我的光顾,我的心就怦怦直跳,心想,下次要更加努力,争取获得更多的积点!

让我印象深刻的是,那一回,我不仅为自己兑换了学习用品,还为妈妈兑换了一包扎头发用的橡皮筋。虽然是"千里送鹅毛",但是礼轻情意重啊!妈妈非常感动,直夸我懂得了分享,还送给我一个大大的赞!嘿嘿,其实,我心里也悄悄给了校长一个大大的赞呢!

总而言之,积点使我倍感快乐,使我学习进步,它是我付出努力的记忆。我很喜欢我们学校的积点活动,也感谢老师为我们创造了有积点陪伴的环境。

(学生:张子乐)

学生体会 3

积点,激励我成长

入学第一天,我收到了金校长亲自发放的"大红包",真是又开心又

惊喜。我小心翼翼地打开信封,一张崭新的"积点卡"出现在我的眼前。在老师的带领下,我参观了学校的"梦工场",琳琅满目的礼品整整齐齐地排放着。为了能兑换到自己喜爱的礼品,我每天都认真、努力着。上课认真听讲、大胆举手发言、踊跃地参加学校举办的各项活动……每次从任课老师们的手里接过积点卡时,我的心里别提有多开心呀!一到月底,我都会兴奋地拿出我的"积点盒",耐心地数一遍,积点从20到了100,从100到了200……我心里甜滋滋的,比吃了蜜还甜。

渐渐地,我发现一张张积点卡代表了我的努力,我的汗水,我的快乐,也代表了老师们的辛勤付出,爸爸妈妈的付出。我要感谢我们可爱的罗小能有这样的"创意活动",激励着我,伴随着我每天的成长。

(学生:周子贺)

学生体会 4

积点促我成长

"陆依,你这次英语默写全对,这是你的积点。""你这次数学考得不错啊,喏,这是奖励给你的积点。"……每当听到这些话,得到积点时,我都感到无比开心与自豪,因为这是通过自己的努力得到的回报!

记得积点活动是从我三年级时开始的。开学的那天是个雨天,由于我十分讨厌下雨,又想起要告别自己的假期了,所以我整张脸都是阴沉沉的,没有一丝笑容。正当我撑着雨伞,步履匆匆地准备走进学校时,一个精美的信封在我眼前出现。我抬头一看,原来是金校长。他一边将信封递给我,一边微笑着说:"同学,这是新学期的惊喜,你可一定要到教室才能打开哦!"金校长那神秘的语气引起了我的兴趣,我道了一声"谢谢"就一路小跑着进教室,迫不及待地拆开信封。原来是一张20积点的点券!我的同桌看到此情景,惊讶地喊道:"大家快来看呐!陆依她……她抽到了20积点!"霎时间,同学们都一窝蜂地聚到我桌前,有的羡慕地说:"要是我也像你运气这么好就好了!唉,我这次只抽到了1点。"有的激动地说:"你能不能告诉我,你是在哪个箱子里抽的吗?我下次也要在那里抽!"还有的则酸溜溜地说:"切,不就是个20点吗？我下次一定能抽到！"……同学们七嘴八舌地讨论声使我一头雾水，疑惑地问："那个……你们谁能告诉我发生了什么？"这时，我的同桌说："啊？你连这都不知道？好吧，那就让我这个'百科全书'来为你解答吧……"听了同桌的话，我豁然开朗，也更期待学校接下来又会开展什么新活动！

一次，我和同学值日完回家时，看到了长廊的墙上贴着的海报，便疑惑不解地询问身旁的同学。她为我讲解道："这些都是'梦工场'内的奖品，我们可以用自己积攒的积点来换取心仪的物品。"听完了同学的话，我点了点头，便开始在一排排奖品中寻找起来……唉！那个看起来好像不错，我一眼看中了一套可爱的卡通印章。可是一看，竟然需要400积点。这对于初出茅庐的我简直是天价！于是，我暗暗下定了决心，定下了目标！为了实现我的目标，我上课认真听讲，积极参加学校各项活动，终于在"梦工场"内换取了我梦寐以求的一套印章……

今天，又是一个开学日，我一如既往地走在那条已经走了五年的长廊上，依然看到了那一排排我已不知看了多少遍的奖品。这时，一个稚嫩的声音传入我的耳朵："大姐姐，你能告诉我这是什么吗？"她的手指向那一排排海报，用期待的眼神看着我。我弯下腰，耐心地为她讲解着。因为我知道，她也会像我一样，定下一个目标，然后朝着那个目标不断地努力，最后实现它……

（学生：陆　依）

学生体会 5

积点活动伴我成长

我美丽的学校地处上海市宝山区罗店镇，是一所历史悠久的学校。学校为我们准备了丰富多彩的活动，有乡村学校少年宫、感恩教育等。其中最吸引我的是学校的积点活动。因为我可以用积点换各种各样的小玩具、学习用品，这着实让我兴奋不已。

我看中的是一个需要1000点兑换的绘画套装，所以自从看到这个礼品，我就暗下决心，一定要在学校表现优良，才能得到更多积点，早日换取这样礼物。那么我得先好好计划一下。一般认真听讲积极回答问

题是1个积点,认真做作业及时上交也是1个积点,平时最多积点的是默写,默写就有5个了。所以我每天回家都会好好准备,努力在学校默写中全对。还有评估,一般优秀的都可以取得。有了这个积点制度,我每天都很有动力,天天早睡早起。而且更重要的是,我发现自己现在很愿意帮助别人,有一件事情我记忆犹新。

我同学小玲身体不好,所以经常生病,没有办法来学校上学。由于我和她住在一个小区,妈妈就让我给她带作业。妈妈鼓励我说:"孩子,你如果可以把作业带给同学并帮助她,使她可以跟上其他同学的进度,可能老师也会奖励你积点啊!"听了这话,我就像打了鸡血一样,下课放学前就到各科老师那里拿她的作业本,放进书包里。外公接我回到家后,我马上做作业,并复习今天学的知识。一吃完晚饭,我就兴冲冲地拿着小玲的作业本去她家里,小玲见到我非常高兴,可是一会儿,她又拉下了脸,垂头丧气地对我说:"我没有去上课,这些作业可能都不会做,那可怎么办呀?""没事的,我来教你,我今天的课听得很仔细,应该可以帮到你。"我胸有成竹地回答道。我马上把她的书翻到我们今天学的那页,开始教了起来……正如妈妈的预料,这件事情被老师知道后,老师确实也奖励了我积点。所以从此之后,我更觉得帮助别人也不仅仅是为了积点,会让我觉得更有价值,更开心!

积点活动激励了我,也激励了我们这批罗店中心校的学生,让我们更好地学习和生活!教我们做人,让我长大成为国家的栋梁之材!

(学生:刘毓非)

学生体会 6

积点让梦想实现

"积点"你们听过吗?

不管你们知道的积点是什么,反正根据我的调查,我所了解到的是:现在到哪儿消费,里面的叔叔阿姨都会向你推荐会员卡,办了会员卡以后你就可以积点了。消费多少钱就积多少分,时间长了积点多了,可以换成现金用或者可以换礼物。比如我最喜欢的来伊份,还有妈妈买鞋子办的会员卡等。

本来这些也没我什么事，因为每次买东西都是爸爸妈妈付钱。可是自从上小学开始，积点就开始和我密切相关啦！知道为什么吗？因为我们学校实行积点奖励！积点奖励，知道是什么吗？就是表现好可以从老师那里拿到积点，积点多了可以换礼物哦！我超级超级喜欢。自从在积点兑换屋里兜了一圈回来以后，我就对里面的一架飞机模型着了迷，对它念念不忘，发誓总有一天我一定要拿到它。从此，我就对拿积点开始乐此不疲。作业认真做，上课认真听讲，老师提问尽量地举手发言（我有点小害羞），反正老师让我干什么我就干什么，我就想多多拿积点，争取早日拿到梦寐以求的模型。

经过一年时间的努力，我日思夜想的模型终于拿到手了。我开心极了，梦想终于实现。在这个过程中，我还发现拿到积点的时候我总是开心雀跃的，不只是因为离我的梦想越来越近，更是因为老师对我表现的认可。每次从老师手中接过积点的时候，我就知道我的表现不错哦，就会偷着乐，然后我会继续努力好好表现。呀！我是不是被积点套牢了啊！不过，没有关系，我喜欢这种感觉，套牢就套牢吧！

我现在是三年级，还有四年级、五年级，我还要继续我的积点征程哦！

（学生：王梓皓）

学生体会7

积点，让学习更美好

从小，家里人就经常教育我说：自己想要的东西就必须要靠自己的努力争取得来。我就在想，我这么小，怎么努力争取呢？直到上二年级的时候，我终于可以靠自己的努力而实现愿望了！

过完年，二年级开学的第一天，我们伴随着同学们整齐的队伍和嘹亮的迎宾曲欢天喜地地踏进校园，好几只老师装扮的喜羊羊给我们人手一个大红包。我们争先恐后打开红包一看，里面是一张5积点的券。咦？这是干什么用的啊？原来，这是学校送给我们的开学惊喜——积点！学校特别为我们设计了"梦工场"，就是专门给我们用积点兑换奖品的地方。老师带领我们参观了"梦工场"，里面的商品数不胜数，品种繁多，有我最喜欢的卡通小闹钟、好玩的大富翁、超级帅气的变形金刚、

各种有趣的学习用品……哇！想得到自己喜欢的礼品就要努力表现，得到积点才能兑换。告诉你们，积点还可以兑换参加活动的机会，还有荣誉。当我们走进这梦幻如画般的"梦工场"时，无一不被深深吸引。那时，我就暗下决心，要努力学习，好好表现，争取积点来完成我的心愿！

在接下来的学习中，课上，认真听讲，积极回答老师的问题，按时按量完成作业。课余，去积极参与学校活动。一分努力，一分收获，慢慢地我的积点越来越多。我兑换了自己喜欢的卡通小闹钟、小伙伴最喜欢的大富翁、跟我最崇拜的金校长一起喝下午茶……换到了自己心仪的礼品，觉得之前那些努力都是值得的！

积点，让梦想成真；积点，让学习更美好；积点，让我们更开心！谢谢老师们和学校对我们的良苦用心，让我们用更轻松的态度去学习，帮助我们去完成各种小小心愿！在接下来的学习中，我也会继续靠自己的努力实现新的梦想。

（学生：刘文浩东）

学生体会 8

积点伴我不断前进

当我刚刚踏入一年级时，金校长亲手递给我们每人一本积点手册，并送上 20 个积点，告诉我们："你们要好好学习，好好表现，表现好的同学都会获得相应的积点，每周一还可以到'梦工场'用积点兑换你们喜欢的礼品。"从金校长手里接过积点的那一刻，我暗暗下定决心，一定要好好学习，好好表现，争取得到更多的积点。

接着，老师还带我们参观了"梦工场"，那里摆满了琳琅满目的礼品，看得我眼花缭乱。在"梦工场"里，我看到了自己一直想要的芭比娃娃，它那明亮的大眼睛看着我，好像在对我说："小主人，快把我带回家吧！"有了这个动力，我每天都会按时完成作业、主动做老师的小帮手、上课积极举手发言……老师都会给我发积点。每次学校里的活动我也会积极参与，因为老师说过："参与就会有积点奖励。"每天回到家，我首先会把今天的积点整理好、记录好，看看什么时候可以兑换我心爱的芭比娃娃。

在将近一个月的时间里，我终于攒够了兑换芭比娃娃的积点。星期天晚上，我早早地理好了积点，等待着明天去"梦工场"兑换。在我接过芭比娃娃的那一刻，别提心里多开心了。

现在，我已经是一名三年级的学生了，准备在我五年级毕业时兑换"夏令营"活动，那多有意义啊！

（学生：姚佳妮）

学生体会 9

我 爱 积 点

大家都知道，积点可以换心爱的物品或自己想要的职务，而我的感觉却与众不同。我觉得积点是激励大家勤奋学习的动力。

记得在一年级时，我收到了金校长送给我们的积点。当时，我非常兴奋，我小心翼翼地把它捧到教室时，看见有的同学竟然抽取了 20 积点，心中不免有些落寞。但是我并不气馁，而是暗暗鼓励自己，没事，只要我努力学习，经过日积月累，我的积点一定会比他们多。果然，功夫不负有心人，积点一天一天多了起来，从刚开始的一张已经变成了厚厚的一叠。

在积累积点的过程中，我对它有了更深的理解。它不但可以换取自己喜欢的学习用品，而且它还是我学习的助手呢！每当我在学习上遇到困难想放弃时，只要一想到积点，就会想尽办法去克服它。当然积点不仅努力学习可以得到，在学校组织的一些活动中表现优异同样也可以得到，比如数学节、英语节、彩灯节等。所以积点得来也是不易的。同样积点也让我领悟到了滴水穿石非一日之功。只要肯努力付出，就一定会有收获。积点在别人眼里也许是那么的渺小，但在我眼里却是如此的神圣和光明，因为它可以照亮我成长的通道。

我爱积点，它是我的伙伴和朋友；我爱积点，因为它带给我快乐；我爱积点，它可以激励我不断地努力学习。

积点——伴我成长！

（学生：金诗语）

学生体会 10

积点，我前进的目标

进入罗店中心校读书快三个年头了，积点从一年级一直伴随着我成长。还记得初次踏入学校，每位学生都奖励了 20 积点，我到现在还记忆犹新。

一开始还不知道这个有什么用处，只知道表现好了老师就会用积点奖励，就像幼儿园给的小红花一样。后来才知道积点可以兑换东西，学校专门为学生开设了梦工场，里面的商品琳琅满目、品种繁多。我们可以用积点兑换自己想要的奖品，也可以兑换参加活动的机会，更可以兑换一些荣誉。

我给自己设了个目标，要去夏令营，不过需要好多积点。好在学校在安排学习课程的同时还开展了各种各样的主题活动，有感恩节、英语节、科技节、入团、入队等。为了能够"赚"到积点，我积极参与学校活动，和妈妈一起做科技小报、英语小报等，还获得了"英语小达人"的称号，心里高兴极了。

我每天回家都会记录今天奖励了多少积点，罚了多少积点。看着积点一点点多起来，心里甜滋滋的。但是看到这学期积点数量明显少了，主要是英语作业没有及时交，有时候课堂开小差被扣罚了，心里就会很难过。这个时候我就发誓要在新学期里更加努力，争取获得更多的积点。

我觉得有了积点评价机制，无形中激励我们学生不断规范和进步，不管是何种兑换方式或者兑换什么东西，都让我们明白了一个最基本的道理，任何事情不可能不劳而获，只有付出才有收获！

（学生：李源东）